中国涞水麻核桃

Zhongguo Laishui
Mahetao

中國涞川
麻核桃

涞水县惠农麻核桃协会 组编

冀卫东 主编

中国农业出版社
北京

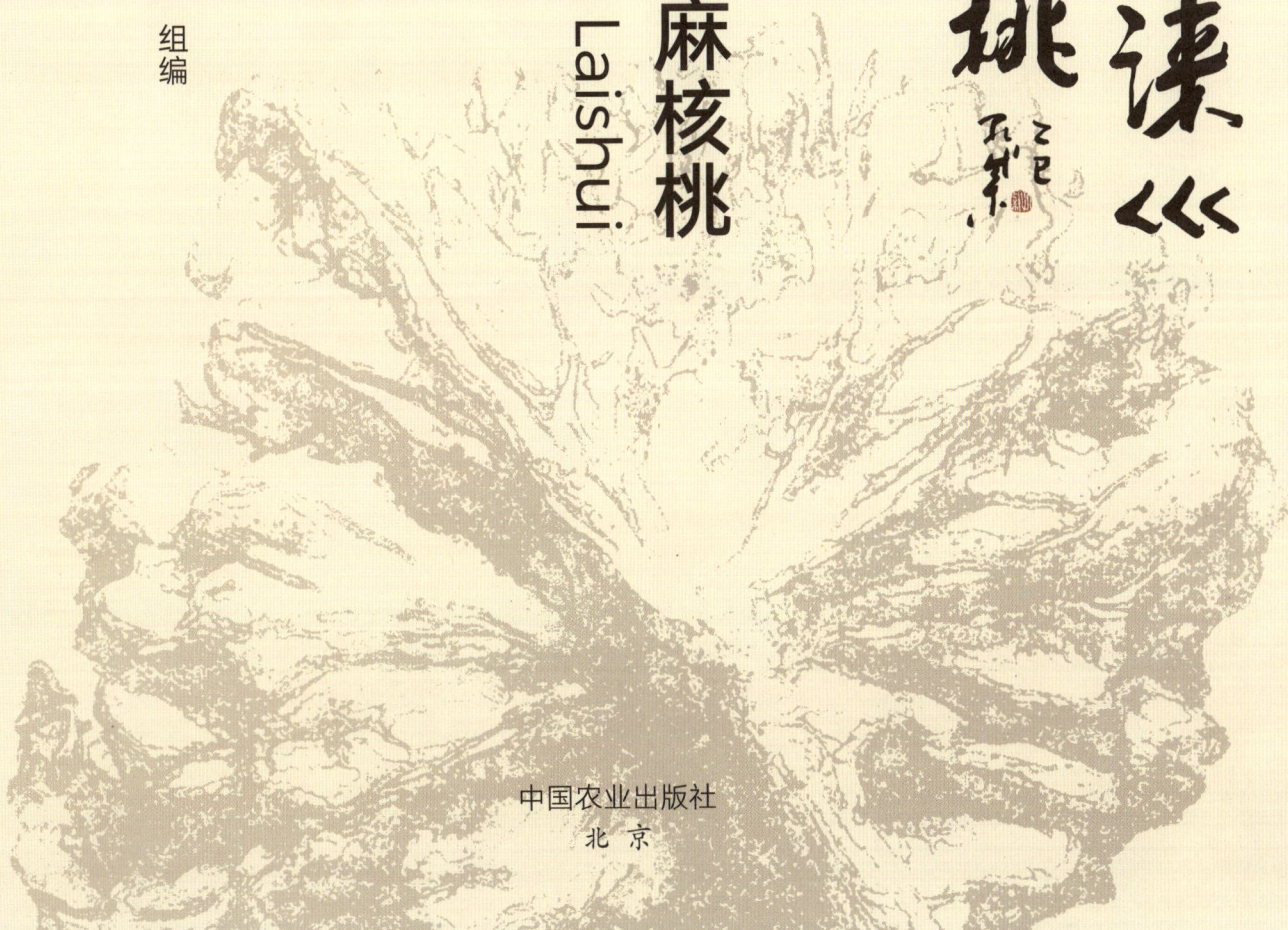

麻核桃赋

燕南行滕地。京畿暮道城。古韵千枢多胜景。绿水青山物丰。堤沙祥云绕。林涛沐晚风。老树枝头结圣果。君为此物行。麻皮核桃秋闹市。情在嗌语中。万家举灯火。商贾八方迎。文玩行里独一色。珠光日月明。人称掌中宝。天赐佳戍。帝王犹有赞。康乾诗不同。摇钱树上摇金果。无声润物满都城。千家万户开轩圃。盛世豪：闹歌声。烟霞伴人醉。涞阳附盛名。它日图将海外。壮我中华龙腾。

秦秀福先生撰文 甲辰冬月 严冬书

编委会

序一

　　欣悉《中国涞水麻核桃》即将付梓，这是麻核桃产业发展和文化传承的一件盛事。

　　涞水地处京畿，位于太行山东麓北端，山区、丘陵、平原三种地貌兼具，拒马河贯穿全境，独特的气候环境、土壤条件、人文风情，孕育了麻核桃这一独特的文玩瑰宝。麻核桃又称揉手核桃、耍核桃，涞水麻核桃文化起源于汉代，发展于唐宋，盛行于明清，至当代则再起于 20 世纪 80 年代，随着群众生活水平日渐提高特别是文化娱乐、健康养生需求的增加，兴于 21 世纪。如今麻核桃已成为大众化文玩产品，也因应了"盛世文玩"的文化发展规律。

　　涞水麻核桃集经济价值、文化价值、康养价值于一体。目前涞水全县麻核桃种植面积已达 10 万余亩、400 余万株，成为全国最大的麻核桃种植基地；形成了涵盖种植、加工、销售等环节的较为完整的产业链，不仅有鸡心、狮子头、官帽、公子帽、虎头 5 大类几十个品种的原生产品，还开发了麻核桃工艺品、麻核桃香、麻核桃炭等产品，远销国内外，年产值达 20 余亿元，在带民致富特别是脱贫攻坚、助力乡村振兴中发挥了重要支撑作用。麻核桃文化由汉代延续传承至今已 2 000 余年，相关传说和故事陶冶了人们的情操，蕴含了广大群众的美好愿望。尤其随着人们对健康养生的高度关注，麻核桃的康养价值日益凸显，把玩麻核桃可锻炼手指的灵活度，借助麻核桃的纹路与棱角按摩手部穴位，舒筋活血，对身体健康大有裨益。

涞水县委县政府始终重视和支持麻核桃产业发展，将其纳入四大传统特色产业，成立工作专班予以重点扶持。在 2010 年 12 月麻核桃被纳入中国国家地理标志产品的基础上，2021 年涞水县申报并获批建设"涞水麻核桃国家地理标志产品保护示范区"，目前已完成创建任务，在经济、社会、生态方面取得显著成效。同时组织核农核商走出去，积极参加粤港澳大湾区知识产权暨国际地理标志交易线上博览会、中国国际地理标志品牌合作大会、中法地理标志在线研讨会等重点展会及商标品牌节活动，推动涞水麻核桃走向世界。

虽然涞水麻核桃产业蓬勃发展，但始终缺少一部系统详尽介绍涞水麻核桃的著作，殊为憾事。此次《中国涞水麻核桃》的编写和出版弥补了这一遗憾，填补了涞水麻核桃有史无志的空白。全书阐述了涞水麻核桃的前世今生和相关知识，记录了核农核商核友们的感想心得，既是一部指导核农核商的工具书，也是一部开展麻核桃学术研究的百科书，更是一部展示麻核桃独特魅力的文化书。衷心感谢为这部著作的编写和出版付出辛勤努力的各级领导和各界人士，相信该著作必将进一步推动涞水麻核桃产业的健康和高效发展，让更多的人认识麻核桃、了解麻核桃，并通过麻核桃关注涞水、推介涞水、向往涞水，为县域经济高质量发展贡献更多更大的力量！

是为序。

中共涞水县委书记

涞水县人民政府县长

序二

在浩瀚的中华大地上，每一寸土地都蕴藏着自然的馈赠与人类的智慧。涞水，这片古老而又充满活力的土地，以其独特的地理位置和气候条件，孕育了无数珍稀物种，其中，麻核桃以其独特的魅力，成为这片土地上的一张亮丽名片。今有幸为《中国涞水麻核桃》作序，我深感荣幸，同时也深感责任重大。我，郭素萍，作为一名长期致力于核桃研究与推广的科技工作者，愿借此机会，向世人展示涞水麻核桃的辉煌篇章，同时缅怀我的丈夫李保国教授，他在核桃事业上的贡献，将永远镌刻在历史的长河中。

涞水麻核桃，不仅是大自然的恩赐，更是涞水人民世代耕耘、精心培育的结果。近年来，随着人们生活水平的提高和健康意识的增强，麻核桃产业迎来了前所未有的发展机遇，而涞水，作为麻核桃的主产区之一，更是走在了产业发展的前列。

《中国涞水麻核桃》是涞水县惠农麻核桃协会会长冀卫东先生及其团队多年心血的结晶。他们深入田间地头，走访千家万户，搜集了大量珍贵的历史资料和现实数据，为该书奠定了坚实的基础。翻开这本书，我们不仅可以了解涞水麻核桃的悠久历史、品种分类、栽培技术、发展进程、人文文化等专业知识，更能感受涞水人民在麻核桃产业发展过程中的艰辛与奋斗，以及他们对美好幸福生活的向往与追求。

在此，我要特别提到我的丈夫——李保国教授。他一生致力于农业科技的研究与推广，尤其在核桃领域更是倾注了满腔热情和全部智慧。他深入基层，与农民朋友同吃同住同劳动，传授先进的科技知识，帮助他们提高产量、改善品质、增加收入。他的足迹遍布涞水的山山水水，他的心血浇灌了无数麻核桃的茁壮成长。遗憾的是，李保国教授已经离我们而去，但他的精神永存，他的事迹将永远激励着我们在核桃事业的道路上不断前行。

接过李保国教授的"接力棒"，我们团队在麻核桃种质资源保护、高效栽培技术研究等方面取得了一些成果。成功研发出促进麻核桃雌花形成的修剪技术、提高坐果率的授粉技术和减轻坚果花皮白尖的施肥技术等，并在全国麻核桃产区进行了推广，为麻核桃新品种选育奠定了基础，有效推动了麻核桃产业的转型升级和可持续发展。这些成果的取得，倾注了涞水人民的汗水和心血。

涞水县惠农麻核桃协会在推动麻核桃产业发展方面同样功不可没。他们积极搭建平台，促进产销对接，帮助农民拓宽销售渠道、提高产品附加值；组织技术培训，提高农民的科技素质和生产能力，积极参与公益事业，为当地经济发展和社会进步做出了积极贡献。冀卫东会长及其团队的努力和付出，让我们看到了涞水麻核桃产业的希望和未来。

展望未来，涞水麻核桃产业的发展仍任重而道远。我们需要继续加强种质资源的保护与利用，培育更多优良品种；需要加强科技创新和成果转化，提高产业整体竞争力；需要加强品牌建设和市场开拓，提升产品知名度和美誉度。同时，我们也需要加强人才培养和队伍建设，为产业发展提供坚实的人才保障。

我们有理由相信，在各级党委政府的正确领导、社会各界的关心支持、核桃科技工作者的共同努力和广大核农的辛勤耕耘下，涞水麻核桃产业一定能够迎来更加美好的明天。让我们携手共进，共同书写涞水麻核桃产业发展的新篇章！

最后，我要衷心感谢所有为《中国涞水麻核桃》编纂工作付出辛勤努力的同志们！感谢你们为传承和弘扬涞水麻核桃文化所做出的重要贡献！愿这部志书能够成为涞水麻核桃产业发展的宝贵财富，激励着我们不断前行、再创辉煌！

河北农业大学林学院研究员　郭素萍

序三

在浩瀚无垠的中华文明长河之中，传统技艺与文化符号犹如漫天繁星，熠熠生辉，而涞水麻核桃恰似其中一颗独具魅力的明珠。今日，我非常荣幸能为《中国涞水麻核桃》一书作序。这本书既是对涞水麻核桃文化的系统梳理，更是翔实记录了当地百姓凭借小小核桃，打造大产业，迈向脱贫致富、乡村振兴康庄大道的奋斗历程。尤其要提及的是，涞水县惠农麻核桃协会会长冀卫东先生，凭借行业积淀的丰富实践经验，为本书编纂呕心沥血。

涞水麻核桃，亦名揉手核桃，集观赏、把玩、健身等诸多功能于一体，是中华传统文化中一道别样景致。其渊源可追溯至汉代，于唐宋渐趋流行，至明清达于鼎盛，在 2000 余年传承发展中，孕育出独一无二的中国核桃文化。涞水麻核桃作为这一文化的组成部分，承载着厚重的历史记忆，且在持续创新中迸发蓬勃活力。

涞水当地，麻核桃文化源远流长。民众世代相传的种植技术，造就了涞水麻核桃的卓越品质。2010 年，"涞水麻核桃"荣获地理标志保护产品称号；2014 年，涞水县惠农麻核桃协会成功注册"涞水麻核桃"地理标志商标，这既是对其品质的权威认证，更是对内在文化价值的高度肯定。

在涞水麻核桃文化的传承演进历程中，涞水县惠农麻核桃协会扮演着至关重要的角色。在文化传承层面，协会成绩斐然。他们定期举办核桃文化节，吸引大批文化爱好者纷至沓来，交流切磋。此类活动不仅有力推动了文化传承，还为当地创造了显著的经济效益与社会效益。与此同时，协会积极携手国内外文化友人，致力于将涞水麻核桃文化推向世界舞台。

冀卫东会长更是身体力行。他潜心钻研麻核桃历史渊源与文化精髓，还亲力亲为传承发扬核桃雕刻技艺。在他的引领下，协会成为推动当地麻核桃产业蓬勃发展的中流砥柱。

在涞水，小小麻核桃已然成为农民增收的"摇钱树"，为乡村振兴注入强劲动力。近年来，涞水县立足产业优势，大力推行"党总支 + 合作社 + 农户"模式发展核桃产业。政府积极引入农业技术专家，针对选种、育苗、病虫害防治等各个环节，给予科学指导，促使核桃产量与品质实现质的飞跃。

协会同样发挥关键效能。一方面，为会员提供技术支撑与市场动态信息；另一方面，涞水麻核桃入选"一带一路"地理标志推广清单，协会全力开拓销售渠道，将产品畅销海内外。并且，协会重视产业链拓展延伸，推动核桃深加工项目，如生产核桃炭、核桃香等特色产品，既丰富市场供给，又提升产品附加值。

脱贫攻坚进程中，在多方合力下，越来越多农民投身麻核桃种植、加工行列，收入稳步增长，生活显著改善。麻核桃产业发展还带动相关产业链壮大，创造诸多就业与增收契机。涞水充分发挥麻核桃产业优势，在政府引导、协会推动下，众多农民依靠种植麻核桃成功脱贫，走向富裕，当地经济繁荣昌盛，社会和谐稳定。

如今，随着脱贫攻坚圆满收官、乡村全面振兴深入推进，涞水县将持续深耕麻核桃产业优势，推动产业转型升级、高质量发展。以市场需求为导向，强化科技创新与品牌塑造，提升产业竞争力；注重生态保护与可持续发展，促进麻核桃产业与乡村旅游、文化创意产业深度融合，为乡村振兴注入全新活力。

展望未来，我们重任在肩、使命崇高。涞水麻核桃作为中华文化瑰宝与当地富民产业，亟待我们传承创新、悉心呵护。

同时，由衷期盼社会各界给予广泛关注与支持。让我们携手奋进，为涞水麻核桃文化传承、富民之路拓展、乡村振兴蓝图绘就，奉献智慧与力量！

在此，向冀卫东先生及所有本书的编纂人员致以诚挚敬意！愿此书成为传承弘扬中国涞水麻核桃文化的关键载体与珍贵财富！

中国文联副主席

序四

　　麻核桃，无疑是极具魅力之物。我曾多次前往北京潘家园赏购，亦奔赴河北涞水"中国麻核桃之乡"的种植基地参观，所选购的狮子头、虎头核桃等品种，着实令人喜爱，其独特风采尽显。

　　麻核桃是承载文化的独特载体，历史久远。核桃最早在史前时期的中东地区被发现，随着人类的迁徙和贸易活动，种植范围逐渐扩展到全球各地。麻核桃的物种起源可追溯至地质年代的第三纪和第四纪，涞水县凭借独特的区位优势、丰富的地貌和良好的生态环境，成为麻核桃产业的优势产区。麻核桃从最初的野生果实逐渐演变为文玩物件，这一过程体现了人们对自然资源认知和利用方式的转变。到了我国明清时期，麻核桃更是受到上至皇家贵族下至平民百姓的喜爱，常成对出现，外形对称，寓意团圆、和谐，并成为人们交流情感、增进信任的社交工具。

　　古人云："核桃不离手，能活九十九。"在快节奏的现代社会，把玩麻核桃可助人在忙碌中寻得宁静，感受其温润质地、纹路，心灵得以舒缓，核桃形成的精美包浆还带来视觉享受，有益身心。麻核桃集视觉、触觉、听觉美感于一体，是承接文化、传递友好、强身健体的掌中瑰宝。在当今重视传统文化、追求健康生活背景下，麻核桃定会搭乘时代快车，创新发展，大放异彩。

　　涞水惠农麻核桃协会勇担文化传承之责，冀卫东会长精心编撰本书，照亮了麻核桃历史的发展脉络，具有深远意义，为麻核桃产业的繁荣与文化的绵延注入了动力。让我们一同踏入麻核桃的世界，书写麻核桃的故事吧！

中国驻美国大使馆原国际合作代表、参赞

前言

大家好！我是冀卫东，中国文玩核桃协会会长、中国国际文玩核桃有限公司董事长、涞水惠农麻核桃协会会长，也是本书的作者。在此，我怀着无比激动的心情，向各位介绍本书的诞生背景和主要内容。

涞水麻核桃，这一蕴含深厚文化底蕴与历史积淀的特产，不仅是河北省涞水县的骄傲，更是中国麻核桃文化的先锋。作为土生土长的涞水人，我深感自己有责任和义务将这份独特的文化遗产传承发展下去，让更多的人了解、喜爱并珍视它。

涞水麻核桃的历史可以追溯到汉代，至今已有 2000 多年的历史。因质地细密、纹理圆润、品相端庄而著称，备受文玩爱好者的青睐。在明清时期，涞水麻核桃更是盛极一时，成为皇室贵族和文人墨客手中的把玩之物。它不仅是一种娱乐工具，更是一种修身养性的载体，承载着人们对美好生活的向往和追求。

然而，涞水麻核桃的产业发展并非一帆风顺。在过去的很长一段时间里，部分优质的麻核桃资源没有得到充分的开发和利用，由于缺乏科学的种植和有效的市场推广，涞水麻核桃的产量和质量都受到了很大的制约。这无疑都是一种极大的浪费。

为了改变这一现状，涞水县林业局于 2012 年成立了涞水惠农麻核桃协会，2016 年由我接任会长。协会成立以来，我们致力于推广科学的种植技术，提高麻核桃的产量和质量；同时，我们也积极开展市场推广活动，提升涞水麻核桃的知名度和美誉度。在这个过程中，得到了涞水县委县政府各级领导、相关专家学者、麻核桃种植户、销售商以及广大麻核桃爱好者的鼎力支持，也涌现出了一批致力于麻核桃产业发展的杰出人物。

　　正是基于这样的背景，我萌生了撰写《中国涞水麻核桃》一书的想法。希望通过这本书，能够系统地介绍涞水麻核桃的历史渊源、文化背景、种植技术、产业发展等方面的情况，让更多的人了解这一独特的文化遗产。同时，也希望通过这本书，能够向那些为涞水麻核桃产业发展做出杰出贡献的人们致敬，他们的故事和精神是我们前行的动力。

　　在本书撰写过程中，我拜访了各级领导、专家学者、麻核桃种植户、加工企业和销售商，收集掌握了大量的一手资料。同时，我也有幸与许多麻核桃产业的知名人士进行了深入的访谈。他们的见解和经验为我提供了宝贵的素材和灵感，也使得这本书的内容更加丰富和生动。

　　如今，《中国涞水麻核桃》终于面世了。我衷心希望这本书能够成为广大麻核桃爱好者、收藏者以及从业者手中的宝贵资料，成为涞水特色产业的一张生动名片，为涞水麻核桃产业的持续发展贡献一份力量。同时，我也期待更多的朋友能够加入到涞水麻核桃的保护和传承工作中来，共同书写涞水麻核桃更加辉煌的明天。

　　北京语言大学隗永田先生对本书的编写给予了悉心的指导和提出了宝贵建议，对此表示衷心的感谢。感谢所有为本书出版付出努力的朋友们，是你们的支持和帮助，才使得这本书能够顺利问世。我相信，在未来的日子里，我们会携手共进，为涞水麻核桃产业的健康发展贡献更多的智慧和力量，努力让涞水麻核桃文化走出国门，迈向国际舞台！

涞水惠农麻核桃协会会长　冀卫东

2025 年 2 月

目录
Contents

第一章　概述

一、麻核桃的起源与演化

核桃，原名胡桃，又名羌桃、万岁子或长寿果，是胡桃科胡桃属落叶乔木，树高可达 20 余米，树皮呈灰白色。其果实外壳坚硬，表面纹理深刻、复杂且多样，具有独特的美感。据《名医别录》记载："此果出自羌胡，汉时张骞出使西域始得种还，移植秦中，渐及东土……"羌胡古时指现在的南亚、东欧及国内新疆甘肃和宁夏等地。张骞将其引进中原地区时，名叫"胡桃"。史料记载，晋国大将石勒占据中原，建立后赵。因其忌讳"胡"字，故将"胡桃"改名为"核桃"，此名延续至今。

麻核桃（*Juglans hopeiensis*）的物种起源可追溯至地质年代的第三纪和第四纪。《中国植物化石》研究显示，第三纪时期胡桃属已广泛分布于我国的西南与东北地区。其中，山旺胡桃化石的发现尤为关键，其叶片形态、叶脉分布与三枚炭化坚果显示出与现代核桃的高度遗传连续性。1980 年河北磁山遗址出土的 7 700 年前的炭化核桃，以考古实证否定了核桃是汉时张骞出使西域引入，证明了我国就是核桃的原产地之一，同时，也为麻核桃研究提供了重要的时间坐标。

我国核桃栽培时间逾 2 000 年，麻核桃作为特殊种群，多分布于京津冀山区核桃楸与核桃混生区域。林学家陈嵘在《中国树木分类学》中将其列为独立种，命名者胡先骕提出其可能为核桃与核桃楸的天然杂交种。这种分类学争议恰恰反映了麻核桃在核桃属演化中的特殊地位——既可

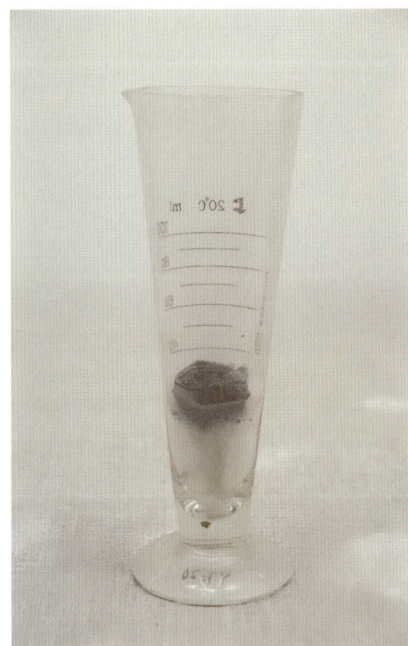

炭化核桃 藏于邯郸市博物馆

《中国树木分类学》陈嵘

能是原生种系的孑遗，也可能是人工栽培与自然选择的产物，其起源之谜正随着多学科证据的交汇逐步揭开。

二、麻核桃的地理分布与产业优势

麻核桃喜阳且耐旱，适合生长在排水良好、肥沃的土壤中，多见于山地丘陵地带。从地理分布来看，麻核桃主要分布在中国华北地区，如河北、北京、天津、山西等地。这些区域的气候特征与土壤环境适合麻核桃的生长，为其提供了理想的自然条件。

涞水县依托其独特的区位优势、丰富的地貌多样性以及良好的生态禀赋，形成了麻核桃产业的核心竞争力。具体而言，该县西北部山区凭借其复杂多变的地形条件，营造出多样化的微环境，这一优势不仅保障了麻核桃的规模化生产，还极大地丰富了品种多样性，从而稳固了涞水县作为"中国麻核桃之乡"在业界的领先地位。

涞水县地处太行山东麓北端，位于东经114°49′—115°48′、北纬39°17′—39°57′之间，县域呈狭长形，总面积1 661.61平方千米，辖12镇3乡，人口约36万。其地理区位得天独厚：东邻北京房山、涿州，南接定兴，西连易县、涞源，北通涿鹿、蔚县，距北京市中心仅90千米，距天津170千米、保定75千米，交通辐射优势显著。

境内地貌呈阶梯状分布：西北部太行山脉巍峨耸立，最高峰百草畔达1 983米，山势陡峭雄奇；中部丘陵地带海拔约100米，地势和缓起伏；东南部拒马河冲积平原海拔30米左右，地势平坦开阔。这种三级地貌特征为麻核桃提供了多样的生长环境，尤其是山区复杂的地质条件与气候差异，促使麻核桃形成独特的纹路和皮质特性。

境内野三坡景区地处太行山与燕山交汇处的紫荆关深断裂带上，历经多次构造运动与岩浆活动，形成了丰富的地质遗迹。这里不仅是国家级风景名胜区，更由于独特的微气候和土壤条件孕育了优质的麻核桃资源。山区昼夜温差大、光照充足，沙质土壤排水性好，为麻核桃生长提供了钙、镁等矿物质元素，使得涞水麻核桃皮质坚硬、纹路深邃，成为文玩核桃中的上品。

三、麻核桃文化发展

麻核桃的文化印记可追溯至汉代，那时核桃已被作为观赏树木栽于宫苑中，《西京杂记》中记载："汉时初修上林苑，群臣远方各献名果异树，亦有制为美名，以标奇丽"，其中的名果异树就包含胡桃。孔融《与诸卿书》中有"先日多惠胡桃，深知笃意"，所以在东汉年间已有核桃的栽植。《后汉书·南匈奴传》记载，汉顺帝在位时，设胡桃宫以招待外国使臣，赋予胡桃外交礼仪的功能。晋朝《广志》中有"陈仓胡桃，薄皮多肌，阴平胡桃，大而皮脆，急捉则碎"的记述，人们能够跨地域对核桃进行品评。

唐代以后开始有了野核桃（山核桃）的记载。在核桃成为经济作物后，人们开始注意原生核

涞水县地图

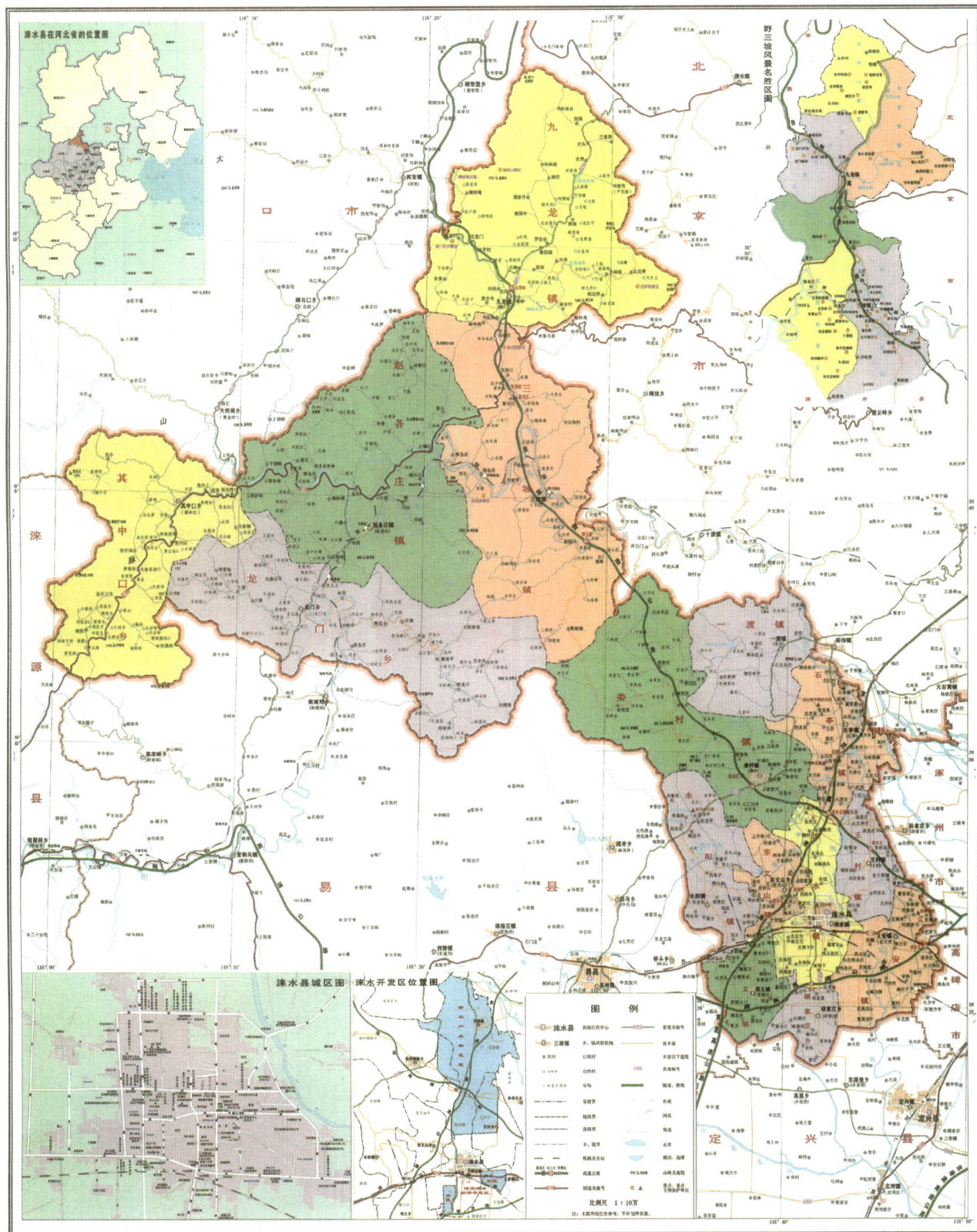

涞水县地图

河北省制图院　涞水县自然资源和规划局　编制　2022年2月

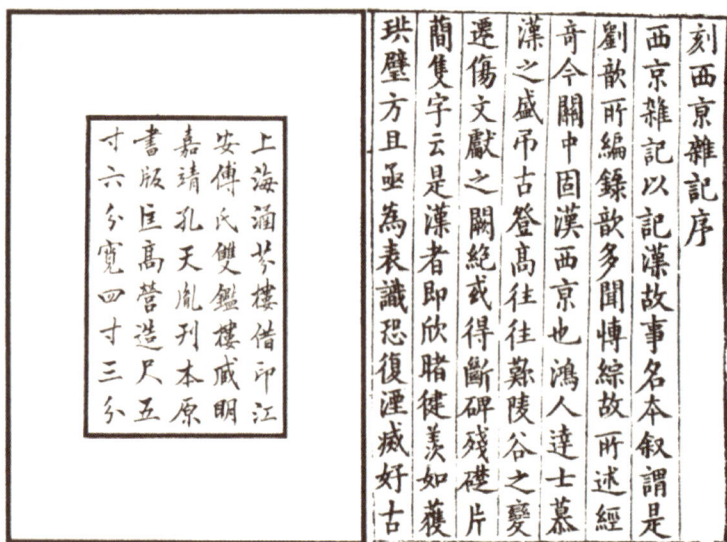

《西京杂记》嘉靖壬子刊本

《岁朝图》 元 藏于台
北故宫博物院

桃品种。《北户录》记载:"皮厚底平,状如槟榔",它属于原生中国山核桃的一种。在文化层面,核桃被赋予了丰富的象征意义。后汉孔融《与诸卿书》中称赞道:"多惠核桃,深知意";晋钮滔母答吴国书中:"胡桃本生西羌,外刚朴,内柔甘,质似古贤,欲以奉贡。"同时,核桃作为吉祥之物,被用于祭祀供奉,如荀氏春秋祠制中的"常设用胡桃"。"茫茫胡桃林,岁岁不知谁"则勾勒出核桃林广袤无垠的自然景观。在药用方面,唐代医学家和药物学家孙思邈《千金食治》、孟诜《食疗本草》等均有记述,核桃的药用价值开始得到重视。此外,唐代的核桃加工历史也初现端倪,敦煌文书《杂集时要用字》中"核桃椎"工具的记载,以及山西唐代遗址出土的石制工具,都表明当时已开展核桃的初步加工活动。

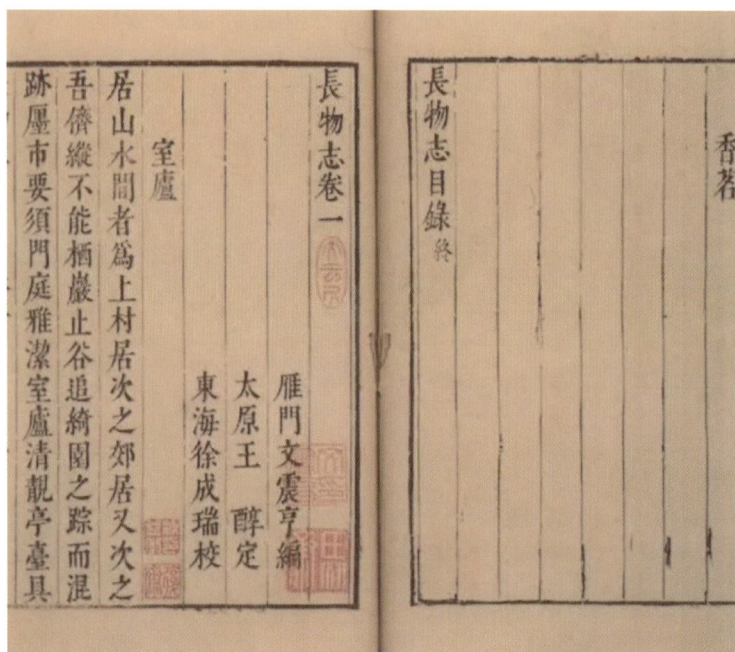

《长物志》明末刊本

到了宋代,核桃医药文化在唐代的基础上向精深方向发展,是核桃医药价值更为广泛的实践应用时期。人们对核桃的医药价值研究,从核桃仁的美容、保健、乌发、疗痔疮、染发等用途扩展到核桃各植物器官的利用研究。在繁殖技术上,出现嫁接法的应用，北宋张邦基《墨庄漫录》中提到用核桃条嫁接到柳树上，核桃容易成活且能缩短结实期。随着商业的繁荣，核桃已成为市面上较为常见的商品。《东京梦华录》对夜市的记载中，胡桃赫然在列，反映了当时核桃在市场上的流通情况。在文学创作方面，宋代文人也留下了许多与核桃有关的佳作，如杨万里有诗云："三韩万里半天松，方丈蓬莱东复东，珠玉链成千岁实，冰霜吹落九秋风，酒边脑膊牙车响，座上须臾漆橱空，新果新尝正新暑，绣衣使者念山翁"，以生动的笔触描绘了新果品尝的情景。

然而，从唐宋文献来看，当时对核桃的关注多聚焦于饮食、药用及自然景观层面，尚未发展至明清时期那种成熟的文玩核桃文化。

明代是麻核桃文化的重要转折期。隆庆开关后，白银大量流入，南北物资流通加速，以徽商、晋商为代表的新兴阶层通过购置文玩来标榜身份。在此背景下，麻核桃逐渐脱离实用范畴，成为文人雅士的掌中清玩，民间戏称明朝天启帝朱由校"玩核桃遗忘国事"。文震亨《长物志》记载："纹皱而质坚者，把握间可助清思"，从触觉与视觉维度确立鉴赏标准。医药研究方面，明代李时珍《本草纲目》中记载："洪氏《夷坚志》止言胡桃治痰嗽，能敛肺，盖不知其为命门、三焦之药也。"明代中晚期，文人雅士热衷于微型雕刻工艺，而胡桃雕又多依据其表壳皱襞纹理相形而划，常见题材有百花篮、婴戏图、五百罗汉等。最著名的艺人是明末清初宜典的邱山，他所刻的胡桃，"山水树木毫发毕具……即善绘者无逾其精巧。他有效者，便见刀凿痕，终不及其雅炼矣"（陈贞慧《秋园杂佩》）。

揉手核桃 清 藏于故宫博物院

桃核雕十八子手串 清 藏于故宫博物院

精品麻核桃鉴赏

在清代，麻核桃文化臻至鼎盛，其流行范围从宫廷贵族到市井百姓皆有涉及。据清代宫廷档案记载，当时以优质麻核桃为赏赐品的情况屡见不鲜，乾隆"百宝匣"中便盛放了一个雕有古代故事的核桃，这表明那时已将微雕核桃作为艺术品收藏（据溥仪在《我的前半生》中所述）。而在民间，麻核桃更是形成了一股收藏品鉴的风尚。文人雅士、富商巨贾皆以其为消遣寄托，催生出独特的文化社交圈层。民间流传着乾隆帝的御制诗："掌上旋日月，时光欲倒流。周身气血涌，何年是白头？"此时核桃不仅是贵族身份的象征，如"贝勒爷手里有三宝：扳指、核桃、笼中鸟"的俗语中所述，更成为了祝寿礼单上的礼物。故宫博物院现存的十余对清代揉手核桃，有的甚至标注着"丹贝勒预备""恭进"等字样，其中还有鸡心等品种的核桃经数百年把玩已呈玛瑙般红润。

随着时间的推移，麻核桃逐渐突破了个人把玩的范畴，成为礼仪社交的载体。在婚聘场合，必用"三棱核桃"象征稳固；官员升迁时，互赠"官帽"寓意晋阶。北京民谣"核桃不离手，能活九十九"则生动反映了百姓对核桃健身价值的认知。而《揉手核桃图谱》《长命核桃经》等书籍更是详载了养生要诀，这种"人养核桃，核桃养人"的互动，使麻核桃超越了普通文玩的范畴，成为承载健康理念与文化记忆的活态传承。

此外，民间还形成了"文人玩核桃，武人转铁球"的身份区分，天津方言中更将核桃称为"文玩"，进一步彰显了麻核桃在文化领域的重要地位。

麻核桃文化传承依赖家族与师徒。河北涞水种植户世代相传种植技术，孩童自幼习得管理挑选之道，成年后承继家业。师徒制中，年轻人拜师学艺，既得技艺又承精神，培养了大量专业人才。现代产业兴起后，形成了完整产业链，种植基地科学培育，加工企业创新设计，满足了多元需求。文旅融合为文化传播注入新动力。涞水举办麻核桃文化节，游客可体验种植、加工过程，参与文化活动。科技创新助力产业升级，基因技术改良品种，互联网平台拓宽市场，数字手段建立交流渠道。传统技艺与现代科技结合，使麻核桃文化焕发新生。

麻核桃从野生果实到文玩物件的演变过程，反映了人们对自然资源的认知与利用方式的转变。涞水地区麻核桃的栽培史，是生态适应、手工业技术发展与民间习俗等共同作用的结果。目前，亟需通过跨学科研究、数字化保护与创新性转化，使其在新时代继续绽放出永恒的文化光芒。

第二章 麻核桃族谱

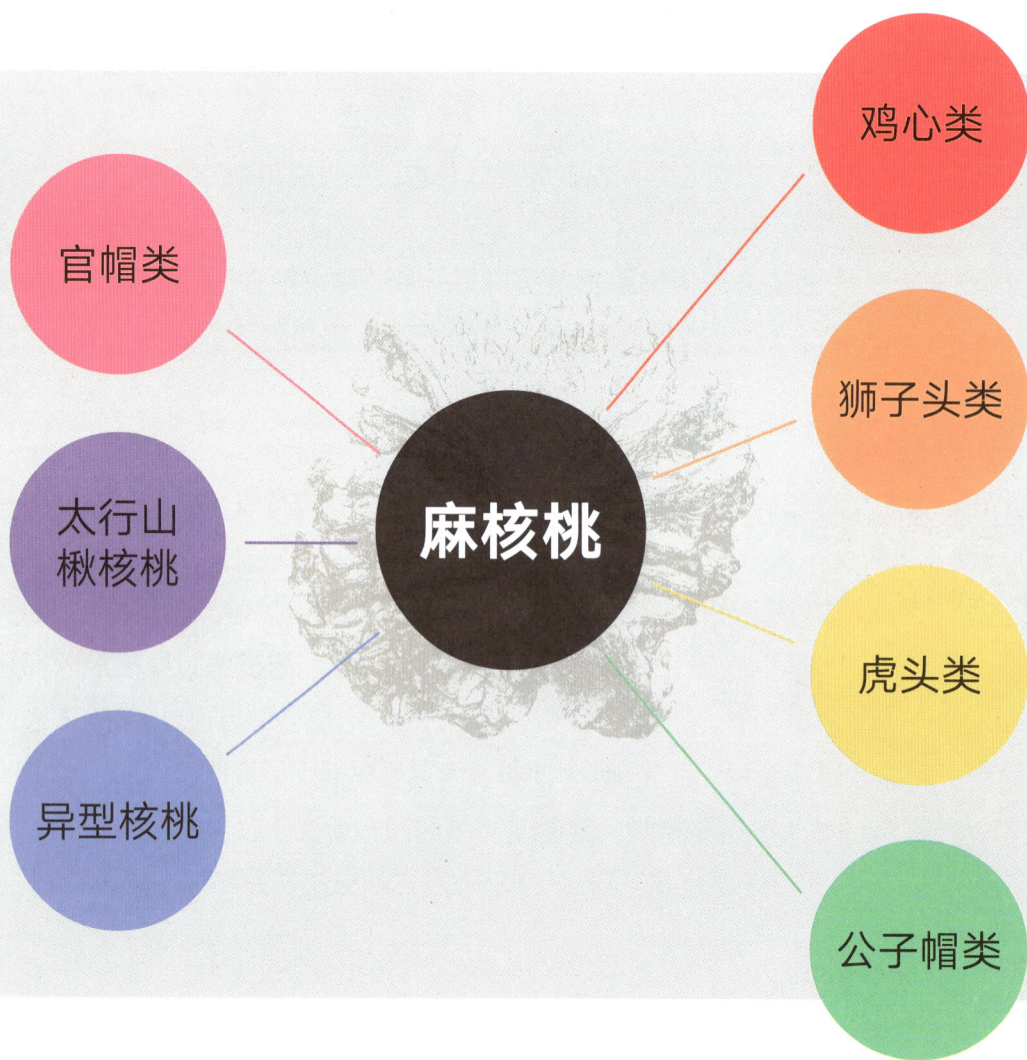

官帽类

太行山
楸核桃

异型核桃

麻核桃

鸡心类

狮子头类

虎头类

公子帽类

**Zhongguo Laishui
Mahetao**

中国涞水
麻核桃

中國涞水
麻核桃

公子帽类

崔凯公子帽

盘山公子帽

杨家坪公子帽

仙台公子帽

大耳朵图图公子帽

七步沟公子帽

福纹公子帽，寿果公子帽，带鱼公子帽，寿珠公子帽，金疙瘩公子帽，发财丸公子帽，中国心公子帽

黎城公子帽的形态独特，具有宽边、大耳、细棱、垂耳、凹底和瘿肚等特点。其边宽而饱满，弧度明显，呈现出一种横向发展的感觉，与一般核桃相比，其边宽更宽，呈现出矮桩的姿态。这种独特的形态使得黎城公子帽在文玩核桃中独树一帜，备受瞩目。黎城公子帽的皮质上乘，上手后容易变红，展现出独特的魅力。刚入手时，其皮色可能为粉红色或浅黄色，但随着时间的推移和玩家的精心盘玩，其颜色会逐渐变为深红色，色泽更加鲜艳，质感更加细腻。这种颜色变化的过程，也是玩家们享受盘玩乐趣的重要部分。

黎城公子帽

朱雀公子帽的外形与传说中的中华灵兽朱雀的身形颇为相似，具有独特的审美价值。其身上的纹路凹凸不平且柔和，与朱雀身上的羽毛状纹路神似，增添了其神秘感和艺术美感。朱雀公子帽核桃的皮质红润，与朱雀在传说中的红色形象相呼应，进一步强化了其名称的合理性。朱雀公子帽的发现地主要在北京以南的深山处，也有说法认为朱雀鸡心产自河北邢台蝎子沟，而朱雀公子帽则可能是在北京以南的深山处发现的。这些地区独特的自然环境和气候条件为朱雀公子帽核桃的生长提供了得天独厚的条件。朱雀公子帽核桃具有皮质红润、分量打手、纹路似羽毛且有一种嶙峋的图腾感等特点。其形状规整，从侧面看端肩大气，底部是小气门，肚型圆而饱满，尖部突出并呈现羽毛状。这些特点使得朱雀公子帽核桃在文玩核桃中独树一帜，备受青睐。

朱雀公子帽

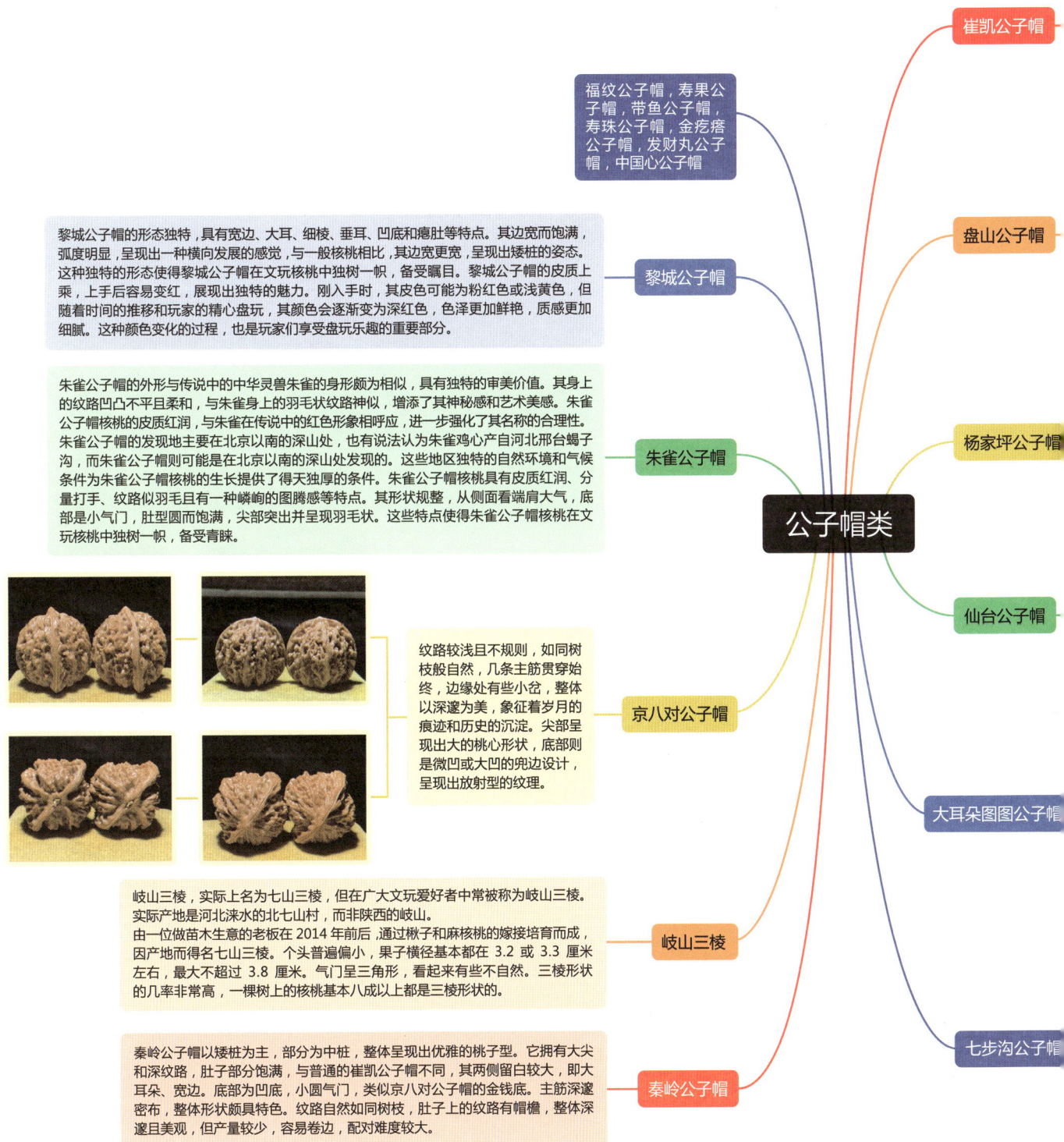

纹路较浅且不规则，如同树枝般自然，几条主筋贯穿始终，边缘处有些小岔，整体以深邃为美，象征着岁月的痕迹和历史的沉淀。尖部呈现出大的桃心形状，底部则是微凹或大凹的兜边设计，呈现出放射型的纹理。

京八对公子帽

岐山三棱，实际上名为七山三棱，但在广大文玩爱好者中常被称为岐山三棱。实际产地是河北涞水的北七山村，而非陕西的岐山。
由一位做苗木生意的老板在2014年前后，通过楸子和麻核桃的嫁接培育而成，因产地而得名七山三棱。个头普遍偏小，果子横径基本都在3.2或3.3厘米左右，最大不超过3.8厘米。气门呈三角形，看起来有些不自然。三棱形状的几率非常高，一棵树上的核桃基本八成以上都是三棱形状的。

岐山三棱

秦岭公子帽以矮桩为主，部分为中桩，整体呈现出优雅的桃子型。它拥有大尖和深纹路，肚子部分饱满，与普通的崔凯公子帽不同，其两侧留白较大，即大耳朵、宽边。底部为凹底，小圆气门，类似京八对公子帽的金钱底。主筋深邃密布，整体形状颇具特色。纹路自然如同树枝，肚子上的纹路有帽檐，整体深邃且美观，但产量较少，容易卷边，配对难度较大。

秦岭公子帽

崔凯公子帽核桃个头大，形状漂亮，整体桩型矮，纹路浅，肚子瘪，兜底。其形状像桃心，上窄下宽，尖大。纹路相对较浅，皮质好，密度小，分量轻，易上色，上手易红。

金鱼肚公子帽

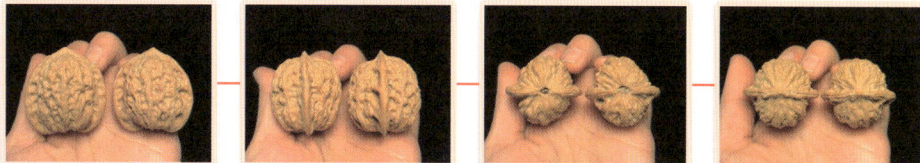

盘山公子帽是出异形最多的品种之一，三棱、四棱等异形核桃层出不穷，为人们提供了更多的选择和想象空间。盘山公子帽的形状粗犷优美，整体桩型较高，边宽通常要比高度大，即通常说的矮桩。然而，也有部分盘山公子帽呈现出高桩的特征，边幅薄，肚子瘪，兜底，形状不正的现象比较普遍。其纹路清晰、漂亮且较深，这是盘山公子帽的一个显著特点。

杨家坪公子帽的形状周正，桩型不能过高也不能过矮，肚子不要大，一旦肚子圆了就不像杨家坪公子帽了。从正面看左右对称，从侧面看边位于中间，不能卷边兜底。肩部弧度优美，流线型往下展开，直达核桃的底部。纹路较浅且柔和均匀，顶部有着不太明显的鳞片状纹路，通身纹路看上去就像山川与河流的组合地貌，非常精美。也有说法认为其纹路深邃且宽大粗犷。皮质硬朗、厚实，上手易盘玩，且容易上色。原色核桃为姜黄色皮质，盘玩后颜色会发生变化，先变红，最终可能呈现出玉化的效果。

仙台公子帽的形状通常较为圆润，底部平整，顶部则呈现出独特的公子帽形状，即中间高起，两侧微斜。其纹路清晰且规则，有的呈现出细腻的点状纹路，有的则带有明显的线状纹路，整体给人一种优雅而精致的感觉。仙台公子帽的皮质坚硬且细腻，上手后容易变红，且颜色鲜艳持久。其原色通常为姜黄色或浅棕色，经过盘玩后会逐渐变为红色或深棕色。

大耳朵图图公子帽是文玩核桃的一个新晋品种。产自中国河北等地区，这一命名源于其独特的形状。其两边有明显的凸起，中间凹陷，整体形状像是一个卡通人物大耳朵图图的头部，尤其是那对明显的"耳朵"，更是其标志性的特征，因此得名为大耳朵图图。其纹路相对较浅，但线条清晰，分布均匀，给人一种简洁而优雅的感觉。大耳朵图图公子帽的皮质较好，上手后容易变红。其颜色变化也较快，经过一段时间的盘玩，可以呈现出鲜艳的红色或深红色。

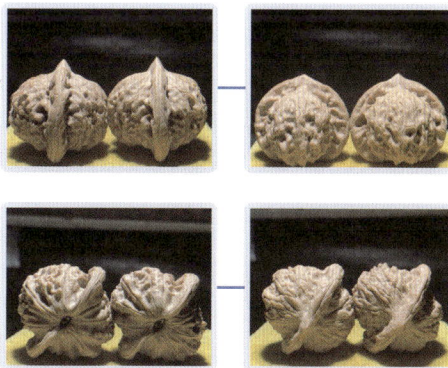

七步沟公子帽的形状呈现出优雅的桃子形，大帽檐，肚子部分扁扁的，整体桩型较矮。其边从正面看比较胖、宽，横向发展的趋势明显，弧度较大，边明显比一般的核桃宽。七步沟公子帽的纹路如同树枝般自然，几条主筋贯穿始终，边缘处有些小岔，整体以深邃为美，象征着岁月的痕迹和历史的沉淀。其皮质为红皮，上手后颜色容易变深，但变色过程较为缓慢，经过长时间的盘玩，可以呈现出厚重的枣红色。

中國淶川麻核桃

皇冠官帽，玉树官帽，炽焰官帽，

核桃高桩，瘪肚，外形较扁。嫁接后的长治官帽有两种纹路，一种是纹路细碎、小气门、典型的官帽形，外形有点像鸭嘴；另一种是纹路为木柴纹、气门稍大，外形有点像鸡心。皮质坚硬，分量打手。

长治官帽

燕山官帽的形状独特，边缘宽大而狭窄，从正面看显得瘦窄而优雅。其肩部向下的坡度较大，给人一种向下的趋势感，这种设计使得燕山官帽更具立体感。燕山官帽的纹路细碎，边部比较薄，呈现出一种独特的视觉效果。同时，其宽边纹路浅，使得整体外观更加雅致。燕山官帽的皮质非常好，上手易红。其红皮微蜡的质感让人爱不释手，且油性好，颜色变化自然，给人一种古朴典雅的美感。

燕山官帽

西北官帽核桃通常个头较大，形状多为高桩型，边部较薄，给人一种瘦骨嶙峋的感觉。尽管如此，其独特的形状却为文玩爱好者提供了无尽的想象空间。西北官帽的纹路细碎而深刻，棱薄而清晰。这种独特的纹路不仅增加了核桃的观赏性，还使其在盘玩时具有更强的按摩感。皮质通常较好，上手易红。经过长时间的盘玩和保养，其颜色会逐渐变深，呈现出一种温润如玉的光泽。

西北官帽

赞皇官帽核桃的形状饱满圆润，顶部微微凸起，底部则较为平坦，整体呈现出一种端庄大方的气质。其纹路深邃且清晰，错落有致，宛如天然的山水画卷，为文玩爱好者提供了无尽的欣赏空间。赞皇官帽的皮质坚硬且细腻，触感极佳。其颜色多为自然的木质色，经过长时间的盘玩和保养，会逐渐呈现出温润如玉的光泽。

赞皇官帽

大刺官帽属于大型核桃，体形较高，底小而肩大。其核桃尖部常向一侧倾斜，底部两个底边突出，导致它不能直角站立。大刺官帽的纹路深邃且细密，满身刺状，非常扎手，宛如盛开的花朵。

大刺官帽

官帽类

王勇官帽

玉玺宫灯官帽

薄棱官帽

百花山官帽

帝王官帽

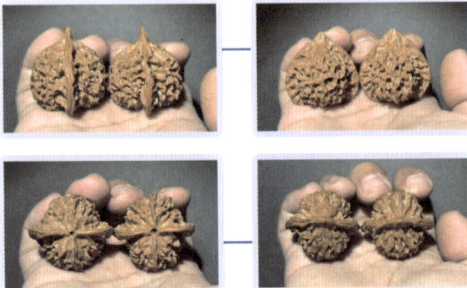

产自河北省邯郸地区，目前老树尚存，这一品种在麻核桃市场并不常见。核桃横径为 3.3 厘米左右，形状呈现出类似珊瑚塔的结构，顶部尖锐，底部宽大，整体呈现出一种层次分明的塔状结构，此形态在文玩核桃中并不常见，因此具有较高的独特性。核桃表面的纹路呈现出珊瑚般的纹理，细腻且富有层次感。这种纹路不仅美观，还能增加核桃的观赏性和收藏价值。

珊瑚塔官帽

王勇官帽因其纹路酷似中国传统瑞兽麒麟的鳞片，又得名麒麟纹大官帽。王勇官帽源自山西太行山脉深处的野生核桃。2003 年，涞水县西安庄村的村民王勇从野外引入并精心培育，使其逐渐为文玩界所知。王勇官帽通常具有高桩、大尖儿、宽边的特点，符合一般官帽的典型特征。其形状饱满，纹路深刻且清晰，边部厚实。其纹路酷似麒麟的鳞片，规则而美观。王勇官帽的皮质厚实，分量沉甸甸，手感优异。这种核桃的皮质易于包浆，上手后能够快速形成光滑细腻的包浆。

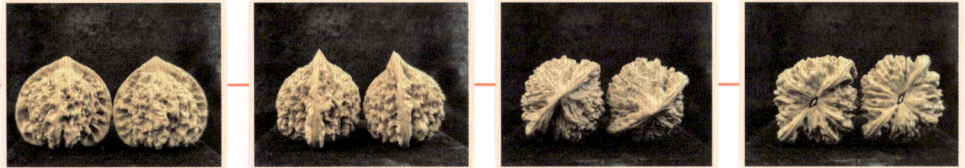

玉玺宫灯官帽原名"邢台矮桩官帽"，起源于河北邢台，因其形状酷似古代宫女所挑的宫灯而得名，也有说法认为其最初被称为"玉喜狮子头"，后改为"玉玺狮子头"，最终流传最广的是"玉玺宫灯"这一称呼。玉玺宫灯核桃整体圆润饱满，筋粗纹深，大凹底，鼓肚桃心桩。其皮质坚硬，油性充足，上手易红。颜色多为粉红皮色，部分橘红。

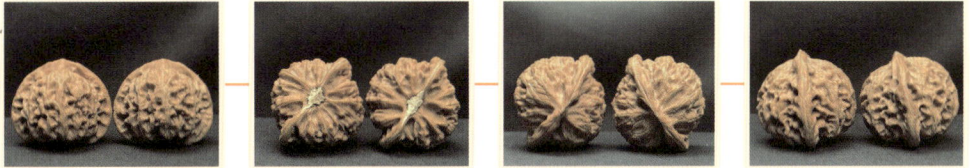

薄棱官帽因其棱部较薄而得名，是官帽核桃中的一种特殊品种。薄棱官帽的形状与官帽相似，但棱部更为纤薄，纹路独特且清晰。其皮质坚硬，密度适中，上手后易于包浆和上色。

百花山官帽又名"满天星"，其纹理特点在于其表面呈现出点点状，如同一颗颗小星星，这与一般核桃的条纹纹理明显不同。这种独特的纹理赋予了百花山官帽极高的观赏价值。百花山官帽通常具有密疙瘩纹、凹底、大尖、厚边的特征。这些特征使得百花山官帽在外观上显得气势磅礴，颇具威严。

帝王官帽的果形偏大，中高桩居多，给人以稳重而威严之感。其宽大的底座随意摆放就显得四平八稳，展现出一种与生俱来的沉稳气场。皮质白茬蜡感强，皮色呈现出独特的姜黄色。这种皮色上色较慢，但随着时间的推移，最终呈现出鲜艳的牛筋红色，色泽之美令人叹为观止。其纹路狂野，犹如狮子头上的鬃毛，粗犷而不失细腻，展现出一种原始而野性的美。也有人将其纹路形容为蜂窝状，骨质清脆。骨质坚硬且沉重，盘玩时咬手有挑战性，但同时也需要玩家格外小心，以免因用力过猛而损坏。

虎头类

暴雪虎头

暴雪虎头大部分属于高桩型，整体形状从底部到尖部逐渐变小，外观上与窝窝头相似。顶部的纹路非常有特点，类似门墩的蟒皮纹，两条棱非常粗，尖部不明显，纹路细碎且肚子比较饱满，底部纹路从中间向周围延伸，呈现出独特的雪花状。
暴雪虎头的皮色发红，油性比较足，骨质一般且硬度不算小。
暴雪虎头虽属于虎头类的核桃，但为了迎合市场，通常被归类为狮子头。这种分类有时会导致一些误解，但暴雪虎头文玩核桃的独特之处仍然受到许多文玩爱好者的喜爱。

将军榻虎头

将军榻虎头是以象形命名的一款品种，形似将军座榻，入手油润，蜡质感极强，皮质坚硬厚实，纹理粗犷，密度高，上色快，骨质坚硬，大肚子手感饱满。

龙脊虎头

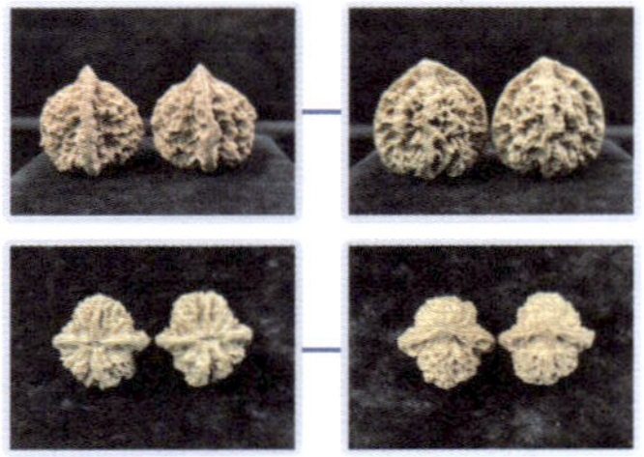

龙脊虎头的棱线以点网状为主，突出如同蛟龙脊背般起伏跌宕，线条流畅有力，同时保留虎头核桃的粗筋与均匀分布的特点。
桩型通常较高，但也可能存在矮桩的情况，桩型因个体差异而异。边部宽厚流畅，展现出虎头核桃的稳重与霸气。上色和挂瓷速度适中，色泽以玛瑙红为主，包浆后颜色更加精美。

歪底闷尖虎头

歪底闷尖虎头是以核桃的底部特征来命名的。其“歪底”指的是核桃底部不是完全平整或正中的，而是呈现出一种歪斜的状态；歪底闷尖虎头的纹路较浅且杂乱无序，呈现出一种独特的美感。其边部宽厚，上手后易于盘玩。同时，大部分歪底闷尖虎头的核桃都是歪底、歪头的，这也体现了其独特性。

马老四虎头

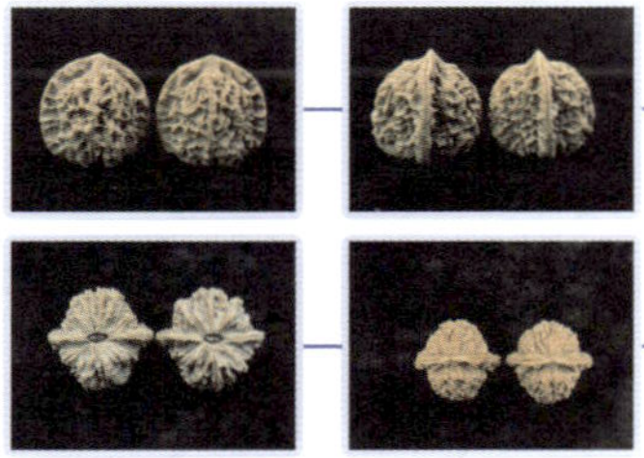

马老四虎头，或称马老四狮子头，是一款以树主人名命名的核桃品种。这款核桃是由天津蓟县一个叫马老四（或马有铁，排行老四）的人发现的，他就以自己的名字来命名了。由于该核桃形状端庄稳重，纹路大气舒展，厚边平底，且整体类似虎头，因此也被当地人称为虎头。近年来，其外型较高，市场俗称大驴脸儿。其皮质密度不错，分量打手，骨质硬且密度大，拿在手里有明显的坠手感。皮色偏红，油性很大。大部分马老四虎头的纹路比较杂乱，能配上规整纹路的对子比较少。

绣球虎头

绣球虎头因其形状饱满圆润，纹路清晰且美观，类似传统的绣球而得名。菱形气门，平底或微凹底。整体上，绣球虎头的外观给人一种稳重而神秘的美感。

金蟾王虎头

金蟾王虎头根据外形得名。由于蛤蟆头形文玩核桃的火爆，蟾形核桃层出不穷，其中以此核桃为最。自然中桩桩型，正身立体端正，蟾形尤为凸出，侧身饱满，浅凹式凹底菱形气门，皮色粉红，皮骨质俱佳。

水龙纹虎头

水龙纹虎头因纹路形似蛟龙出水或水中的波浪而得名，展现出一种狂放而不扎手的美感。水龙纹虎头通常纹路细腻且深邃，花纹漂亮，犹如蛟龙在水中翻滚。密度高，上色快，骨质坚硬，大肚子，手感饱满。由于坐果率低且生长过程娇气，成品率也较低，导致市面上数量稀少。

凤凰台虎头

凤凰台虎头得名于其产地或某一形状特征与“凤凰台”或“虎头”相关联。凤凰台虎头形状饱满圆润，整体呈现出虎头般的威猛与力量感。其纹路分布均匀且清晰，以点网状为主，边宽而直，桩型适中。菱形气门，外观独特。

悟空虎头

悟空虎头在形态上往往追求自然与神韵的结合，有的核桃纹理如孙悟空的毛发般细密有力，有的则形似孙悟空的火眼金睛，闪烁着智慧的光芒。每一对悟空虎头都是大自然的杰作，独一无二。作为文玩核桃，皮质的好坏直接关系到把玩效果与收藏价值。悟空虎头多选用皮质坚硬、密度适中、易于上色的优质品种，经过长时间把玩，核桃表面会逐渐形成包浆，色泽温润如玉，更添几分古朴之美。

麦穗虎头

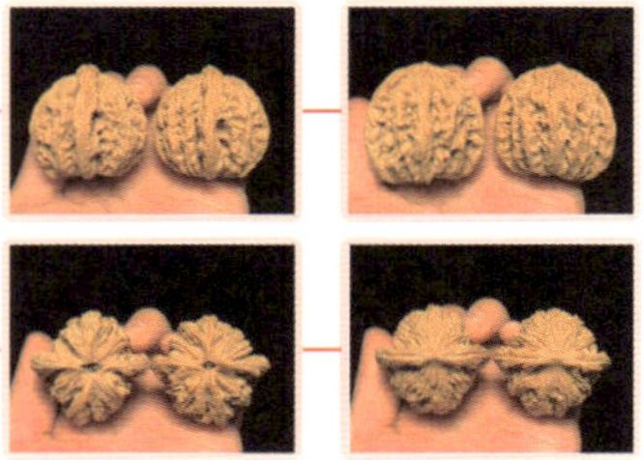

麦穗虎头纹路清晰、规律、有序，酷似麦穗，因此得名。麦穗虎头整体形状饱满圆润，顶部尖而突出，底部则较为平整或微凹。其桩高、凸起大，分布均匀，棱条宽而直。纹路以点网状为主，清晰、规律、有序，酷似麦穗，独特的纹路不仅美观，还增加了把玩的乐趣。
麦穗虎头的尺寸适中，既不过于小巧也不过于笨重。常见的尺寸为35~45毫米。麦穗虎头的皮质细腻且坚硬，通常呈现出温润如玉的质感。骨质坚硬且密度高，使其在把玩过程中能够保持较好的形状和质感。

罗汉头虎头

罗汉头核桃整体形状饱满，桩型较高，大尖突出，呈现出一种稳重而不失灵动的美感。其边部较宽，但棱偏薄，整体看起来更加协调。底部则较为平整或微微兜底，有点“十”字圆平底的意思。气门偏小，芝麻脐儿，这也是罗汉头核桃的一个显著特点。纹路深且不规则，凹凸无序，这种狂野无章的纹路给人一种桀骜不驯的感觉，与罗汉的性格相似。核桃表面有通筋，其间的纹路呈片状，使整体看起来更加独特。
皮质坚硬且光滑，上手后容易变红，这是其皮质好的一个体现。同时，其皮质具有一定的油性，在盘玩过程中能够形成美丽的包浆。

红狮子虎头

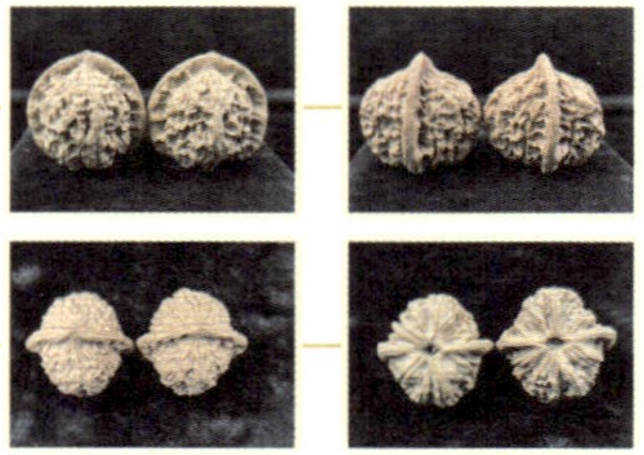

红狮子虎头因其剥去青皮呈现艳红色而得名，其皮质在盘玩后容易上色，呈现出油性皮质的特点。其皮色通常为黄偏红，非常自然且精美。骨质硬，武盘声音清晰，骨质密度高。纹路偏细密，类似于南疆石的纹路，顶部纹路舒展，具备虎头核桃的特征，如鳞片般附着、展开。气门偏圆，介于芝麻气门与柳叶气门之间，大小适中，包浆后可封底（无硬性要求）。边大而宽，线条不特别流畅，有山石般的微微凹凸感，古朴风韵浓厚，原生态自然风格强烈。市面上可见多种桩型，如三角桩和闷尖矮桩等。

莲花虎头

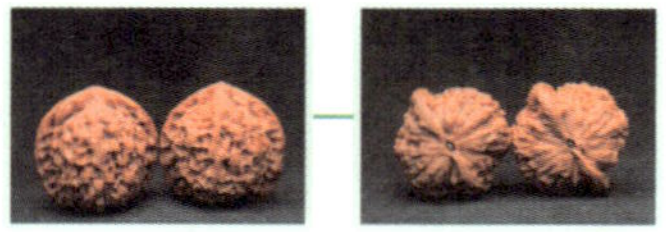

莲花虎头的纹路或桩型可能让人联想到莲花的纯洁与高雅，其饱满的形状、厚重的皮质与虎头的威猛形象相呼应。同时，莲花在传统文化中象征团结和睦，而虎头则代表勇猛与威严，莲花与虎头的结合也寓意着力量和美好的结合。
莲花虎头整体形状饱满，与虎头形象相似，给人一种厚重感和力量感。纹路独特且美观，有的纹路可能呈现出类似莲花瓣的线条，增加了核桃的艺术价值。
皮质优良，重量较大，使得莲花虎头核桃在文玩核桃中具有较高的品质。

红锦鲤虎头

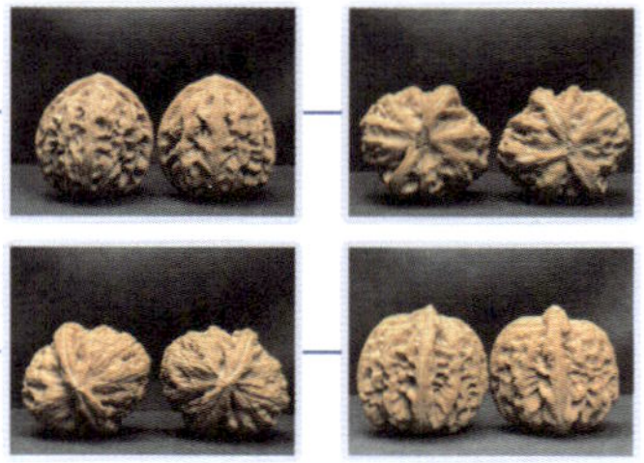

红锦鲤虎头原树尚存，位于天津冀州区。红锦鲤虎头是根据核桃的桩型及后期走色命名。中高桩型，山字尖，纹路比较粗犷，通体圆润饱满，小眼睛气门，粉红皮，骨质坚硬且密度高，上手分量很足，盘玩体验较好。

狮虎兽虎头

狮虎兽虎头结合了狮子头和麦穗虎头的特点，并经过人工夹板处理形成矮桩，从而得名。狮子头通常指文玩核桃中一种形状饱满、纹路美观的品种，而麦穗虎头则以其清晰的麦穗纹路著称。狮虎兽虎头可能是通过人工培育或特殊处理技术得到的。在文玩核桃领域，人们常常通过嫁接、修剪等方式来改善核桃的外观和品质，狮虎兽虎头就是在这种背景下产生的。狮虎兽虎头通常呈现为矮桩形状，边宽适中，肚子饱满圆润。视觉上更加美观和协调。因其纹路结合了狮子头和麦穗虎头的特点，在文玩核桃中具有较高的辨识度。狮虎兽的皮质坚硬且油性足，易于形成包浆。骨质密度高，手感沉，非常适合盘玩和收藏。

狮子头类

赵喜满新疆石狮头

赵喜满新疆石狮头是以其种植者"赵喜满"并结合其产地命名。赵喜满新疆石狮头产地，因端入法原因（实际为河北省承德县南格石村），符合定市涞水县赵石庄的生长环境与气候条件，故符合适宜坂城村，这里主要的气候和土壤种植需要现，赵喜满新疆石狮头多为矮桩或矮顶品相，肚子饱满自然。其顶部深厚而得其皮深厚且质地密实，纹络流畅自然。线条流畅度高，油性足。这是部分狮子头皮质所具备的辨识度。其顶部皮质中能够快速上色挂瓷，形成独特的浆效果。盘玩过程中独特的皮质加快速上色油硬，拿在手里有一定分量感。同时，其质感也十分坚硬。

南将石狮头

南将石狮头，别名又叫"麻猴"或"麻狗"，麻因为石村，相传因在河北省承德县常家堡乡南格石村发现而得名。现在，虽然石产地不再局限于这个村，但大家还是这同一种最接近小建判别标准的形式作为标准南将石嫁。象标准。南将石虎头具有棱纹状、大十字状、凹底、菱形肩胛、或斜纹（拉丝纹）等特征，纹络密实。如白书纹、上通等都有呼纹，但相据具有桩型又有灵纹划分，南将石属于南将石属于南将石虎头。

四眼狮头

四眼虎头主要产于中国北部山地地区，因其核桃底部（底部）周常出现四个小眼（或称为小点），而得名。需要注意的是，不过，甚至四眼，核桃可能出现1～3个眼，（但这并不影响四眼虎头的身价，四眼虎头作为四眼或四眼狮子头整体）具有核桃的品美观，与普通的狮子头或虎头的威猛与力量相比，更具特色。

金公子狮头

金公子虎头以中高桩型为主，纹路均匀舒展，呈现相貌秀丽的纹络，墙质感强，品相端正偏桃小斑，上色正，微微凹耳型饱满，蜡质感强，油性足，手感沉甸甸的，非常适合盘玩和收藏。

易县冀底虎头

易县冀底虎头俗称"野川"主要产于中国河北省易县，具备虎形状饱满，底部呈现状，形状独特。纹路美观且分布均匀、点网状纹路呈品美观、分量足、走位正、走位正，后期呈现有品。其纹路较虎头为力量感。

平台凹底虎头

该核桃品种因其底部（底部）呈现出明显的凹网特征而得名"凹底"，同时，结合其产地和狮子头的外观特色，人们将其命名为平台凹底虎头。平台凹底虎头的外观形状饱满，增加了核桃的艺术体验特征，盘玩体验好。其纹路较虎头为力量感。

元宝虎头

元宝虎头因其侧面饱肩面收底，型似元宝而得名，原产地北京平，其核桃所在京脚下原有一，因而又名整圆，也因此，这个品种由每年有少量的种子流出，也因此，这个品种相比较少见的小众品种，其市面上出品皮质耳耳，连续纹分为主，纹路带有明显丰节，顶部圆圆润油腻，盘玩乐手感正。以生玩上色，连化纹为力量感，整体体现过月份这里正色泽红润皇，经过盘玩磨损及岁月沉淀，是深受老玩家喜爱的核桃品种。

陨石王虎头、石勒虎头、九龙筋虎头、玉龙虎头、福箔虎头、红玉虎头、山水虎头

赤玉昆仑虎头

赤玉昆仑虎头母树发现于涞源县附近，形似虎头形状偏小，呈椭圆形，核桃纹路呈"川"字其中细小纹络形似珊瑚，均匀身质坚硬密度较高，后期颜色均为为牛津红，玉化后形似赤玉。

玄武虎头

玄武虎头产地在北京延庆，延庆在首都北京的正北方，对应二国像中的北玄武门，故而得名。玄武虎头的特点是纹，核桃整体给人威猛的感觉，后期走色也非常透亮，由于纹路非常粗壮，上色后有种雕肉的感觉，非常漂亮，尤其是肚子部分突出的感觉，可爱和吸引人。

观音肚虎头

观音肚虎头因其形状饱满圆润，如观音菩萨的肚子得名，因此得名。观音肚虎头上色的纹络清晰且美观，纹路粗犷目独尤其核桃饱满的肚子肚圆突出，其整体形状饱满圆润，后期走走也非常明显，显示出一种雕重质感和光采。使得整个核桃看起来更加富有光泽。

盘龙虎头

盘龙虎头是文玩核桃中的一大系列，被称为"四大名核"之一，小底盘，桩型近厚，粘型厚边厚门。盘龙虎头因其纹路较威猛，因此得名。盘龙虎头纹路清晰目独特，其整体形状纹路饱满圆润，肚部较大，整体形状纹路饱满圆润，显示一种雕重和神韵的美感。从头尾部到侧面都纹如美观。

虎王虎头

虎王虎头，也被称为狮子虎王，因集结核桃的所有优点于一身，故而得名虎王。同时，呈现出集虎头类核桃于一身，故而得名虎王。核桃有相似之处，因此核桃外观呈皮质与纹子核虎王虎头的纹路较威猛如美观，还增加了核桃的艺术威猛与力量感。其整体形状饱满圆润，呈现出的皱毛纹，还增加了核桃的艺术价值，皮质优良、上手易目且色美观，经过长时间的盘玩。

大寿头虎头

大寿头虎头，或称宝瓶虎头，宝瓶狮头或大寿头、大寿头虎头属于文玩核桃中的虎头系列，因其纹络圆润如大寿头（或寿瓶）而得名，这种核桃的命名形象又富有寓意。其外形，又增加了其艺术威猛目美观，其品相独特目美观。此外，它的纹络较观特征。纹路细腻且连贯，呈现出小寿特征，非常独特目美观，其品相相对不是很明显，略微凹凹，尖部厚重不失手，其品种高，纹路饱满，小底纹这种独特的盘玩价值，对比同尺寸内其他品种更重目足，所以又较称为"大寿之王"。

舍利塔虎头（由涞水麻核桃协会新品种研发委员会提供品种）

中国涞水
麻核桃

壁虎鸡心形状通常呈现瘦高桩型，底部饱满，纹路类似壁虎纹理。其皮质细腻，颜色多为蜡黄色或红黄色，上手后容易上色，随着时间的推移，颜色逐渐变深，呈现出玛瑙红等精美色泽。纹路似壁虎纹路，独特且美观，增加了其观赏价值。

壁虎鸡心

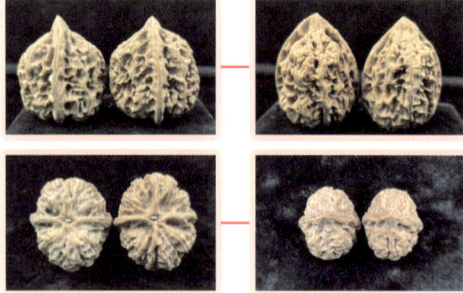

平谷火苗鸡心又名'至尊宝'。产自北京平谷，纹路清晰且如同火苗般跳跃，展现出一种灵动的美感，因此得名。其形状规整，桩型适中。皮质较好，手感温润如玉，易于上色和包浆，经过长时间的把玩和保养，能够呈现出更加精美的色泽和质感。品相上乘、配对精良的平谷火苗鸡心，是收藏家们竞相追逐的珍品，具有较高的收藏价值。

平谷火苗鸡心

佛肚鸡心通常呈现瘦高桩型，因其底部形状与佛肚相似，得名佛肚鸡心。佛肚鸡心的皮质细腻，蜡皮质感明显，颜色多为蜡黄色，给人以沉稳、古朴之感。纹路独特，美观大方，具有极高的观赏价值。

佛肚鸡心

招财鼠鸡心刚上市很快便被核友们接受。其最初的名称是"九层妖塔"。后因其纹路非常有层次且桩型高，而后又恰逢鼠年，且价格较高，因此得名"招财鼠"。
招财鼠鸡心通常都是长条形的桩型，具备鸡心类的高桩形特征。饱满圆润，就像一只胖老鼠的肚子，与"招财鼠"这个名字贴切。两条主要的边（棱）不粗也不宽，但看上去很有力量。
平底，能够稳定站立。大尖且精美。从顶部看纹路由尖以下的地方开始向四周伸展。具有精美的粗粗的星火焰纹，几乎突起的大小都一致，看上去端庄大气、精致。通常为姜黄皮质，骨质密度大，上手后有明显的沉手感，非常瓷实敦厚。

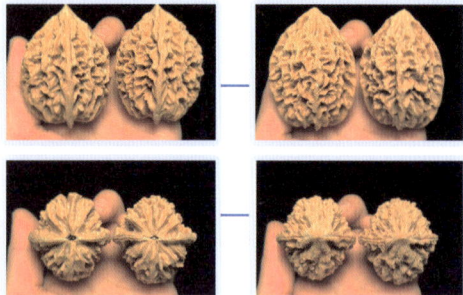

招财鼠鸡心

秦岭鸡心通常具有独特的形状和别致的珊瑚纹，其表面刺花纹较多，因此盘玩起来可能会有些刺手，但对于喜欢通过盘核桃来按摩穴位的人来说是首选。

秦岭鸡心

龙门涧鸡心的形状通常较为规整 具有独特的外观特征。其端肩膀、大肚子以及自然的深渊巨凹底等特点，使得每一对核桃都独具特色。
龙门涧鸡心纹路清晰且独特，呈现出一种自然流畅的美感。这种独特的纹路增加了核桃的观赏性和收藏价值。皮质高油高透，呈现出一种梦幻般的质感。这种皮质不仅美观，而且手感极佳，使得在盘玩核桃过程中更加舒适。

龙门涧鸡心

金牛鸡心的形状饱满圆润，肚子部分明显大于边部，整体呈现出一种稳重而端庄的姿态。其纹路舒展、匀称、规整，温柔中带着硬朗。每一颗核桃的纹路都是独一无二，如同指纹一般，为玩家们提供了丰富的收藏和鉴赏乐趣。其纹路细密但不深，且有规则，这使得它在前期打底和后期打理时都相对简单。

金牛鸡心

大红袍鸡心的外观通常呈现出金黄或深红的色泽，形状饱满且圆润，具有独特的纹路和形态，极具观赏价值。皮质通常较为坚硬且光滑，密度较大，盘玩过程中不易受损，骨质也较为坚硬，具有温润如玉的质感，在盘玩过程中能够感受到其独特的魅力。上色速度相对较快，经过一段时间的盘玩，颜色会逐渐变得红润且富有光泽，增加了其观赏性和收藏价值。

大红袍鸡心

鸡心类

大孤石鸡心

大孤石核桃的名字来源于其产地大孤石村，然而，在市场上也常见到"大沽石"的写法，这可能是由于名字在传播过程中产生了变化。不过，正确的名字应该是大孤石。大孤石核桃的桩型较高，尖部宽大，纹路粗壮且流畅舒展。其底部通常较为平整，气门大小适中。整体形状独特，皮质油润，骨质极佳，分量较重，给人一种沉稳的手感。这使得它在文玩核桃中具有较高的收藏价值。

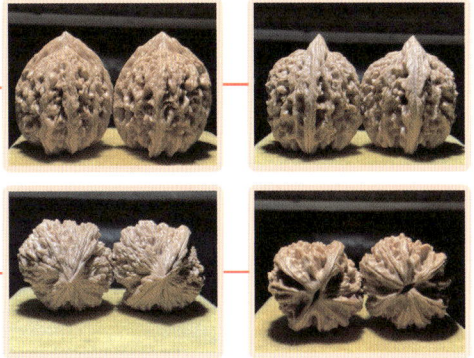

赤龙鸡心

产于河北省保定市涞水县，高桩，从正面看，上部分像月季花的叶子，肩部线条流畅；从侧面看，肚子大且饱满，肩部端庄，两根大主棱宽厚，显得很有力道，纹路具有远古感，有沟壑和凹凸不平的疙瘩包，通身不均匀地呈现有龙鳞一样的纹路。底部为大平底，纹路凹凸不算大，柳叶形气门且气门不大；顶部尖部会有一点歪，但尖厚实，有厚重感。

沈阳鸡心

沈阳鸡心的老树生长在沈阳市园林植物标本公园内，这是一棵具有科研用途的三叉老树。核桃皮质极佳，上色后颜色鲜艳。沈阳鸡心核桃以其独特的心形形状而著称，中等尖，溜肩，瘦高桩，底部通常呈放射状，小眼睛气门。核桃的纹路多为网状，质地坚硬，且呈现出星点状的纹理，在视觉上具有极高的美观性。

十三陵鸡心

十三陵鸡心是一种野生品种，其原生树至今仍然健在，并且状态良好，每年都能结出丰硕的果实。十三陵鸡心的纹路狂野，桩形较高，小兜底，气门外突，不能自然站立。具大尖儿、不厚实的大边儿、溜肩膀、中号肚子，主筋粗壮，纹理深邃。
皮质极佳，蜡质感强烈，密度和分量都是一流的。其骨质密度高，拿在手里有明显的坠手感，温润如玉。经过盘玩，核桃的颜色会从橘黄逐渐变为深红，走色迅速且红润。

鸭嘴兽鸡心

鸭嘴兽鸡心严格来说是属于鸡心类麻核桃的变种。其名称来源于像鸭嘴的独特外形。高桩，与鸡心核桃的桩型相似，呈现出自然且挺拔的形态。端肩膀，肚型饱满，给人以圆润而有力的视觉感受。纹理较深且疏密有致，蟒皮纹是其显著的特点之一，这种纹理使在盘玩核桃时更加舒适且不易滑手。通常是橙红皮质，具有水晶皮的气质和油蜡皮的即视感，容易上色且颜色鲜艳。

红缨枪鸭嘴兽
瓷瓶鸭嘴兽
坐佛鸭嘴兽

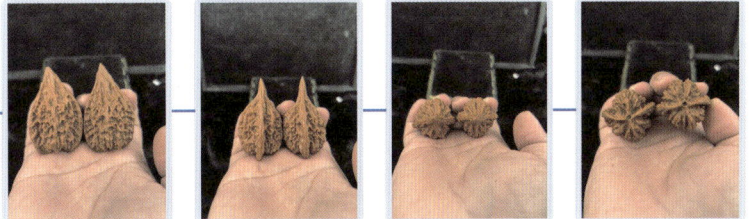

将军膀鸡心

将军膀鸡心是文玩核桃中的一种特殊品种，其命名源于核桃的特殊形状——端肩膀，类似于古代将军佩戴肩章的肩膀。西北将军膀是野生品种，原树目前已无，真正纯野生的将军膀很少。而华北将军膀则是嫁接品种。西北将军膀有非常典型的菱形脐，而华北将军膀则是芝麻脐。此外，从配对和尺寸上来看，华北将军膀通常优于西北将军膀。将军膀核桃的形状和纹路因其品种而异，但通常具有独特的观赏价值。皮质硬且密度大，需要经过长时间的盘玩才能变得红润。

中國淶水
麻核桃

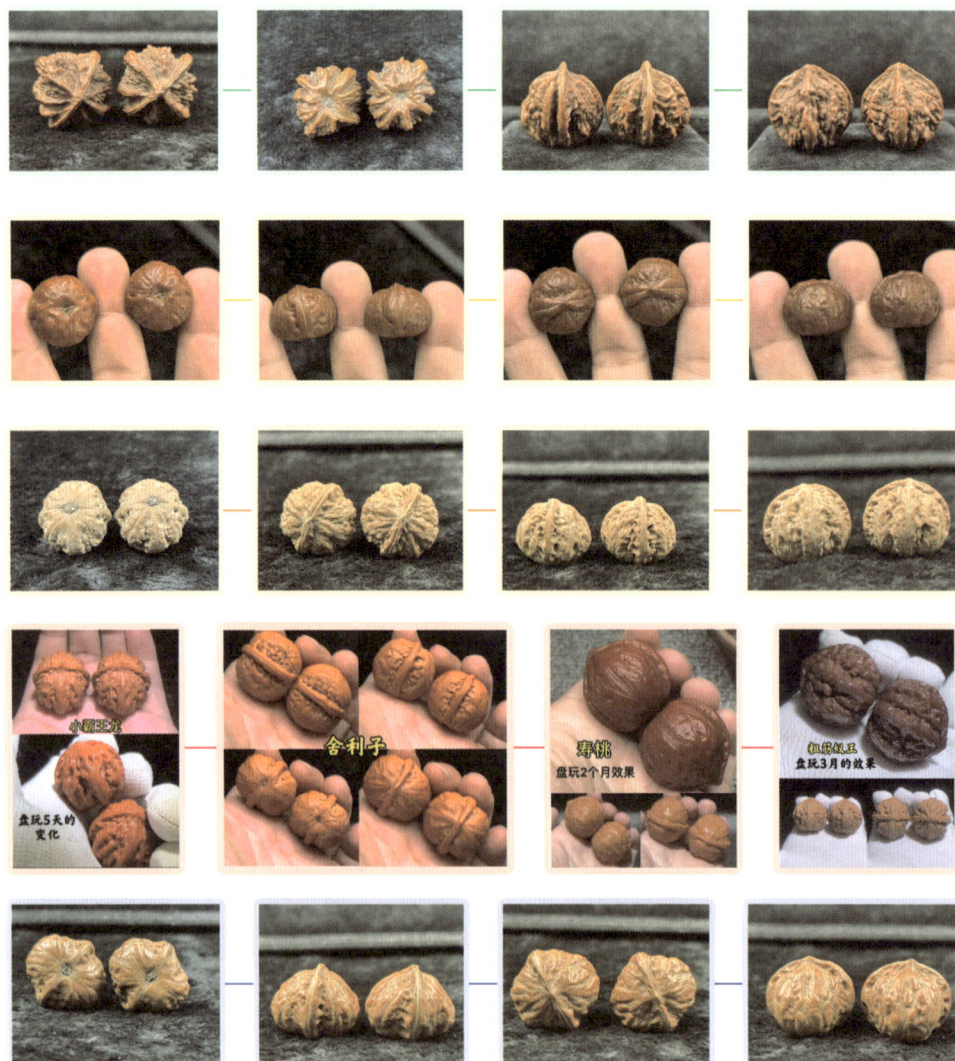

赤兔龙

磨盘

胖头陀

小磨33丸

盘玩5天的变化

舍利子

寿桃
盘玩2个月的效果

粗纹叙王
盘玩3月的效果

其他

瓷娃娃

太行山楸核桃

莲悟虎头也叫摇钱树或存钱罐，2024 首发，产地河北太行山，以其独特的摇钱树纹理，存钱罐的外形，以及漂亮的似莲花底座，深受文玩爱好者的喜爱。其纹路犹如摇钱树挂满金元宝，使得每一对莲悟虎头都显得尊贵雅致，极具收藏价值。皮质红润且坚硬，中桩圆肚。拿在手里沉甸甸的，两个核桃碰撞发出的声音就像金石之声，能够颠覆你对楸子核桃认知，骨质和麻核桃对比有过之而无不及。

莲悟虎头

龙鳞

光头强

珊瑚纹

贵妃元宝

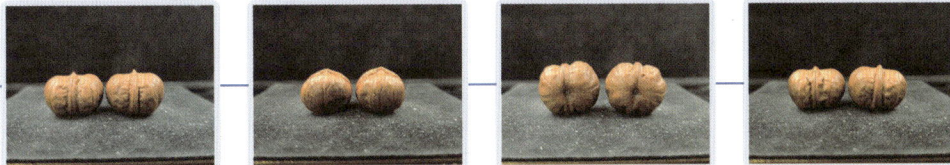

异型核桃聚宝盆指的是核桃整体外形如聚宝盆一样的一类核桃。其与异型核桃蛇头正好相反，聚宝盆为核桃正面凹陷，整体正面纹路向内收拢，背面纹路平整光滑，整体形态如一个聚宝盆。品种多为官帽及四座楼等大型果的麻核桃品种，聚宝盆寓意极佳，市场受欢迎程度很高。

聚宝盆

异型连体核桃指的是核桃在生长过程中因自然变异而形成的两个或多个核桃紧密相连的形态。这种核桃的皮质通常较为坚硬，手感好，且上色快，非常适合盘玩。异型连体核桃涵盖了多数品类，如麻核桃、铁核桃等中都有可能出现异型连体。在分类上，可以根据连体的数量、形态以及核桃的品种进行细分。常见的连体核桃有双连体、三连体等，形态各异，有的呈现出对称美，有的则呈现出独特的扭曲形态。由于异型连体核桃的稀有性和独特性，它在文玩市场上具有很高的收藏价值。每一对连体核桃都是独一无二的，形状、纹理和颜色都各具特色，具有极高的观赏和收藏价值。对于文玩爱好者来说，拥有一对异型连体核桃无疑是一件值得骄傲的事情。同时，随着文玩核桃市场的不断发展，异型连体核桃的价格也在逐渐攀升。

常见的文玩核桃异型连体的形态：
蝴蝶连体（桥连）：两个核桃在生长过程中紧密相连，形状宛如蝴蝶展翅，被称为蝴蝶连体核桃。这种核桃不仅形态优美，而且体积较大，适合观赏和收藏。如果两个核桃的配对佳，那么它的价值会更高。
球连：与蝴蝶连体类似，球连核桃也是两个核桃连在一起，但形状可能更加圆润，整体看起来像一个球体。球连核桃有时也被称为"蝴蝶球连"，因为它们的外形与蝴蝶有些相似。

连体

犀牛角核桃是一种特殊的连体核桃，其特点是一大一小两个核桃紧密相连，形状类似于犀牛的角，因此得名"犀牛角"，又名"犀牛望月"。这种核桃的纹路通常比较深邃，且两个核桃之间的连接部分也呈现出独特的形态，增加了其观赏价值。
犀牛角核桃并不单指某个具体品种，而是涵盖了多数品类中可能出现的异型。在分类上，可以根据其形状、大小以及连接部分的形态进行细分。不过，由于犀牛角核桃的稀有性，其分类并没有像其他文玩核桃那样严格和细致。每一对犀牛角核桃都是独一无二的，其形状、纹理和颜色都各具特色，具有很高的收藏价值。

犀牛角

异型核桃半壁，通常指的是核桃在生长过程中因自然变异而形成的独特形状，其特点是一面较为平整，另一面则呈现出核桃的正常形态，整体看起来就像是被切割了一半的核桃，因此得名"半壁"。异型核桃半壁并不单指某个具体品种，而是涵盖了多数品类，如麻核桃、铁核桃等中都有可能出现异型半壁。在分类上，半壁核桃可以根据其形状和大小进一步细分，如有的半壁核桃形状较为规整，有的则呈现出更加独特的形态。

半壁

异型核桃

多棱

异型多棱核桃是指核桃的棱数多于通常的双棱，呈现出三棱、四棱、五棱甚至更多棱的独特造型。这类核桃在生长过程中产生了自然变异，形成了独特的纹理和外观。

1. 三棱核桃：三棱核桃是多棱核桃中较为常见的一种，其形状独特，具有三条明显的棱。三棱核桃还可以根据形状和纹路的不同进一步细分，如人字三棱、丁字三棱和正奔三棱等，其中，正奔三棱形状最佳，开角为120°，转圈三面均分，是三棱中最为稀少的品种，配对难度大，价格也相对较高。

2. 四棱核桃：四棱核桃相对三棱核桃更为稀有，其四条棱均匀分布，使得核桃整体呈现出一种独特的四边形造型。

3. 五棱及以上核桃：五棱及以上的多棱核桃更为罕见，因其数量稀少而备受追捧。这些核桃的棱数越多，形状越独特，收藏价值也越高。

异型多棱核桃因其稀有性和独特性，而具有很高的收藏价值。每一对多棱核桃都是独一无二的，其形状、纹理和颜色都各具特色。因此，多棱核桃在文玩市场上备受追捧，价格也相对较高。对于文玩爱好者来说，拥有一对多棱核桃无疑是一件值得骄傲的事情。

随着文玩核桃市场的不断发展，多棱核桃的受欢迎程度也在不断提高。

蛇头

异型蛇头核桃的整体形状就像一条灵蛇，特别是肚子的块状蟒皮纹路，极像蟒皮，看起来灵动有神，即使没有经过把玩，也能显得通透晶莹。蛇头因其基因变异而生，所以天然成品基本靠偶然所得，因其稀有性和独特性特点，具有很高的收藏价值。

龟背/佛肚

异型龟背/佛肚核桃以其独特的背部形状而著称。核桃的背部通常有两个明显的凸起，形状类似于龟壳的脊背，正面纹路整体圆润突出，形似弥勒肚子，使得核桃整体看起来更加独特和有趣，增加了其观赏价值。龟背/佛肚并不单指某个品种，而是涵盖了多数品类，如麻核桃、铁核桃、楸子等中都有可能出现异型龟背/佛肚。在分类上，可以根据其形状和大小进一步细分，如大龟背和小龟背等。同时，也有人将龟背/佛肚核桃细分为不同的类型，如以尖为原点，核桃的两个边呈180°但两个肚完全不一样大的类型，以及以尖为原点，核桃的两个边呈现的夹角度数为90°或更小的类型。

第三章 麻核桃种植技术

一、概述

麻核桃是胡桃科胡桃属的落叶乔木，其果实因具有独特纹理，且具备较高的观赏与收藏价值而深受人们喜爱。麻核桃主要集中在北方各省自然分布的实生核桃和核桃楸混生林区。主要分布在我国河北、天津等地，对生长环境有特殊要求，适合在北纬32°～38°，海拔800米以下的温带

麻核桃古树

大陆性季风气候区生长，偏好土层深厚且排水良好的土壤。

麻核桃在胡桃属植物中涵盖了多个品种，分布极为广泛，在植物分类学里占据着重要地位，麻核桃是该属中的一个杂交种。麻核桃的学名是 *Juglans hopeiensis*。我国著名林学家陈嵘在《中国树木分类学》一书中，把麻核桃列为胡桃属里的一个独立种。《中国植物志》把我国胡桃属植物划分成两个组，即胡桃组和胡桃楸组，并将麻核桃归入胡桃楸组，使其正式成为我国胡桃属中的一个独立种。

涞水麻核桃质地细密、纹理圆润、品相端庄、皱沟疏密得当、具自然天成的逼真图案。因麻核桃为两种核桃的杂交品种，其具备遗传多样性，尤其是麻核桃的外形，

麻核桃果实

这也是现今麻核桃品种繁多的缘由。当前市场上售卖的麻核桃主要品类包括鸡心、狮子头、虎头、公子帽、官帽这五大品种，以及由其衍生出的形状各异的多种麻核桃，它们皆属于麻核桃这一总体种类下的不同类型。

种植麻核桃具有重要意义，涵盖经济、生态与文化多个层面。从经济价值来看，麻核桃因独特的观赏与收藏价值，在市场上售价颇高，珍稀品种及纹理精美的核桃更是能卖出高价，种植户精心培育管理麻核桃树，果实成熟后进行销售，可获丰厚回报，是增收致富的有效途径；生态价值方面，麻核桃树作为落叶乔木，生态适应性强，生长时能吸收二氧化碳、释放氧气净化空气，庞大树冠与茂密枝叶可减少土壤侵蚀、保持水土以改善局部生态环境，还能为鸟类等野生生物提供栖息与觅食场所，促进生物多样性发展；文化价值上，麻核桃种植与文化传承紧密相连，发展该产业能带动核桃雕刻、工艺品等相关文化产品开发，让更多人了解并参与麻核桃文化的传承与发展，对弘扬中华优秀传统文化、丰富人们精神文化生活意义非凡。

二、麻核桃的培育

1. 实生播种

在 8—9 月麻核桃果实成熟后，就可以进行采种工作了。采得种子后，要先脱皮，然后将其放在通风良好且干燥的地方晾干，最后进行干藏处理。次年 3 月中旬，把干藏的种子取出来，用冷水浸泡 2～3 天。浸泡完成后，将种子从水中捞出，与湿沙混合均匀，然后堆积在向阳处。堆积高度为 30～35 厘米，其上再覆盖一层 10 厘米厚的湿沙。种子发芽前，每天洒一次水，确保种子和湿沙一直处于湿润的状态。到了晚上，为了更好地保湿和保温，可以在上面盖上草帘或者薄膜。

经过 10～15 天的培育，当果壳开裂并露出白色胚芽时，就可以准备播种了。在这个阶段，每天都要对种子进行筛选，把已经露白的种子挑出来，然后分批进行播种。

播种时，要保证土壤墒情良好。具体操作是先按照行距 40～50 厘米开沟，株距则按照 15～20 厘米进行点播。点播时注意种子的放置方向，要让两条合缝线平行于地面，播种的深度以距离地表 3～5 厘米为宜。播种完成后，覆土并压实，以此来保持土壤墒情。按照这样的播种方法，每亩地的播种量在 100 千克左右，每亩地的产苗量能够达到 7000～8000 株。

2. 幼苗移栽

（1）幼苗选择

挑选幼苗是移栽成功的关键一步。选择的幼苗要舒展且健壮，嫁接瘢痕愈合良好，整体树势规整，生长势均匀，无干枯或病理现象。

（2）挖苗

挖苗时要格外小心，尽量避免伤及侧根。侧根是苗木从土壤中吸收水分和养分的关键部位，任何对侧根的劈裂或损伤都可能影响苗木移栽后的成活率和生长状况。

（3）临时存放

如果出苗后不能及时进行定植栽种，可以将苗木暂时培植在湿度为 15% 的土坑中，方便随时取苗栽种，同时保持苗木根系的湿度和活性，避免因长时间等待定植而导致苗木根系失水干枯，影响后续的生长。

（4）运输保护

在苗木运输过程中，保湿和防止折断是关键。可以采取适当的包装措施，如使用湿布、保鲜膜等对苗木进行包裹，减少水分蒸发。同时，要确保运输过程中苗木不会因受到剧烈颠簸而折断。到达目的地后要及时进行栽种，以减少苗木在非生长环境中停留的时间，提高成活率。

移栽时一定不要过度伤根，对根系的保护至关重要。栽植之前，应先挖好定植穴，定植穴的大小一般为 1 米^2，也可以根据树苗的实际大小灵活调整树坑尺寸。挖坑时，要将表土和深层土分开放置。挖好坑后，先把表层土回填至坑内距地面 60 厘米处，给苗木根系提供一个相对疏松、肥沃的生长环境。然后，仔细检查苗木的根系，把伤根、烂根修剪掉，防止病害的传播和促进新根的生长。修剪后的苗木根系可以放入清水中浸泡半天，或者让根系蘸上泥浆，使根系充分吸水，从而提高移栽后的成活率。

向坑内灌水并搅拌成泥浆，然后将苗木放入泥浆中，轻轻搅动，确保根系与泥浆充分附着，没有空隙。需要注意的是，苗木根系不宜栽植过深，与移栽前保持一致即可。如果有必要，可以用手轻轻舒展根系，让每一条根都能在泥浆中自然伸展，使根系的吸收范围更大，苗木更易成活。当苗根全部被泥浆严密包裹后，轻轻向上提动苗木，最后覆土并踩实。

苗木如果栽植过浅，容易遭受干旱、冻害或病害的侵袭。反之如果栽植过深，苗木缓苗的速度会变慢，长势衰弱。不过，由于各地土质存在差异，栽植深度可以有一定的灵活性。一般来说，沙壤土由于土壤保水性较差，栽植时可以稍微深一些，以便苗木根系更好地获取水分；而黏土透气性相对较差，栽植可略浅，避免根系因缺氧而生长不良。

栽植完成后，要修好树盘，有利于灌溉和保持土壤湿度。保证水量充足，待水渗下后，在树盘下覆盖少许土，减少水分蒸发。如果是在春季栽植且天气较冷，可覆盖地膜以保温保湿，促进苗木根系的生长和发育。

若土壤较黏或石砾较多，在挖定植穴时应适当加大尺寸。同时，必须采用换土、增肥等方法来改良土壤。黏土透气性差，不利于根系呼吸，而沙土保水性和肥力都不足，这些都会对苗木及根系以后的生长产生不利影响。换土可以改善土壤结构，增加透气性和保水性，增肥则能为苗木生长提供充足的养分，为根系和苗木的生长创造良好的条件。否则，即便苗木栽植后能够成活，后期的结果情况也可能不理想，影响麻核桃的产量和质量。

三、麻核桃的嫁接

（一）芽接育苗

在芽接育苗过程中，通常选择普通核桃实生苗作为砧木。首先，在春季进行播种，待砧木苗长成后，于第二年早春萌芽前将砧木苗平茬，刺激砧木苗基部萌发出更多健壮的新芽。平茬完成后，及时浇水，为苗木生长提供充足的水分。

当苗木长高到 5 厘米时，除去多余萌芽，只保留生长健壮、位置合适的萌芽，保证养分集中供应。当苗木高度达到 20 厘米时，对其进行摘心处理，抑制苗木的顶端优势，促使苗木的茎干增粗，从而为后续的嫁接工作打下良好的基础。

接下来详细介绍芽接技术规程：

1. 嫁接时期

播种后第二年的 5 月下旬至 6 月下旬，当砧木苗基部直径达到 1 厘米左右时，就可以进行方块状芽接。这个时

芽接育苗

期的砧木和接穗生理活性都比较适宜，嫁接后的成活率高、苗木质量好。

2. 接穗采集

选取健壮的麻核桃发育枝作为接穗。在接穗剪下后，立即剪掉叶片，保留 1.5 ～ 2.0 厘米的叶柄。避免叶片因大量蒸腾作用失水，并可用叶柄保护芽体免受伤害。准备好的接穗要用湿麻袋覆盖，有效地防止接穗失水，保持其新鲜度和活性，为后续的嫁接工作做好准备。

3. 接穗存放

接穗最好现采现用，可最大程度保证其成活率。但如果特殊情况下需要短期保存，可将接穗捆好垂直放到盛有清水的容器内。接穗下部浸水深度约为 10 厘米，维持其生理活性。同时，上部要用湿麻袋盖好，并放置在阴凉处，避免阳光直射导致温度过高、水分蒸发过快。在保存过程中，每天需要换水 2 ～ 3 次，以保证水质清洁，防止水中细菌滋生影响接穗质量。按照这种方法，可以保存 2 ～ 3 天。

4. 切取芽片

在接穗适用芽上部 0.5 厘米和附近叶柄基部以下 0.5 厘米处各横切一刀，切的时候要注意深度，需深达木质部，但并不切入，否则会损伤芽片内部的组织，影响嫁接成活率。然后，在叶柄基部芽两侧两个横切口之间各纵切一刀，纵切长度要长过两个横切口，完整取下无损的方形芽片。

5. 砧木切割

在砧木离地面 15 厘米高处，选择一处光滑的部位切一切口，长度与芽片长度相同、宽度在 1.2 ～ 1.5 厘米，深度达到木质部，为芽片的嵌入创造合适的空间。

6. 放入芽片

将切下的芽片镶嵌到方形砧木开口中，确保芽片与砧木的切口贴合紧密。然后，使用 0.007 毫米或 0.014 毫米厚的地膜条对接芽进行绑缚。在绑缚过程中，要注意包扎严密，既不能过紧导致芽片受损，也不能过松使芽片与砧木结合不紧密。同时，在接芽以上留 2 片复叶，对砧木进行剪砧或折砧处理。剪砧或折砧可以调节砧木的养分供应，促使接芽能够更好地利用砧木的养分，促进愈合和生长。

7. 剪砧

芽接完成后 10 天左右，密切观察接芽的状态。当接芽的叶片开始自然脱落，或者有少部分接芽开始萌发时，说明嫁接成活，从接芽上方 2.0 ～ 3.0 厘米处进行剪砧。当接芽的新梢长到 10 厘米时，及时去掉绑缚物，避免绑缚物影响接芽新梢的生长和发育。至此，芽接育苗工作基本完成。

8. 检查成活和补接

芽接完成后的 15 ～ 20 天是检查嫁接是否成功的关键时期。重点观察接芽的状态，如果接芽状态饱满、有光泽，并且开始有生长的趋势，说明嫁接成功。反之，如果接芽出现变黑、干瘪或者松动等情况，则表明接芽没有成活。对于那些芽接未成活的砧木苗，必须及时进行补接。补接工作要尽快开展，因为时间拖得越久，砧木的生长状态可能会发生变化，影响补接的效果。补接时，要按照之前的芽接技术规程重新操作，选择合适的接穗和适宜的时间，确保补接的成功率。

9. 除萌

芽接后的砧木在生长过程中，很容易在基部或其他部位产生萌蘖。如果不加以处理，会对嫁接苗的生长产生严重影响。一旦发现萌蘖，就要及时将其除去。除萌过程中，尽量避免对砧木和接穗造成损伤。可以使用锋利的刀具，将萌蘖从基部彻底清除，确保不会再有新的萌蘖从同一位置生长出来，保证接穗和接芽能够在充足的养分供应下成长。

（二）高接换优

高接换优是指在多年生砧木上，嫁接或改接优良品类的方法。这种方法能够实现改劣换优，充分利用现有资源，促使核桃增产、增值，而且嫁接后的树木结果早、见效快。

可以根据砧木的年龄和树冠大小来施行单干高接或多头高接。春天时可进行芽接和枝接，选择合适位置后锯掉上方枝条，锯口下方会长出新枝，挑选位置合适的新枝进行芽接。

1. 砧木选择

砧木的选择至关重要，挑选立地条件好、便于管理且树龄在30年以下的健壮树。嫁接前一周，要依据树冠的从属关系选好锯断的接头位置。对于幼龄树，可以直接锯断主干，在断面处进行枝接。如果是成年树，由于其分枝较多，则可以实行多头高接。需要注意的是，嫁接部位（接头）的直径在5厘米以下为宜。如果直径过粗，一方面不利于砧木接口断面的愈合，另一方面也会给绑缚操作带来困难。

提前断砧有一个重要目的，就是放水（伤流）。伤流较多时，可以在树干基部距地面10～20厘米处，螺旋状交错锯3～4个锯口，锯口要深入木质部1厘米左右，这样能够促进伤流液流出。如果伤流液在伤口处积蓄，会导致伤口缺氧，不利于伤口愈合。此外，为了避免大量伤流发生，在嫁接前后各20天内都不要对砧木进行灌水操作。

2. 接穗采集

接穗采集的时间是从落叶后到翌春萌芽前。不过，在北方一些核桃抽条现象严重或枝条容易遭受冻害的地区，以秋末冬初（11—12月）采集接穗为宜。秋冬季节采集的接穗，需要妥善保存，防止贮藏过程中接穗失水。而在冬季抽条和寒害较轻的地区，最好在春季接穗萌动前采集或者随采随接。这样的好处是接穗贮藏时间短，接穗内的养分和水分损失较少，能够提高嫁接成活率。

接穗应该从树冠中下部外围采集，选择生长健壮、直径在1.0～1.5厘米的发育枝。对接穗的要求是健壮充实、髓心较小且没有病虫害。采集完成后，每30或50根扎成一捆，标明品种（类）名称、采集时间以及母树位置等信息，以便后续识别和使用。

3. 接穗贮运

接穗越冬贮藏时，可以选择在背阴处，挖宽度为1.5～2.0米、深度为80厘米的贮藏沟，沟的长度根据接穗的数量来确定。将已经标明品种（类）的接穗平放在沟内，要注意接穗的堆放厚度不宜过厚。如果是 30 或 50 根一捆的小捆接穗，每放一层，要添加 10 厘米左右厚的湿沙或湿土，在最上层接穗的上面，需要覆盖 20 厘米厚的湿沙或湿土。为了保持土壤或沙子的湿度，在接穗放置好之后，需要浇一次透水。当土壤结冻后，需要将最上层土层加厚到 40 厘米。

对于冬季采集的硬枝接穗，不要修剪，也不要蜡封（可能会出现脱蜡情况），否则可能会因失水而影响嫁接成活。最适宜的接穗贮藏温度是 0～5℃，最高不超过 8℃。如果硬枝接穗需要长途运输，一定要在气温较低且接穗尚未萌动之前进行，并且采用保湿运输。具体方法是将接穗用塑料薄膜包严，在薄膜内放入湿锯末或苔藓，以此来保持接穗的湿度。

4. 接穗的处理

枝接所使用的接穗，在嫁接之前需要进行剪截与蜡封等一系列处理。剪截时，以保留 2～3 个饱满芽为准，要特别留意顶部第一个芽，这个芽必须完整、饱满且无病虫害，其距离剪口大约 1.5 厘米。第一个芽在后续的萌芽抽枝过程中起着关键作用，如果芽有损伤或发育不良，可能会影响整个接穗的生长。同时，剪截时应当去除枝条的顶部梢段，其通常不充实、组织疏松、髓心较大，芽体也松瘪，去除后可以保证接穗的质量，提高嫁接成活率。

蜡封处理对于防止接穗失水、提高枝接成活率有显著效果。蜡封最好在嫁接前 15 天左右进行，时间不宜过早。蜡液温度需要控制在 90～100℃，为了精准控制蜡液温度，可以在熔蜡容器内加入大约 50% 的水。在操作过程中，注意蜡温不能过低，如果蜡温低于 90℃，接穗表面的蜡膜会变厚，从而导致黏附程度降低。而且当接穗表面有水浸时，蜡膜发白，容易剥落，无法很好地起到防止失水的作用。蜡封好的接穗要打成捆，标明品种（类）后，放置在湿凉的环境中（比如地窖、窑洞、冷库等地方）备用，保持接穗的活性，为嫁接做好准备。

5. 嫁接时期和方法

嫁接时期一般以砧木萌芽期至末花期为宜，北方是 4

绑缚

月上中旬至 5 月初。不过，不同地区应根据当地的物候期等具体情况来确定适宜的嫁接时期。只要接穗贮存状态良好，芽尚未萌动就可以进行嫁接操作。插皮舌接为嫁接最佳选择。根据砧木的粗细程度，每个接头可以插入 1～2 个接穗。插好接穗后，使用塑料薄膜将接口绑缚严密，确保接口处紧密贴合，防止外界因素干扰嫁接部位的愈合，为接穗和砧木的愈合创造良好的条件。

6. 接后管理

嫁接完成后的 20～25 天，接穗会陆续萌芽抽枝。当新枝长到 20～30 厘米时，需要绑棍来固定新梢。因为新梢在生长初期还比较脆弱，容易受到风吹等外力因素的影响而折断，绑棍可以为新梢提供支撑，保证其正常生长。同时，要及时对新梢进行摘心处理，这样做可以控制新梢的生长速度，增强其木质化程度，进一步防止风折。

在这个过程中，还要随时注意除去砧木枝干上的萌蘖枝。因为这些萌蘖枝会与接穗争夺养分，影响接穗的生长。如果发现接头没有成活的接穗，那么可以留下 1～2 个位置合适的萌蘖枝，在当年 7—8 月进行芽接，也可以选择在第二年春季进行枝接，以此来补救嫁接失败的情况。在接后两个月左右，当接口处的愈伤组织生长良好后，要及时将绑缚物除去，以免绑缚物阻碍接穗的加粗生长，保证接穗能够健康茁壮地生长发育。

四、麻核桃的种植

（一）栽植及栽后管理

1. 栽植方式

麻核桃树体高大，对通风和透光条件有较高要求。在规划株行距时，通常可采用 5 米 ×7 米的规格，保证每棵树都有足够的空间来获取充足的阳光和空气。

如果是在地势平坦、土层深厚且肥力较高的土壤上栽植，麻核桃的长势会更强，所以株行距应该适当增大。相反，若在土壤肥力差、气候环境恶劣的地块栽植，麻核桃的生长可能会受到一定限制，此时株行距可适当缩小一些，让有限的土地资源和养分能更好地满足麻核桃的生长需求。

2. 品种配置

麻核桃属于雌雄同株异花植物，栽植时需要特别注意授粉树的配置。在建立麻核桃园时，最好同时选用多个品种，使其雌雄花期能够相互补充。例如，有的品种雄花期早，有的品种雌花期早，通过合理搭配，能够保证在花期内有足够的花粉传播，从而提高授粉成功率，增加果实的产量和质量。

3. 栽植时期

麻核桃的栽植时期主要分为春季栽植和秋季栽植，可根据不同地区的气候和土壤条件来确定。

冬季严寒且多风的地区，冻土层较深，如果选择秋栽，麻核桃树苗很容易受到冻害或者出现抽条现象，因此以春栽为宜。尤其需要注意，北方地区春季干旱多风，在春栽之后，要灌水和做好栽后管理工作,确保树苗有足够的水分来维持生长。

而在冬季较为温暖、秋栽不太容易发生抽条的地区,可以在落叶后进行秋栽,或者在萌芽前进行春栽。

4. 栽植方法

首先,根据设计好的株行距挖定植坑,宽度和深度都为1米,将混合好肥料的表土填入坑内,可以用经过充分腐熟的农家肥或复合肥,与表土混合后能为树苗生长初期提供充足的养分。

然后,将树苗放入坑内,让其根系充分舒展。填土时,边填土边踏实,使根系与土壤紧密接触,保证树苗的稳定性,同时有利于根系从土壤中吸收水分和养分。另外,注意校正苗木的栽植位置,确保株行整齐,苗木主干保持垂直。同时,要使根茎高于地面5厘米左右,培土高度高于地面5~10厘米。这是由于疏松的土壤在浇水后会有一定程度的下陷,这样操作可以保证在浇水踏实后,根茎仍然高于地面,避免根系积水导致腐烂等问题。

完成上述步骤后,打出树盘,便于集中灌水和保持水分。然后充分灌水,待水完全渗下去后,用土将树盘封严。最后,覆盖一块80厘米×80厘米的地膜,地膜四周和苗木基部都用土压严。地膜覆盖能够有效保墒增温,减少土壤水分的蒸发,提高土壤温度,为苗木创造一个良好的生长环境,从而提高苗木的栽植成活率,促进苗木的生长量。

5. 栽后管理

为了提高苗木栽植成活率,促进幼树的生长发育,必须加强栽后管理工作,主要包括检查成活与补植、施肥灌水、幼树防寒、幼树定干等。

(1)检查成活与补植

在春季萌芽展叶后,及时对栽植的苗木进行成活情况检查。仔细观察苗木的芽体是否饱满、叶片是否正常展开等情况。如果发现苗木没有成活,要及时补植同一品种的苗木。补植工作要尽快进行,以保证果园内麻核桃树的整齐度和产量。

(2)施肥灌水

栽后要密切关注土壤的干湿状况,并根据实际情况及时灌水。春、夏两季是麻核桃生长的关键时期,可以结合灌水追施适量的化肥。在生长前期,应以追施氮肥为主,促进树体枝叶的生长,使树苗快速形成树冠。到了后期,则要以磷、钾肥为主,有助于增强树体的抗逆性,促进花芽分化和果实发育。

(3)防幼树抽条

在我国华北和西北地区,冬季寒冷且早春风多,树体地上部分很容易发生抽条(失水)现象。为了防止这种情况发生,要加强肥水管理和树体管理,并做好病虫害防治工作,以此提高树体自身的抗冻性和抗抽条能力。

自7月始,结合控制灌水和摘心等措施来控制枝条旺长。控制灌水可以使枝条生长更加充实,减少含水量;摘心能够抑制枝条的顶端优势,促使枝条积累更多的养分。这些措施可增加树体的贮藏营养、增强抗逆性。在此基础上，冬季对幼树可采取以下防寒措施：①埋土防寒，将幼树的树干部分用土掩埋，可有效地保护树干免受低温和寒风的侵害；②培土防寒和培月牙埂，增加树干基部的土壤厚度来保持温度；③枝干涂白、涂刷羧甲基纤维素或聚乙烯醇等人工辅助防寒。枝干涂白可以反射阳光，减少昼夜温差对枝干的影响，涂刷羧甲基纤维素或聚乙烯醇则能在枝干表面形成一层保护膜，减少枝条水分损失，确保幼树安全越冬。

（二）整形修剪

1. 整形

（1）树形

麻核桃树体高大，生长势强，对光照有强烈需求，适宜采用疏散分层形树形。具体树形结构

整形后的麻核桃树

如下：干高为 1.2～1.5 米；中心干上分布 5～6 个主枝，主枝分为 2～3 层。其中第一层 3 个，第二层 2 个，第三层 1 个。各层主枝在分布上要上下错开，避免出现重叠遮光的情况，主枝的基角应大于 60°。第一至第二层主枝间的距离保持在 100～150 厘米，第二、三层主枝间距离为 80～100 厘米。最上层主枝以上的进行落头开心处理。每个主枝向外分生 2～3 个侧枝。这样，成型后的树冠呈半圆形，其枝条众多，结果面积大，通风透光效果良好，树体寿命长，产量高。以下是具体的整形流程：

（2）定干

定干高度一般为 1.2～1.5 米。不过，如果土壤为土层浅、土质差且没有间作的坡地，定干高度可以调整为 0.8～1.2 米，具体需要综合考虑土壤条件、种植模式等因素。

（3）主、侧枝培养

在定干当年或者第一年，在树干上选择 3 个不同方位（水平夹角约 120°）且生长健壮的新梢作为第一层主枝，主枝的开张角度以 80°左右为宜，有利于主枝的生长和采光。同时，在树冠顶部选择垂直向上的新梢作为中心枝，让其继续延长生长，为后续主枝的分层生长提供支撑和引导。

（4）第二层主枝与第一层侧枝培养

在第一层主枝以上 100～150 厘米处选留第二层主枝 2 个。与此同时，在第一层主枝上选留侧枝，第一个侧枝距离主枝基部 80～100 厘米。合理安排主枝和侧枝的位置，保证树冠的结构合理，通风透光良好。

（5）第三层主枝与落头

在树龄达到 6～7 年时，在培养第一、二层主、侧枝的过程中，根据树体的具体生长情况，可以在第二层主枝以上落头开心或者选留第三层 1 个主枝。第二层和第三层主枝的层间距保持在 80～100 厘米。选留主枝后进行落头开心处理，通过这种方式调整树体结构，可以使树体的营养分配更加合理。

2. 修剪

（1）修剪时期

修剪分为生长期修剪和休眠期修剪。冬季修剪有集中养分的作用，能够增强树势和枝势。冬季树木生长缓慢，此时修剪可以减少营养消耗，集中供应给保留的枝干，促进来年的生长。而夏季修剪则具有削弱及缓和树势、枝势的作用。夏季树木生长旺盛，通过修剪可以缓和树势，促进花芽形成和提高坐果率，还能疏截密集的新梢，改善树冠内部光照条件。给麻核桃树修剪时，要夏季修剪与冬季修剪相结合，有效调节树势，提高产量和品质。

（2）短截促进分枝

麻核桃本身分枝能力较差，长枝数量较少。通过对发育枝进行短截操作，可以有效增加分枝数量。短截的主要对象是侧枝上着生的旺盛发育枝，数量不宜过多，一般占总枝量的 1/3 左右，使被短截的枝条在树冠内分布均匀，保证树冠的生长平衡。主要包括中短截（剪去枝条长度的 1/2 左右）和轻短截（剪去枝条长度的 1/3 左右）两种，不宜采用重短截，因为可能会对枝条生长产生过度刺激或损伤，影响树体健康。

（3）控制徒长枝

徒长枝如果不及时加以控制，不仅扰乱树形，还会浪费树体营养，影响通风透光。幼树期对于徒长枝的处理方式为：将无用枝从基部直接疏除，但也可以根据空间和实际用途少量保留，通过短截、夏季摘心等方法将其培养成结果枝，使这些原本可能影响树体生长的徒长枝转化为有价值的枝条，提高树体的结果能力。

（4）改善光照

麻核桃属于强喜光树种，成龄大树内膛光照条件变差，容易出现枝条枯死的现象，进而导致内膛空虚、结果部位外移。因此，需要有计划地对结果枝组进行培养、调整和更新。对于内膛过密、交叉、重叠、细弱、病虫、干枯等枝条，要及时进行疏除，以此来改善光照条件。良好的光照条件可以保证树体各部分都能正常进行光合作用，促进果实的生长和发育，维持树体的健康。

五、麻核桃的采收和采后处理

（一）采收时期

麻核桃的正常采收时间通常为 8 月上旬至 9 月上旬（立秋至白露）。6 月下旬至 7 月上旬，麻核桃壳皮开始硬化，进入 8 月完成木质化，达到采收时期。

不同品类的麻核桃在成熟时间上存在差异，时间上相差可达 10～20 天。即使是同一品类的麻核桃，在不同年份以及不同生长情况下，有时成熟期也会差 10 天左右。所以，应当根据实际情况来具体确定采收时间，不能一概而论，确保麻核桃的质量达到最佳。

麻核桃适时采收至关重要。采收过早，麻核桃外壳木质素尚未完全沉积，很容易出现顶尖发白和壳面花斑的现象。而且，此时采收的麻核桃质量较轻，缺乏那种坚实的质感，在后续的把玩过程中，不容易包浆上色，严重影响麻核桃的外观品相，降低价值。反之，如果采收过晚，壳面颜色会变深，壳皮容易开裂，这种有瑕疵的麻核桃的把玩价值会大打折扣。为了提高麻核桃的品质和品相，提倡针对不同品类的麻核桃进行分期采收，这样能更精准地把握每个品类的最佳采收时机。

在采收过程中，为了保证麻核桃壳皮完好无损，应当实行手工采摘。在操作过程中要做到轻采、轻拿、轻放，尽可能减少对麻核桃的机械损伤。这样不仅可以延长青皮果的贮藏期，也为后续的脱青皮环节提供便利。对于高处的青果，可以使用高枝剪从果柄处剪下，让其落入布袋中，避免青果掉落时受到撞击。另外，也可以使用带有铁钩和收果袋的竹竿或木竿，顺着树枝钩取青果。采收完成后，要把完好的青皮果和有损伤的果实分开装箱，针对不同品质的果实采取不同的加工和保存方法，进一步保证麻核桃的整体质量。

（二）采后处理

麻核桃的青皮果含有大量水分，在温度较高的环境下堆放时，极易出现腐烂变质的情况。因此，采收后的麻核桃需要及时进行处理，处理方式依据销售方式的不同主要分为以下两种：一种是在青皮果采收后，直接将其送入冷库存放，以带青皮的状态进行销售；另一种则是先除去青皮，然后经干燥处理后再销售。

1. 青皮果冷库储存

近年来，部分收购商热衷于购买带青皮的麻核桃，并在市场上销售青皮果。采收后的青果需要进行冷藏储存。具体方法为，挑选没有机械损伤的果实，迅速用网套将其包裹好，然后装入专门用于冷藏的纸箱内，再放入冷库中储存，这种方式可以有效延长市场供应期。在装箱时，要保证每箱所装的果实类型一致、大小均匀，且青皮完整新鲜。纸箱外部要清晰地标明果实的名称和数量等信息。在 3～5℃ 的密封条件下，青皮果实能够保鲜 6 个月，适当提早采收有利于延长青皮果的储藏期，从而更好地满足市场需求。

2. 脱除青皮

（1）直接处理

青皮果采摘后，可以立即使用刀具进行剥皮，剥皮深度要达到壳皮部位。剥皮完成后，使用硬毛刷蘸水轻轻刷去残留在核桃沟纹里的碎皮杂质，然后用清水将其洗净，放置在通风干燥处进行阴干。这种方法通常适用于处理数量较少或者有机械伤的青皮果。

（2）乙烯利处理

将采收后的青皮果放入 0.5% 的乙烯利溶液中浸泡 30 秒后取出，放置在温度为 30℃、相对

采收后的青皮果

青皮果剥皮后

湿度 80% ～ 95% 的阴凉处，堆积厚度为 30 ～ 50 厘米，并用塑料布密封起来。3 天左右，离皮率能够达到 95%。经过这种催熟处理后的青皮果，使用刀具划开青皮时，果实和果皮很容易分离。然后用硬毛刷清理沟纹里的碎皮杂质，再用清水洗净，最后放置在通风干燥处阴干。需要注意的是，乙烯利处理的时间长短以及用药浓度与果实的成熟度密切相关。如果果实成熟度较好，那么用药浓度可以适当降低，催熟所需的时间也会相应缩短。

脱皮后的麻核桃在清洗时，要做到轻拿、轻放，避免使用机械清洗，以免损坏壳尖和壳面，影响麻核桃的外观和品质。清洗后的麻核桃不能在阳光下暴晒，否则壳皮容易开裂。

3. 麻核桃的贮藏

将晾干后的麻核桃装入纸箱内，存放在室内阴凉干燥、通风背光处。注意不要把还没有完全干透的麻核桃过早地装进密封袋内，否则果面可能会发霉，皮色也会变绿或变黑。如果条件允许，可以将麻核桃放置在 0 ～ 10℃ 的低温环境中贮存，但要做好防潮处理，防止麻核桃受潮受损。在长期存放麻核桃时，要采取有效的防霉、防虫蛀、防出油等措施，以确保麻核桃在贮藏期间的质量不受影响。

第四章　麻核桃盘玩方法与健康

第一节　麻核桃与健康

一、把玩麻核桃对身体的物理锻炼作用

1. 手部关节的活动与保健

把玩麻核桃是一种有效的手部关节锻炼方式。把玩时，手指的屈伸和旋转动作可使手部关节得到充分活动，预防因缺乏运动或关节磨损引发的疾病，并缓解轻微不适。对中老年人来说，这种活动能增强关节周围肌肉力量，提升关节灵活性，减少僵硬和疼痛，延缓关节功能衰退，提高手部活动能力和生活质量。

2. 手部肌肉力量的增强

把玩麻核桃时，手指需施加压力握住并转动核桃，从而锻炼手部肌肉。长期把玩可显著提升手部肌肉力量，包括拇指、食指及手掌小肌肉群。老年人手部肌肉力量的提升在日常生活中十分有益，例如可以使提起物品等动作更加轻松。

把玩麻核桃

3. 手部协调性的提升

麻核桃把玩需要多指紧密配合，大拇指可能负责控制主要的旋转方向，食指和中指则协助调整角度和稳定核桃，而无名指和小指也要在合适的时候发挥辅助作用，每个手指都要在精确的时间点做出相应的动作。这种训练能提高手部精细动作能力，增强手指间的协调性。对于手部康复患者，它有助于恢复手指协调性和肌肉控制能力；对于从事手工制作、乐器演奏等职业的人，它能提升手部灵活性和操作技能，是一种简单有效的训练方法。

二、麻核桃把玩对身体经络和穴位的刺激作用

1. 中医经络理论基础

中医理论认为，手部有众多经络和穴位，与人体器官和脏腑紧密相连。把玩麻核桃时，核桃的纹理会刺激手部穴位，如劳宫穴，可以调节气血运行，疏通经络，维持身体功能。手部有 12 条经络中的 6 条，掌心、掌背及指尖分布着与健康相关的反射区和穴位，涉及心脏、脑血管、胃肠等器官。刺激这些部位可防病治病、缓解疲劳、活血化瘀、增强体力。

2. 促进血液循环

把玩麻核桃能有效促进手部血液循环，为细胞输送氧气和营养，带走代谢废物。手部血液循环的改善可使皮肤红润健康，同时带动全身血液循环，维持器官功能。现代生活中，手部活动减少，导致功能退化，疾病增多。勤用脑、多用手是防病的良方。麻核桃把玩是一种十分方便的锻炼方式，它价格低廉，能随时随地为健康保驾护航。

三、麻核桃把玩对心理健康的积极影响

1. 缓解压力与放松身心

在快节奏的现代生活中，人们普遍承受着来自工作、生活等多方面的压力。把玩麻核桃时，注意力集中于核桃的触感和把玩动作，通过感受其纹理和手指的接触，能够有效分散对压力源的关注，从而实现心理上的放松。这种过程类似于冥想，能够帮助人们在工作间隙缓解紧张情绪，让大脑从繁杂的思绪中解脱出来，获得短暂的宁静，进而以更佳的状态应对后续任务。

2. 培养耐心和专注力

把玩麻核桃是一个需要长期投入的过程。核桃的色泽和质地需要经过数月甚至数年的持续把玩才能得到显著改善。在这个过程中，人们需要不断观察核桃的细微变化，如色泽是否变得更加红润、纹理是否更加清晰、质地是否更加光滑。这种长期的专注训练有助于提升个体的耐心和注意力水平。

综上所述，麻核桃把玩不仅是一种传统的休闲方式，更是一种兼具身体锻炼和心理调节功能的有益活动。它在提供乐趣的同时，能够有效缓解压力、培养耐心和专注力，助力人们更好地应对生活中的各种挑战。

把玩后的麻核桃

第二节　麻核桃把玩技巧

一、麻核桃把玩可刺激的穴位及相关疗效

据相关资料记载，早在汉代时期，把玩麻核桃的传统便在民间悄然兴起。20 世纪 80 年代，我国中医研究领域发现人体存在全息反应区，手部的众多穴位和反射点与体内器官关系密切。当人们使用麻核桃压刺手部的穴位和反射点时，可对人体阴阳气血起到调理作用，使气血运行更加顺畅，维持身体平衡。这种调理不仅能缓解轻微疼痛，还在一些疾病的治疗过程中起到辅助作用，促进身体康复。因此，把玩麻核桃为人们提供了一种简单而有效的保健途径。

1.拇指

反复搓压拇指肚对肝胆具有显著的养护功效。拇指肚下方分布着三阴交、阴陵泉、足三里等重要反射区。通过从拇指肚开始逐渐扩大搓压范围的方式进行刺激，不仅能促进肝胆健康，还对胃下垂、痛经等病症有一定的改善效果。

2. 食指

在食指肚上反复蹭动，能够有效缓解便秘和肠胃病，对于腹胀、腹鸣等问题均有缓解。

3. 中指

刺激中指肚主要采用麻核桃尖压扎的方式，从中指肚开始逐渐向下移动。中指肚上方有百会反射点，第 1 关节横纹处有心穴点。坚持刺激中指肚，对缓解头痛、心痛、高血压、植物神经紊乱等病症有辅助效果。

4. 无名指

用麻核桃尖反复压扎无名指肚具有清肺理气的作用。无名指属于大肠经，其上有肺穴点、肝穴点。经常刺激无名指肚，可缓解咳嗽、气喘、恶心等症状，对牙痛和眼睛疲劳也有一定疗效。

5. 小指

反复压扎小指肚，具有滋阴壮阳、通尿路的作用。小指上有多个反射点，第 1 关节横纹处为肾穴点，第 2 关节横纹处为命门点，第 3 关节横纹下为生殖反射点。通过刺激小指肚，对于治疗腰痛、阳痿、更年期综合征、月经不调等病症都有帮助。

6. 劳宫穴

双手握拳刺激劳宫穴，可以强身健体、保护眼睛。长期不断地刺激劳宫穴，可缓解体弱多汗的问题，对于假性近视、眼睛疲劳也有缓解作用。

7. 手掌根部

双手用力滚手心，能够缓解早泄、治疗尿频。手掌根部有中极、会阴、生殖反射点，反复刺激这些反射点，对早泄、阳痿、尿频、尿急等都有帮助。

8. 中冲穴

中冲穴属于手厥阴心包经井穴。核尖朝上扎中冲穴，可防止胸闷和中风。中冲穴位于中指尖顶部，当出现胸闷、昏厥、痉挛等症状时，可用麻核桃尖直刺中冲穴，同时用另一麻核桃配以刺激合谷穴，上述症状均可得到缓解。

反复搓压拇指肚

反复蹭动食指肚

刺激中指肚

反复压扎无名指

9. 血海穴、三阴交穴

三阴交穴和血海穴在小指第 2 关节上方，长期刺激可缓解更年期综合征和痛经。

10. 鱼际穴

滚动麻核桃压鱼际穴，能够提高免疫力。鱼际穴在手掌金星穴的上方，经常刺激该穴位有防止感冒和眼部问题的作用。

11. 指尖

捏住麻核桃压指尖，能让五脏六腑保持良好状态。五指尖是神经末梢，又为五经之端，即心、肝、脾、肺、肾。经常用麻核桃压蹭刺激指尖，可提高脏腑功能。

12. 少府穴

核尖朝下扎少府穴，可使血流顺畅，预防梗阻。少府穴属于少阴心经，系心经的荥穴，位于第 4、5 掌骨间，平行于劳宫穴，屈指握拳时，小指指尖所点处即是。经常扎压少府穴，对胸闷、心悸、癔症、心脏疾病等有辅助治疗效果。

13. 中脘点

用力压中脘点，具有健胃健脾、助消化的作用。中脘点位于中指第 3 关节的下部，被心、肝、胰反射点所包围，屈指握拳时，中指指尖所点处即是。用力压扎中脘点，对食欲不振、胃胀、脾虚等问题有明显治疗效果。

14. 掌心

双手合十滚手掌，对肝胆胰肾等脏腑起到保养作用。该方式与单掌搓揉不同，它是对掌心的强刺激，掌心是肠、胃、肾、胰、肝、胆反射点的集中区域，通过滚动刺激掌心，对保养五脏六腑都有益处。

15. 手背

掌心朝外滚手背，能够强骨壮筋，让人精力充沛。腰椎、胸椎、尾骨的反射区都集中在手背上，反复刺激手背会达到舒筋活血、壮骨强筋的效果。

16. 养老点

经常压扎养老点可以预防花眼。养老点位于小指第 3 道横纹侧方，经常刺激这个穴位对治疗老花眼、眼睛疲劳、白内障等疾病有辅助功效。

二、麻核桃把玩方法

1. 搓

（1）将麻核桃分别置于两手掌心，随后用食指与中指将其夹紧。做好准备后，双大拇指开始用力向上搓动麻核桃，动作从指尖起始，持续至鱼际部位。完成向上搓的动作后，再从鱼际处开始向下搓，直至指尖结束。此外，还可以用拇指进行横搓，此时以拇指第一道横纹处为主要着力点。在整个搓动过程中，需持续操作，直至手部感觉发胀和麻核桃发热为止。长期坚持这一动作，对促进肝胆健康有积极作用。

（2）用拇指和中指夹住麻核桃，接着用食指进行搓动。搓动方向为自上而下，再自下而上。搓动过程中力度要逐渐加大，搓动范围从食指肚开始，一直到食指的第三道横纹，其中以第一道横纹为主要着力点。长期坚持，对消化系统有很好的保健效果，能够帮助消化、预防腹泻。

（3）用拇指、食指和无名指紧紧握住麻核桃，然后用中指进行上下方向的搓动，重点作用于中指肚和第一道横纹处，并不断增加搓动速度和力度。中指肚是头顶百会穴的反射点，第一道横纹处对应心穴，再往下则是

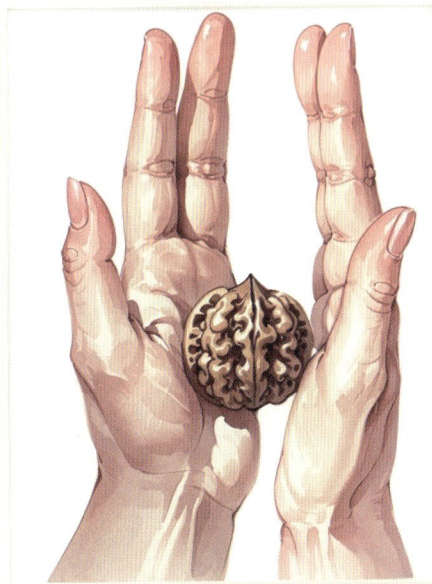

搓

人迎穴。这种针对性的搓动，可以有效刺激以上穴位。长期坚持对降血压、增强血管弹性、缓解心脏病等症状有辅助功效。

（4）使用拇指和小指将麻核桃夹紧，然后让无名指上下反复搓动。这个过程中，以无名指的第一道横纹作为重点关注区域，为肺反射点。长期坚持这种搓动方式，可以增强身体的免疫力。

（5）将麻核桃放置在掌心，然后用拇指把麻核桃压在掌心，与此同时，小指在麻核桃上进行搓压。此时需要重点关注小指的第一道横纹和第二道横纹两个部位，这里分布着肾穴、命门反射点。

2. 揉

揉麻核桃，关键在于让麻核桃在手上有力地旋转起来，其中包含了多种不同的旋转方式，每种方式都有着独特的操作要点与功效。

（1）顺时针旋转

首先，将两枚麻核桃平放在手掌中，确保它们彼此之间不接触。接着，利用食指与中指协同发力，将前方的麻核桃推向拇指。与此同时，无名指和小指配合动作，将另一枚麻核桃传递给中指和食指。随后，拇指巧妙地勾住前方的麻核桃，并将其送向小指与无名指所在的方向。就这样，以接力传递的形式，让麻核桃在手掌上持续地顺时针旋转起来。

在整个旋转过程中，麻核桃必须紧密贴靠在掌心及手指的皮肤表面，这样才能确保刺激的有效性。旋转速度也很关键，宜快不宜慢。通过这种快速的顺时针旋转，麻核桃能够对手部的穴位和反射区产生持续且有节奏的刺激。这种刺激能够促进手部的血液循环，进而通过经络传导，对身体内部的脏腑器官产生积极的调节作用。

（2）逆时针旋转

首先将两枚麻核桃平稳地放在掌心。起始动作是由大拇指勾住前方的麻核桃，并将其送向食指。随后，食指尖与拇指尖协同配合，稳稳地夹住麻核桃后再传递给中指。紧接着，中指将麻核桃继续转送给无名指和小指。与此同时，小指弯曲，将另一枚麻核桃送向拇指。如此反复循环，麻核桃便在手掌上沿着逆时针方向缓缓转动起来。

这种逆时针旋转的特点是缓而有力。在旋转过程中，主要以摩擦各指的第一道横纹为重点。手指的第一道横纹处分布着众多与身体各器官相对应的穴位和反射点。例如，中指上分布有心穴等，通过这种针对性的摩擦刺激，能够调节心脏的节律，增强心脏的供血能力，对于预防和缓解一些心脏疾病，如心悸、心慌等有着积极的意义。

（3）中循环旋转

这种旋转方式是将两枚麻核桃竖直地放置在手掌中。操作时，先用拇指尖将前面的麻核桃从中指根部缓缓推向中指尖，然后中指尖再将麻核桃送回到拇指弯曲处。与此同时，无名指与小指协同用力，将另一枚麻核桃推向中指根部及拇指弯曲处。

这种中循环旋转方法着重摩擦中指的第一道横纹。长期坚持这种中循环旋转锻炼，有助于促进心脑血管健康，提高生活质量，减少疾病发作的风险。

3.压

首先，取两枚麻核桃，分别放在左右手的掌心中。接着，将除拇指之外的其余四指并拢并微微弯曲，利用四指的力量稳稳地夹住麻核桃。完成准备动作后，开始进行手部运动。先将夹着麻核桃的双手向上扬起，达到一定高度后，再让双手缓缓下落。当双手下落至合适位置时，用力下压手心，使麻核桃对手心产生一定的压力。

在整个操作过程中，运动的速度要尽量快一些，让手部在短时间内得到更充分锻炼。此动作需要循环往复进

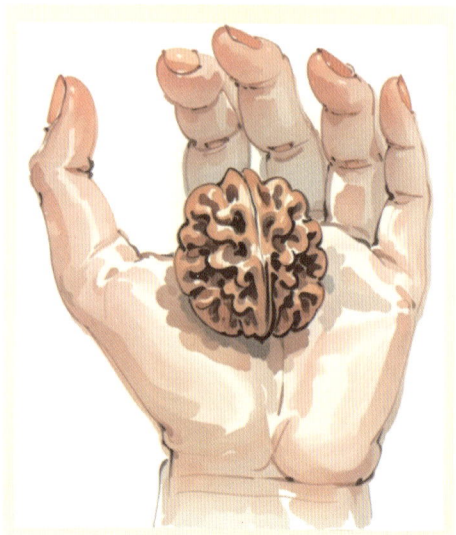

压

行，不必拘泥于具体次数。持续不断地重复扬起、下落、用力压手心的动作，直到手心出现热胀感为止。这种热胀感意味着手心的血液循环得到了有效促进，手部的经络和穴位得到了充分刺激。长期坚持这种方式锻炼，可以增强手部肌肉力量，使手指更加灵活，改善手部的血液循环。同时还能调节气血运行、舒缓身心压力等。

4. 扎

在麻核桃的众多玩法里，运用核桃尖刺激穴位是很重要的一种。在实际操作过程中，有以下要点需要注意：

（1）麻核桃的挑选至关重要。

挑选尖部较钝的麻核桃，过于尖锐的麻核桃尖可能会对皮肤造成损伤。钝尖麻核桃既能有效地刺激穴位，又能保障皮肤的安全。

（2）熟悉手上的穴位及反射点是关键前提。

手部的经络系统错综复杂，例如，中指肚不仅对应着百会反射点还对应心穴，清楚正确的位置关系，才能准确地用麻核桃尖刺激相应部位。

（3）控制力度是核心要点。

使用正确力度用麻核桃尖刺激穴位时，穴位处会产生酸、麻、胀、热的感觉，表明已对穴位产生了有效的刺激。力度过轻，可能无法达到预期的保健效果，而若力度过重，有可能损伤穴位周边的组织，对身体造成伤害。

（4）扎穴位的范围不仅限于手掌。

手背、手臂和腿部也都有很多穴位可用麻核桃尖刺激、促进身体健康。

5. 捏

（1）上捏

取来两枚麻核桃，分别放置在左右两只手掌上。用五指尖的力量轻轻捏住麻核桃，凭借指力缓缓地转动麻核桃。在此过程中，关键在于要边旋转边捏动，不能停下，这种方式被称为"上捏"。通过上捏，麻核桃与指尖的各部位充分接触，刺激指尖丰富的神经末梢以及对应的心、肝、脾、肺、肾五经关联区。长期坚持可提高脏腑功能。

（2）中捏

把麻核桃放在五指的第一道横纹处，紧紧捏住后，用指力将其旋转起来，旋转方向可顺时针也可逆时针，这种手法称为"中捏"。

（3）下捏

把麻核桃放在五指的第二道横纹处，捏紧后，用指力慢慢使其旋转，此为"下捏"。此方法适合采用较慢的速度。

6. 蹭

伸出拇指、食指和中指，稳稳地将麻核桃夹住，利用麻核桃的纹面或者棱条，对另一只手掌上的反射点和穴位进行刺激。操作时需施加一定的力度，使麻核桃与手掌皮肤之间产生有效摩擦，直到手掌出现明显的热胀感。

借助麻核桃纹面或棱条刺激穴位和反射点的方法适用范围非常广泛。例如，刺激腿部的足三里穴位，有助于促进消化吸收，改善胃肠功能。刺激肩部，可以缓解肩部酸痛和僵硬，促进血液循环。

值得一提的是，如果使用棱条较高的麻核桃，在同一部位反复刮蹭，还能起到类似"刮痧"的作用。在背部沿着脊柱两侧的膀胱经进行刮蹭，可以疏通背部的经络气血，排出体内的湿气和毒素，对缓解背部疼痛、改善疲劳状态有显著效果。刮蹭颈部，能够减轻颈部肌肉的紧张和僵硬，促进血液循环，对于长期伏案工作导致的颈部不适有很好的舒缓作用。

7. 滚

（1）双掌滚

进行双掌滚时，先将一个或两个麻核桃放于两掌心之间，接着用力上下滚动，也可以尝试掌心旋转滚动。滚动过程中，要做到快而有力。掌心是脏腑反应区，以快而有力的节奏进行刺激时，可以激活肠胃功能，维持身体健康。

（2）手背滚

进行手背滚操作时，用两手背夹住一个麻核桃，然后用力地进行上下、左右方向的滚动，保持速度适中即可。手背是腰椎、颈椎和各骨关节反射点的聚集区，长期刺激这些反射点可以促进骨关节周围的血液循环，增强关节的灵活性和稳定性，让身体保持活力。

（3）掌根滚

用双掌掌根夹住麻核桃，进行上下旋转运动，直至掌根产生热胀感。掌根包含中极、会阴和生殖反射点，与人体的泌尿生殖系统密切相关。坚持进行掌根滚麻核桃的锻炼，能够对泌尿生殖系统产生积极的调节作用。

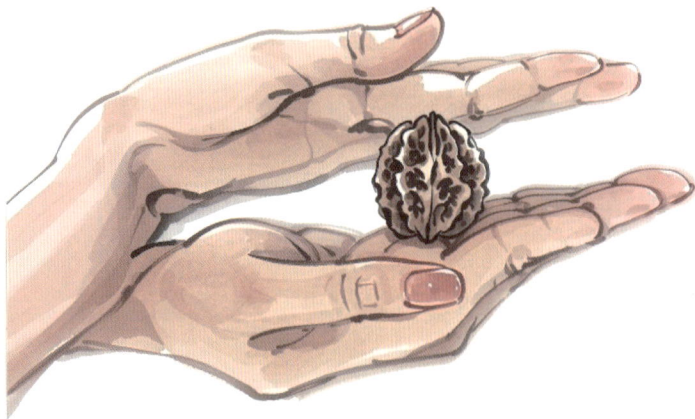

滚

（4）滚其他部位

麻核桃的滚动范围并不仅仅局限于手掌上，还可以用麻核桃滚动胳膊、腿、胸等部位。滚动胳膊时，能够促进上肢的血液循环，缓解疲劳和酸痛，增强上肢的力量和灵活性。滚腿时，可以改善腿部的血液循环、预防和缓解下肢静脉曲张、减轻腿部水肿。滚胸时，有助于调节心肺功能，增强呼吸功能，缓解胸闷气短等不适症状。如果自己操作不便，还可以请人帮忙滚腰、滚背等部位，实现全面的健康维护。

三、提高麻核桃手疗效果的方法

1. 重点按摩法——精准施力，靶向健康

麻核桃按摩是手部保健的有效方式，但传统掌心旋转容易忽视其他部位。应根据个人健康需求精准选择按摩部位，如伏案者重点刺激手腕，睡眠不佳者刺激掌心神经区域。同时要确保刺激充分，以达到更好的保健效果。

2. 双手交替法——均衡脑体锻炼，筑牢健康防线

在日常保健中，搓揉麻核桃是一种有益的活动，尤其是运用双手交替法。从肢体机能强化角度看，搓揉麻核桃能全方位锻炼手部关节和肌肉。持续规律地搓揉要求手部精准拿捏、手指灵活施力、腕部轻盈翻转、臂膀肌肉协同发力，从而提升肢体的协调性、灵活性和力量掌控能力。

此外，搓揉麻核桃对脑血管功能有积极影响。现代医学研究表明，大脑对肢体的管控遵循交叉支配原则，即左脑半球控制右侧肢体，右脑半球控制左侧肢体。人多数人习惯用右手，导致右脑半球缺乏锻炼，脑血管弹性减弱，更易受血压波动等因素影响。因此，在搓揉麻核桃时，应坚持双手交替运动，增加非惯用手的练习频率与时长，激活对侧大脑半球的神经细胞，促进血液循环，增强脑血管弹性，降低脑血管疾病风险，为脑血管健康筑牢防线。

3. 范围扩张法——拓展按摩疆域，助力全身康养

在麻核桃保健实践中，范围扩张法是一种极具实操性和功效性的进阶策略。传统按摩多局限于手部，仅刺激手部穴位和反射区，虽能促进手部血液循环、缓解疲劳，但对全身健康的改善作用有限。人体经络系统纵横交错，各部位机能相互关联，因此拓展按摩范围至关重要。

在熟练掌握手部按摩技巧后，可将按摩区域延伸至手臂和腿部。手臂有手阳明大肠经、手少阳三焦经等重要经络，沿经络滚压、搓动麻核桃，能疏通经气，改善上肢血液循环，缓解肩臂酸痛。腿部肌肉丰厚，足三阴经、足三阳经贯穿其中，主宰气血下行和下肢运动功能。用麻核桃扎、蹭腿部，能刺激关键穴位，促进微循环，缓解腿部水肿、肌肉拉伤和下肢冰凉等问题。此外，还可借鉴中医学"阿是"理论，对身体不适或疼痛部位进行针对性刺激，促使气血汇聚、经络畅通，可以收获事半功倍的调理效果。通过范围扩张法，打破手部按摩的局限，将麻核桃按摩功效辐射至全身，全方位调动人体自我修复机能，激活气血循环动力，可以为日常保健理疗开辟全新路径，

收获更全面的健康效益。

4.静止攥压法——特殊情境下的精准穴位刺激法

静止攥压法是麻核桃养生保健体系中的一种独特方法，专为特殊人群和不适宜常规揉核桃的场景设计。脑出血后遗症患者、老年人、手部受伤或患有腱鞘炎的人群都适用此法，还适用于在公共场合等不方便把玩的场景中。该方法要求选择刺长、凸起高的麻核桃品种，如灯笼、官帽、刺猬、猴头等，利用其尖刺和凸起精准刺激穴位和反射点。使用者将麻核桃对准特定穴位后，五指收拢攥于掌心保持静止，通过持续的静态压迫激活经络气血运行，类似于针灸中的行针原理。实践证明，静止攥压法能促进局部血液循环，缓解肌肉萎缩，减轻肩颈僵硬和腰背酸痛，舒缓紧张神经，改善睡眠和情绪状态，为特殊情形下的健康管理提供了便捷高效的方法。

5.三热三降健身法——规律揉核，助力健康防线

"三热三降健身法"是一种将揉动麻核桃与日常作息相结合的养生方法，通过规律的手部运动，调节身体机能。具体操作如下：早餐后，坐姿放松，双手握住麻核桃，顺时针和逆时针各揉动50次，激活手掌经络，促进血液循环，为一天注入活力。午餐后，重复相同操作，驱散困意，改善脑部供血，恢复身体活力。夜晚睡前，聚焦中指肚、心穴、人迎等反射点，揉动100次，帮助身体放松，营造良好的睡眠环境。揉动频率需控制在心率的1/2，契合人体生理节奏。长期坚持此法，可调节内分泌与代谢系统，降低血压波动，改善血脂和胆固醇水平。

6.麻核桃交换搓揉法——多元刺激，优化手疗成效

在手部理疗与保健中，麻核桃交换搓揉法是一种提升效果的重要方法。传统观念中，许多人认为长期使用同一对麻核桃进行手疗，其熟悉的纹理和手感能带来稳定的保健效果。然而，手掌的穴位和反射点敏感度会因长期单一刺激而逐渐降低，导致手疗效果大打折扣。为打破这一局限，麻核桃交换搓揉法应运而生。该方法建议定期更换不同品种的麻核桃进行把玩，如狮子头、楸子、南疆石、鸡心等，利用它们具有差异化的纹理和形状，为手掌带来多样化的触觉刺激。这种动态变化能够保持穴位和反射点的敏感度，促进手部血液循环和经络疏通，从而提升手疗效果，为全身健康调节提供动力。

四、麻核桃把玩注意事项

1.不要碰

麻核桃手疗的核心在于通过手对麻核桃的搓揉、压扎等操作，来按摩手掌的各个部位，从而达到保健和调理身体的目的。然而在这个过程中如果两枚麻核桃相互碰撞，将会产生诸多不利影响。一方面，麻核桃相互碰撞挤压会分散对手掌的压力，使得原本应集中在手掌穴位和反射点上的按摩力度被削弱，无法充分发挥功效。另一方面，麻核桃的凸起、纹路以及棱条等独特的外形特征，是其艺术观赏价值的重要体现。频繁的碰撞会导致这些部位变形、磨损，严重破坏麻核桃

的美感，无论是对于珍视麻核桃手工艺品价值的收藏者，还是注重手疗过程完整性与美观性的使用者来说，都是不可忽视的损失。

2. 不要响

在搓揉麻核桃过程中，应尽量避免发出声音。麻核桃之间摩擦产生的声音属于噪音，而质地结构越好的核桃摩擦时所产生的噪音可能越明显。在安静或人群聚集的场合，把玩麻核桃发出的咔咔声响会显得格外突兀。为了维护良好的社交环境和自身的修养形象，我们应控制搓揉麻核桃的力度和方式，避免产生噪音。

3. 不要刮

手疗麻核桃具有四项重要功能：一是锻炼手部，通过手指动作提升手部肌肉和关节的灵活性；二是压扎穴位，利用麻核桃的特定部位精准刺激手掌及手部穴位，调节气血和脏腑功能；三是刺激反射点，与穴位协同作用，增强身体的自我调节能力；四是作为艺术品，其精美的外形和独特纹理具有很高的观赏和收藏价值。然而，如果在搓揉过程中不慎在麻核桃表面或尖部刮出伤痕，这些伤痕在放大镜下会清晰可见，且难以消除。一旦出现刮痕，麻核桃的完整性和美观度将大打折扣，对于追求完美品相的爱好者来说，这将是巨大的遗憾。因此，在搓揉麻核桃时，必须保持小心谨慎，确保其表面完好无损。

4. 不要摔

麻核桃的尖部、棱条和凸起较为脆弱，容易受损。而日常环境中的硬质地面（如水泥路、大理石地面或瓷砖走廊）一旦与麻核桃碰撞，极易导致其损坏。为了避免在盘玩时不慎摔落麻核桃，手疗麻核桃时需采用科学合理的方法。具体操作顺序为：先搓后揉、先慢后快、先轻后重。特别是中老年朋友，由于身体机能相对较弱，更需格外注意。早晨起床时，身体各部位较为僵硬，不宜立刻快速旋转麻核桃。正确的做法是：先一手持一个麻核桃，缓慢搓动，通过轻柔的方式让手部逐渐暖和，促进血液循环，使指关节灵活。待手部充分预热、关节活动自如后，再逐渐加快速度，进行上手快速旋转等复杂动作。这样可以最大限度地减少麻核桃意外掉落和受损的风险，确保手疗过程顺利进行并保障麻核桃的安全。

5. 最好不要上油

许多新手在盘核桃时，看到他人手中色泽红润光亮的核桃，往往心生羡慕，急于让自己的核桃快速上色。于是选择在核桃表面刷油，短期内确实能看到明显的变色效果。然而，这种做法忽略了长远的影响。核桃表皮密度不均匀，刷油后油分吸收也不均匀。随着盘玩时间增加，核桃表面会出现明显的色差：油分吸收多的地方会发黑，而纹路较深、难以接触油的地方颜色则更浅，整体色调极不协调。实际上，即使是手部自然分泌的油脂接触到核桃表面也会导致核桃出现色差，人为上油只会加剧这一问题。因此，为了保证核桃盘玩的最佳效果，建议在日常盘玩中避免给核桃上油。

6. 忌上色

在文玩核桃圈中，许多玩家拿到心仪的核桃后，都满怀期待地希望通过盘玩让核桃色泽红润，收获成就感。然而部分玩家过于急功近利，觉得日常盘玩核桃的变色速度太慢，便开始寻找"捷径"，甚至使用化学药剂给核桃上色，妄图快速达到理想效果。但实际上，化学药剂对核桃是极大的伤害。虽然短期内核桃可能迅速变红，但随着时间推移，药剂会侵蚀核桃表皮，破坏其质地，导致干裂、变形等。原本品质不错的核桃，也因这种错误方式而彻底损坏，难以恢复。

7. 正确对待色差

在盘玩核桃时，色差是常见现象。单只核桃因表皮吸收油脂、接触环境及自身质地等因素，不同部位色泽变化各异，从而产生色差。同时盘玩两只核桃时，色差更易出现，因为每只核桃的纹理、密度不同，盘玩时双手力度、频率和环境因素也难以一致。不过，出现色差时不必放弃。盘玩核桃需要耐心，持续盘玩会使核桃表皮颜色在摩挲中逐渐均匀变化，色差也会慢慢改善。

若核桃出现阴皮，情况则更复杂。红阴皮核桃，对于手汗较少的玩家，持之以恒地盘玩，让核桃吸收手部少量油脂和其他物质，色差可能逐渐消失。黑阴皮核桃则更棘手，但手汗多的玩家通过持续盘玩，让核桃充分接触手汗中的成分，也可能使色差得到一定程度的改善。

第三节　麻核桃的配对与上色

一、麻核桃的配对

麻核桃的配对是一门精细且充满挑战的艺术，两只核桃需要在多个维度上实现高度契合，才能成就一对令人称羡的核桃佳对。

1. 品种相同

麻核桃配对的首要前提是两只核桃必须来自同一品种。为了追求极致的相似性，最好是同年同树、同天采摘并且同天剥皮的核桃。因为即使是同一棵树上的核桃，每年的生长环境也会有细微差异，从而影响核桃的形状和纹路。例如，雨水充沛的年份，核桃生长迅速，纹路较浅且稀疏；干旱年份，核桃生长缓慢，纹路则更深、更密集。因此，只有同年同树、同天采摘和剥皮的核桃，才更有可能在各个方面保持高度一致，为后续配对奠定坚实基础。

2. 尺寸相近

麻核桃配对的精准度取决于边、肚、高三个关键尺寸的接近程度，理想状态下这些尺寸应完全相同。然而，由于核桃生长的天然差异，实际操作中很难做到绝对一致。通常，若两只核桃的尺寸差异在0.5毫米以内，即可视为配对成功。但即便如此，从同一棵树上找到尺寸如此匹配的核桃也极为困难。有时，收藏家可能需要花费大量时间和精力去寻找。例如，一只新下树的核桃可能因尺寸特殊，需等待数年才能找到与之匹配的另一只，这无疑需要极大的耐心和对配对的执着热爱。

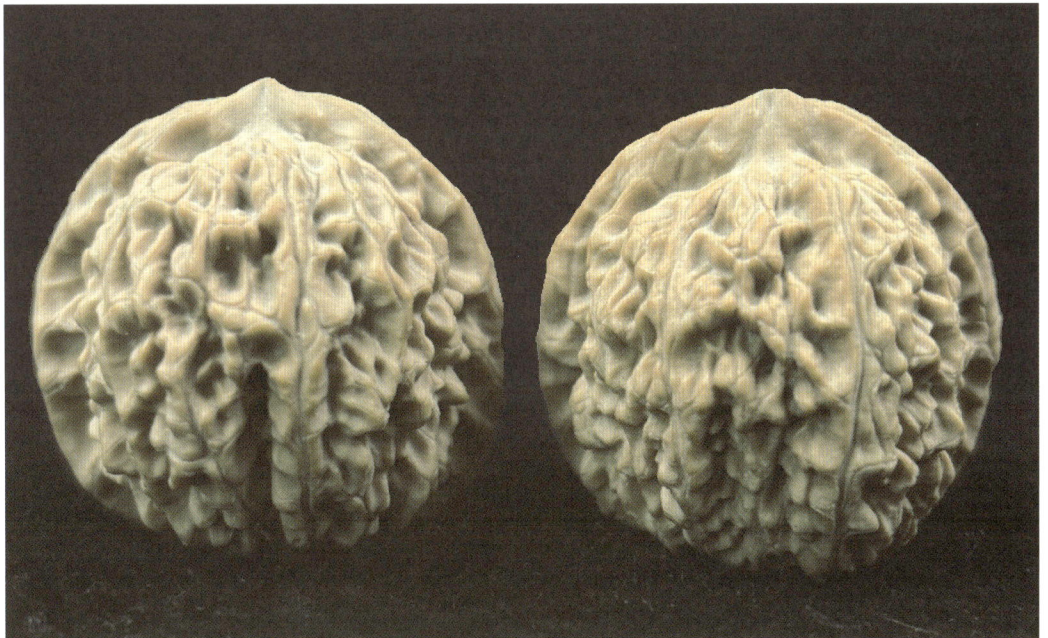

麻核桃配对

3. 形状相似

判断麻核桃形状是否相似，需从多个角度综合考量。首先，观察核桃边和肚的弧度，二者弧度应尽可能相同或极为相似，它们共同勾勒出核桃的整体轮廓，弧度一致能让核桃在视觉上更显和谐。其次，审视肩的高矮，肩高对核桃外形风格影响显著，肩高相似的核桃外观更具协调性。最后，关注核桃底部大小、凸凹以及尾的大小，这些细节的相似性将进一步提升配对的完美度。

从整体外形来看，应努力实现上、下、左、右、前、后六个面都具备相似外形。若能达到这一标准，便是行内赞誉的"绝对儿"，极为难得。若有五个面相似，也可称为"佳对儿"，价值不菲。若仅有一个面相似，而其他面差异较大，则不符合配对标准，难以展现配对核桃应有的美感和把玩价值。

4. 皮色统一

两只麻核桃的颜色协调统一至关重要，应尽力避免出现色差。通常情况下，不同时期下树的核桃往往会呈现不同的颜色。比如，刚下树不久的核桃颜色较浅，而长期把玩和氧化后的核桃会逐渐形成如玛瑙般莹润的光泽，颜色也更深沉、醇厚。此外，色差还可能因保存环境湿度、温度不稳定，或剥青皮时间不同步而产生。配对时必须严格把控皮色的一致性，否则色差在后续把玩过程中会愈发明显，影响核桃的升值潜力。

需要注意的是，目前市面上存在一些经过加工上色的新核桃，在购买时需要谨慎鉴别。有一种简单有效的鉴别方法，即用手指在核桃表面用力擦拭，年代久远的核桃由于其表面经过自然氧化和把玩形成了一层特殊的包浆，擦拭后会出现亮点；而经过加工上色的新核桃则不会有这样的亮点，因为其表面的颜色是通过人工手段附着上去的，并非自然形成的包浆。

5. 品相完整

品相完整是麻核桃配对的基本要求。两只核桃都应无伤、无裂、无修补，才能构成完美配对。若一只核桃完美无瑕，而另一只存在磕碰、裂缝或修补痕迹，这样的配对难以被追求完美的玩家接受。残缺的核桃不仅影响美观，还可能因结构不完整导致把玩手感不佳，甚至在进一步把玩中加剧损伤，降低核桃的价值。

6. 纹路统一

两只核桃的纹路形态越接近，其整体价值就越高。这要求核桃在纹路疏密、深浅以及花样设计上都尽可能保持一致。通常，同一棵树上的核桃因生长环境相同，纹路的相似性较高。因此，商家为提高配对成功率和产品价值，常采用"包树"方式，一次性购入整棵树的核桃，从中挑选纹路最相似的进行配对，以满足玩家对高品质核桃的需求。

7. 重量相近

重量相同或相近也是麻核桃配对的一个重要考量因素。两只核桃重量越接近越好，掂在手中时不能明显感觉出一轻一重。重量差异可能暗示核桃内部结构或密度不同，进而影响把玩时的手感平衡和整体协调性。

二、麻核桃的走色

麻核桃的走色是一个逐渐变化且受多种因素影响的过程，一般分为以下几个阶段：

1. 白茬阶段

特征：新采摘的麻核桃，其表面会有一层白霜覆盖。颜色通常较浅，以浅黄色或白色较为常见。该时期核桃的质地较为干燥，表面也比较粗糙。

养护重点：养护的关键在于打底。使用钢丝刷去除核桃表面的白霜，再用纳米刷清理细微处，使核桃表面洁净，为盘玩打下基础。处理之后，核桃表面可形成初步包浆，减缓吸收汗液的速度，使上色和包浆过程更均衡推进。

2. 初步变色阶段

特征：在经过 1 到 3 个月的盘玩之后，麻核桃表皮颜色初步变化。黄皮核桃会从单一的黄色转变为黄中带红；红皮核桃则是颜色进一步加深，朝着酱紫色的方向发展。与此同时，核桃表面开始增加光泽，即挂瓷现象。触摸时，能明显感觉较白茬阶段更加顺滑。

养护重点：该阶段需保持手部清洁，防止灰尘和污垢附着影响核桃的色泽。盘玩时可适当延长盘玩时间，但避免过度盘玩，以免上色过快导致颜色深浅不一。

3. 颜色加深阶段

特征：盘玩 3 到 6 个月后，麻核桃的颜色持续加深。黄皮核桃逐渐呈现出明显的红色，红皮核桃的酱紫色也会愈发浓郁。此时，核桃表面光泽度增强，包浆增厚，纹理也更加清晰，并开始展现出层次感。

养护重点：此阶段的养护重点是维持适度的盘玩频率并定期清洁。可使用软毛刷轻轻刷拭核桃表面，使包浆均匀分布，同时清理纹路内的污垢。另外，要注意避免核桃接触过多的水分与油脂，以免出现花皮或者颜色变乌。

4.稳定变色阶段

特征：盘玩半年后，麻核桃的颜色基本稳定，但仍会缓慢变化。黄皮核桃可能达到"牛津红"，红皮核桃则会呈现深酱紫或紫红色。此时，核桃表面光滑温润，具有玉化质感，纹理与包浆相互映衬，整体呈现古朴典雅的感觉。

养护重点：此阶段重点是防止核桃磕碰和摔落，以免损坏包浆和形状。可适当减少盘玩次数，更多地进行欣赏和保养。将核桃放置在干燥通风处，避免阳光直射和高温潮湿环境，以保持其良好状态。

如今，许多玩家急于追求麻核桃快速上色，因此市面上出现了大量声称能加速上色的化学药剂。然而，核桃上色真正可靠的方式还是耐心盘玩，任何核桃通过盘玩都能变红。

一些手部不易出汗的玩家担心自己的核桃难以盘红，这种担忧是多余的。即使手部出汗少，只要坚持盘玩，核桃同样能呈现出鲜艳的亮红色，而非暗沉色调。相比之下，手汗多的玩家盘玩的核桃初期上色快，短时间内就能变红，但随着时间推移，后期往往会变成黑红色，这种颜色在美观度和通透度上不如亮红色。因此，无论手部出汗多少，只要给予麻核桃足够的耐心和时间，都能盘出独具特色且美观的核桃。

第四节 麻核桃阴皮、黄尖鉴别及处理修复

一、阴皮对麻核桃品质的影响

阴皮是麻核桃常见的一种瑕疵，分为黑阴皮与红阴皮，对核桃的品质和价值影响极大。阴皮的形成原因多为核桃生长过程中受到了碰撞、虫蛀、摔落等损伤，导致青皮破损，内部液体渗出后沾染核桃表面，继而引发化学反应，使核桃表面局部腐化并出现红色或黑色，影响核桃整体品质。

在后续盘玩中，红阴皮与黑阴皮的变化趋势存在明显差异。红阴皮颜色鲜艳且易受外界影响，在盘玩过程中较易发生进一步转变，表现为颜色加深、光泽度提升或纹理更细腻，为核桃增添独特韵味。然而，这种变化并非总是积极的，有时也可能导致核桃品质下降。相比之下，黑阴皮的转变则较为困难。其颜色深沉稳定，且木质结构受损较重，常规盘玩手段难以使其达到理想效果。即使经过长时间精心盘玩，黑阴皮区域的颜色与质地也可能无法显著改善，成为核桃上难以消除

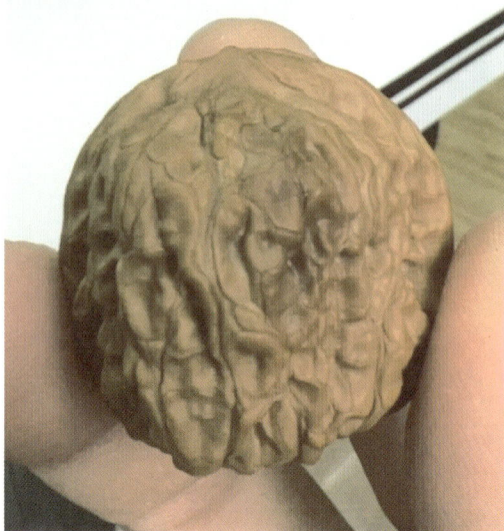

阴皮

黄尖

的瑕疵。

　　阴皮作为麻核桃的一种瑕疵，对核桃的整体品质与价值构成挑战。玩家在选购与盘玩时，应充分认识到阴皮的影响，并采取相应措施加以应对，以确保核桃呈现最佳状态与品质。

二、黄尖对麻核桃品质的影响

　　黄尖是麻核桃中一个常见的缺陷，对核桃的整体品质和观赏价值有显著影响。其形成主要是因为核桃在未完全成熟时被过早采摘，导致尖部发育不充分，出现异常的泛黄现象。核桃生长周期中，各部位发育速度和成熟程度不同，尖部未发育完全时会呈现出与主体色泽对比鲜明的黄色，显得十分突兀，破坏了整体美感。

　　黄尖在盘玩过程中难以改善，即使投入大量时间和精力，也很难转变为理想的红色，降低了核桃的观赏价值和收藏意义。因此，在选购麻核桃时，玩家应仔细观察尖部是否有明显黄色，挑选品质和美观性更好的核桃。

三、阴皮与黄尖的处理与修复

　　阴皮和黄尖等缺陷对麻核桃的品质和价值十分影响。选购时，消费者应谨慎甄别，尽量避开有缺陷的核桃。然而，由于麻核桃市场需求增加，采摘过程中因作业量大、环境复杂，碰撞和损伤难以避免，部分带有损伤的核桃会流入市场。若不慎购买到这类核桃，可通过以下步骤处理修复，减轻影响。

　　①彻底清洁：使用质地柔软的刷子，细致清洗核桃，清除表面污垢和杂质。用吸水性好的棉球轻擦纹路中的水分，防止其渗入内部造成进一步损害。

　　②盘玩上色：新核桃木质稚嫩，结构疏松，易吸收外界物质。盘玩时，核桃吸收汗液之后，颜色会逐

渐变化。若核桃有红阴皮，随着盘玩和氧化，红阴皮颜色会与整体颜色交融，最终达到和谐统一的效果。经过多年盘玩，核桃挂瓷包浆后，红阴皮的负面影响会显著减弱。

③处理黄尖：黄尖的处理相对复杂。若黄尖面积小、深度浅，长时间盘玩和摩擦后，其质地稚嫩，会逐渐磨损变矮，甚至消失，从而改善外观。但若黄尖面积大、深度深，内部结构缺陷范围广，则难以通过盘玩改善，始终是明显的瑕疵。

注意，部分玩家可能想用小刀刮去黄尖，不推荐这种做法。刮削时难以精准控制力度、深度和范围，容易破坏核桃形状和纹理，降低其玩赏性和收藏价值。因此，在选购麻核桃时，就应仔细观察细节，避免购买带缺陷的核桃，从源头上确保麻核桃的品质。

第五节　麻核桃的保养

在文玩的世界里，一对制作精美、纹理独特且极具韵味的麻核桃，常常会散发出独特的魅力，让拥有者爱不释手。虽然麻核桃质地较为坚硬，但它并非坚不可摧。如果在日常把玩和存放过程中未做到细致保养和呵护，麻核桃很容易出现令人困扰的问题。

一、麻核桃常见问题

（一）开裂现象

麻核桃最常见的问题便是开裂。其内部结构很可能会因所处环境的温湿度变化剧烈（如从寒冷干燥到温暖潮湿，或长时间高温暴晒、极度干燥）而受损，导致表面出现深浅、长短不一的裂纹。这些裂纹不仅影响麻核桃的美观性，还可能破坏其结构完整性，降低麻核桃的价值。

（二）花点问题

花点问题也常困扰麻核桃玩家。花点是麻核桃表面出现的颜色不均匀的斑点或斑块，可能由多种原因导致，如把玩时手部汗液、油脂分布不均，核桃表面接触有色物质，或者存放环境不干净（灰尘、污渍等杂质附着且未及时清理）等。出现花点的麻核桃色泽斑驳杂乱，观赏和收藏价值大大降低。

因此，想拥有一对精美的麻核桃还需深入了解并掌握正确的保养方法，包括把玩的手法、频率、存放的环境条件以及正确的清洁方式与周期等，精心打理才能确保麻核桃始终保持精美外观和良好品质，成为保值增值的文玩珍品。

二、麻核桃的保养方法

1.清洗

清洗新核桃时，需遵循以下规范流程：

①准备软毛刷或棉签，轻蘸适量洗涤灵，仔细清理麻核桃表面纹路，因纹路易藏污纳垢，需耐心清理每条纹路。

②清理完纹路后，用清水冲洗并及时擦干，切勿使用吹风机吹干，以免热风导致麻核桃干裂或变色。若未及时擦干，残留的杂质易在表面留下有色斑点，影响观赏。

③麻核桃在收藏期间，也需定期清洗。夏季气温炎热、湿度高，灰尘易附着，建议每 3 ～ 5 天清洗一次；冬季气候寒冷干燥，污染物附着少，可一周左右清洗一次。具体清洗间隔可根据实际卫生情况灵活调整。

④若购买的老麻核桃长时间未妥善保养，则清洗方式略有不同。先将老麻核桃在温水中浸泡 5 ～ 10 分钟，使表面的附着物（如阴皮、泥土）松软，便于清理。浸泡后，用硬毛刷轻柔清理附着物。后续步骤与清洗新核桃相同。

2. 上油

在养护核桃的过程中，上油有一定讲究。核桃油是首选，但应遵循"越少越好"的原则，甚至不上油才是最理想的。对于未开始盘玩的核桃，其表皮直接接触空气，若出现枯干现象，可适当上油。尤其是在北方干燥气候条件下，核桃若无保护层，突然遇到高温高湿环境很容易开裂，上油可有效避免这种情况。以下是上油的操作方法：

①用小毛刷轻沾少量油，在核桃表面均匀涂刷，注意油量要极少，避免核桃表面汪油，过多的油对核桃没有益处。

②上油后，将核桃封存两到三天，使其充分吸收油脂。

③下次盘玩前，先用刷子仔细清洁核桃表面，再开始盘玩。

通过这种方式，核桃能较快呈现亮泽，可为上色创造有利条件。盘核桃的本质，就是让核桃仁中的油脂逐渐渗透出来，从而改变核桃的颜色和光泽。若核桃表皮已有光泽，则说明其油脂分泌正常，无须额外上油。因为上油过多存在弊端，不同核桃的皮质密度不同，对油的吸收程度也不同，部分核桃可能因吸油不均而出现花皮现象，表现为表面颜色斑驳不均。

在市场上，核商给核桃上油主要是为了防开裂并增加美观度。然而，普通玩家在日常盘玩中无须担心核桃开裂，因为频繁把玩的核桃很难开裂。因此，看起来油汪汪的核桃往往是由于上油过多，最好不要购买这类核桃，以免影响盘玩效果和体验。

3. 时常把玩

麻核桃的保养与盘玩紧密相连。条件允许的话，建议每隔一段时间就将麻核桃置于手中把玩。在把玩过程中，手心分泌的汗液和油性物质是麻核桃的理想"保养剂"。汗液能滋润麻核桃表皮，防止干裂；油性物质则会逐渐渗透到纹理和皮质中，使颜色更深沉、润泽，并形成一层保护膜，增强其抵御外界侵蚀的能力。

从收藏和投资角度来看，手心分泌物的保养作用是麻核桃增值的关键。经过长时间精心盘玩的麻核桃，外观会从色泽浅淡、纹理粗糙逐渐转变为色泽温润、纹理清晰且富有层次感，使其在文玩市场上的价值不断提升。

4. 存放

麻核桃的存放方式相对简单，但需注意以下要点：

①存放前进行清洁：存放前需彻底清理麻核桃表面的灰尘和污垢，然后将其放入密封盒子中，隔绝外界空气和污染源，保持环境稳定。

②温差控制：存放麻核桃的地方应尽量避免温差过大，因为过大的温差会导致麻核桃因热胀冷缩而开裂。尤其在冬季，避免将麻核桃放置在有空调或暖气的房间。

③防虫措施：夏季高温高湿易滋生虫害，可在存放麻核桃的盒子里放置适量对麻核桃无损害的防虫药剂，但要注意摆放位置，避免药剂对麻核桃造成不良影响。

5. 新核桃保养

新核桃刚采摘时，内部含水量较高，对外部环境因素较为敏感。强风和高温干燥的环境都会加速水分蒸发，导致新核桃失水过快，进而出现开裂。因此，新核桃不宜随意放置，最好存放在无风、温度稳定、无阳光直射的阴凉处。

清理新核桃时需格外谨慎，切勿用水浸泡或用硬毛刷刷洗。用水浸泡核桃容易吸水过多，硬毛刷则可能导致核桃表面受损，两者都会破坏核桃的结构稳定性，增加开裂风险。清理工作最好在专业人士的指导下进行，采用软毛刷轻柔地去除杂质，或使用其他干燥方式处理，以减少伤害。

在保养方面，新核桃不宜上油。上油会改变核桃的颜色，使其变黑，甚至出现油阴皮现象，导致颜色不均、部分暗沉且难以消除。正确的保养方法是使用刷子进行干刷，去除灰尘和杂质，同时促进内部油脂的自然分泌和分布，为后续盘玩打下良好基础。

龙

第五章　核雕及其他衍生品

第一节　核雕历史

　　核雕作为中国汉族传统雕刻艺术的重要组成部分，是在核桃、橄榄核等具备特定硬度的果核上精心雕琢图画的一种独特的微型雕刻艺术形式。

　　核雕技艺凭借其独特性，构建了一套独立完整的体系，展现出别具一格的艺术魅力。核桃表面的复杂纹路，既为核雕作品增添了自然韵味，但也对雕刻艺人技艺提出了极高要求。艺人需具备丰富的想象力，在脑海中预先构思出适合核桃表面的图案与布局，经过深思熟虑后才能开始创作。

　　麻核桃雕刻在众多核雕类型中独树一帜。麻核桃纹路丰富多样，凸起部分明显且高耸，棱条宽阔，色泽浓郁厚重，为核雕艺人提供了广阔的创作空间和独特素材。艺人依据麻核桃的天然形态和纹理特征，巧妙运用雕刻刀具，将各种题材图案栩栩如生地呈现出来，形成了具有鲜明北方地域特色的北派艺术风格。北派麻核桃雕刻注重整体构图的大气磅礴和线条的刚劲有力，在表现神话传说、历史故事、吉祥图案等传统题材时，展现出了雄浑厚重、古朴典雅的艺术魅力。

一、起源时间

　　核雕起源于宋朝，兴盛于明朝。最早的文字记载始于宋代，现存最早的核雕记载源自明代《焦式笔乘》，其中提到的蟠桃核雕，其表面刻有"宣和殿"等字样，表明宋朝已有核雕工艺。最早见于著述的雕刻作品则是明代之物。

　　宋代已有核雕的相关记载，但未见到具体的核雕物品。至明代时，核雕开始极为盛行，最早的核材主要是核桃与杏核，题材多为神仙人物、辟邪神兽、吉祥物象等。苏州地区核雕最为兴盛，江南地区玩赏核雕的收藏风从古至今兴盛不衰。明代核雕的兴起，与当时的社会文化背景密切相关。上至达官贵人、皇亲国戚，下至平民百姓，都对核雕品情有独钟，皇宫里更是招揽了一批技艺精湛的核雕艺人。魏学洢所著的《核舟记》更是广为人知，让核雕艺术在历史的长河中留下了浓墨重彩的一笔。

二、发展历程

　　明代晚期，核雕主要流行于浙江、广东和山东等地，其中苏州地区最为兴盛，以"精、细、雅、巧"著称。最早以核雕工艺名世的工匠为宣德年间的"夏白眼"，他能在乌榄核上雕刻十六个娃娃，只有半粒米大小，却眉目喜怒悉具，或刻子母九螭、荷花九鸾等，其蟠屈飞走，绰约之态，被誉为一代奇绝。

　　清中晚期，核雕品种日益丰富，题材多样，核雕工艺尤为精湛。这一时期至民国年间，核雕题材丰富多样，有的以官船、花船为主，有的以罗汉、八仙等核雕珠串见长，还有的以单枚的历史或传说人物为特色。清代核雕艺人如陈祖章、杜士元等，其作品堪称佳作。例如，乾隆年间陈祖章的《东坡夜游赤壁》以橄榄核为材料，船体富丽雅致，布局合理，刀法细腻，工艺精湛。

　　清朝末期，战乱频繁，核雕行业一度凋敝，宫中艺人纷纷转行。直到民国初期，核雕才逐渐好转，如山东核雕艺人都桂兰及其徒弟考功卿，苏州舟山的殷根福及其子女、徒弟殷荣生、

十八罗汉

殷雪芸、钟年福、须吟笙等。他们是中国核雕行业的承上启下者，为核雕工艺的传承与发展默默耕耘。

新中国成立后，核雕重新焕发生机。1955年，周恩来总理派人了解核雕艺人情况，督促技艺传承。改革开放后，核雕产业蓬勃发展，苏州舟山核雕行业从几个人发展到上千人，题材从单一走向丰富，工艺从简单变得精细。核雕作为一项民间艺术，蕴含着传统文化的积极、宽容要素，宣扬"和为贵"，崇尚仁、义、礼、智、信等价值观，深受玩家喜爱。同时，现代核雕在传统基础上不断创新，推出全新题材，丰富表现形式，更具潮流感和个性。

三、核雕的传统工艺与现代发展的不同

1. 传统工艺

传统核雕工艺原材料主要包括麻桃核、杏核、橄榄核等，雕刻手法细致入微，题材多为传统的人物、花鸟、山水等。桃核质地坚硬、纹理独特，适合雕刻细腻的人物；杏核形状小巧，可用于雕琢精致的花鸟图案；橄榄核表面光滑、大小适中，是山水题材的绝佳选择。传统核雕工艺复杂，完全由手工制成，对核雕师的耐心和技艺是极大的考验。从选材、构思到雕刻、打磨，每一个环节都需要核雕师的全神贯注、精心雕琢，一件作品常常需要花费数日甚至数月才能完成。工匠们凭借极大的耐心和毅力，以刻刀为笔，在方寸间描绘出一幅幅生动的画卷，在细节间展现出高超的技艺。也因此，传统核雕作品常被制成坠物装饰，佩戴在身上既美观又寓意吉祥，深受文人雅士喜爱。

2. 现代发展

随着时代的发展，核雕工艺不断创新与变革。现代社会中，核雕原材料来源广泛且获取便捷，无论是麻桃核、杏核还是橄榄核，均有大量供应。核雕作品价格区间广，满足了不同消费水平消费者的需求。核雕题材在继承传统的基础上，创造了众多全新想法，如禅思哲理、生活场景、灵异玄幻等，贴近现代生活，富有时代气息，使内容表现形式更加潮流和个性。

核雕市场的日益火爆，吸引了众多从业者。部分从业者为了追求经济效益，开始采用新兴科技手段，如机械手雕刻代替人工雕刻。这种做法提高了生产效率，但也有可能导致核雕作品缺失了传统手工雕琢所蕴含的情感与灵魂。同时，核雕师们也在探索传统手工艺与新兴科技的有机结合，例如核雕艺术品与多媒体艺术的动静结合，以及核雕技术与3D打印技术的融合。这些创新与探索为核雕工艺的发展注入了新的活力。

四、核雕的工具、工艺与题材

1. 工具：

①平刀：在核雕中用途广泛，可用于切削大面积的平面，使核雕表面平整光滑。

②半圆刀：刀刃呈半圆形，适合雕刻弧形线条和曲面，能为核雕作品增添流畅的曲线美。

③角刀：刀尖尖锐，可用于雕刻细节，如人物的眼睛、眉毛等，使作品更加生动传神。

④修光刀：主要用于对核雕作品进行最后的修整和打磨，使其表面更加光滑细腻。

⑤掏肉刀：用于去除核雕内部的果肉，为后续的雕刻工作创造空间。

⑥特小刀：刀刃非常细小，适合雕刻微小的细节。

⑦刻刀把：安装到各种刀具上，作为手柄，方便核雕师进行操作。

⑧电动辅助工具：主要包括吊磨和牙雕机。

吊磨：吊磨可以高速旋转，在核雕中，主要用于镂空和钻眼等操作。通过吊磨的高速旋转，可以快速、准确地在核雕上钻出各种大小的孔洞，或者进行镂空雕刻，使作品更加立体、富有层次感。

牙雕机：主要作用是对核雕作品进行打磨。牙雕机的打磨头可以根据需要更换不同的形状和粗细度，从而实现对核雕作品的精细打磨，使作品表面更加光滑、细腻。

2. 工艺

①薄意：其特点是雕刻层非常薄，如同在核雕表面轻轻勾勒出一幅画卷。薄意雕刻注重意境的表达，通过简洁的线条和淡雅的色彩营造艺术氛围。

②浅浮雕：雕刻深度较浅，通常雕刻后的花纹不超过核雕厚度的三分之一。浅浮雕雕刻注重表现立体感，通过物体的轮廓和纹理的刻画，使作品具有一定的立体感和层次感。

③高浮雕：高浮雕是一种比浅浮雕更加立体的雕刻工艺。它的雕刻深度较大，通常雕刻后的花纹超过核雕厚度的二分之一。高浮雕雕刻注重物体的形态和结构的表现，通过物体的立体感和层次感的刻画，使作品更加生动、逼真。

④圆雕：一种全方位的雕刻工艺，使雕刻后的作品可以从各个角度进行欣赏。

⑤镂空雕：在核雕上进行镂空雕刻。它通过去除核桃上的部分材料，使呈现的作品更加通透。

梅兰竹菊

水浒传

镂空雕刻需要额外考虑核雕的强度和稳定性。

⑥镶嵌：在核雕上进行镶嵌装饰的工艺。它通过将各种宝石、玉石等材料镶嵌在核雕上，使作品更加华丽、精美。镶嵌工艺需要考虑材料的颜色、质地和形状等因素，以及与核雕作品的整体风格和主题的协调性。

3. 题材

①传统题材：观音、如来、钟馗等，其开脸庄严慈悲，符合传统文化特征。观音是佛教中的慈悲菩萨，她的形象端庄慈祥，手持净瓶和杨柳枝，寓意着救苦救难、慈悲为怀。如来是佛教中的最高领袖，法相庄严神圣，寓意着智慧和觉悟。钟馗则是中国民间传说中的驱鬼辟邪之神，形象威武霸气，怒目圆睁，手持宝剑或扇子，寓意着驱邪避灾、保护平安。这些传统题材的核雕作品通过对人物形象的精细刻画，传达了传统文化中的价值观和道德观，具有高超的艺术价值和深厚的文化内涵。

②创新题材：随着时代发展和文化多元化，核雕师们紧跟潮流，将流行文化和时尚元素融入作品。例如，以热门歌曲的歌词或旋律为灵感，雕刻出相关图案或场景，使核雕更具时代感和创新性。

在传统题材上，核雕师们也不断创新。从殷派罗汉的刀法雄健、形简意赅，到须派罗汉注重面部肌肉表现、栩栩如生，再到写实罗汉对人物形象的真实还原，核雕形成了多种风格流派，展现了丰富的艺术表现力。

同时，核雕师们还根据现代人的喜好创作了许多寓意财运亨通、事业顺利的作品，采用简洁明快的雕刻手法，突出主题，富有现代感和时尚感，深受现代人喜爱。

第二节　核雕鉴赏

在麻核桃雕刻的世界里，题材丰富多样，每一类都蕴含着独特的魅力与深厚的文化底蕴，彰显着雕刻艺人的匠心独运和传统文化的博大精深。主要的题材类型有：人物、花鸟鱼虫、吉祥图案、传统故事等等。

人物题材是核桃雕刻的经典大类。佛教的弥勒佛、观音菩萨，道教的老子、八仙过海，以及历史名人如关羽、诸葛亮等，都被雕刻师栩栩如生地呈现在核桃上。

花鸟鱼虫题材则以牡丹、梅花、喜鹊、金鱼等为主要描绘对象，传递出繁荣昌盛、坚韧高洁、喜讯将至和年年有余等美好寓意。

吉祥图案题材也在核桃雕刻中占据重要地位。常见的有龙凤呈祥、福寿双全等图案，象征着吉祥如意、幸福长寿等祝愿；万字纹、如意纹等传统纹饰则寓意着事事顺遂。

传统故事题材有《西游记》《封神演义》等等，这些故事题材的雕刻不仅考验艺人的技艺水平，更将中国传统文化中的神话传说、民间故事以独特的艺术形式传承下去。

以下列举几种常见的核雕作品。

一、钟馗捉鬼

钟馗是中国民间神话故事中的一个深入人心的角色，被道教尊为"赐福镇宅圣君"，主要功能是捉鬼、驱邪、镇宅保安。他铁面虬髯，相貌奇崛，形象鲜明。并且才华横溢，满腹经纶，为人正气凛然，刚正不阿，真诚正直。

钟馗捉鬼

在右图核雕作品中，一只核桃上的钟馗仰头向天，怒眉冲冠，一手竖起食指，一手持绳索，旁边侧立着小鬼；另一只核雕中的钟馗则俯视小鬼，一手立掌，一手似抓小鬼。核雕师精湛的刀法使线条流畅有力，生动展现了钟馗的正气与威严。核雕作品则寓意着驱邪避灾、守护安宁，与钟馗的形象相得益彰。

二、招财金蟾

金蟾在中国传统文化中是财富的象征，其造型通常以圆润饱满的身躯为主体，四肢灵动，嘴巴微张，仿佛在吐纳财富。核雕师通过巧妙的雕刻手法，将金蟾的形象栩栩如生地展现出来，寓意着财源广进、富贵吉祥。

核雕中的金蟾细节丰富：身体表面刻有细致纹理，象征财富的积累与延续；身上的金钱图案则进一步强化了招财寓意，暗示财富不断增长。金蟾的姿态多样，或跳跃向前，或静卧于元宝之上，传递出积极向上的财富观。

招财金蟾核雕不仅是一种装饰品，更是一种文化符号。它承载着人们对美好生活的向往和追求，寓意着在事业上能够取得成功，收获财富与幸福。

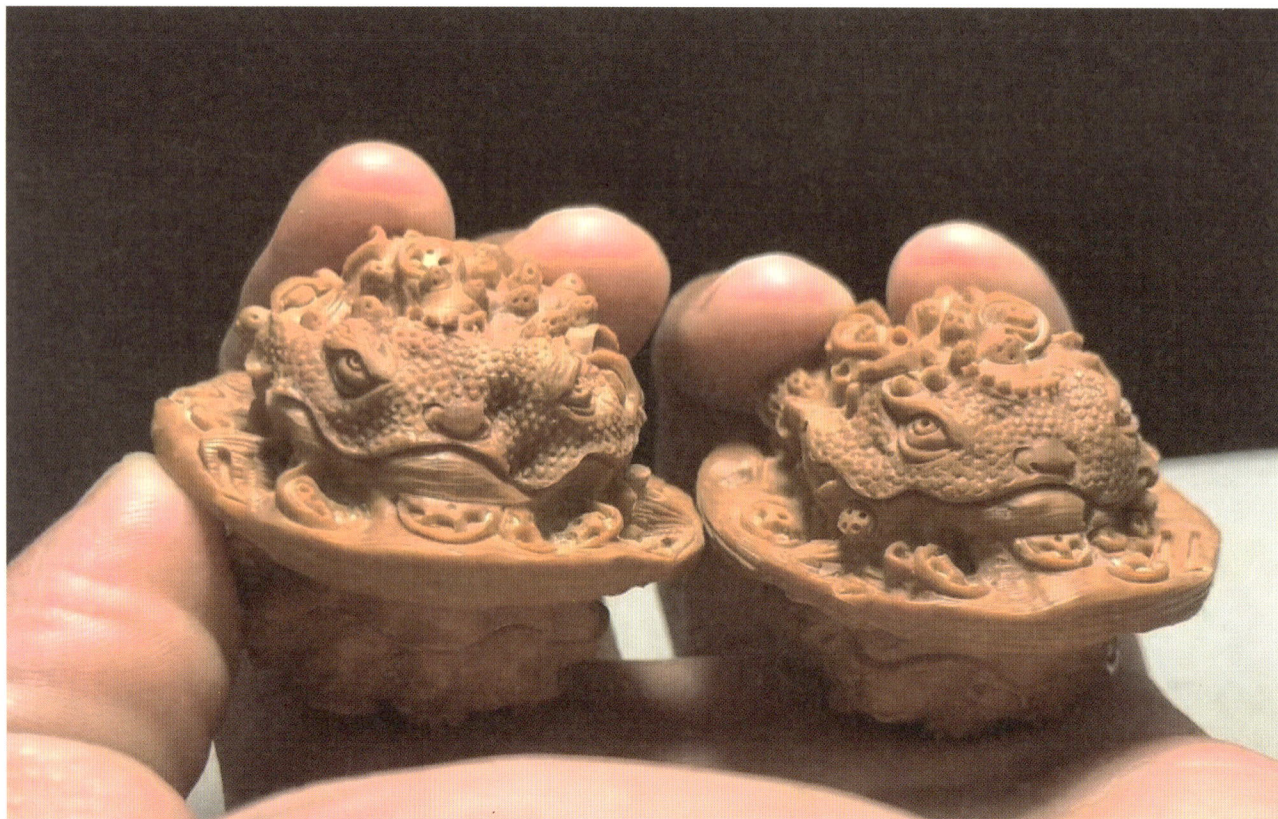

招财金蟾

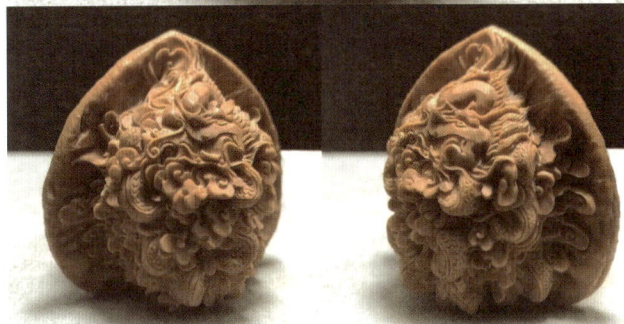

龙

凤凰

三、龙凤呈祥

"龙凤呈祥"是中国传统文化中极具代表性的吉祥图案，在核雕艺术中，"龙凤呈祥"核雕同样蕴含着丰富而美好的寓意：

1. 婚姻美满

龙和凤常常被用来象征夫妻，龙代表阳刚、坚毅的男性，凤代表阴柔、美丽的女性。"龙凤呈祥"核雕寓意着夫妻之间和谐美满、相濡以沫、爱情长久。在婚礼等场合，这样的核雕作品常被视为祝福新人婚姻幸福的佳品，祈愿新人能够相互陪伴，共同创造美好家庭。

2. 吉祥如意

龙在中国文化中象征皇权、尊贵与权威，被视为掌控自然力量的神物，代表着强大的力量和吉祥的征兆。凤是百鸟之王，象征美丽、善良、和平与祥瑞。"龙凤呈祥"寓意各种吉祥美好的事物汇聚，为人们带来好运、福气和顺利，是对生活中一切美好事物的祈愿与祝福。

3. 繁荣昌盛

龙和凤也象征着国家和民族的繁荣昌盛。龙代表国家的威严和力量，凤象征文化的繁荣和人民的幸福。"龙凤呈祥"寓意国家政治清明、经济繁荣、文化昌盛，人民生活富足、安居乐业，是对国家和民族美好未来的期盼和祝愿。

4. 阴阳和谐

在古代哲学中，龙为阳，凤为阴，"龙凤呈祥"体现了阴阳平衡、和谐共生的理念，寓意世间万物应在相互依存的关系中达到和谐统一。核雕上的这一图案也提醒人们在生活中追求平衡、和谐的状态，无论是人际关系、身心状态还是工作与生活的关系，都应如此。

5. 才华与美德的结合

龙象征卓越的才华和非凡的能力，凤象征高尚的品德和优雅的气质。"龙凤呈祥"寓意拥有者才德兼备，鼓励人们在追求事业成功的同时，注重品德修养，以实现真正的成功和幸福。

四、一念之间

核雕作品"一念之间"以人性的善恶仅在"一念之间"为核心寓意展开。作品通过对比佛的平和安详与慈悲快乐，以及魔的歇斯底里和丑恶面容，诠释了人性中的善恶两面。佛与魔并无固定属性，而是随着心念的善恶而转变。这种对比强调了人的思想与行为可以瞬间改变，从而决定是走向善良还是邪恶。

"人之善恶，皆由心生。心善则成佛，心恶则成魔。"核雕作品以此提醒人们时刻警醒自己的念头，避免做出后悔之事。善与恶、好与坏的选择皆在一念之间，掌握在每个人手中。佩戴此类核雕可以作为一种警示，促使人们在日常生活中更加谨慎，坚守原则。

一念之间

五、梅兰竹菊

核雕中"梅兰竹菊"分别代表着不同的品质与寓意：

1. 梅

梅花在寒冬中绽放，不畏严寒，象征坚韧不拔和高洁傲岸的品格。核雕中梅的形象寓意着在困境中保持乐观、勇敢坚强，展现出顽强的生命力，为人们带来希望和力量。

2. 兰

兰花以优雅的姿态和清香的气质被视为高雅、纯洁的象征。核雕中兰的形象代表着品德高尚、

梅兰竹菊

淡泊名利、内心纯净，象征君子的风度与气质，给人以宁静、祥和之感。

3. 竹

竹子挺拔修长，节节高升，象征着积极向上、坚韧不拔的精神。核雕中竹的形象寓意着正直、谦虚，体现对成长和进步的追求，也象征在生活中保持谦逊和坚韧，能够面对各种挑战。

4. 菊

菊花在秋季开放，具有顽强的生命力和独特的魅力。核雕中菊的形象寓意着坚韧、勇敢，象征着淡泊名利、悠然自得，代表着在困境中坚守自我、保持独立的精神，给人以高洁、淡雅之感。

核雕"梅兰竹菊"通过对这四种植物的雕刻，将它们所代表的美好品质融合在一起，传达出对生活的热爱、对品德修养的追求以及对生命的敬畏。

六、福禄寿

核雕"福禄寿"以核桃为载体，将福、禄、寿的意象融入其中，寓意丰富且美好。

1. 福

"福"在核雕中常以蝙蝠形象呈现，蝙蝠的"蝠"与"福"谐音。它代表着幸福、福气、好运，寓意着生活美好、平安顺遂。在核雕作品里，蝙蝠或在寿桃旁飞翔，或在寿星身旁环绕，象征着福气的降临与庇佑。福还寓意着人们对生活的期望，希望生活充满喜悦、满足与富足。

2. 禄

核雕中的"禄"常以鹿的形象来体现，鹿在传统文化中象征着财富与地位。鹿的身姿矫健，寓意着功名利禄，是对事业有成、仕途顺利的美好祝愿。核雕里鹿的形象，或在山林间奔跑，或与寿桃、灵芝等元素组合，是财富与地位的象征。它也代表着人们对幸福生活的向往，期望能过上富足的生活。

福禄寿

3. 寿

核雕以寿星为核心，寿星手持寿桃，额头饱满，面容慈祥。寿桃是长寿的象征，寓意着生命的长久与健康。核雕中的寿，不仅是对生命长度的祝愿，更是对生命质量的追求。它希望人们能拥有健康、幸福的生活，享受美好的时光。

核雕"福禄寿"将福、禄、寿的寓意融合在一起，表达了人们对美好生活的向往与追求。

七、貔貅抱球

"貔貅抱球"核雕有着丰富而美好的寓意，主要体现在以下几个方面：

1. 招财进宝

貔貅在传统文化中是一种瑞兽，以金银财宝为食，且只进不出，被视为招财进宝的象征。核雕中貔貅抱球的形象强化了这一寓意，球通常被看作是财富的象征，貔貅紧紧抱着球，仿佛是在守护和聚拢财富，意味着能够吸引财富、守住财富，为佩戴者或拥有者带来财运，使其财源广进、富贵有余。

2. 镇宅辟邪

貔貅具有强大的辟邪能力，能赶走邪气，守护平安。在核雕中，貔貅抱球的姿态展现出其威武勇猛的形象，它抱球而踞，犹如守护着家中的财宝和安宁，能够镇宅辟邪，为家庭和个人营造出安全、祥和的环境，阻挡外界邪恶力量和不祥之气的侵扰，让生活顺遂，平安无忧。

3. 时来运转

球的形状圆润，象征着循环往复、周而复始，代表着变化和运动。貔貅抱球可以寓意着时来运转，使佩戴者的运势能够像球一样滚动起来，从坏转向好，从平淡转向兴旺。它给人带来一种积极的心态，鼓励人们在面对生活中的困难和挑战时，相信命运会发生转机，只要积极努力，就能迎来好运和成功。

4. 事业成功

貔貅的勇猛和进取精神，象征着在事业上的拼搏和奋斗。抱球的动作可以理解为抓住机遇、把握关键，寓意着佩戴者在事业上能够抓住机会，勇往直前，克服困难，取得成功。它激励人们在工作中要积极主动，发挥自己的才能和智慧，像貔貅抱球一样牢牢抓住事业发展的关键机会，从而实现事业的腾飞和成功。

八、福禄万代

核雕艺术中的"福禄万代"寓意丰富而深远。作品以葫芦为主元素,"葫芦"谐音"福禄",其圆润饱满的形态象征着财富与福气的充盈。同时,"万代"寓意着福运和禄运的延续与传承,核雕中葫芦藤蔓相互缠绕、延绵不绝的景象,象征着家族的繁荣昌盛、子孙后代的幸福安康,也代表着生命的延续和家族的生生不息。

"福禄万代"不仅表达了人们对财富和福气的向往,更希望这些福运能够代代相传,让家族的每一个成员都能享受到幸福与美好。核雕作品通过细腻的雕刻,反映了人们对美好生活的积极态度和对未来的美好憧憬。

福禄万代

九、多子多福

"多子多福"是核雕作品中常见的主题,它蕴含着丰富而美好的寓意,主要体现在以下几个方面:

1. 生命繁衍与家族延续

在传统文化中,子嗣繁衍被视为家族延续的重要方式。核雕作品常以石榴、葡萄等多籽果实为题材,石榴籽粒饱满、葡萄成串聚集,象征着生命的繁衍和家族的兴旺。通过雕刻这些元素,表达了人们对家族香火旺盛、代代相传的祈愿,希望家族不断发展壮大,延续繁荣。

2. 福气与好运的聚集

"多子"与"多福"紧密相连,寓意福气的聚集。核雕中常将多子形象与福字、蝙蝠等代表福气的元素相结合。众多子女被视

多子多福

为上天赐予的福气，不仅能为家庭带来欢乐和活力，还被认为能带来更多好运和福分。家庭人丁兴旺，意味着有更多力量面对生活挑战，也更容易收获幸福和成功，因此"多子"象征着"多福"，是对美好生活的向往。

3. 幸福与美满的家庭生活

"多子多福"的寓意还体现了人们对幸福美满家庭生活的向往。子女众多的家庭往往充满欢声笑语和温馨氛围，孩子们在成长中相互陪伴、扶持，创造美好回忆。核雕通过展现这一主题，传达了对理想家庭生活的憧憬，希望每个家庭成员都能在充满爱和关怀的环境中成长和生活。

4. 丰收与富足的生活期盼

从更广泛的意义上说，"多子多福"还寓意丰收和富足。正如多籽果实象征着丰收，家庭中的多子也被视为一种"丰收"，是家庭繁荣的象征。它不仅代表着人口的增多，也意味着劳动力的增加和资源的丰富。在传统农业社会中，人丁兴旺的家庭更有能力发展生产，实现物质生活的富足。这种寓意延伸到现代，也包含了对生活各个方面丰收和富足的期盼，包括物质上的丰富和精神上的满足。

十、财神到

核雕"财神到"以精湛的雕刻技艺生动展现了财神的形象及其美好寓意。财神作为中国传统文化中掌管财富的神灵，象征着财富的到来与繁荣。核雕中，财神的神态、动作及周围环境被刻画得栩栩如生，仿佛带着财富降临人间。这一作品寓意着财运亨通，象征财富的积累与增长，不仅体现在物质层面，也带来精神层面的满足。财神的到来还被视为好运与机遇的象征，能够为人们带来福气，助力把握人生机遇，实现财富增长与成功。同时，还寓意吉祥与幸福，为家庭带来和睦与美满，满足人们对美好生活的向往。

它鼓励人们通过智慧和勤劳创造财富，同时提醒人们珍惜财富，合理规划生活，让财富带来更多幸福与快乐。

财神到

第三节　核雕作品的保养

核雕作品相较于麻核桃而言，在工艺上更为精细复杂，其精美的雕刻细节赋予了它独特的艺术魅力，但同时也使其在日常把玩和保存中更易受损。因此，核雕作品需要更为精心、细致且专业的保养措施。若在保养过程中出现疏忽，如温湿度控制不当、使用错误的清洁工具或试剂、把玩时用力过度等，都可能对其外观完整性、雕刻精细度和材质稳定性造成损害，进而削弱其在收藏市场和艺术鉴赏领域的市场价值和艺术价值。

一、注意开裂问题

在雕刻工序开始之前，核雕作品需经过严格的挑选和精心的设计。挑选阶段，工匠会综合评估核材的质地、纹理、形状以及内部结构，剔除那些存在明显瑕疵或结构不稳定的材料。在设计阶段，雕刻师凭借其精湛的技艺和丰富的经验，巧妙规划雕刻布局，精准确定雕刻的深度与范围，尽可能避开那些在后续使用过程中易因受力变化或环境因素而开裂的部位，从而降低核雕作品开裂的风险。

然而，尽管前期准备工作十分周全，但由于核雕材质本身的特殊性，其内部水分含量、纤维结构以及对环境变化的敏感性等因素相互作用，核雕作品在长期存放和把玩过程中，仍可能因温湿度波动、光照变化、物理碰撞等因素导致内部结构应力失衡，最终引发开裂。所以，为了预防开裂现象发生，应注意以下几点：

1. 注意防晒

核雕作品对光照敏感，收藏时需注意防晒。长时间强光暴晒会使核雕内部水分蒸发，导致结构应力失衡、开裂。但完全避光也不可取，会导致核雕色泽暗沉，失去光泽和质感。正确的做法是让核雕在适宜条件下接受适量阳光照射，这样能使其表面更温润，色泽更柔和有层次，提升美观度和艺术感染力。适度光照的核雕在收藏市场中价值更高，更能彰显其艺术和文化价值。

2. 注意防水

核雕作品的日常清洁需格外小心。核雕材质内部结构致密，水分扩散和蒸发较慢，而表层水分蒸发快。这种差异容易导致核雕内部应力变化，热胀冷缩，严重时导致核雕开裂。因此，建议使用干燥的棉签或干布清洁核雕的细节部分，避免引入过多水分，从而降低开裂风险。

核雕作品的存放环境对其保存状况至关重要。核雕不宜放置在过于干燥或潮湿的地方。过于干燥会使核雕变脆、开裂，而湿度过高可能导致膨胀、变形，甚至滋生霉菌。存放环境应保持适宜的湿度，以维持核雕材质的稳定性。在正常的室内环境下，核雕不易开裂，且会逐渐形成独特的包浆，散发出迷人的光泽。不同地域的湿度差异会影响核雕的盘玩效果：南方湿润地区的核雕光泽温润通透，似有灵动的生命力；北方干燥地区的核雕则呈现出深沉厚重的光泽和古朴典雅的

水浒传

气质。这些因地域环境差异而产生的独特表现，进一步丰富了核雕的艺术魅力。

3. 注意防风

核雕作品因材质特性对环境变化较为敏感，风吹是导致其干裂的重要因素之一。在北方地区，风力干燥且湿度极低，会加速核雕表面水分的蒸发，使核雕内外水分失衡，引发内部应力变化。当应力变化超出材质承受极限时，核雕容易开裂，从而严重影响其完整性、美观性和艺术价值。

4. 注意远离空调与暖气

空调和暖气会使室内空气变得干燥，核雕在这种环境下，内部水分会快速蒸发。由于核雕材质有孔隙，水分流失会使纤维结构收缩、变脆，产生应力不均衡，最终可能开裂、破损，降低其艺术和收藏价值。如果核雕必须存放在干燥环境中，建议使用加湿器调节湿度，减缓水分蒸发，维持核雕内部水分平衡，降低开裂风险。

此外，核雕存放环境的温度也很重要。理想的温度范围是 5 ～ 27℃。温度过高可能导致核雕膨胀、变形、老化；温度过低会使核雕变硬、变脆，容易开裂。因此，保存核雕时应避免靠近空调和暖气，确保温度在适宜范围内，最大程度保障核雕的完整性和稳定性。

5. 注意冬天不要把核雕放在贴身衣物口袋中

冬季气温较低，人体体温相对温暖，二者之间存在显著温差。核雕材质对温度变化敏感，当贴身放置在口袋中时，会迅速被人体加热；而取出暴露在寒冷环境中时，又会急速冷却。这种短时间内剧烈的温度变化会导致核雕内部不均匀的热胀冷缩，引发内部应力的急剧变化。当应力超出核雕材质承受极限时，容易在表面形成裂纹，甚至无法修复。

相比之下，将核雕放置于外套口袋是一种更妥当的冬季出行保存方式。外套口袋为核雕提供了缓冲空间，能阻挡寒冷空气，同时让人体热量缓慢传递，使核雕处于温和且温度变化平缓的环境内，降低了开裂风险。

二、注意防花点

在核雕的收藏与保养中，防花点是极为重要的环节。上油是保养核雕的关键步骤，能有效维持其表面光泽，但许多收藏者对上油存在认知误区。核雕开裂的根本原因是内部油性流失，因此上油是常用的保养手段。然而，油量的把控至关重要：油量不足，核雕无法充分吸收油脂，难以达到理想的保养效果；油量过多，则容易在核雕表面形成花点，破坏色泽均匀性，降低核雕的艺术价值和收藏潜力。

若核雕出现花点，可采取以下方法挽救：首先，用柔软毛刷蘸少量优质橄榄油，轻柔均匀地刷拭核雕表面；然后，用干净刷子再次刷拭，分散多余油脂；接着用棉签擦拭残留油脂，确保表面油脂均匀。完成这些步骤后，通过日常把玩，核雕表面的花点会逐渐淡化。人体分泌的汗液和油脂会与核雕表面的油脂融合，使色泽趋于均匀一致。经过一段时间的把玩，花点会与整体颜色融为一体，恢复原来统一的色调。

三、注意防虫蛀

核雕在保存时要定期拿出来清洗，存放时应在核雕的盒子内放置防虫剂。核雕多由果核等天然材质制成，富含有机成分，在特定的环境条件下，易成为害虫侵蚀的目标，导致核雕表面出现孔洞、缺损等问题。防虫剂能有效驱赶或抑制害虫的滋生与活动，为核雕营造一个相对安全的存放环境，从而维持其原有的艺术与收藏价值。

四、时常把玩

核雕的独特魅力在于与人体互动把玩的过程中，其品质得以显著提升。在把玩时，核雕吸收人体分泌的汗液和油脂，这一过程是其发生多种变化的关键。汗液中的水分能够滋润核雕表面，软化材质；而汗液中的盐分、尿素等成分与油脂协同作用，渗透进核雕的孔隙与纹理中，改善其光泽度，使表面更加柔和、细腻。随着时间的推移，核雕的色泽会逐渐加深，色调变得更加浓郁醇厚，层次感也愈发丰富，这些变化都是在日积月累的把玩中逐渐显现的。

与此同时，核雕表面会逐渐形成一层独特的包浆。这层包浆是由核雕材质与人体分泌物经过复杂的物理化学反应形成的特殊覆盖层，质地温润光滑，宛如为核雕披上了一层精致的外衣。它不仅进一步提升了核雕的光泽效果，使其在光线的映照下更显灵动与深邃，还为核雕提供了额外的保护屏障，减少外界环境因素对核雕材质的直接侵蚀与损害。

从收藏与市场价值的角度来看，颜色加深、包浆加厚的核雕作品更具艺术魅力，其价值也会随着时间的推移而不断提升。这些作品不仅体现了核雕本身的艺术品质，更凝聚了玩家长时间的精心呵护与情感投入，成为了一种集艺术价值、文化价值与时间价值于一体的珍贵藏品。

五、防止摔落

核雕作品作为精细艺术品，在收藏与把玩时需格外小心，防止跌落。越是雕刻工艺精湛，人物神态、毛发纹理，以及花鸟鱼虫的细节都栩栩如生的作品越是要小心摔落，轻微碰撞就可能导致断裂、缺损或磨损，尤其是纤细部位如人物的手部、耳部或花瓣边缘。一旦受损，核雕的完整性与艺术价值将大打折扣。

六、一些核雕并不适合把玩或佩戴

镂空雕、透雕等类型的核雕作品，因独特的雕刻工艺而展现出极高的艺术价值与魅力。然而，其复杂精细的结构也决定了它们相较于普通核雕作品在保养方面有着更为严苛的要求。

这类作品因存在大量镂空与通透部分，结构稳定性较弱，日常佩戴或把玩时极易因与衣物、皮肤或其他物体的轻微摩擦、碰撞而导致纤细的雕刻部位受损断裂，破坏其完整性与精美度。因此，不建议佩戴或频繁把玩。

保养时，每月需用柔软刷子上油，滋养核雕材质，防止开裂，但要严格控制油量，避免积油。上油后，用干净布或棉签轻柔擦拭，清理多余油脂，保持色泽均匀和外观整洁。完成后，将核雕放置于木质底座上，利用其材质特性调节环境湿度与温度，减少环境影响。最后，用玻璃罩罩住核雕，阻挡灰尘、杂质，防止碰撞，同时便于观赏。

第四节　其他衍生品

在文玩领域，麻核桃的传统配对盘玩备受喜爱，但并非所有麻核桃都适合配对或常规盘玩。因尺寸、形状、纹理或质地等因素，许多麻核桃难以配对或不适合盘玩。为了充分利用这些麻核桃，人们将其制作成了多样化的工艺品。

一、文玩饰品

1.麻核桃手串

麻核桃手串的制作过程包含多道工序。首先，依据尺寸、形状、纹理、质地等因素对麻核桃进行筛选，以确保能够打磨出大小均匀且品质上乘的珠子。然后借助专业的打磨工具将麻核桃加工成圆润光滑、规格一致的珠体。最后，用适宜的线绳将珠子串连起来，形成完整的手串。

麻核桃手串不仅观赏价值高，纹理多样，还兼具保健功能。例如，狮子头手串纹理清晰，桩型饱满，显得雄浑大气；公子帽手串则边宽肚窄，秀气雅致。日常把玩时，手部与珠子的摩擦能刺激掌心和手指穴位，促进血液循环，舒缓肌肉紧张，具有一定的养生功效。

龙鳞（太行楸子）

2. 项链吊坠

挑选形状规整、纹理美观的麻核桃，经过打孔、抛光等工艺后，配上绳子或金属链，就可以制成独特的项链吊坠。麻核桃项链吊坠既可以单独佩戴，彰显自然质朴的魅力，也能与玉石、水晶等饰品组合搭配，形成刚柔并济或时尚灵动的视觉效果，满足佩戴者对个性与时尚的多元追求。

3. 耳环

将麻核桃用于耳环制作是一种独特的创意。制作时，要挑选体积小、形态适宜的麻核桃，以满足耳环佩戴的美观需求。打孔时需谨慎操作，确保孔洞位置对称、孔径合适，保障佩戴时的平衡与舒适。制成的麻核桃耳环，散发着自然古朴的韵味，其独特的材质和纹理为佩戴者增添了一份独特的气质。

二、工艺品

1. 雕刻摆件

麻核桃因其质地坚硬且纹理丰富多样，成为雕刻艺术领域中极具潜力的原材料。其硬度为雕刻师提供了稳定的雕刻基础，能够在精细雕琢过程中保持形状与结构的完整性；而丰富的纹理则犹如天然的艺术画卷，赋予雕刻作品独特的韵味与质感。

民间手工艺人凭借其精湛技艺与敏锐艺术感知力，巧妙地依据麻核桃天然的形状与纹理特征进行构思创作。在创作过程中，他们能够精准地把握核桃的每一处起伏、每一条纹理走势，将其转化为艺术创作的灵感源泉。通过运用各种雕刻刀具与工艺技巧，手工艺人能够在核桃表面雕刻出诸如人物形象、动物形态、花卉盛景以及山水画卷等各类精美的图案与造型。以人物雕刻为例，雕刻师可以细致地刻画人物的面部表情、肢体动作以及服饰纹理，使人物形象栩栩如生、跃然眼前；在动物雕刻方面，无论是威猛的狮子、灵动的飞鸟还是憨态可掬的熊猫，都能够凭借核桃的纹理特点生动地展现出其独特的神韵与姿态。

这些由麻核桃雕刻而成的摆件，无疑具有极高的艺术价值。它们凝聚着雕刻师的心血与智慧，是传统手工艺与自然材质完美结合的典范。从艺术审美角度来看，其独特的造型与精美的雕刻细节能够吸引观赏者的目光，引发人们对艺术之美的深刻感悟与赞叹。同时，当这些雕刻摆件被放置于室内空间时，它们便成为家居装饰的亮点所在。无论是摆放在客厅的展示柜中，成为整个空间的视觉焦点，还是放置于书房的书桌上，为静谧的阅读环境增添一份文化氛围，麻核桃雕刻摆件都能够以其独特的艺术魅力与文化内涵，提升室内空间的整体格调与品位，使居住者在日常生活中能够时刻感受到艺术与文化的熏陶。

2. 把把壶

麻核桃把把壶是一种以麻核桃为原材料的小型茶壶工艺品，兼具实用性和观赏性。其制作采用流水线作业，工匠们分工明确，分别雕刻壶把、壶嘴、壶盖和壶肚等部分。壶把依据人体工学

核雕——龙

设计，便于握持；壶嘴注重水流顺畅与造型美观；壶盖与壶身契合紧密，顶部有精美装饰；壶肚则保留麻核桃的天然美感，雕刻出饱满或古朴的风格。各部件雕刻完成后，精准组合成完整的麻核桃把把壶。

这种壶造型小巧，既满足泡茶需求，又因独特材质和工艺而增添情趣。其精美的雕刻、独特的纹理以及和谐的造型使其成为值得把玩的艺术品。此外，麻核桃把把壶寓意"把把和牌"，无论是自用还是送礼，都有收藏价值。

三、生活用品

1. 按摩工具

麻核桃表面的天然凹凸纹理使其成为优质的按摩工具。制作简易按摩袋时，可将几枚麻核桃放入柔软透气的棉布或麻布袋中。使用时手持布袋，在颈部、肩部、腰部等穴位（如颈动脉窦、肩井穴、肾俞穴）进行按压和滚动，麻核桃的纹理能精准刺激穴位，疏通经络，缓解肌肉紧张，减轻酸痛和僵硬，促进血液循环，舒缓身心。

此外，将单个麻核桃固定在特制手柄上，可制成按摩棒，可针对手部劳宫穴、腿部足三里穴等局部痛点或穴位进行精准按摩，借助麻核桃纹理施加适度压力，深入肌理，增强按摩效果，助力肌肉放松与修复。

2. 笔架

制作麻核桃笔架时，先挑选形状规整、质地优良的麻核桃，沿中轴线切成两半，取一半进行掏空，确保内部能稳固放置书写工具，同时保留外部纹理。接着，从粗到细逐步打磨，使表面光滑细腻，凸显天然纹理。最后，还可以在笔架表面雕刻喜欢的图案或文字，赋予笔架艺术美感与文化内涵。

麻核桃笔架不仅实用，还如文化使者般，为书房增添古朴雅致的氛围，让

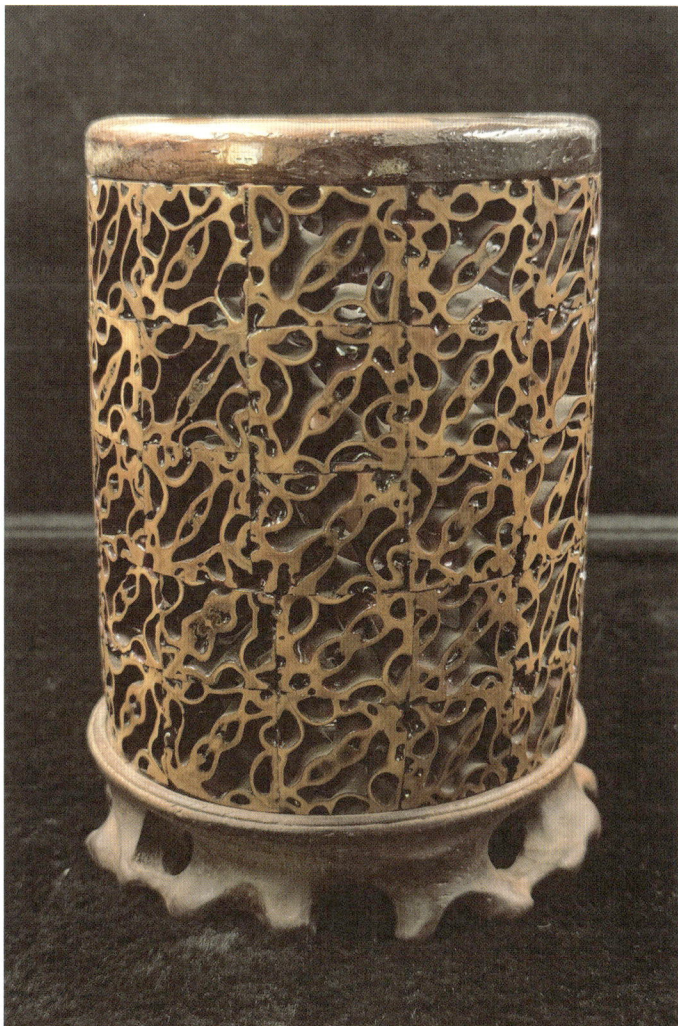

麻核桃切片工艺品（笔筒）

书写者在挥毫泼墨时感受文化的熏陶。

3. 印章

制作麻核桃印章时，原料选择极为关键。需挑选形状合适、便于握持且纹理美观的麻核桃。确定后，将麻核桃底部处理平整，确保其与印面平台紧密接触，使印章盖章时平稳、清晰。

接下来，在平整的底部进行雕刻创作。内容既可为姓名、字号，也可为寓意吉祥的图案，如龙凤、梅兰竹菊等。雕刻时，麻核桃的天然纹理被保留并融入设计，其独特的质感和纹理变化为印章增添古朴神秘的韵味。这种韵味与雕刻图案相结合，使麻核桃印章突破传统材质局限，展现出独特的艺术风格。

麻核桃印章无论是用于书画落款，还是作为收藏或文化交流的象征，都因其独特的艺术价值而备受青睐，堪称印章艺术领域中的一颗明珠。

四、装饰配件

1. 钥匙扣

制作麻核桃钥匙扣工艺独具匠心。首先处理麻核桃底脐，有两种方法：一是直接去掉底脐，将螺丝拧入螺孔，配上钥匙环；二是先在底脐处钻小孔，再拧入螺丝固定，连接钥匙环。这样就制成个性十足的文玩核桃钥匙扣。

这种钥匙扣实用性强，能将钥匙集中管理，方便携带，防止丢失。从美观角度看，麻核桃独特的纹理和形状，赋予钥匙扣自然质朴的外观。纹理深浅不一、错落有致，宛如天然画卷，尽显自然之美。从品位彰显角度看，佩戴它体现了对传统文化和手工艺品的喜爱，展现出独特的审美和个性，彰显对精致生活和文化内涵的追求。

2. 汽车挂件

制作麻核桃汽车挂件时，要挑选大小适中的麻核桃，既不影响视线，又能保持装饰效果。用优质绳线将麻核桃串连，并加入琉璃珠、小玉坠等配饰。琉璃珠色彩斑斓，阳光下能闪烁光泽；小玉坠造型精致，寓意美好，往往象征平安顺遂、万事如意。

将挂件悬于车内后视镜，不仅为车内增添文化与艺术气息，使氛围更温馨雅致，还能缓解驾驶员的视觉疲劳和心理压力。挂件的自然形态与柔和色泽舒缓神经，其轻微晃动可以增强驾驶员的注意力，既能减少意外事故的发生，还能提升车内文化氛围和乘坐舒适度。

3. 家居装饰配件

麻核桃与木材、金属等材料结合，可创造出多样化的家居装饰配件，为家居环境增添艺术魅力。比如在木质相框中镶嵌麻核桃，木质的天然质感与麻核桃的古朴纹理相互映衬，形成独特的视觉效果。可将麻核桃嵌在边角作为点缀，或以它为中心构建装饰图案，使相框更具个性，展示照片或画作时效果更佳。

此外，用金属丝固定麻核桃制作成挂饰也很常见。金属丝可塑性强，能弯曲成各种形状。可将麻核桃串成垂坠式挂饰，下方配金属丝流苏；或编织成平面式挂饰，形成花卉、动物等图案。这些挂饰可用于装饰墙壁、窗户等。悬挂于墙壁时，麻核桃与金属丝的组合富有层次感；挂在窗边时，阳光投射下形成的影子营造出灵动神秘的光影氛围，为家居环境增添艺术韵味和文化气息。

4. 冰箱贴

制作麻核桃冰箱贴时，先挑选合适的麻核桃，轻微打磨使其表面光滑，便于后续装饰。接着在背面粘贴强力磁铁片，确保其能稳固吸附在冰箱上。

在麻核桃正面，可进行创意装饰。比如用颜料绘制水果、几何图形或节日元素等图案，将其变成小型绘画艺术品；也可粘贴彩色亮片、蝴蝶结等小物件，增强装饰效果。

麻核桃冰箱贴既能固定便签、照片，方便收纳和提示，又因独特的造型和装饰，为厨房增添文化与艺术氛围。忙碌时看到这些冰箱贴，能让人感到轻松愉悦，让厨房成为充满生活情趣与文化内涵的空间。

市场上配对的麻核桃

第六章　麻核桃的收藏投资及市场分析

第一节　麻核桃的收藏价值分析

一、历史渊源

　　麻核桃自古以来就备受各阶层人士喜爱。在古代，上至王公贵族，下至平民百姓，都将把玩麻核桃作为一种重要的休闲方式。王公贵族在宫廷中把玩麻核桃，彰显身份地位；平民百姓则在劳作之余盘玩核桃，寄托对生活的向往与热爱。这种跨越阶层的收藏传统一直延续至今，成为中华文化中独特的文化现象。

二、麻核桃自身价值

　　（一）使用价值

　　1. 保健功能

　　麻核桃在把玩过程中能够对手部多个穴位起到按摩作用，促进血液循环，缓解疲劳，兼具保健与娱乐的双重功效。这种实用性使其在众多收藏品中脱颖而出，拥有更为广泛的受众群体。

2. 便携功能

麻核桃体积小巧，便于携带与存放。无论是在家中休闲时光，还是在外出旅行途中，都可以随时随地把玩，不受时间和空间的限制，真正成为一种随时随地可享有的文化与收藏乐趣。

（二）观赏价值

麻核桃的纹理千变万化，形态各异，是大自然的精美艺术品。每一对麻核桃都有其独特的纹理和造型，或如山川河流般蜿蜒曲折，或如繁星点点般错落有致，或如蛛网密布般错综复杂，给人以美的享受。麻核桃雕刻作品在此基础上更上一层楼，凭借匠人巧夺天工的巧思和技艺，将中国众多传统文化缩影和脍炙人口的作品雕刻其上，二者相得益彰，凸显了文化价值。

三、传播范围的扩大

（一）区域扩大

1. 国内市场

麻核桃的爱好者从前多聚集于京津冀和江浙部分地区，如今则是广泛蔓延至全国的大中小城市。无论是繁华的一二线都市，还是宁静闲适的乡镇小巷，都能发现众多热衷于玩核桃的身影。

2. 国际市场

在国际收藏市场上，尤其是日本、韩国、新加坡等东南亚国家，随着当地民众对绿色保健理念的认同和自身保健需求的日益增长，麻核桃因其独特的保健功能和观赏价值，受到越来越多收藏者的了解和喜爱，市场需求持续上升。随着文

麻核桃交易市场

化交流活动、贸易往来以及互联网信息的传播，相信中国麻核桃文化会因其独特的文化内涵与收藏价值吸引越来越多的收藏爱好者与消费者。

（二）年龄和职业扩展

麻核桃的受众群体呈现出多元化趋势。上班族的白领群体成为麻核桃爱好者的重要组成部分，他们借助盘玩核桃来舒缓工作压力、放松身心。年轻的大学生群体也表现出浓厚的兴趣，通过把玩核桃感受传统文化的魅力。与过去常是中年男性盘玩麻核桃的现象不同，女性群体对麻核桃的参与度也逐渐上升，麻核桃逐渐上升为一种兼具文化与时尚元素的生活点缀。在国内，收藏与把玩麻核桃越来越成为一种广泛的文化现象。

四、收藏特性与众不同

与其他收藏品不同，麻核桃的收藏特性更侧重于把玩而非单纯的保存。通过长期的摩挲把玩，麻核桃的表面会逐渐变得温润光滑，色泽也会由浅入深，随之提升核桃价值。这种"动态收藏"模式赋予了麻核桃独特的魅力，但也带来了一些挑战，如在把玩过程中容易出现磨损等问题，需要收藏者格外注意保护核桃的关键部位，遵循正确的把玩规范。

五、珍稀性与价值提升

麻核桃的珍稀性主要源于其产量有限且难以配对。部分野生品种的麻核桃生长于特定自然环境，数量稀少；老树核桃因历经岁月沉淀，纹理和质地独特，价值不菲；大个头核桃和异形核桃则因其独特的外观和稀缺性，受到收藏者的追捧。这些因素共同作用，使得麻核桃在收藏市场中的价值持续稳步上升，成为收藏投资领域中一种新兴的潮流。

麻核桃凭借其深厚的历史文化底蕴、独特的实用价值、极高的观赏价值以及别具一格的收藏特性，在收藏市场中占据着重要的地位。随着社会经济的发展和人们对传统文化的重视，麻核桃的收藏价值将进一步凸显，其市场前景也愈发广阔。

第二节 麻核桃收藏投资指南

在古玩收藏领域，麻核桃的价值走势与市场动态紧密相连。随着市场需求持续上涨及其自身稀缺性的日益凸显，麻核桃的价值呈现出显著的上升态势。尤其是三棱、四棱乃至多棱等珍稀品种的麻核桃，因产出量极为稀少且配对难度极大，故而成为麻核桃收藏群体关注的重点。其市场价格不断攀升，屡创新高。对于收藏爱好者而言，精心收集品相精美、品种独特的麻核桃，不仅是对个人收藏爱好的满足，更有望收获颇为可观的投资收益。

随着麻核桃在古玩收藏市场中的热度逐渐攀升，麻核桃收藏爱好者的数量也逐渐增加。然而，众多麻核桃收藏者在面对琳琅满目的麻核桃时，往往困惑于如何精准甄别具有增值潜力的藏品。下面将详细阐述麻核桃的挑选方法，以期能为收藏者提供参考与指引。

一、看尺寸

挑选麻核桃的过程中，尺寸是一个关键的考量因素。一般情况下，多数收藏者偏好个头大的核桃，因其视觉冲击强、触感饱满，被称为"涨手"。但"涨手"并非只看尺寸，核桃肚部的饱满度至关重要，且边、肚、高的比例需要协调，否则手感不佳。例如，如果边的尺寸过大而肚部过小，核桃握在手中时会感到不协调；如果高的尺寸过大而边和肚相对较小，核桃会显得过于细长，握持时不够稳固。

挑选麻核桃时，可用虎口环绕核桃边测量：若食指尖与拇指间隙大于1厘米为大丈把，小于1厘米为小丈把，若食指与拇指刚好闭合则为正把位，若闭合后仍有富余空间则为小把位。不同把位会影响手感和操控性。手掌宽、手指长且灵活的人适合大核桃，反之则适合小核桃。正把位的麻核桃整体来说操控适中，既不易滑落又不会影响把玩的灵活性；小把位的麻核桃操作灵活，适合追求细腻把玩技巧和快速转动体验的收藏者。

新手收藏者初期可以选择低价核桃练手，摸索手感偏好，避免盲目购买高价核桃后才发觉不合适。对于初次涉足麻核桃收藏领域的人而言，第一对核桃不建议挑选边过于突出的品种。边突出的核桃在握持过程中稳定性较差，一旦掉落其棱部极易摔出豁口，从而影响核桃品相和价值。

二、看品相

1. 闷尖儿

闷尖儿品种的麻核桃具备多种优良特性。其显著特征为上色速度快，在把玩过程中，能够在相对较短时间内呈现出诱人色泽变化，从最初的浅淡色逐渐转变为深沉、温润的颜色。底部宽大，为核桃提供了稳固的支撑，使其在摆放时突出其端庄大气。边部宽阔且纹理深邃，增加了核桃的视觉体量感，而深邃的纹理也使其富有层次感和立体感，让人不禁感叹大自然的鬼斧神工。尖部收成自然圆润，其高度小于边宽小于肚围，这种独特的比例关系使闷尖儿麻核桃在外观上呈现出精致而规整的美感，在麻核桃收藏领域中备受青睐。其独特的外观造型，无论是从美学角度还是把玩体验的角度来看，都堪称上乘。加之其能够在盘玩过程中迅速上色，使得它在众多品类的麻核桃中脱颖而出，成为收藏者竞相追捧的对象，在市场中拥有较高的收藏价值与地位，价格也往往相对较高。

2. 阴皮

麻核桃表面出现阴皮，通常是由于青皮受到外力碰撞破损、腐烂果汁渗入核桃表面或遭受虫害侵蚀等原因导致的。这种黑色印记会严重影响麻核桃的美观，破坏其自然纹理和色泽协调性，且后期很难去除。因此，在挑选麻核桃时，最好在光线充足的环境下仔细观察其表面，从各个角度检查是否有阴皮瑕疵，避免将阴皮核桃纳入收藏范围。

3. 黄尖

黄尖是指麻核桃的尖部呈现出嫩黄色的异常现象。黄尖区域在后续的盘玩过程中无法通过常规的揉捻使其改变或消除，始终留在核桃尖部，破坏了核桃的外观完整性与协调性。黄尖作为麻核桃的一种明显缺陷，在挑选时，遇到黄尖麻核桃应及时排除。

4. 黄皮

黄皮与阴皮类似，皆属于麻核桃皮色方面的缺陷类型。其表现为核桃表面局部出现颜色异常的黄色区域，这种黄色皮色与核桃整体的自然色泽形成鲜明反差，从而对其美观度造成不良影响。黄皮的存在可能会使麻核桃在视觉效果上给人一种"脏"或"旧"的感觉，即便核桃本身的纹理和形状较为出色，但黄皮问题依然会使其整体品质下降。挑选麻核桃时应剔除黄皮麻核桃。

5. 窝底

窝底（又称"窝屁股"）是麻核桃一种独特的底座形态，其底部向内凹陷，呈窝状。这种结构不仅使麻核桃在视觉上更具立体感和艺术性，打破了传统平底核桃的单调，还增添了灵动与优雅。从实用性角度来看，窝底结构增加了核桃与平面的接触面积，提升了放置时的稳定性，降低了因碰撞而翻滚或跌落的风险。在把玩时，窝底核桃也更易保持平衡，不易滑落。因此，窝底麻核桃兼具美观与实用，是收藏的优质选择。

6. 大边儿

大边儿（厚边）是指麻核桃棱翼部位的宽度与厚度。在麻核桃的审美和收藏价值评判中，棱翼的宽度与厚度是重要指标。大边儿的麻核桃棱翼宽厚，展现出雄浑大气、古朴厚重的质感。光线照射时，宽阔的棱翼会形成显著的光影效果，突出核桃的立体感和纹理层次，增强视觉冲击力和吸引力，更好地展现麻核桃的天然纹理与造型之美。通常来说，随着边部尺寸的增大和加厚，麻核桃的品质和收藏价值也相应提升，更受收藏者喜爱。对于追求大气、厚重风格的收藏者来说，大边儿麻核桃是理想选择。

三、看纹路

在评估麻核桃纹路时，需全方位细致比对麻核桃的各个表面，综合判断其优劣。优质麻核桃的纹路应疏密均匀，间隔稳定，无局部过密或过疏；深浅一致，顶部、侧面和底部无明显差异；皮壳弯曲弧度协调，棱线转折及凹凸过渡自然流畅。其中，纹路深度是核心评判指标，通常纹路越深，品质越高。较深的纹路能增强摩擦力，提升把玩触感，还能更好地吸汗纳油，促进上色和包浆，使核桃色泽深邃、润泽古朴，提升观赏性和收藏价值。

纹路在麻核桃配对中至关重要。常见的纹路类型有线状纹、点状纹和块状纹。线状纹简洁流畅，点状纹独特，块状纹大气厚重。从把玩体验看，纹路细腻且有扎手感的麻核桃能更好地按摩手部穴位，促进血液循环，缓解疲劳，有益健康。

四、看重量

在挑选麻核桃时，重量是评估其品质的关键因素之一。通常，重量较重的麻核桃品质也更优，这种麻核桃被称为"打手"。重量较大的麻核桃内部结构紧实，质地紧密，在生长发育过程中吸收了充足养分，具备优良的先天条件。

相较于人工培育的麻核桃而言，野生麻核桃在生长时需要面临更为严苛、复杂的自然挑战与激烈的物种竞争，在这种环境压力下，野生麻核桃的品质通常更加优良，内部结构更为紧实，材质也更加坚硬，这类麻核桃在市场上的价格往往也较高。

在根据重量判断麻核桃品质时，需要注意新核桃和老核桃之间的重量存在显著差异。新摘的麻核桃水分含量较多，随着自然干燥时间的增加，其含水量慢慢降低，质量也会下降。因此，不能简单地将新核桃与老核桃的重量进行直接对比。在挑选麻核桃时，应综合考虑品种、生长环境、外观、纹路、重量和采摘年份等多方面因素，进行全面分析，才能精准挑选出具有收藏和投资价值的优质核桃。

五、玩好的、藏少的、卖老的、避小的

1. 玩好的

我国幅员辽阔，地理环境丰富多样，孕育出了众多核桃品种。京津冀地区凭借得天独厚的地理与气候条件，成为优质核桃的核心产区，其中鸡心、狮子头、虎头、官帽、公子帽等品种备受收藏与把玩市场的推崇。鸡心核桃形似鸡心，线条流畅，纹理细腻且色泽淡雅；狮子头核桃外形圆润饱满，纹理深邃豪放，皮质厚实，把玩后色泽红润；虎头核桃形似虎头，纹理粗犷，质地紧密；官帽核桃外形端庄大气，纹理清晰；公子帽核桃秀气，纹理细腻美观。这些核桃品种外形独特，纹理精美，色泽优雅，随着把玩时间的推移，色泽愈发润泽，兼具观赏与收藏价值。

从投资增值角度来看，这些优质核桃品种在收藏市场上占据着重要地位。它们因品质优良、稀缺且市场需求旺盛，价值稳步上升。民间俗语有着"十楸一头，十铁一心，两冬三夏，黄铜变金"的说法，意思是十对楸子核桃的总价值也难以与一对狮子头麻核桃相媲美，十对铁核桃的总价值也无法与一对鸡心核桃等量齐观。手里的麻核桃经过三个夏天、两个冬天的把玩之后，其价值能像黄铜变成黄金一样提升。形象地描绘了优质核桃经长时间把玩后的价值提升。这表明优质核桃初始价值高，且经把玩养护后增值可观，激励玩家们追求高品质核桃并精心养护，以实现价值最大化，收获更多收藏乐趣与回报。

2. 藏少的

常言道，"物以稀为贵"，在麻核桃收藏领域也不例外。随着生态环境的变化，野生核桃树的数量慢慢减少，尤其是著名的"五大类名牌"核桃树更是稀缺。这种稀缺性极大地提升了它们的收藏价值。

在收藏实践中，收藏者应重点关注稀有品种，尤其是核雕核桃。核雕作品的价值不仅在于核桃本身，更在于创作者的艺术风格和精湛技艺。名家作品往往蕴含着深厚的文化内涵和艺术价值，而雕刻精湛的作品则展现了创作者的匠心独运。从巧妙的构思到精细的雕琢，每一处细节都彰显了高超的技艺。

收藏名师作品不仅能提升收藏者的品位，使其收藏更具深度和内涵，还能为未来的价值增值

创造有利条件。随着时间推移，这些稀缺且艺术价值高的麻核桃在市场上的价格往往会上涨，为收藏者带来丰厚的投资回报和文化价值的双重收获。

3. 卖老的

在核桃收藏投资中，"卖老的"是一种重要理念。它指的是核桃经过收藏者长时间把玩后，达到成熟状态再推向市场。把玩过程中，核桃会发生显著变化：外观色泽从生涩变得温润有光泽，形成一层提升美感的包浆；纹理因反复摩擦和人体油脂的浸润而变得清晰、深邃，更具层次感。

从市场价值来看，长时间把玩的核桃因稀缺性和独特美感，价格会显著提高。一方面，能坚持把玩到理想状态的人较少，导致"老核桃"供给有限；另一方面，其独特的美感和文化韵味满足了收藏者的高阶需求。因此，把玩时间越长，价格越高，且增长趋势稳定，为收藏投资者提供了可行且收益可观的交易策略。

4. 避小的

在麻核桃收藏领域，无论是京津一带还是全国大中小城市，玩家们普遍倾向于选择个头较大的核桃。这种偏好并非偶然，而是基于多方面的综合考量。

从把玩体验来看，大核桃在手掌中能提供更充实的握持感。在揉捻、转动时，其体积和重量能给手部带来更丰富的触觉反馈，使把玩过程更具质感和乐趣。与小核桃相比，大核桃在接触和刺激手部穴位方面效果更显著，有助于促进血液循环和舒缓压力。

从审美角度看，大核桃更能展现核桃品种的独特外形和纹理。其宽阔的表面能更完整、清晰地呈现品种的标志性特征，如狮子头的饱满圆润、官帽的端庄大气等，同时也为复杂纹理提供了更广阔的展示空间，无论是深邃的沟壑还是细腻的纹路，都能在大核桃上淋漓尽致地展现，所带来的视觉冲击力和艺术美感更强。

从收藏价值来看，大核桃在市场上通常更受青睐。由于麻核桃生长受品种、环境、营养等因素限制，能长成较大尺寸且品质优良的麻核桃比例较低，稀缺性高，增值潜力也更大。

因此，在麻核桃收藏实践中，应优先选择个头大的核桃，以获得更优质的把玩体验和更可观的收藏价值。

第三节　麻核桃选购指南

在当下文化消费繁荣的时代，文玩核桃收藏热度不断攀升，吸引了众多收藏者。然而，面对市场上众多的麻核桃，如何挑选出品质上乘、符合心意的珍品，成为收藏者们最关心的问题。麻核桃的品质直接影响其艺术价值、把玩体验和收藏潜力。品质不佳的核桃可能因观赏性和把玩效果差，让收藏者失去兴趣；而优质麻核桃不仅能带来愉悦的把玩体验，还会随着时间增值。

为帮助收藏者解决选购难题，业内专家和资深收藏者总结出"六无""七字诀"两大实用选购技巧，为收藏者提供清晰的甄别方法，助力其在复杂的市场中精准挑选到心仪的核桃。

一、"六无"——品质基石，不容瑕疵

1. 无缺损

于麻核桃而言，各部位的完整性是衡量其价值的首要标杆。所谓"无缺损"，意味着核桃的正面、侧面、背面、顶部、底部都必须完好无损。核桃尖，作为造型的顶端制高点，恰似核桃整体造型的画龙点睛之笔；边则如同坚实的轮廓框架，勾勒出核桃的整体形态走势，直接左右把玩时手部与核桃接触的手感顺滑程度，以及视觉上呈现的协调性与均衡感。一旦这两个关键部位遭受损伤，哪怕只是细微磕碰或轻微磨损变形，都会使核桃原本浑然天成的艺术美感大打折扣。

2. 无凹陷

凹陷现象绝非偶然，多是由于在核桃生长发育时，水分供给持续匮乏、营养成分摄取严重不足，致使局部细胞发育不良，进而使核桃表面形成向内凹陷的区域。这类凹陷犹如核桃生长历程中的一道"硬伤疤痕"，顽固且醒目。即便收藏者后续耗费大量时间和精力修复，也难以使其恢复往昔的平整光滑。故而，收藏者在面对市场上林林总总的核桃时，审慎避开存在凹陷瑕疵的个体，确保所选核桃品相完好。

3. 无焦面

焦面是核桃生长过程中因光照失衡引发的棘手难题，源于核桃在生长过程里长时间遭受阳光的过度直射，致使局部区域色素过度沉淀，形成色泽明显深于其他部位的深色斑块。这种焦面瑕疵如同顽固"毒瘤"，常规把玩养护手段均难以去除。利用陈醋浸泡和涂抹核桃油都收效甚微；如果使用强氧化性的双氧水、84消毒液强行消除焦面，虽短期内看似"药到病除"，可后续把玩过程中不难发现，核桃再也难以重拾原有的色泽。鉴于此，收藏者选购时务必擦亮双眼，请勿购入带有焦面瑕疵的核桃。

4. 无阴皮

阴皮是核桃表皮深于自然皮色的不规则区域，形态各异，常以斑点、斑块形式星散分布。其成因有多种，多与核桃生长环境紧密相连。当生长环境中湿度异常波动或长时间处于高湿闷热状态时，就为病虫害滋生提供了温床，致使表皮遭受侵袭；或是局部遭受物理损伤，破坏细胞正常代谢功能，表皮色素紊乱，最终形成阴皮。虽说借助双氧水、84消毒液等强氧化剂进行处理，理论上可消除阴皮瑕疵，但这也会使核桃表面的天然色泽受损，出现褪色、变白等难以挽回的现象，失去其原汁原味、古朴醇厚的韵味。所以，收藏者挑选时应反复比对色泽差异，必要时借助专业放大镜来仔细观察，确保所选核桃无阴皮瑕疵。

5. 无核胶

核胶是核桃患某些疾病后产生的物质，一般附着在核桃纹路褶皱深处，尖部及边围区域也有分布，初始呈白色胶状，质地黏腻，历经长时间把玩，受空气氧化、汗液侵蚀后，逐渐变黑，转变为难以彻底清除的黑色顽固污渍。严重时，核胶不仅附着于表皮，还会渗透进核桃内部，侵蚀木质结构，致使核桃硬度降低，把玩寿命缩短。为精准排查核胶隐患，建议收藏者在选购时备好牙签或细针，轻轻探入纹路褶皱深处抠挖，若发现有类似松香的白色粉末，基本可判定核桃内部隐藏核胶。面对这类核桃，不可存侥幸心理，务必果断舍弃。

6. 无空尾

空尾是核桃成熟后期因水分、营养缺失引发的核桃内部中空的现象，在把玩、收藏核桃领域被视作大忌。民间流传的"无尖不成器，尾空命不长"一语精准道明了空尾的危害。空尾核桃的尾部中空，外界空气、水汽更易进入，使核桃更易处于潮湿霉变、虫害滋生的环境，加速核桃内部结构腐朽瓦解，大幅缩短核桃把玩与收藏寿命。收藏者挑选时，除凭借肉眼细致观察尾部是否平整、有无凹陷空洞外，还可轻晃核桃，依据有无异常声响初步判断内部是否中空。

二、"七字诀"——多维考量，优中选优

1. 形

"形"在选购麻核桃时最重要，其紧密关联把玩手感舒适度与视觉美感的呈现。圆形、椭圆形核桃凭借其圆润流畅的曲线，把玩时能完美贴合手掌的自然弧度，翻转、拿捏轻松自如，故而广受收藏者青睐。挑选核桃时，整体端庄规整，肚部饱满圆润，边部挺直宽阔的核桃为佳品。

核桃大小选择并非一概而论，需因人而异，契合手掌实际尺寸。实际挑选时，建议将两个核桃捏于单掌，以核桃露于手外部分占其四分之一为最佳。当然，玩家根据审美偏好和把玩追求，钟情于巨型核桃或畸形核桃这也无可厚非。如果把玩核桃的目的是开展手疗保健，圆形和椭圆形核桃是不二之选。

2. 色

麻核桃家族庞大繁杂，市场常见颜色琳琅满目，包括棕褐色、淡黄色、土黄色、黄白色、淡黑色等，即便是同一棵树上的核桃，受日照时长、养分吸收不均等因素影响，色泽也不尽相同。不同颜色核桃经把玩后呈现的效果截然不同。经长期实践检验与广大玩家口碑沉淀，公认把玩后色泽最美观动人的是棕红色与深咖啡色。

棕褐色、微黄色的核桃在长期把玩过程中，受手部汗液、油脂浸润和空气氧化的作用，颜色会缓缓向棕红、深咖啡色转化，契合玩家审美预期。挑选核桃时，需在自然光线下，仔细比对色泽均匀度和饱和度，选择色泽顺滑、颜色深浅适宜的核桃，避开色泽混杂斑驳、暗沉无光的个体，确保所选核桃色泽纯正。

3. 纹

纹，即核桃外皮错综复杂的褶皱，恰似核桃与生俱来的天然"指纹"，不仅蕴含了极高的观赏价值，还是麻核桃手疗发挥作用的关键，借由把玩时纹路对手部穴位的按压，精准刺激经络气血运行，助力健康养生。

常见纹路类型有网状纹纵横交错，点状纹繁星点点，块状纹大气磅礴，线状纹蜿蜒流畅，水龙纹则仿若蛟龙出海，灵动飘逸。收藏者可依据个人审美偏好，挑选心仪纹路的核桃，同时还可以考量纹路深度、清晰度以及纹理是否有断裂瑕疵等。

4. 尖

核桃尖作为顶端关键部位，直接影响整体美感与把玩手感。优质核桃尖讲究"尖而不利、钝而有形"，既要保有顶端微微凸起的锐利感，又要避免尖锐扎手，同时形态规整饱满，不扭曲变形、不分叉歧出，确保视觉和谐统一。尖部色泽纯正，无白顶（钙质沉淀导致的白色斑块）、黑顶（霉变、污渍形成的黑色区域）、黄顶（色素异常的黄色斑块）等瑕疵，且与边部比例协调，与四周衔接自然。

5. 尾

民间流传的"尖要钝，脐要紧，放于掌中能坐稳"的说法点明了核桃尾部的选择要点。挑选时，先观察尾部的平整度，平整光滑的尾部利于放置、把玩，可以防止滚动失衡，确保把玩过程顺畅；再比对尾的颜色与核桃主体色泽是否一致，警惕商家用胶水调色封堵空洞、掩盖瑕疵，避免因尾部缺陷致使核桃霉变、寿命缩短。

6. 量

量是指麻核桃的分量，虽看似细微，实则关乎把玩舒适度与手疗效果。过重的核桃，携带不便，把玩时手腕、手臂易疲劳，难以持久；过轻的核桃，缺乏质感，施压穴位效果欠佳，无法有效刺激经络气血运行。挑选时，将核桃置于掌心，缓缓旋转感受，以旋转过程因稍重而产生适度惯性为最佳。

7. 质

质指的是麻核桃皮的质地，直接决定着把玩手感顺滑度、上色速率以及后期色泽亮度。质地紧密的核桃皮利于吸附汗液、油脂，加速上色、上浆、挂瓷进程，使核桃短期内焕发光彩；反之，质地疏松的皮壳，色素、油脂难以附着留存，上色缓慢，包浆、挂瓷效果不佳。

衡量核桃质地优劣，简易有效的方法当属"听音"。手持一对核桃置于耳边，轻轻碰撞，质地上乘的核桃发出的声音清脆悦耳。质地欠佳的核桃碰撞声则沉闷、沙哑。依据声音特质可精准判断质地好坏。

第四节　麻核桃选购市场

在当代社会，文化产业搭乘着经济发展与科技进步的快车，呈现出蓬勃发展的强劲态势。在此背景下，涞水麻核桃产业作为文化产业细分领域中独具特色的一支，依托涞水地区得天独厚的自然生态环境、传承千年的核桃种植历史以及底蕴深厚的文玩文化积淀，找准发展路径，实现了稳健且高速的成长，逐步在全国文玩市场中崭露头角，产业规模与影响力不断攀升。

涞水县土壤肥沃、气候温润，光照与降水条件适配度极高，为麻核桃生长提供了近乎理想的自然条件。当地核桃种植历史可追溯至明清时期，数百年间，种植技术代代相传，精益求精，培育出诸多优良品种，积累了丰富的种植经验。加之文玩核桃把玩文化在京津冀一带源远流长，民间把玩、收藏之风盛行，为麻核桃产业注入了源源不断的文化活力，促使其从单纯的农产品种植，向集种植、加工、交易、文化传播于一体的综合性产业转型，发展态势蒸蒸日上。

历经漫长岁月的沉淀与精心打磨，涞水县凭借敏锐的市场洞察力与高效的资源整合能力，成功孕育出多个成熟且颇具规模的麻核桃市场。不仅成为区域经济发展的关键驱动力，更搭建起一座连接麻核桃生产者、经营者以及广大消费者的坚实桥梁，为麻核桃产品的顺畅交易、高效流通营造了活跃且规范的平台环境。

一、涞水·中国文玩核桃市场

涞水·中国文玩核桃市场精准选址于河北省保定市涞水县嘉兴园对面，该地段紧邻城市主干道，交通便利为省内外客商往来提供了极大便利。市场自建成运营以来，凭借优质的营商环境、齐全的配套设施以及良好的商业信誉，迅速崛起成为涞水县规模最大、辐射范围最广的麻核桃交易中心。

在市场规划布局阶段，运营团队前瞻性地考量到往来客商停车便利性这一关键要素，斥资打造了宽敞、规整的停车场，规划出充足的停车位，涵盖标准车位、大型客车专用车位等多种类型，可同时容纳数百辆车停放。让每一位到访者从踏入市场伊始，便拥有舒心、便捷的购物体验。

该市场经营定位明晰，主打成品对麻核桃销售，契合当下快节奏生活模式下消费者的购物偏好。对于那些远道而来、行程紧凑、闲暇时间有限的外地核友而言，挑选已配对完好的成品核桃无疑是最优选择。相较于自行配对，选购成品对可免去繁复的挑选、比对流程，大幅节省时间成本，使其能在有限时间内高效达成购买目标。市场内货品琳琅满目，品类涵盖市面上主流的数十种麻核桃品种，从纹理细腻、如网状交织的水龙纹，到桩型矮胖、手感敦实的磨盘狮子头；从皮质紧实、上色迅速的白狮子头，到纹路狂野、造型独特的满天星，应有尽有，充分满足玩家对于不同纹理、形状、色泽核桃的多元审美需求，确保每位踏入市场的消费者都能怀揣期待而来，心满意足而去。同时，市场运营秉持价格公道、质价相符的经营理念，通过与源头种植户建立深度合作、优化供应链管理等举措，有效压缩成本，为消费者提供高性价比的优质产品，让消费者真切感受到物超所值，花小钱办大事。

二、涞水县娄村第一麻核桃文玩交易中心

涞水县娄村第一麻核桃文玩交易中心落址于河北省保定市涞水县娄村镇234国道北40米处，地理位置醒目，紧邻国道，交通标识清晰。优越的地理位置使其与周边村落紧密相连，形成了以市场为核心、辐射周边村庄的产业集聚效应，极大地便利了核农与市场间的货物运输及交易往来。

每日清晨，随着第一缕阳光洒落，市场便逐渐苏醒，焕发出蓬勃生机。上午时段堪称市场一天中的高光时刻，彼时，人流如织、熙熙攘攘，摊位前人头攒动，询价声、议价声此起彼伏，交易氛围浓郁热烈。摊位经营者大多是周边村子里土生土长的核农，他们世代以种植麻核桃为业，深谙核桃生长习性，手中掌握着一手优质货源。每至麻核桃下树季，核农们满怀丰收喜悦，将自家果园里新鲜采摘的麻核桃精心分拣、打包，第一时间运往市场售卖。此时，市场内散果堆积如山，供应极为充足，价格相较于成品对核桃更具竞争优势，往往低至数分之一，成为追求极致性价比消费者的心仪之选。

对于热衷于亲自下场配对、享受"淘宝"乐趣的核友而言，这里堪称天堂。市场内散果品类繁杂，潜藏着诸多造型新奇、纹路独特的"潜力股"核桃。耐心寻觅之下，或能邂逅纹理如蛟龙出海、蜿蜒灵动的异形核桃，又或是桩型小巧精致、萌趣十足的稀有品种。这些别具一格的核桃，不仅把玩起来手感独特，更因稀缺性具备颇高的收藏价值，为核友们带来意外惊喜与收获。而且，市场规模宏大，占地数千平方米，摊位数量逾百，布局呈网格化延展，纵横交错、井然有序。即

便耗费一两天时间沉浸式游览、精挑细选，也难以穷尽各个角落，探遍所有宝藏。穿梭其间，仿若步入一座麻核桃博物馆，琳琅满目的货品令人目不暇接，丰富多元的交易场景让人沉醉其中，核友们尽情享受这独一无二的购物体验，沉浸于发现珍品的喜悦之中。

三、涞水县汇金城麻核桃精品街

涞水县汇金城麻核桃精品街隐匿于涞水县政府街西延南侧聚秀公园西侧这一闹中取静的绝佳地段，周边绿树成荫、花香四溢，环境清幽宜人；交通线路纵横交错，公交线路站点设置合理，驾车出行道路通畅，为往来客商营造了舒适惬意的出行与交易环境。

这条精品街聚集麻核桃行业精英，众多业内颇具实力的核商大佬扎堆于此。他们历经多年市场洗礼，积累了深厚的行业经验，练就了一双精准识货的"火眼金睛"；手握广泛、稳定的货源渠道，能在第一时间获取各地优质麻核桃资源；秉持专业、严苛的品鉴标准，从皮质、纹理、桩型到配对契合度，全方位把关产品品质。依托这些核心优势，核商们在此悉心经营各类精品麻核桃，从孤品级别的异形核桃，到纹路、皮质堪称教科书典范的经典品种，无一不是品质上乘、万里挑一，使得汇金城麻核桃精品街名副其实地成为麻核桃精品的汇聚高地、品质标杆。

市场主打批发经营模式，精准定位直播间商家、外地核商等 B 端客户群体需求。凭借无可挑剔的产品品质、极具吸引力的批发价格体系以及高效便捷的交易流程，吸引了大批来自全国各地的客商。每至麻核桃下树旺季，市场内总是呈现出一派热火朝天的繁忙景象：商户们清晨即起，忙着开箱验货、整理货品，将最新鲜、优质的麻核桃整齐码放于店前货架；采购商们穿梭于各店铺之间，手持订单，目光如炬，仔细甄别货品，与商户们你来我往、激烈议价。大量优质麻核桃从这里源源不断流向全国各地，彰显出其在麻核桃批发领域的龙头地位与强大行业影响力。

四、涞水县涞阳路北二环路口市场

涞水县涞阳路北二环路口市场周边环绕着众多在网络文玩领域声名远扬的麻核桃工作室。这些工作室搭乘互联网发展东风，借助直播带货、短视频展示等网络营销手段，将麻核桃文化与产品生动鲜活地呈现在广大网友面前。凭借新颖的创意内容、专业的产品讲解以及贴心的线上服务，积累了海量粉丝群体，收获良好口碑，为线下市场引流增效，注入了别样的活力。

不过需着重留意的是，来此市场采购的消费者，宜合理规划行程，尽量避开每年八九月份的麻核桃下树季。此时，各工作室商家大多全身心投入自家核桃园紧张忙碌的采摘劳作中，无暇顾及市场门店经营，致使市场内经营活动相较平日大幅减少，货品陈列、款式选择亦不如旺季丰富

多元。但在其余时段，市场依旧魅力不减，是选购精品麻核桃的理想去处。平日里，商家们恪守职业操守，精心打理店铺，依据市场需求与流行趋势，悉心储备各类品质卓越、品相出众的麻核桃货品。无论是追求把玩质感、钟情于纹理精美细腻、皮质紧实温润的实用型玩家，还是心怀收藏愿景、着眼于稀有品种、异形核桃等高附加值产品的资深藏家，踏入市场，皆有较大概率邂逅心仪好物，如愿选购到契合自身需求的满意货品。

综上所述，涞水这几大各具特色的麻核桃市场相互补充、协同发展，共同编织起一张完整且充满活力的麻核桃交易生态网络。它们不仅是涞水麻核桃产业蓬勃发展的生动缩影，更是推动产业持续繁荣、进阶升级的关键引擎，源源不断地为广大麻核桃爱好者输送优质产品。

青皮核桃

第七章　麻核桃常见问题解答

第一节　专业术语

在麻核桃千年的文化传承中，收藏者们总结出许多专业术语。这些术语源于长期实践和深入理解，精准概括了麻核桃在品种、外形、质地和把玩品鉴等方面的特点。

1. 青皮

青皮指的是麻核桃处于树上生长发育阶段以及从果树上采摘下来之后的特定时期内，核桃外部包裹着那一层果皮尚未被除去时所处的状态。

从生长阶段来看，当麻核桃在果树上时，青皮起着保护作用。它能够有效抵御外界环境中的各种物理伤害，例如防止因风吹、树枝碰撞等原因造成的核桃表面损伤；同时，青皮也在一定程度上阻挡了病虫害的侵袭，为核桃内部果仁的正常生长发育提供了相对稳定且安全的环境。

在采摘之后，核桃若仍保留青皮，其状态依然被称为青皮核桃。此时的青皮虽然已失去了在树上时的部分保护功能，但它仍然对核桃内部的品质变化有着一定的影响。例如，青皮的存在会影响核桃内部水分的散失速度，如果处理不当，可能导致核桃因水分过高而发生霉变；另一方面，青皮的颜色、质地等特征也成为判断核桃成熟度的辅助依据之一，成熟度较好的核桃其青皮往往会呈现出特定的颜色变化以及相对饱满的质地状态。

在麻核桃的交易与加工环节中，青皮核桃与去掉青皮后的核桃在价值评估、处理方式以及市场流通形式等方面均存在显著差异。对于种植户而言，准确把握青皮核桃的相关特性，有助于他们在合适的时机进行采摘、处理以及销售决策，以实现经济效益的最大化；而对于收藏者与玩家

核桃表面的阴皮

出现红阴的麻核桃

来说，了解青皮的概念及其对核桃后续品质的潜在影响，也能够在挑选、购买核桃时做出更为明智的选择，从而保障自身的收藏与把玩体验。

2. 阴皮

阴皮，又被称为黑记。其形成原因主要是在麻核桃生长、采摘、运输或保存过程中，表皮遭受外力碰撞之后，致使麻核桃表皮破损，此时，麻核桃内部的汁液便渗出并进入到麻核桃的表皮组织之中。随着时间的推移以及一系列复杂的反应之后，在麻核桃表皮受影响的部位就会逐渐形成一块颜色明显异于正常表皮的黑色区域，这便是所谓的阴皮现象。

阴皮的存在对于麻核桃的外观品相产生了较为负面的影响，它破坏了麻核桃原本应有的色泽均匀性与纹理美观性，在很大程度上降低了麻核桃的观赏价值与收藏价值，因此在麻核桃的挑选过程中，收藏者通常会对阴皮现象格外留意并尽量避免选择带有阴皮的麻核桃。

3. 红阴（油阴）

红阴是指麻核桃在存放过程中，核桃仁发霉变质，油脂挥发渗透到了核桃表面，从而造成局部颜色变深或变红。当麻核桃处于存放期间，倘若其内部的核桃仁因受潮、通风不良或存储环境温湿度控制不当等因素影响，便有可能滋生霉菌并发生变质。随着核桃仁的变质过程推进，其中所富含的油脂成分会逐渐挥发，并透过核桃内部的孔隙结构向核桃表面渗透扩散。这种油脂的渗出会致使核桃表面局部区域的物理与化学性质发生改变，最为直观的表现便是该区域颜色出现变深或变红的情况，从而形成所谓的红阴（油阴）。

在后续对具有红阴现象的麻核桃进行盘玩时，由于红阴部位的物质结构与化学组成已与核桃表面其他正常部位存在差异，在盘玩过程中其与手部油脂、汗液以及氧气等物质的相互作用方式和反应速率亦有所不同的原因，导致其颜色变化趋势与其他部位更加明显地区分开来，进一步加剧了颜色的对比度与差异性。

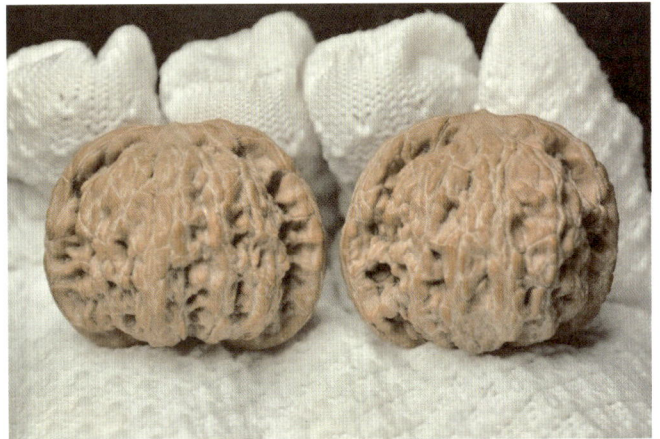

闷尖麻核桃

不过，就一般情况而言，如果红阴的面积较小，在经过长时间且持续的把玩过程后，随着盘玩对核桃整体表面物质的持续作用与改造，红阴部位有可能会逐渐与核桃的整体颜色趋于一致。

4. 闷尖

闷尖是指麻核桃的尖部并非如常规形态那样向外突出生长，而是呈现出向内生长的态势，即麻核桃尖长在了麻核桃内部，从外观上看，其顶部相较于普通麻核桃显得更为平缓、内凹，这种独特的生长形态会对麻核桃的整体外形轮廓产生显著影响，进而在一定程度上改变其外观的视觉感受与把玩时的触感体验，也成为收藏者与玩家在品鉴麻核桃时需要考量的一个重要特征要素。对于一些特定品种或追求特殊品相的收藏者来说，这种内凹尖的麻核桃可能具有独特的吸引力与收藏价值，而在市场交易与价值评估过程中，其尖部的这种特殊状态也往往会被纳入综合考量的范畴之内。

5. 十字尖

十字尖，是指麻核桃的尖部呈现出一种类似于十字形状的独特形态构造。从外观上看，这种十字尖的形态具有较为鲜明的特征，其尖部的十字结构往往由两条相交的棱线或凸起部分组成，交点位于尖顶部位，且相交形成的角度相对较为规整，在视觉上能够清晰地分辨出类似十字的形状轮廓。在众多麻核桃品种中，南疆石和白狮子头这两个品种堪称具有十字尖特征的典型代表。

南疆石核桃以其质地坚硬、纹理深邃等特点而闻名，其十字尖形态较为突出，且在整体核桃的造型中起到了显著的点缀与特征标识作用，使得该品种在麻核桃市场中具有较高的辨识度与独特的审美价值。白狮子头同样在尖部呈现出明显的十字尖构造，并且其尖部形态与核桃整体的圆润饱满外形相得益彰，在纹理、色泽等其他特征的配合下，成为深受收藏者与玩家喜爱的麻核桃品种之一。

这种基于象形的命名方式不仅方便了人们对麻核桃品种的快速识别与记忆，同时也反映了麻核桃在外观形态上丰富多样的特征表现以及人们在对其进行分类、鉴赏过程中所注重的直观视觉感受与形象化认知思维模式，为麻核桃文化的传承与发展奠定了丰富的语言与概念基础，在麻核桃的收藏、交易以及文化交流等诸多领域都发挥着重要的作用。

6. 油过

"油过"指麻核桃被油泡过。麻核桃若被油泡过，其原本自然的颜色会发生改变。这是由于油分渗入到麻核桃的皮质内部，与麻核桃本身的物质结构产生相互作用，从而干扰了其正常的氧化变色机制。一旦被油泡过，这种麻核桃便难以再通过常规的把玩方式呈现出其原本应有的自然颜色变化过程。

正常情况下，未经油泡处理的麻核桃在把玩过程中，会随着时间的推移，因与人体皮肤分泌的油脂、汗液以及空气中的氧气等物质相互接触、反应，逐渐产生色泽的转变，从初始的浅淡色调慢慢向深沉、温润的色泽发展，且颜色变化均匀自然，富有层次感。然而，被油泡过的麻核桃，其颜色变化往往会偏离正常轨迹，可能出现局部颜色过深、色泽不均匀或者颜色发展停滞等异常现象，严重影响了麻核桃的美观性与把玩价值，导致其在收藏市场中的品质与价值大打折扣，难以获得收藏者与玩家的青睐。

7. 洗过

"洗过"指的是用双氧水或清洁剂洗过。双氧水，作为一种具有强氧化性的化学物质，当被用于清洗麻核桃时，往往是为了去除麻核桃表面的污渍、杂质或改变麻核桃原有的色泽。然而，这种处理方式存在诸多风险。因为双氧水具有强氧化性，它可能会对麻核桃的皮质结构造成损害，所以可能会导致麻核桃表面的质地变得疏松，失去原本的致密性与韧性，从而影响其整体的坚固程度与耐久性。同时，双氧水的使用还可能引发

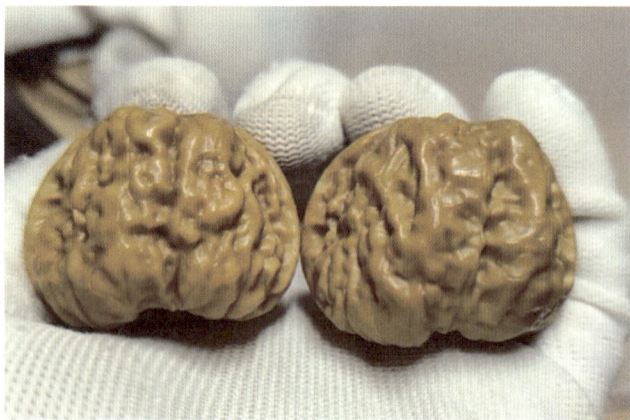
泡过双氧水后，核桃颜色发生改变

麻核桃表面颜色的异常变化，使其原本的色泽变得不自然、不均匀，甚至可能出现褪色或变色的不良现象。

清洁剂的种类繁多，涵盖了各类具有不同化学成分与清洁功效的产品。一些清洁剂含有碱性或酸性成分，这些成分可能会侵蚀麻核桃的皮质，破坏其内部的纤维结构，进而降低麻核桃的品质。例如，碱性清洁剂会使麻核桃表面的油脂被过度去除，导致皮质干燥、开裂；酸性清洁剂则可能腐蚀麻核桃表面，造成表面坑洼不平或出现斑驳痕迹。而且，使用清洁剂清洗后，若清洗不彻底，残留的清洁剂成分会继续对麻核桃产生不良影响，在后续的把玩过程中，可能会导致麻核桃出现异味、变色等问题，严重损害麻核桃的美观性、把玩性与收藏价值，使得其在收藏市场中的地位与价格均受到显著的负面影响。

8. 做

"做"指的是麻核桃经过人为加工的过程，如上颜色、修尖、补裂。上颜色是较为常见的一种手段。一些从业者为了使麻核桃在外观上呈现出更为鲜艳、诱人的色泽，或者为了模拟经过长时间把玩后的理想颜色效果，会采用特定的颜料或染色剂对麻核桃进行上色处理。这种人为上色的操作可能会运用化学染色剂，通过浸泡、涂刷等方式让颜色渗透进核桃的皮质。然而，这种经过上色处理的麻核桃，其颜色并非自然形成，缺乏自然氧化与把玩过程中所产生的那种独特的色泽变化层次感和深度，而且随着时间推移，可能会出现褪色、变色不均等问题，严重影响麻核桃的品质与收藏价值。

修尖也是一种人为加工方式。麻核桃的尖部在生长或把玩过程中可能会出现损坏或形态不够理想的情况，于是便有了修尖这一操作。通过对核桃尖部进行打磨、切削等处理，改变其原有的形状，使其在外观上显得更为规整或符合特定的审美标准。但这种加工方式会破坏麻核桃自然的尖部形态，改变其原始的结构完整性，对于一些追求天然品相的收藏者来说，修尖后的麻核桃在收藏价值上会大打折扣。

补裂则是针对麻核桃在生长、运输或把玩过程中出现裂缝的情况而采取的措施。当麻核桃产生裂缝后，为了弥补这一缺陷，一些人会使用胶水、腻子或其他填充材料对裂缝进行修补。虽然补裂能够在一定程度上恢复麻核桃的外观完整性，使其看起来没有明显的破损，但补裂处的材质与麻核桃本身的皮质存在差异，在把玩过程中，随着时间和使用次数的增加，补裂处可能会出现松动、变色、脱落等问题，从而影响麻核桃的整体品质与耐久性，并且在收藏市场中，补裂后的麻核桃其价值相较于完整无裂的核桃也会明显降低。

9. 白尖（黄尖）

麻核桃尚处于生长发育阶段，还未达到完全成熟时就被提前从树上采下，常会引发一系列不良现象，其中较为典型的就是白尖（黄尖）的产生。通常而言，麻核桃在发育过程中，其内部的营养物质会充分积累与转化，各个组织部分会逐步发育完善，包括尖部的颜色也会在自然的生理进程中形成正常的色泽。然而，若过早采摘，由于核桃内部的生理机能尚未完全成熟，其尖部的细胞结构、色素合成以及物质沉积等过程未能正常完成，从而致使尖部呈现出白色或黄色的异常颜色状态，即所谓的白尖（黄尖）。

这种因未成熟而出现的白尖（黄尖）现象，不仅严重影响了麻核桃的外观品相，使得其整体美观度大打折扣，而且在后续的把玩过程中，白尖（黄尖）部分难以像正常成熟的核桃部位那样发生自然的色泽变化与质地转变，无法通过把玩使其与其他部分协调一致，进而极

白（黄）尖

大地降低了麻核桃的收藏价值与把玩体验，成为麻核桃品质评判中一个极为关键的负面因素，在收藏市场上，带有白尖（黄尖）的麻核桃通常价格会显著低于成熟完好的麻核桃。

10. 筋儿

"筋儿"是指麻核桃的棱翼。它是指沿着麻核桃表面轮廓，从顶部到底部延伸分布的凸起线条状结构。这些棱翼在不同品种的麻核桃中呈现出各异的形态特点，例如在一些品种里，棱翼宽阔且厚实，其宽度与厚度的比例较为突出，给人一种雄浑大气、古朴厚重之感，能够极大地增强麻核桃整体的立体感与视觉冲击力；而在另一些品种中，棱翼可能相对较狭窄、纤细，但却更为精致、锐利，其线条自然流畅，使得麻核桃在外观上显得更为灵动、秀丽。

棱翼的数量也因品种的不同而有所差异，常见的有三棱、四棱乃至多棱。其中三棱和四棱的麻核桃相对较为多见，而多棱麻核桃则因其稀有性而备受收藏者的青睐。从功能角度来看，棱翼在一定程度上影响着麻核桃的把玩手感，其凸起的形状与手部的接触能够产生独特的摩擦与按压效果，在把玩过程中刺激手部穴位，促进血液循环。同时，在麻核桃的配对过程中，棱翼的形态、尺寸以及纹理走势的一致性也是评判一对麻核桃是否匹配的重要考量因素之一，其对于麻核桃整体的美观性与协调性起着至关重要的作用，进而影响着麻核桃的收藏价值与市场价格。

11. 偏

当麻核桃的整体形状偏离了其正常的、相对规整对称的生长形态，呈现出明显的歪斜状态时，在麻核桃收藏与品鉴的专业术语体系中，就将这种现象称之为偏。这种偏的状况可能体现在多个方面，例如核桃的轴向发生倾斜，原本应垂直于底面生长的中轴线出现了一定角度的偏转，致使核桃的顶部与底部无法形成标准的垂直对应关系；或者是核桃的两侧轮廓不对称，一边生长较为饱满、突出，而另一边则相对凹陷、扁平，从而破坏了整体的平衡感与匀称性。

导致麻核桃长偏的因素多种多样，可能是在生长初期受到外界物理力量的干扰，如风吹、树枝挤压等，使核桃在幼果阶段就偏离了正常的生长轨迹；也可能是由于内部营养分配不均衡，在

麻核桃的"筋儿"

偏形麻核桃

发育过程中某一侧或某一部位的细胞分裂与生长速度不一致，进而引发了形态上的歪斜。对于收藏者而言，偏的麻核桃在外观品相上与标准形态的核桃存在差异，其收藏价值通常会受到一定程度的影响，不过，在一些特定的收藏理念或小众市场需求中，某些独特的偏形麻核桃因其罕见性和别样的艺术感，也可能会被部分收藏者所关注与珍视。

12. 熟

熟是指麻核桃被煮过或炸过。当麻核桃被煮时，通常是将其置于热水或特定的煮制溶液中，经过一定时间的加热处理。煮制的目的可能有多种，部分商家或加工者期望通过煮制使麻核桃的外壳质地发生改变，让其变得相对柔软，以便于后续的加工操作，如清理内部结构或进行雕刻等；煮制也可能会对麻核桃的颜色产生影响，使其呈现出一种经过人为处理后的色泽变化，试图模拟自然把玩或特殊加工所形成的颜色效果。然而，这种煮制处理会对麻核桃的天然品质造成严重损害，其内部结构可能因高温水煮而发生变形、疏松，原本紧密的木质纤维组织被破坏，导致核桃的坚固性与耐久性大幅下降，在后续的把玩或保存过程中容易出现破损、开裂等问题。

麻核桃被炸的情况则更为极端，是将麻核桃放入高温热油中进行处理。炸制可能会使麻核桃的外壳迅速脱水并发生碳化反应，在短时间内改变其颜色和质地，使其表面呈现出一种特殊的色泽与纹理效果，但这种效果往往不自然且不持久。同时，炸制所产生的高温会破坏麻核桃内部的有机成分，使其失去原有的活性与韧性，严重影响其品质与收藏价值。无论是煮过还是炸过的麻核桃，其天然的物理和化学性质均被改变，与未经处理的天然麻核桃相比，在收藏市场中，它们的价值会显著降低，并且难以获得真正的收藏爱好者与玩家的认可与青睐。

13. 尖

尖是指位于麻核桃顶部凸出的部分，其形态呈现出较为明显的尖锐状凸起。凸出的尖部在麻核桃的整体外观造型中占据着重要地位，赋予了核桃在形态上的独特立体感与辨识度。在麻核桃收藏与把玩的专业术语体系里，尖也被赋予了另一个形象的称谓——"嘴"。

麻核桃尖（嘴）的形态并非千篇一律，不同品种的麻核桃，其尖部的大小、长度、粗细以及弯曲程度等均存在显著差异。例如，一些品种的麻核桃尖部细长且尖锐，宛如鸟喙，呈现出精致锐利的感觉；另有一些品种的尖部则相对粗短、圆润，呈现出敦实厚重的风格。尖部的完整性与形态特征对于麻核桃的品相评定具有重要意义，在收藏过程中，一对麻核桃尖部的对称度、饱满度以及磨损情况等都是影响其整体品质与价值的关键因素。

14. 底（底座）

麻核桃的底部叫作底或底座，这一名称在麻核桃收藏与鉴赏的语境里被广泛运用。它作为麻核桃的一个重要组成部分，在很大程度上影响着麻核桃的稳定性与放置状态。从外观形态来看，底座的形状多种多样，不同品种的麻核桃其底座呈现出各异的轮廓特征。

有的底座较为平整宽阔，能够使麻核桃在放置时呈现出一种稳固、端庄的姿态；而有的底座则可能具有独特的凹陷或凸起结构，这些特殊的形状不仅增加了麻核桃底部的辨识度，同时也在一定程度上反映了该品种麻核桃的生长特性与遗传特征。在麻核桃收藏者的日常交流与品鉴过程中，底座还有一个俗称，即"底儿"。在对麻核桃进行配对评估时，底座的形态一致性是一个关键的考量因素。一对麻核桃的底座在形状、大小、纹理走势等方面越相似，其整体的协调性与美观度就越高，相应地，这对麻核桃在收藏市场中的价值也就更具潜力。

15. 眼

眼所指的是位于麻核桃底部的孔状结构。从外观形态上看，底孔的大小、形状以及深度等特征因麻核桃的品种不同而存在差异。在一些品种中，底孔相对较大且形状较为规整，呈现出圆形或椭圆形的轮廓，其内壁可能较为光滑；而在另一些品种里，底孔可能较小且形状不规则，边缘带有一些细微的纹理或凸起。在麻核桃收藏与品鉴的专业领域中，这一底部的孔除了被称为"眼"之外，还被赋予了"脐"这一别称。这一别称是基于其在核桃底部所处的中心位置以及在整体形态上与人体的脐部具有相似性而得来。

底孔（眼、脐）的状态对于麻核桃的品质评定具有一定的参考价值。例如，一个完整、自然且无破损的底孔，往往被视为麻核桃品相良好的一个标志；相反，如果底孔存在裂缝、残缺或被人为修补等情况，那么在一定程度上会影响麻核桃的整体美观性与收藏价值。在收藏者对麻核桃进行挑选与配对时，底孔的形态、大小以及其特征的一致性也是需要考量的因素之一，一对麻核桃的底孔在这些方面越相近，其在视觉上的协调性与整体的匹配度就越高，从而在收藏市场中也更有可能获得较高的认可度与价格。

麻核桃的底

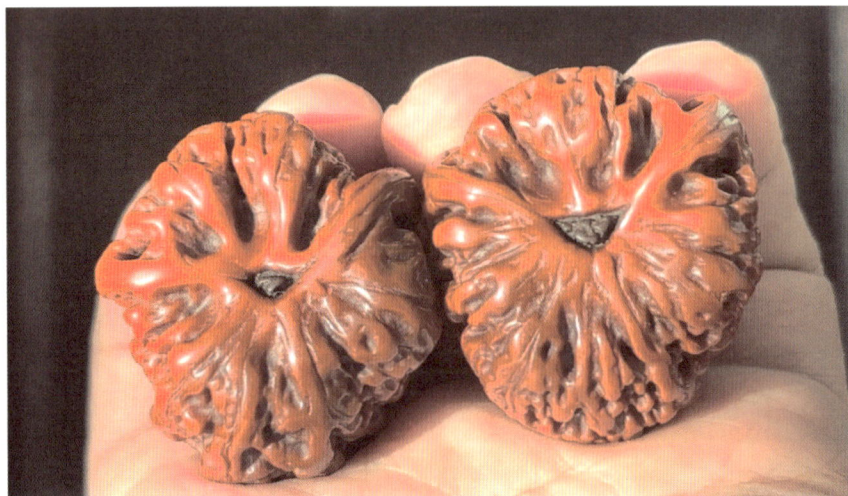

麻核桃的"眼"

16. 漏脐儿

漏脐儿是指麻核桃底部被称为"脐儿"的部位出现了内部结构变化的现象。具体而言，原本在核桃生长过程中存在于脐儿里面的蒂，随着核桃的成熟、干燥以及后续的存放等环节，发生了干缩现象。当这种干缩达到一定程度时，蒂原本占据的空间便会空掉，从而致使核桃底部在脐儿所在之处形成一个空洞。

这种空洞的存在，从外观上看，会破坏麻核桃整体的完整性与饱满感，使核桃底部呈现出一种不连续、不充实的视觉效果。在麻核桃收藏与品鉴的专业视角下，漏脐儿被普遍认定为是一种不好的品相特征。因为在追求高品质麻核桃的收藏者眼中，完整、自然且无瑕疵的外观是极为重要的考量因素之一。而漏脐儿现象不仅影响了麻核桃底部的美观度，还可能在一定程度上对其结构稳定性产生潜在影响，例如在把玩或运输过程中，空洞部位可能更容易受到外力冲击而导致核桃出现损伤。因此，在市场交易中，具有漏脐儿品相问题的麻核桃，其价值相较于品相完好的同类产品往往会有所降低，在收藏者的选择优先级中也会处于相对靠后的位置。

17. 封底

封底主要是指运用特定的材料，如胶或者蜡烛油，对麻核桃的底脐儿进行封闭处理。这种处理方式有以下目的。其一，可以有效阻止漏脐儿现象的发生。麻核桃在生长、干燥以及存放过程中，其底脐儿内的蒂可能会干缩，进而出现空洞的漏脐儿状况，而通过封底操作，能够在脐儿部位形成一层密封的防护层，防止内部物质进一步流失或发生结构变化，从而维持核桃底部的完整性与稳定性，保障其外观品相不受漏脐儿问题的影响。

其二，封底还被认为有助于促进核桃的变色。在麻核桃把玩过程中，其颜色的变化是一个重要的过程。当底脐儿被封闭后，可能会在一定程度上改变核桃内部的湿度、温度等微环境条件，影响核桃皮质与外界物质，如空气、人体分泌的油脂汗液等的接触与反应方式，从而对其氧化变色进程产生作用，加速颜色向理想状态转变的速度，使核桃能够在更短的时间内呈现出收藏者所期望的色泽效果。然而，需要注意的是，封底操作如果处理不当，例如使用的胶或蜡烛油质量不佳、涂抹量过多或过少、操作过程不规范等，可能会对麻核桃本身造成负面影响，如导致底脐儿部位出现不美观的胶渍残留、影响核桃的透气性进而引发内部霉变或其他质量问题等，因此在实施封底操作时需要谨慎对待并遵循相关的专业标准与经验要求。

封底后的核桃

18. 黄皮

黄皮是一种与阴皮相似的皮色缺陷类型。黄皮的显著特点为在核桃表面的一些凸起部位，呈现出颜色很浅的黄色。这种黄色与核桃表面正常皮色之间有着清晰明确的界线，二者形成鲜明对比。

在把玩麻核桃的过程中，核桃表面的大部分皮色会在人体油脂、汗液以及空气等多种因素的共同作用下逐渐发生氧化反应，进而转变成红色，并且这种变红过程通常是较为均匀且自然地在整个核桃表面蔓延开来。然而，黄皮部分却并不随把玩过程发生颜色变化，其颜色几乎保持不变。这种颜色上的不协调在核桃整体外观上显得格外突兀，极大地破坏了麻核桃的美观性与整体协调性，严重影响了其在收藏者眼中的品相价值，使得带有黄皮缺陷的麻核桃在市场交易中的吸引力大打折扣，与皮色正常的麻核桃相比，其市场价格往往会出现较为明显的落差。

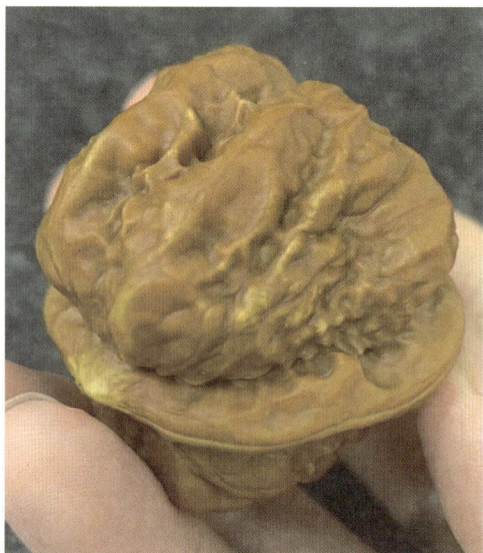

出现黄皮的麻核桃

19. 磨过底

在麻核桃的收藏与品鉴群体中，一部分人秉持着"站得住的核桃才是好核桃"这样一种特定的评判原则。基于这一理念，他们针对一些核桃底部存在凸起结构的情况，通过打磨的手段将这些凸起去除，从而改变核桃底部的形态轮廓，使其能够在平面上放置时具备更好的稳定性，实现"站得住"的效果。在他们的观念里，能够平稳站立的核桃在展示过程中可以呈现出一种更为规整、美观的姿态。

然而，这种人为磨去底部凸起的行为也引发了诸多争议。从传统的收藏理念来看，麻核桃原本的自然形态被认为是其珍贵性与独特性的重要体现，任何对其原始形态的人为改变都是对核桃天然之美的破坏。并且，这种加工方式一旦操作不当，例如过度打磨导致底部结构受损或改变了核桃整体的重量平衡分布，还可能对核桃的把玩手感以及后续的保存状态产生不利影响，使得核桃在长期把玩与存放过程中更容易出现磨损、变形或其他质量问题。

20. 抽了

在麻核桃生产与流通环节中，新核桃采摘后的处理至关重要。新核桃采摘后，因含水量高，需干燥一段时间以达到适宜保存和把玩的状态。近年来，核商为抢先收购优质核桃，普遍秉持着"赶早不赶晚"的理念，将收购时间大幅度提前，从9月甚至8月底就开始收购。但此时的核桃水分含量很高，消费者购买后半年内核桃体积可能缩小数毫米。且因其内部结构不稳定，在遭受温、湿度变化或碰撞下极易开裂，破坏核桃原本完整的品相，降低了收藏与把玩价值，也给消费者带来了损失，同时也对麻核桃市场的稳定和健康发展造成了一定的冲击。这促使行业内重新审视核桃采摘、收购时间及后续处理规范。

21. 几个几

如三个八，即 38 毫米，这一衡量方式在整个麻核桃领域中，是最普遍且通用的指标。其测量的具体方法是，将麻核桃摆正放好，然后精准测量其两边棱之间的最宽距离，此数值即为衡量该麻核桃大小的关键数据。在麻核桃的市场交易环节，无论是商家对货品的标价分类，还是买家在挑选比较过程中，都会依据这一"几个几"的尺寸衡量标准来进行判断与决策。

对于收藏者而言，他们往往倾向于追求尺寸较大且符合特定"几个几"标准的麻核桃，因为在他们的认知中，较大尺寸的麻核桃在外观上更具视觉冲击力与独特性，从而在收藏价值方面可能更具潜力与优势。而对于商家来说，准确掌握并运用这一尺寸衡量标准，能够使其在进货、定价以及销售策略的制定上更具科学性与合理性，确保商品在市场流通中的有序性与规范性，进而促进整个麻核桃市场的稳定繁荣与健康发展。

22. 窝底

即核桃底部呈现出以脐儿为中心向内凹陷的状态，这种形态被视为一种良好的底座形式。从外观上看，其凹陷的程度、范围以及轮廓形状均具有一定的特征性。凹陷程度适中的底座，既能在摆放时保持稳定，又能保留其独特的形态美感。其范围通常围绕脐儿呈较为规则的圆形或椭圆形扩散，与核桃整体的比例协调。

窝底

这种以脐儿为中心凹进去的底座形式，在麻核桃的把玩与收藏过程中具有多方面的优势。一方面，在把玩时，它能够为手指提供更好的着力点与触感反馈，使把玩者在操作过程中手感更加舒适与自然；另一方面，在收藏展示时，这种独特的底座形态可以使核桃放置在平面上时呈现出一种更为立体、美观且端庄的视觉效果，提升了麻核桃整体的观赏性与艺术性，从而在一定程度上增加了其收藏价值与市场认可度，成为众多收藏者与玩家在挑选麻核桃时重点关注与青睐的底座特征之一。

23. 大边

大边所指的是麻核桃棱翼在宽度与厚度这两个维度上的尺寸情况。对于麻核桃而言，棱翼的宽度和厚度是评判其品质的重要因素之一。通常情况下，在其他条件相似时，棱翼的宽度越大，则麻核桃整体的外观看起来更为饱满、雄浑，其在视觉上所呈现出的立体感与厚重感就更为强烈。

拥有大边的麻核桃

麻核桃的纹理

而棱翼的厚度越大，不仅能体现出核桃材质的扎实与坚固，还能在把玩过程中为手部带来更为实在的触感反馈，增加把玩时的质感体验。

从收藏价值的角度来看，具有较大较宽棱翼的麻核桃往往更受市场青睐，因为其在外观上更具吸引力与独特性，能够在众多麻核桃中脱颖而出，在收藏市场中通常可以获得更高的价值评定与价格定位，成为收藏者与玩家竞相追求的优质品相特征之一，对于整个麻核桃的品质分级以及市场交易走向有着重要影响。

24. 纹

纹是指麻核桃表面所呈现出的纹路与纹理，包括大纹、密纹、细纹等，主要是依据核桃纹在粗细程度方面的差异而划分的。关于不同类型纹路的好坏评判，不能一概而论，其评价标准在很大程度上取决于个人的喜好倾向。有些收藏者可能更欣赏大纹所展现出的粗犷豪放感，认为其能彰显麻核桃的古朴大气；而另一些人则可能偏爱密纹或细纹带来的精致细腻之美，觉得这种纹理更具工艺性与观赏性。

然而，尽管在纹路粗细的偏好上存在个人差异，但在麻核桃收藏与把玩的领域中，纹路越深越好是一种被广泛认可的共识。较深的纹路能够使麻核桃在外观上更具层次感与立体感，光照下其光影效果更为丰富，视觉冲击力更强。在把玩过程中，深纹路还能与手部更好地接触摩擦，刺激手部穴位，增强把玩的体验感与保健功效。并且，深纹路也在一定程度上反映了麻核桃生长过程中的健康状况与质地特性，对于其品质鉴定与收藏价值评估有着重要的参考意义，成为众多收藏者和玩家在挑选麻核桃时重点考量的关键要素之一。

25. 手头

手头是指麻核桃的重量。在行业通行的评判准则里，当人们将麻核桃置于手掌中进行感知时，其重量感越明显，越被视作品质更加优良。这是因为较重的麻核桃通常意味着其内部木质结构更为紧密厚实，材质密度相对较大，这在一定程度上能够反映出该核桃在生长历程中所经历的良好发育状态以及其本身材质所具有的优越性。

然而，对于新下树的麻核桃而言，其重量情况存在特殊性。由于新核桃刚刚采摘不久，其内部仍然留存有大量的水分尚未散失，极大地增加了核桃整体的重量。但这种因水分含量高而导致的重量表现，并不能体现该核桃的真正品质。

在麻核桃的交易语境与文化习俗中，对于购买麻核桃这一行为的表述颇具特色。通常情况下，人们并不使用常规的"买"字来表达，而是采用了极具行业特色且更为形象的"抓"字。这一独特的用语习惯的形成，或许与麻核桃作为文玩物品的特殊属性密切相关。在挑选与交易麻核桃的过程中，收藏者或玩家往往需要亲自用手拿起核桃，通过仔细地掂量、感受其重量、大小、纹理等多方面的综合特征，以此来全面地判断其品质的优劣程度。在此过程中，"抓"字精准且生动地刻画了人与核桃之间这种直观的互动行为以及在这一互动中对核桃品质进行感知与判断的关键环节，进而逐渐演变成麻核桃交易领域中被广泛遵循且约定俗成的特定用语表达方式。

26. 打手

打手主要是指麻核桃所具有的重量表现。当对麻核桃进行揉动操作时，因其自身具备一定的重量，在其运动过程中会产生一种特殊的物理反馈，即会给手部带来撞手的感觉。这种撞手感的产生与麻核桃的质量以及在揉动时的速度等因素相关。

较重的麻核桃在相同的揉动幅度和速度下，其动量相对较大，与手部接触时产生的冲击力也就更明显，从而让玩家能够清晰地感知到"打手"。而这种特性在麻核桃的把玩体验中具有独特的地位，许多玩家将其视为衡量麻核桃品质的一个参考因素，认为具有适当"打手"感的麻核桃，在把玩过程中能够更好地刺激手部穴位，增强把玩的质感与乐趣。也从侧面反映出核桃内部结构的紧实程度与材质的扎实性，在一定程度上有助于提升麻核桃在收藏者与玩家群体中的价值评判，是麻核桃把玩文化中一个较为重要的概念与感受体验的表述。

27. 配

配是指由两只麻核桃组合配成一对。这一概念强调的是两只核桃在多个关键特征维度上的匹配性与协调性。具体而言，这些特征涵盖了麻核桃的尺寸大小，包括直径、高度等方面的相近程度；形状轮廓，如整体的圆润度、棱翼的形态与走势等是否相似；纹理样式，无论是纹路的粗细、深浅，还是其分布的规律与走向，都应具有较高的一致性；皮色状况，要求两只核桃表面的颜色色调、色泽均匀度等尽量相同或相近，不存在明显的色差；重量差异也需控制在极小的范围内，以确保在把玩时手感的均衡性。只有当两只麻核桃在这些方面都达到了高度匹配，才能称之为成功的"配"对。

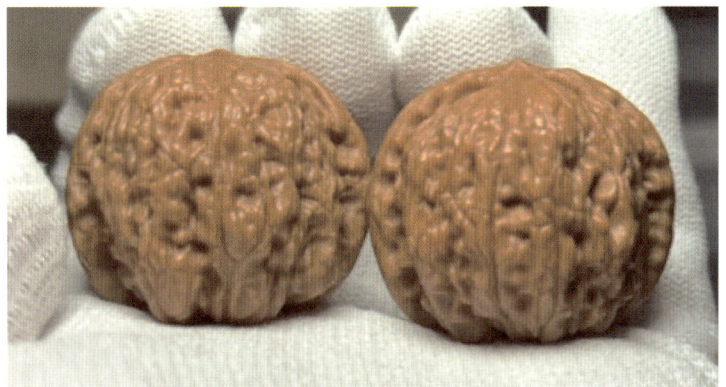

完成配对的麻核桃

一对配好的麻核桃在收藏价值和观赏价值上往往远高于单只核桃或配对不佳的组合。在市场交易中，高品质的配对麻核桃能够获得更高的价格定位，同时也成为众多收藏者和玩家竞相追求的目标，其稀缺性和完美性也彰显了麻核桃配对艺术的独特魅力与价值内涵。

28. 硌手

所谓"硌手"，是针对那些品相处于极差水平的核桃而言的。此类核桃在外观形态上往往存在诸多严重缺陷，例如表面纹理极为粗糙且不规则，存在大量突兀的凸起或尖锐的棱角；形状严重扭曲变形，缺乏应有的圆润与对称美感；尺寸大小参差不齐，两只核桃之间难以形成协调的配对关系。当人们尝试对这样品相极差的核桃进行揉动把玩时，由于其表面的不平整以及形状的怪异，手部在与核桃接触的过程中会频繁地感受到强烈的阻碍与不适感，仿佛被硌到一般，这种感觉会极大地破坏把玩的流畅性与愉悦感。

在麻核桃爱好者的社交与文化环境中，使用品相差且揉起来"硌手"的核桃进行把玩，会被认为是一种有失品位与格调的行为，容易让把玩者产生丢面子的心理感受，进而导致此类核桃在收藏与把玩市场中通常处于被边缘化的地位，很少受到收藏者与玩家的青睐与重视，其价值也相对较低，往往只能在一些低层次的交易场所或非专业的渠道中出现。

29. 品相

指一对麻核桃在品质与相貌两大方面所共同呈现出的整体状况。

就品质而言，质地是关键因素之一，涉及木质结构的紧密程度、坚实性、纹理清晰度和连贯性。质地优良的麻核桃手感较重，内部结构致密，且纹理清晰连贯，视觉上更具吸引力，也反映其良好的生长状态。成熟度同样重要，成熟的麻核桃内部结构稳定，能有效抵御外界干扰，降低变形和开裂的风险。尺寸规格也很关键，应符合行业标准，且一对核桃的尺寸应尽可能接近，以确保配对时的协调性和一致性，提升整体品质感和观赏价值。

麻核桃的品相

　　从相貌角度分析，主要聚焦于麻核桃的外观形态。形状应自然圆润，整体轮廓和局部比例和谐匀称，避免畸形或不对称。纹理的粗细、深浅、均匀性和规律性也极为重要。细腻均匀的纹理更具精致感，而粗犷多变的纹理则展现古朴豪放的气质。皮色也需均匀自然且有光泽，色差、斑点等瑕疵会降低美观度。

　　品相是品质与外观的综合体现，在麻核桃的价值评估中占据主导地位。品相上乘的麻核桃在收藏市场和玩家群体中极具吸引力，价格较高，且有增值潜力。而品相不佳的核桃，即使有其他特点，价值也会大打折扣，交易中处于劣势。因此，收藏者、玩家和从业者需准确把握品相概念，以做出正确的选择和评估。

30. 晃仁

　　晃仁是指麻核桃经过充分干燥之后，其内部的核桃仁由于水分的大量散失，体积逐渐变小，进而与核桃的木质部分之间原本紧密贴合的连接状态被破坏，两者之间产生间隙并分离。

　　当麻核桃干透且内部核桃仁分离时，轻轻摇晃会有明显的碰撞感觉。这是因为核桃仁在空腔内自由活动，撞击木质内壁，产生声响和震动，通过外壳传递到手部。这种现象有助于判断麻核桃是否充分干燥及内部结构状态，是把玩、收藏、鉴定的重要参考。经验丰富的收藏者和玩家可通过感知碰撞的强弱、频率等特征，初步评估麻核桃的品质与成熟度，为挑选、交易提供依据，也为研究内部结构与把玩特性关系提供便捷观察角度。

31. 砂仁

　　麻核桃经过长期盘玩，其内部核桃仁会因晃动、挤压、温度和湿度变化等因素，逐渐被破坏并粉碎成沙状，这种现象称为"沙化"。它体现了麻核桃把玩历程和内部结构的演变。经验丰富的收藏者和玩家可通过观察"沙化"现象，判断核桃的把玩历史和程度，进而评估其收藏价值。

32. 老核桃

　　特指那些已经经历了较长时间把玩且被盘玩出一定效果，同时具备一定历史沉淀的核桃。其核心特征在于，经过长时间的把玩摩挲，核桃表面已形成了独特的光泽、纹理变化以及色泽转变等效果，这些都是岁月与把玩者精心呵护共同作用的结果。

富有光泽的老核桃

然而，关于究竟多少年的核桃可被确切地列为老核桃，在业界目前尚未形成一个统一且明确的界定标准。这一情况产生的主要原因为麻核桃的把玩效果受到多种复杂因素的综合影响，例如把玩的频率、手法、环境温湿度以及核桃本身的材质特性等。不同的把玩条件和核桃个体差异可能导致其在相同时间内呈现出截然不同的状态变化。

尽管行业内不统一，但普遍认为具有 20 年以上把玩历史的核桃能够称得上是老核桃。在收藏市场中，老核桃往往因其承载的历史文化内涵、独特的把玩痕迹以及相对稀缺的资源属性而备受关注，其价值通常也会随着时间的推移和把玩效果的提升而显著增加，成为众多收藏者和玩家竞相追逐的对象，同时也为麻核桃文化的传承与发展增添了厚重的历史底蕴与独特魅力。

33. 上夹

上夹是一种针对麻核桃生长的人为干预手段。在麻核桃生长阶段，人们会将定制好的模具固定在核桃树上，限制核桃的纵向生长空间，使其高度受到抑制，逐渐变矮。这种操作旨在满足种植户或市场的特定需求，塑造符合标准或审美偏好的矮桩麻核桃，提升其市场价值和竞争力。然而，不当的上夹可能导致核桃内部结构异常、质地疏松或生长畸形。因此，实施上夹时需遵循科学规范，平衡外形塑造与健康生长。

34. 文盘

文盘是指在对两只麻核桃进行把玩操作时，刻意地控制其运动状态与接触方式，以确保在整个盘玩过程中两只核桃不会产生碰撞并发出的声音，彼此之间始终保持一种相对独立且非直接摩擦的状态。这种文盘方式的目的在于对麻核桃的纹路进行最大限度的保护。麻核桃的纹路是其重要的外观特征与审美价值体现，纹路的完整度、清晰度以及细腻程度等都对核桃的整体品质与观赏价值有着极为关键的影响。

在文盘过程中，由于避免了两只核桃之间的直接碰撞与剧烈摩擦，从而有效地减少了纹路因外力作用而受损的可能性，使麻核桃的纹路在长期的把玩过程中得以较好地保持其原始的形态与质感，随着时间的推移，在手部油脂、汗液以及空气等多种因素的共同作用下，纹路依然能够清晰地呈现，并逐渐形成包浆，进一步提升其视觉美感与文化内涵。在麻核桃的收藏与把玩文化中，文盘被视为一种较为细腻、精致且注重核桃保养的方式，深受那些追求高品质把玩体验与注重核桃品相维护的收藏者与玩家的青睐，成为麻核桃把玩技艺与文化传承中的一个重要组成部分。

35. 武盘

武盘指在把玩过程中，两只麻核桃之间通过相互施加力度而产生较为强烈摩擦的行为。当采用武盘方式时，由于两只核桃之间频繁且相对剧烈的摩擦，使得核桃表面与手部以及彼此之间的物质交换加速进行。手部的油脂、汗液等成分能够更为快速地渗透进核桃的纹理与木质结构之中，与此同时，核桃表面在摩擦作用下，其角质层与木质部分也会产生更多的微观变化，这些因素综合起来促使核桃上色的速度相较于文盘显著加快。

然而，这种方式也存在明显的弊端。因两只核桃相互用力摩擦，其产生的摩擦力和冲击力对核桃极为精细且独特的纹路会造成不可忽视的损伤，其边缘可能会在武盘过程中因频繁的摩擦而逐渐磨损、变钝，原本清晰、深邃的纹理结构也可能因受力而出现变形、模糊甚至断裂等情况，从而破坏了麻核桃纹路所蕴含的天然美感与独特韵味。在麻核桃把玩文化体系中，武盘是一种具有较强功利性色彩的把玩方式，虽然在一定程度上能够快速实现上色效果，但对于注重核桃纹路保护与长期把玩品质的收藏者和玩家而言，往往需要谨慎权衡其利弊后再做选择，它也从侧面反映出不同把玩方式对麻核桃最终呈现效果的巨大差异与多样的把玩策略考量。

第二节　夹板核桃

在当代文玩市场蓬勃发展的浪潮下，麻核桃凭借其独特的纹理、优良的质地以及深厚的文化底蕴，日益成为收藏界与把玩群体中的热门品类。伴随着这股热潮，夹板核桃也逐渐走入大众视野。

所谓夹板核桃，本质上是运用特定的器物对处于生长发育阶段、未完全成形的核桃进行物理固定，通过限制其生长空间，人为引导核桃按照人们预期的形态生长，最终塑造出契合文玩市场需求的核桃造型。这种做法之所以日渐盛行，源于市场导向所形成的价值差异。在麻核桃市场的价值评判体系里，矮桩核桃备受青睐，往往能在交易中斩获更高的价格。矮桩核桃，以其敦实、厚重的外观形象，契合了玩家对于古朴、精致把玩物件的审美追求；相较于高桩核桃，矮桩核桃在盘玩时手感更佳，视觉上也更显沉稳大气，故而拥有更为可观的市场价值。夹板技术恰能满足核农迎合市场需求的诉求，助力其批量产出矮桩核桃，获取更高经济效益。

夹板技术是果树栽培领域中一项较为常见的实用技术，有着广泛的应用基础。值得一提的是，这项技术在麻核桃栽培领域的兴起，与涞水地区紧密相连，涞水作为麻核桃的重要产区，率先引入并推广了夹板技术，为其在文玩核桃产业中的普及奠定了基础。

夹板材料品类多样，其中雪花板是常见的材质之一。这种材料质地坚硬、稳定性强，能够在核桃生长周期内保持良好的固定形态，有效抵御外界压力与变形风险。木板也曾是主要的夹板用

用夹板给麻核桃塑形

材，然而，木板材质受自然环境因素影响显著，在湿度、温度变化频繁的户外条件下，极易发生变形、翘曲，致使固定效果大打折扣，且木板一旦变形便难以恢复原状，无法实现重复利用，增加了生产成本与资源损耗，逐渐被其他材料取代。除此之外，七合板、塑料板以及铁板等材质也在不同场景下有所使用，七合板凭借独特的材质组合，兼顾了一定的柔韧性与刚性；塑料板成本低廉、质量轻便，便于操作；铁板则以超强的稳固性著称，为核桃生长提供坚实支撑。总体而言，夹板材料成本相对可控，多数夹板制品仅几元钱一副，这为核农大规模应用夹板技术提供了经济可行性。

在实际操作环节中，给麻核桃上夹板的时机把控至关重要，一般情况下，每年 5 月前后较为适宜。此时核桃已初步发育成型，借助夹板限制其形状自由变化，能够引导核桃朝理想形态发展。在上夹板之后，随着核桃持续生长、体积逐步膨大，核农还需密切关注夹板的松紧程度，适时适度加以调节。若夹板过松，便无法有效约束核桃生长走向，难以达成预期塑形效果；反之若夹板过紧，核桃生长空间过度受限，易导致核桃发育受阻，最终呈现出不规则形态，破坏原本应有的美观度与完整性。经验表明，合理运用夹板技术，原本宽度约 40 毫米的普通核桃，经夹板塑形后，宽度有望拓展至 45 毫米左右，恰好契合文玩核桃的最佳尺寸标准，显著提升其市场价值与收藏潜力。

夹板技术适用于各类核桃品种，能重塑核桃形态以满足不同玩家的审美需求。在文玩核桃玩家中，对夹板核桃的态度存在两极分化：一部分玩家喜欢其规整的造型和精准的尺寸，认为符合把玩和收藏需求；另一部分玩家则排斥夹板核桃，更偏爱自然形成的核桃，追求其天然美感和独特韵味，因为自然核桃的随机性使其独一无二。从核农的角度来看，夹板技术的主要目的是提高经济收益。通过批量生产符合市场需求的矮桩核桃，核农能在竞争激烈的市场中获得价格优势，实现效益最大化，而审美和文化传承等因素并非他们的首要考虑。

目前，夹板核桃在市场上占据较大份额，这使得寻找自然形成的矮桩核桃变得更具挑战性，考验着玩家的眼力和鉴别能力。随着生活水平的提高和消费结构的升级，越来越多的年轻人涌入文玩核桃市场，成为新的消费主力。需求的增加进一步推动了核农使用夹板技术的积极性。

为助力核桃爱好者更精准地鉴别、收藏心仪麻核桃，现将夹板核桃的显著特征梳理如下：

第一，尺寸与形状层面的甄别要点。深入了解自然形成的各类麻核桃的基础尺寸、形态特征以及高矮比例关系，是鉴别夹板核桃的基础。不同品种的麻核桃，在自然生长状态下遵循各自的生长规律，有着相对固定的高矮形态范畴。例如，鸡心、虎头等传统高桩核桃品种，历经长期自然演化，已然形成高挑、舒展的外观特征。倘若在市场上邂逅这类原本高桩的核桃品种，却突兀呈现出异常矮桩形态，且矮化程度超乎寻常、有悖常理，此时便需高度警惕，极有可能是夹板核桃，需进一步细致核查。

第二，肩部及底部形态特征差异。自然生长的麻核桃，周身线条流畅、造型圆润自然，尤其在肩部转折位置，过渡平滑自然，无生硬突兀之感；反观夹板核桃，受夹板外力挤压塑形影响，多数会从原本自然的溜肩膀（顶部两侧呈自然下滑弧线）形态演变为端肩膀样式，肩部转折处界限分明、角度锐利，视觉上呈现出明显的"折角"效果，美感大打折扣。再者，观察核桃底部形态，自然形成的核桃底部平整光滑，契合自然生长逻辑；而夹板核桃底部由于受夹板挤压不均等因素制约，时常会出现局部僵硬凸出的异样特征，破坏了整体的和谐美感。

第三，纹路走势及连贯性对比。自然形成的麻核桃，其肩部纹路走势遵循由核桃肚向核桃尖逐渐变浅、自然过渡的规律，纹路舒展流畅，连贯性极佳；夹板核桃则不然，受夹板束缚，尖部纹路往往发育受阻，显得极为浅淡，甚至趋近于消失，与核桃肚部纹路衔接生硬突兀，连贯性遭到破坏，整体纹路布局杂乱无章，缺乏自然美感。

综合上述特征，核桃爱好者在选购、把玩过程中，便可多维度、全方位审视核桃形态，精准辨别夹板核桃与自然核桃，从而依据个人喜好做出正确的收藏决策。

第三节　开青皮

在当代收藏领域，随着大众文化消费需求的日益多元以及审美情趣的不断提升，麻核桃收藏热潮呈现出持续升温的强劲态势，已然跃升为收藏界备受瞩目的焦点板块，众多收藏家更是将麻核桃视作掌中瑰宝悉心珍藏，在此趋势推动下，麻核桃的市场价格一路水涨船高，屡创新高。

与麻核桃收藏热交相辉映的，是文玩核桃文化的再度蓬勃兴起，其间衍生出一种别具一格、新奇刺激的玩法——"开青皮"，民间亦有不少人形象地称之为"赌青皮"。要精准理解"开青皮"这一玩法，需先明晰"青皮"的概念。所谓青皮，特指那些刚从

青皮

青皮核桃价格

双棒青皮

树上采摘下来，尚未经历去皮处理的核桃，其周身被一层厚实的青绿色外皮严密包裹，隐匿了核桃内部的真实品相。

"开青皮"的具体玩法极具博弈色彩：玩家置身于一堆新近摘下的青皮核桃当中，凭借自身经验与眼力，竭力挑选出两枚尺寸、形状尽可能匹配的青皮核桃，而后先行支付相应款项，再亲手剥去外皮，揭晓核桃的"庐山真面目"。倘若剥开后呈现的核桃尺寸达标、形状规整美观、纹路深邃清晰，且两枚核桃在各方面契合度极高，能够成功配对，那么玩家便有望转手将其高价售出，收获颇为丰厚的经济回报；反之，若核桃品相欠佳、配对失败，玩家此番投入就此付诸东流。这种玩法，本质上就是一场纯粹基于运气的博弈，因此引得不少玩家沉溺其中。

细究起来，开青皮与玉石行业久负盛名的赌石玩法有着异曲同工之妙。在赌石活动中，玩家需凭借深厚的专业知识、敏锐的鉴别眼力，透过玉石毛料粗糙的外皮，预判内部玉石的质地、成色与价值；开青皮亦是如此，买家的经验和眼力在整个过程中起着举足轻重的作用，然而即便眼力独到，运气成分依旧不可或缺。运气上乘时，玩家或许能以较低的成本收获一对极品麻核桃，转手间便可获取巨额利润；可一旦时运不济，接连遭遇品相不佳的核桃，玩家便不得不交上一笔又一笔的"学费"，为自己的判断失误买单。

回顾开青皮玩法的发展历程，其兴起于 2006 年前后。彼时，麻核桃收藏市场尚处于起步萌芽阶段，市场价格相对亲民，一枚普通品质的麻核桃售价仅为几十元，即便是品种优良、品相出众的，价格也不过几百元。步入 2009 年，随着文玩核桃文化愈发深入人心，投身核桃把玩、收藏的群体呈几何倍数增长，玩家对于核桃品质、档次的追求也日益攀升，受供需关系影响，麻核桃的市场价格开启逐年上扬的走势。直至 2012 年，市场行情达到阶段性高峰，一枚品质上佳的麻核桃动辄叫价上千元，顶级的稀世珍品麻核桃，成交价甚至飙升至数十万元的天价，这般价格走势侧面印证了开青皮玩法在当时的火爆程度。

每年 9 月，正值麻核桃成熟采摘的黄金时节，各地麻核桃市场纷纷迎来交易旺季，其中最引人瞩目的当属"开青皮"活动。在诸如涞水北二环麻核桃市场、娄村麻核桃市场这类行业知名的交易场所，开青皮摊位星罗棋布，随处可见玩家们围聚于此，跃跃欲试。现场商户们售卖青皮核桃的吆喝声此起彼伏，青皮核桃售价因品质、配对可能性差异跨度极大，从几十元到几百元乃至数千元不等，有些即便价格不菲，但生意依旧火爆异常。部分运气卓绝的玩家，初次尝试便能精准配对，收获心仪核桃；但也有些时运欠佳者，即便豪掷数千元，反复挑选、尝试，也难以觅得契合度高的核桃配对成功。当下，消费者直接从商家摊位挑选青皮核桃自行开皮配对，仅是开青皮玩法的其中一种模式；更多理性、求稳的玩家则倾向于直接从商家手中购置已配对完成的成品核桃，规避配对失败的风险；除此之外，还有一种较为大胆豪放的玩法，即承包某棵树上的所有青皮核桃，买家依照树上核桃的数目支付款项，买断整树核桃的归属权与收益权，寄望于从中批量获取高品质、高价值的配对核桃。

对于广大麻核桃爱好者而言，开青皮玩法的吸引力主要源自两大方面：其一在于"捡漏"心理作祟。在文玩市场，以小博大、低价斩获珍品向来是玩家梦寐以求的美事，开青皮恰恰提供了这样的契机，玩家怀揣着侥幸心理，期待凭借些许投入，撞大运般收获价值连城的稀世核桃；其二则是剥开青皮瞬间所带来的强烈感官刺激，鉴于核桃被青皮层层包裹，玩家直至亲手剥皮的那一刻前，全然无法确切知晓核桃本身的纹理走向、色泽质地以及个头大小等关键信息，成功与否全系于运气一念之间，这种不确定性极大地激发了玩家的探索欲与冒险精神。

然而，不可忽视的是，开青皮玩法背后潜藏着不容忽视的风险性。从本质上讲，这是一场玩家与自己展开的博弈，考验的是买家的鉴别眼力。眼力精准、经验老到者，或许能够洞察青皮之下隐藏的商机，实现盈利；反之，眼力欠佳、判断失误频出者，大概率会陷入亏损泥沼。尽管风险高悬，可鉴于当下文玩核桃市场价格居高不下，"捡漏"的诱惑始终撩动着玩家的心弦，驱使越来越多的人投身其中，使得开青皮游戏愈发风靡盛行，进而反向推动了整个麻核桃行业的蓬勃发展，催生了产业链上下游诸多相关产业的繁荣景象。

值得留意的是，开青皮玩法与玩家心理状态紧密关联，玩家大多怀揣着以低成本博取高回报、收获心仪好核桃的美好期许。鉴于此，为降低开青皮过程中的风险、提升成功率，玩家需重点关注以下几方面要点：

首要一点，开青皮时精准把控青皮核桃的尺寸是关键。玩家挑选青皮果时，应尽力确保所选两枚青皮果的尺寸相当，二者尺寸差距最好控制在 2 毫米以内。尺寸相近的青皮果，剥出的核桃在个头大小上契合度更高，配对成功的概率也相应大幅提升。一般而言，开展开青皮业务的场所都会配备专用的卡尺工具，玩家可充分借助卡尺精准测量青皮果的外径、肚围等数据，以此为依据细致筛选出符合尺寸要求的青皮果，避免因尺寸偏差导致配对失败。除此之外，还需着重留意青皮果底部平整度以及果肚大小情况，尽量挑选底部平齐、果肚大小相近的青皮果，全方位保障核桃外形的匹配度。

其次，青皮果的新鲜程度直接关乎剥出核桃的质量。在挑选青皮果时，玩家需练就一双"火眼金睛"，仔细甄别青皮果是否新鲜完好。部分青皮果因采摘时不慎从树上掉落，遭受外力撞击而摔坏，外皮表面便可能出现些许黑皮现象。这类带有黑皮的青皮果万不可购买，因为黑皮部位极易在后续核桃发育、把玩过程中滋生阴皮，导致核桃品相受损，严重影响其观赏及收藏价值。

再次，伴随互联网电商平台的蓬勃发展，不少核桃玩家选择在网上购置青皮核桃，网购虽然便捷高效，但暗藏诸多风险。此时，玩家务必重点关注核桃产地与自家住所之间的距离。通常情况下，从核桃下树采摘，历经包装、运输直至送达玩家手中，少则耗时三四天，多则一周左右。在运输过程中，青皮核桃极易因路途颠簸、环境温湿度变化等因素，出现水分流失、外皮软烂甚至霉变等状况，进而对内部麻核桃的品质造成不可逆的损害。

最后，买到心仪青皮果准备开皮之际，安全防护问题也要注意。青皮作为核桃外皮，含有一定有毒成分，玩家徒手剥青皮时，皮肤长时间接触青皮汁液，极易被染黄，且可能引发皮肤过敏等不适症状。因此，玩家打开青皮时务必戴上皮质手套进行防护，避免青皮与皮肤直接接触。

第四节　打药

随着麻核桃市场的持续繁荣，近年来，一种名为"打药"的处理方法在业界逐渐兴起。此处所说的"打药"并非传统意义上针对病虫害的防治手段，而是特指采用植物生长调节剂，即闷尖药（亦称激素药），对麻核桃的生长过程进行人为干预。这类调节剂主要分为膨胀剂和闷尖剂两类，旨在通过化学手段优化麻核桃的外观特征，提升其市场价值。

膨胀剂的应用，旨在促进麻核桃体积的增大，同时使其表面纹路变得更为浅显。在自然状态下，大尺寸的麻核桃较为稀有，而众多核桃爱好者却对大尺寸核桃情有独钟。因此，经过膨胀剂处理的麻核桃，其尺寸显著增加，更符合部分消费者的审美需求。然而，值得注意的是，这种处理方式虽能增大核桃尺寸，却可能牺牲其原有的手感，使得核桃显得轻飘，缺乏应有的压手感。

闷尖剂则主要用于调整麻核桃的桩型，使其尖部更为内敛，桩型变矮。许多核桃爱好者偏爱桩型矮且尖部内敛的麻核桃，如磨盘等品种。然而，并非所有核桃都能自然生长出这样的形态。为了满足消费者的审美偏好，市场开始采用闷尖剂进行处理，使核桃尖部下陷，桩型变矮，整体形态更为圆润。然而，这种处理方式可能导致核桃皮质疏松，部分桩型显得不够自然。

面对市场上纷繁复杂的麻核桃产品，消费者如何准确辨别药果，成为了一个难题。具体而言，可以从以下几个方面入手：

首先，看纹路。未经药物处理的麻核桃，其表面纹路清晰、凹凸有致，呈现出自然的美感。而经过药物处理的核桃，其纹路往往较为浅显，整体形态更为饱满，缺乏自然的层次感。

其次，看桩型。闷尖剂可以改变核桃的桩型，使其尖部变得扁平或凹陷。消费者可以通过对比该品种的原始桩型来判断其是否经过药物处理。若原始桩型不闷尖，而所见核桃却呈现出闷尖特征，则很可能是经过闷尖剂处理的。

再次，比大小。膨胀剂的应用可以显著增大核桃的尺寸，使其饱满圆润。然而，这种变化往往伴随着皮壳变薄、骨质密度降低的问题。因此，消费者可以通过对比同品种核桃的克重与尺寸来判断其是否经过药物处理。若尺寸明显偏大，而克重相近，则很可能是经过膨胀剂处理的。

最后，听声音。骨质密度较低的核桃在碰撞时发出的声音往往较为沉闷，缺乏清脆感。消费者可以通过轻轻碰撞核桃来聆听其声音，以此作为判断其是否经过药物处理的依据之一。

关于药果的盘玩价值，许多消费者存在误解。他们认为，由于药果皮质疏松、密度较低，无法像天然核桃一样盘玩出理想的色泽。然而，这一观点并不完全正确。天然的麻核桃在盘玩初期确实能呈现出漂亮的色泽，但这只是盘玩过程中的一个阶段。随着盘玩时间的延长，核桃的颜色会不断发生变化，最终可能走向深红色或黑红色。同样地，药果在盘玩过程中也会经历色泽变化，其酱色阶段只是其中的一部分。因此，只要药果的骨质和密度适中，同样具有盘玩的价值。消费者可以根据自己的审美偏好和需求来选择适合的核桃产品。在追求美观与品质的同时，应保持理性态度，结合自身情况做出明智的选择。

第五节　游标卡尺的使用

在文玩核桃收藏、交易以及把玩过程中，精准测量麻核桃的尺寸是一项重要的操作，而游标卡尺作为常用的精密测量工具，掌握其正确使用方法尤为关键。以下将详细阐述游标卡尺的使用流程、测量麻核桃各部位的具体方法，以及如何简单判断卡尺的精度。

一、游标卡尺读数方法

首先，要明确整数部分的读取规则。以游标卡尺的零刻度线为基准，在尺身部分读取毫米整数，该整数即为测量数值以毫米为单位的整数部分。这要求使用者将卡尺平稳放置，视线垂直于尺面，精准定位零刻度对应的位置，避免因视角偏差造成读数误差。

随后，需仔细甄别游标上与尺身刻度线对齐的刻度线，以此确定小数部分数值。当发现游标上第几条刻度线与尺身刻度线恰好对齐时，便可依据其序号确定小数部分数值。例如，若第 5 条刻度线与尺身刻度线精准对齐，依照游标卡尺的精度设定，小数部分即为 0.5 毫米。然而，实际操作中常遇没有绝对对齐刻度线的情况，此时应秉持就近原则，选取最接近对齐的线进行读数。为精准判断哪条游标刻度线与尺身刻度线对准，可采用特定方法辅助判断：选定相邻的三条线，仔细观察它们与尺身对应线的位置关系。若左侧的线在尺身对应线左右轻微浮动，右侧的线明显在尺身对应线之左，那么中间那条线便能够视作对准状态。

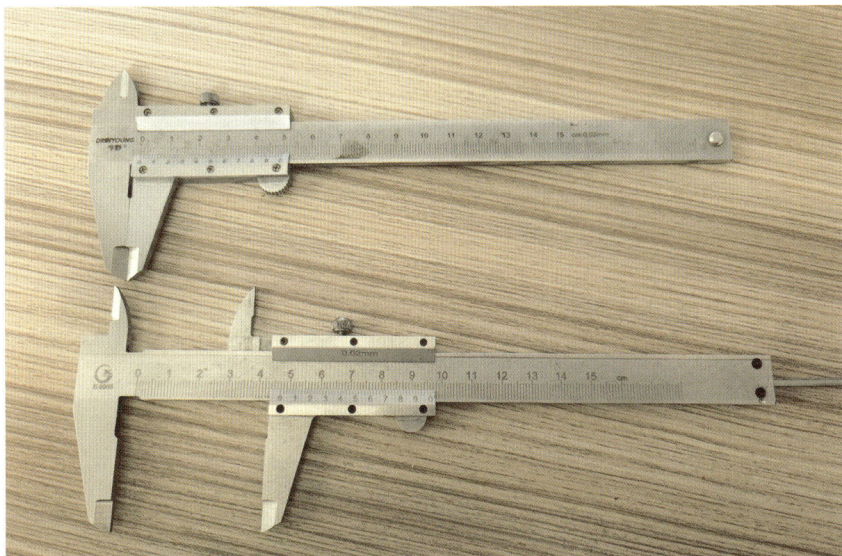

游标卡尺

测量核桃棱长

测量核桃肚宽

测量核桃高度

鉴于测量对象是麻核桃，其尺寸精度要求相对灵活，眼睛读取数值时，保留一位或两位小数即可满足实际需求。需特别留意的是，电子卡尺读数原理与传统游标卡尺不同，其内置高精度传感器，能自动显示精确数值，操作便捷直观，不受上述读数规则限制。

二、测量麻核桃各部位的方法

1. 棱长测量

棱长，又称边长，指的是麻核桃棱边的长度，这是衡量核桃尺寸的关键指标之一。测量时，双手稳稳持住游标卡尺，将卡尺的两个测量爪精准卡住核桃的两个棱，操作过程需确保力度适中，既不能过松致使测量不准，也不能过紧损伤核桃表皮。与此同时，把核桃的底部平稳顶住卡尺尺身，以此为依托保持核桃位置固定。此时，卡尺上所显示的数值即为核桃的棱长或边长，读取数值时，遵循前文所述读数规则，精确记录测量结果。

2. 肚宽测量

肚宽反映了麻核桃肚子部位的饱满程度，也是评估核桃品相的重要维度。测量肚宽时，操作重点在于找准核桃肚子中间最宽厚的部分。用卡尺测量爪精准卡住此处，同时，让核桃其中一个棱稳稳顶住卡尺尺身，维持核桃位置稳定。此时，卡尺呈现的读数即为肚宽尺寸，需如实记录，注意保留合理小数位数。

3. 高度测量

核桃的高度关乎其整体形态与把玩手感，准确测量不可或缺。测量过程为：双手持卡尺，将卡尺测量爪分别卡住核桃的顶部与底部，操作时保证卡尺垂直于核桃轴向，避免歪斜。与此同时，使核桃的一棱抵住卡尺尺身，加固核桃位置，确保测量过程稳定。此刻，卡尺显示的读数便是核桃的高度，严格依照读数规则记录数值，为后续核桃品质评估、交易定价提供可靠依据。

三、判断卡尺精度的简易方法

在实际操作场景中，常需借用他人的游标卡尺进行测量，为保障测量数据的准确性，预先判断卡尺精度至关重要。以下提供两种简单有效的判断方法：

其一，检查卡尺合拢状态。当卡尺完全合拢时，仔细观察零刻度线，正常情况下，零刻度线应毫无偏差地完全重合。若发现零刻度线存在错位、偏移现象，即便细微，也表明该卡尺精度存疑，可能影响后续测量结果，需谨慎使用或更换卡尺。

其二，借助已知准确尺寸的物品进行校验。使用者可随身携带一些标准尺寸已知的物品，如标准量块、特定规格的金属圆柱等，用待检测卡尺对其进行测量。将测量所得读数与已知准确尺寸对比，若二者一致或误差在合理范围内，说明该卡尺精度达标，可放心用于麻核桃测量；若读数偏差过大，则表明卡尺精度欠佳，不宜使用，需进一步校准或更换。

熟练掌握游标卡尺的使用方法、麻核桃各部位测量技巧以及卡尺精度判断手段，能够为文玩核桃爱好者、从业者在核桃鉴别、交易等诸多环节提供有力技术支持，确保操作规范、数据精确，助力文玩核桃产业健康有序发展。

第六节　常见问题解答

一、如何区分真假核桃？

在当前文玩核桃日益流行的背景下，市场上出现了一些不法现象。部分不法分子利用真核桃制作模具，以化学制品为原材料来制造假的麻核桃，例如树脂麻核桃、拼接麻核桃等。这些假核桃在外观上具备高度的迷惑性，几乎能够达到以假乱真的程度，致使普通消费者难以辨别，甚至经验丰富的老玩家稍不留意也可能陷入骗局。以下为几种有效辨别真假核桃的方法：

1. 观察法

所谓观察法，即通过仔细查看核桃的纹路与脐部来进行甄别，在太阳光的照射下观察效果更佳。从纹路角度而言，假核桃的纹路通常

注塑假核桃

呈现出生硬的质感，缺乏自然生长应有的流畅性与随机性。这是因为其采用模具制作，纹路往往为机械性复制，无法模拟出真核桃在自然生长过程中受多种环境因素影响而形成的独特纹理变化。再者，从皮质方面来看，假核桃多由化学材料合成，其皮质相较于真核桃明显偏软。真核桃的皮质是在自然生长过程中逐渐形成的，具有一定的韧性与硬度。另外，观察核桃的脐部也能发现明显差异。假核桃的脐部较为规整且无任何残留物，而真核桃由于是从树上采摘下来，其尾部通常会存在一些树杈的残留物，这些残留物是核桃自然生长过程的见证，也是辨别真伪的重要依据之一。

2. 触感法

触感法是指依靠拿在手中的感觉来判断核桃的真假。假核桃由化学材料合成，其密度往往较大，拿在手中时较重。而真核桃由有机质构成，其内部结构较为疏松，存在一定的孔隙与纹理空间，一般质地相对较轻。通过这种手感上的明显差异，可以在一定程度上对真假核桃进行区分。

3. 听声法

听声法是利用两个核桃相互碰撞所发出的声音来辨别。当使假核桃相互碰撞时，发出的声音较为沉闷，其内部的分子结构与能量传递方式与真核桃不同，不能产生清脆的声响。而真核桃相互碰撞时，会发出比较清脆的声音，这是由真核桃的木质结构以及其内部的空腔等因素共同作用所形成的独特声学效果。

综上所述，为了确保购买到真正的麻核桃，消费者最稳妥的做法是前往正规的店面或者固定摊位进行选购。这些地方通常具备较为严格的进货审核机制与质量保障体系，能够在很大程度上降低购买到假核桃的风险，从而保障消费者的合法权益以及文玩核桃收藏与把玩的品质体验。

二、麻核桃纹路问题

麻核桃的品相在其挑选过程以及价值判定方面极为重要，涵盖了多个维度的特征考量，其中包括外形的规整度与独特性、大小的适宜性与协调性、皮质的质地特性以及纹路的形态与分布等。而在这些品相要素中，纹路的状况尤为重要。

从纹路的优质特征角度来看，其至少应具备以下几点：

1. 连贯性是优质纹路的基本要求

理想状态下的优质纹路是相互连接成一片的整体，若存在断裂现象，将会极大地破坏其整体的欣赏价值与连贯性美感。

2. 纹路的粗细分布与组合形态也至关重要

通常情况下，纹路既有粗纹又有细纹，其中细的纹路相互交织连接，能够营造出美观且富有质感的视觉效果，呈现出一种精致而厚重的韵味。这些细的纹路应呈现出密集连贯的状态，并且均匀地分布于核桃的表皮上，以确保整个核桃表面的纹理布局和谐统一。而在遇到纹路粗细结合

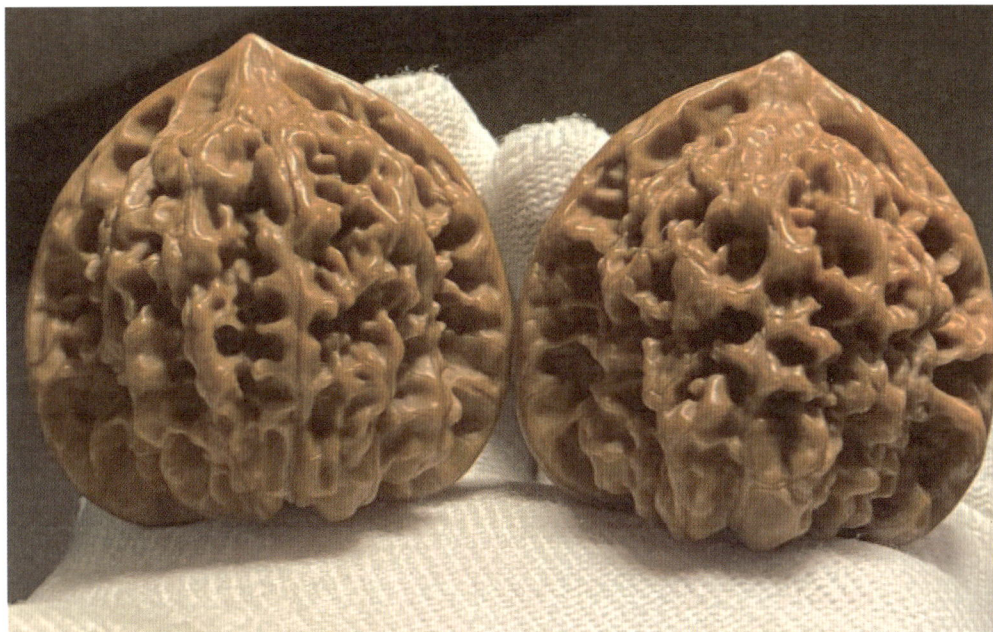

麻核桃的纹路

的核桃时，粗细纹路之间的搭配则必须匀称协调。特别是在进行核桃配对时，两枚核桃的纹路在粗细、疏密以及整体形态等方面应展现出高度的相似性，否则会破坏配对核桃的整体协调性与对称性美感，降低其在收藏与把玩领域中的价值与吸引力。

3. 纹理的深度特性不容忽视

这里所强调的深是相对于那些较浅纹理而言的，并且深度应保持均匀一致，避免出现深浅不一的情况。只有具备均匀深度纹理的核桃，才能够在长时间的把玩过程中，更好地留存把玩痕迹，形成独特的包浆效果，同时也能更充分地展现出纹路的立体感与层次感，使核桃在把玩过程中随着时间的推移而愈发彰显其独特魅力与价值内涵。

4. 纹路与核桃的尖部和尾部之间应实现连贯衔接

在从尖部到尾部的整个纹理走向过程中，中间不得出现断纹现象，并且纹理的松紧程度应恰到好处。这种连贯且适度的纹理分布能够使核桃在整体形态上呈现出一种自然流畅的美感，强化其作为一个有机整体的视觉感受。

5. 对于具有点状纹的核桃，其纹路的大小应保持均匀一致

点状纹的分布应避免出现过于单薄的视觉效果，同时也不应延续至尖部而破坏整体的纹理布局平衡。均匀的点状纹能够为核桃增添独特的质感与韵律感，使其在众多纹理类型的核桃中展现出别具一格的视觉特色与艺术魅力。

综上所述，麻核桃作为自然界的天然产物，每一枚都具有其独一无二的特征与形态，想要从中挑选出纹路优良的核桃需要把握好以上几点，用心挑选。

三、观赏文玩核桃规矩

在社会的各个领域，规则与规范都扮演着重要角色。在文玩核桃这一特定的收藏与鉴赏领域，也存在着一些被广泛遵循的规矩。

当欣赏他人手中的麻核桃时，应先礼貌询问对方是否同意。得到许可后，正确的做法是先接过一个核桃仔细观赏，待欣赏完毕后再请求观赏另一个。未经许可同时拿取两个核桃是不被允许的。这一规则源于文玩核桃界的行业传统与文化习俗，是全体从业者和爱好者共同遵守的规范。

如果有人主动邀请你鉴赏其麻核桃，这表明对方尊重你的专业素养，因此你也应遵循一个一个依次观赏的原则。这种做法不仅体现了对行业规矩的尊重，还能避免因同时手持两个核桃而导致的意外损坏。文玩核桃具有较高的收藏和艺术价值，一旦因摔落受损，其价值会大幅降低。

总之，无论是自己观赏他人的麻核桃，还是他人鉴赏自己的核桃，都应遵循依次观赏的规则。这一规则不仅是礼仪规范的体现，也是对文玩核桃文化艺术品的珍视与敬重，有助于维护行业秩序，促进收藏者之间的良好交流。

四、麻核桃盘玩后为什么会变红？

在把玩核桃的过程中，人体的自然生理反应起着重要作用。皮肤汗腺分泌的汗液含有尿素、水和盐分等成分，而手部的反复摩擦和热量会使核桃表面及内部结构发生微妙变化。核桃本身含有花青素，汗液渗入后会激活花青素，使其发挥抗氧化作用。随着花青素的消耗，核桃颜色逐渐变红，表面也因摩擦和油脂作用变得光滑。

夏季是核桃变红的最佳时期。高温使人体分泌大量汗液，同时促进核桃内部油脂分泌，两者协同作用，为核桃变红创造了有利条件。文玩核桃爱好者常说"冬天发亮、夏天发红"，这便是对季节影响的总结。

然而，部分核友因急于看到核桃变红，会采用上油或涂抹护手霜等手段。这些做法改变了核桃表皮的酸碱度，导致颜色异常发黑或发暗，破坏了其天然美感。实际上，把玩核桃的核心在于修身养性，而非追求短期效果。只要耐心遵循自然规律，核桃最终会呈现出光亮红润的理想状态。

五、如何把玩核桃才能上色快？

在核桃把玩过程中，传统方式是通过长时间的自然把玩，让手部的汗渍和油渍逐渐渗入核桃表皮，使其自然变红。如果想加速核桃变色，可以尝试以下方法：

首先，将塑料袋吹满气后套在手上把玩核桃约30分钟。塑料袋会阻止热量散发，使手部汗液积聚。把玩后，取下塑料袋，继续常规把玩。这种方法通过创造封闭环境，增加汗液与核桃的接触，从而加快颜色变化。

然后，在核桃表面仍有汗渍时，均匀涂抹一层核桃油，然后将核桃放入塑料袋中，吹气并扎紧袋口。湿润和油分的环境有助于核桃表皮吸收油分和汗渍，促进颜色变化。

第二天取出核桃继续把玩。坚持以上步骤，核桃变红速度会比自然把玩更快。但需注意，这种方法虽能加速变红，但不建议频繁使用核桃油。若使用不当，如涂抹过多、油质不纯或分布不均，可能导致核桃变黑，影响美观和长期把玩效果，违背追求自然美感的初衷。

六、新核桃要不要封底脐儿？

在处理新购置的核桃时，通常情况下以封底为宜。刚购买的新核桃往往含有较多水分，在后续的自然干燥过程中，由于水分的散失，核桃整体会发生收缩现象。而封底的主要目的在于，当核桃因水分蒸发而体积缩小时，能够有效维持其原有的形状特征。若不进行封底处理，待核桃历经水分散失并完全干透后，其底部的脐儿部分大概率会出现不同程度的变形情况。部分核桃的脐儿可能会略微凹陷，而在一些较为极端的情况下，脐儿甚至会完全凹入核桃内部，这种变形会降低核桃的美感，进而影响其在收藏与市场交易中的价值。

在核桃把玩群体中，部分人担忧若不封脐儿，在核桃接触水分时，水可能会通过脐儿进入核桃，从而导致核桃内部被腐蚀损坏。然而，这种顾虑没有必要。核桃内部的结构表明，脐儿所处位置与核桃内仁部位之间并非直接相通，水分难以直接渗透甚至对其造成破坏。

此外，对于部分核桃而言，还可以选择等待其叶蒂自然干燥并脱落之后再进行封脐操作。目前，常见的封核桃底脐儿的方法主要有以下几种：①粉封，即利用特定的粉末状材料填充脐儿部位，以达到封底的效果；②木削封，借助细小的木削将脐儿封堵，使核桃底部保持相对封闭的状态；③软木塞封，采用软木材质制作的塞子塞入脐儿，实现封底目的；④细纱封，通过将细纱填充至脐儿处来完成封底过程；⑤蜡封，使用蜡质材料对脐儿进行封闭处理，这种方法能够在一定程度上起到防水与密封的作用。不同的封底方法各有其特点与适用场景，玩家可根据核桃的具体类型、个人偏好以及实际把玩需求等因素综合考量并选择适宜的封底方式。

核桃两面出现色差

七、核桃两面颜色不一样时要如何处理？

在麻核桃的外观研究中，核桃两面颜色不一致的情况较为常见，这主要是由于光照导致的。核桃在树上生长时，因枝叶遮挡、树冠朝向等因素，不同部位的核桃接受光照的强度和角度不同。光照是影响植物色素合成和分布的关键因素，不均匀的光照使核桃表面色素沉着不均衡，从而产生色差。

实际上，大多数麻核桃都存在色差，但通常较为细微，肉眼难以察觉。但如果能明显看出核桃两面存在色差，说明其色差程度较大。不过，收藏者和玩家无需过度担忧。在日常把玩中，通过手部汗液、油脂的浸润以及摩擦、氧化等作用，核桃表面色泽会逐渐改变，多数色差问题可以得到改善。若想加快色泽调和，可参考前文所述的快速变色方法，但在涂抹核桃油时有所不同。只需在颜色较浅的一面涂抹核桃油，这样浅色面会在油脂滋润和后续把玩的作用下加快色泽转变，逐步与深色面趋近，最终实现两面色泽统一。需要注意的是，涂抹核桃油时要控制用量和频率，避免因用油不当导致核桃发黑、发暗等问题，确保把玩效果符合预期。

八、如何修补麻核桃蛀洞？

在麻核桃的修复工作中，妥善处理蛀洞是关键环节。修复蛀洞需根据其具体状况，采取不同的策略和操作步骤。

如果蛀洞底部质地较软，可使用锋利的锥子等工具，小心地将其贯通，操作时要控制力度和方向，避免损伤周围健康木质。贯通后，

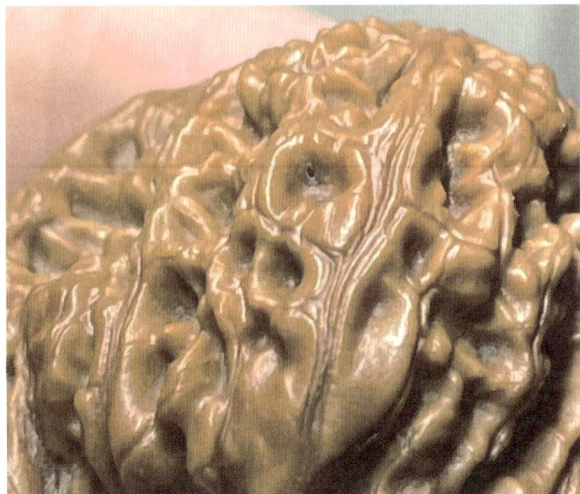

麻核桃蛀洞

修整蛀洞边缘，去除毛糙和破损部分，使洞口规整顺滑。接着，选用坚韧且大小合适的竹签（优先使用竹子皮质部分，因其纤维紧密、韧性好），将其缓慢打入洞内，确保填充紧实，同时注意竹签与洞口边缘的贴合情况。若竹签弯折或折断，需用刻刀切除多余部分，使洞口平整。之后，滴少量502胶水于竹签与洞口衔接处，加固竹签。待胶水干透后，用由粗到细的砂纸轻柔打磨洞口周边，直至修复处与麻核桃表面平滑过渡。

若蛀洞较浅，可使用刻刀将其修整为"倒八字"形，防止填补材料脱落。然后，用精细研磨的核桃壳粉填充蛀洞，适量滴入502胶水使其凝结成型，再补充核桃壳粉并压实，剔除多余部分，最后用砂纸打磨，使修补位置与麻核桃纹理、色泽一致，达到自然修复效果。

对于极浅的蛀洞，为避免修复操作对麻核桃表面造成额外损伤，可不进行大规模修复。只需用刻刀修理蛀洞边缘，去除微小瑕疵和毛刺，将其当作麻核桃表面的一处稍深纹路，保留其原始风貌。

总之，修复麻核桃蛀洞需严谨细致，精准判断蛀洞情况，灵活运用修复方法，让受损的麻核桃恢复观赏和收藏价值。

九、核桃开裂后应如何修复？

在文玩核桃的收藏与把玩中，核桃开裂是令众多玩家头疼不已的常见难题，妥善掌握修复方法对维持核桃品相、延续把玩价值意义重大。麻核桃开裂的表现形式多样，依据受损部位，大体可归为底裂、边裂、肚裂以及尖裂。

麻核桃开裂主要有两种成因。其一，核桃进水后，水分会沿着纹理和缝隙渗入木质内部，导致细胞吸水膨胀。随着水分的散失，细胞收缩。由于核桃木质疏密不均，收缩程度不同步，从而产生应力拉扯，最终形成裂纹。其二，温差过大也是关键诱因。尤其是在换季或室内外温差悬殊时，麻核桃会在短时间内经历剧烈的温度变化。外层木质对温度变化反应迅速，而内部结构因热传导延迟，膨胀或收缩程度差异显著。当应

麻核桃开裂

力差超出木质的承载极限时，裂纹便会出现。这里讨论的是核桃表面刚出现细小裂纹的情况，若不及时处理，裂纹可能会持续扩大，对核桃整体造成严重破坏。

对于已经开裂的麻核桃，可以采用以下几种修复方法：

1.细小裂纹的修复

当核桃出现细小裂纹时，可采用塑料袋密封法。首先，准备一个干净、无破损且密封性良好的塑料袋，将核桃轻轻放入其中，避免磕碰造成二次损伤。接着，用滴管或微量移液器向塑料袋内滴入一滴水，水量需精准控制，过多可能导致核桃霉变或腐朽，过少则无法营造理想的湿度环境。迅速扎紧塑料袋口，确保袋内水汽不外泄，形成一个相对封闭且湿润的微环境。将塑料袋放置于避光、阴凉且通风适度的场所。袋内的水汽蒸发后会均匀浸润核桃，促使木质细胞缓慢吸水膨胀，从而使裂纹在湿润的环境中逐渐弥合。经过 24 小时后，小心取出核桃仔细检查，多数情况下，裂纹会消失，核桃基本恢复原状。

2.肚和底开裂的修复

如果核桃的肚和底部出现开裂，可以从尾脐儿处滴注 502 胶水。尾脐儿是核桃内部与外界的隐蔽通道，为修复提供了便利。操作时，需准备一支精细滴管，稳稳地从尾脐儿处缓慢滴入几滴 502 胶水。滴胶过程中要全神贯注，严格把控胶量。胶量过多可能会堵塞内部腔隙，影响核桃的自然呼吸和后续把玩质感，还可能导致胶水外溢，污染核桃外观；胶量过少则无法充分填充开裂缝隙，达不到理想的黏合效果。502 胶水具有瞬间凝固的特性，滴入后能迅速渗透到开裂部位，牢固地黏合断裂的木质结构，从而重塑核桃的完整性。

3.尖和边裂纹的修复

当核桃的尖和边部出现裂纹时，修复流程稍有不同。首先，在裂纹处小心地滴上适量的 502 胶水，利用其快速黏合的特性初步固定裂纹，防止其进一步扩展。然而，502 胶水干涸后质地偏硬，色泽与核桃原色差异较大，容易破坏核桃的整体协调性。因此，在胶水初步黏合后，还需适量涂抹一些核桃油加以润色调和。涂抹时，可借助柔软的毛刷或医用棉签，蘸取适量核桃油，沿着滴胶区域均匀、细致地涂抹，确保核桃油充分覆盖并渗透到修复部位。核桃油不仅能有效滋润木质，缓解 502 胶水的刚性，使其质地更接近核桃的原生质感，还能巧妙地调和滴胶处的色泽，使修复痕迹与周边区域融为一体，最大程度地还原核桃的原有品相，使其在后续的把玩过程中重新焕发光彩。

无论采用哪种修复方法，操作过程中都必须秉持严谨细致、一丝不苟的态度。要根据核桃的实际受损状况灵活变通，精准施策，这样才能取得理想的修复效果，帮助受损的麻核桃恢复如初。

十、如何处理核桃缝隙里的黑筋？

1.脐部检查与处理

在处理黑筋前，先检查核桃的底部，判断脐部状况。脐部是核桃与枝干相连部位的遗留痕迹，其完整性对于后续处理至关重要。如果发现脐部有空洞（漏脐），需要马上封脐。封脐旨在隔绝外界各类杂质、水汽对核桃内部的潜在侵袭，维持核桃内部环境稳定。常见的封脐材料为细腻的蜡制品或核桃脐封胶，将封脐材料精准、均匀地把脐部填满、压实，防止杂质和水汽进入核桃内部。

2. 浸泡软化黑筋

封好脐部后，把核桃放入干净的常温清水中浸泡20分钟。水要纯净，水温适中，避免高温损坏木质或低温软化效果不佳。

3. 挑除黑筋

浸泡后，用镊子把核桃捞出，放在干净的操作台上。先用牙签挑除明显黑筋，牙签柔韧不易刮伤核桃。如果黑筋顽固，则改用医用针灸针或特制挑针，小心插入缝隙，均匀用力挑出黑筋，避免划伤核桃表皮。

带黑筋的核桃

4. 擦拭清洁

挑完黑筋后，用干净柔软的干布擦拭核桃，沿着纹理从上到下擦净黑筋碎屑、水渍和杂质，确保核桃表面干净干爽。

5. 阴干处理

擦拭后的核桃放入密封袋中阴干7天左右。阴干环境要通风、避光、湿度适中，避免高温或潮湿，防止核桃变形或开裂。

经过以上步骤，麻核桃的黑筋处理就完成了，之后可以重新开始把玩，享受核桃逐渐变得润泽的过程。

十一、沾水刷洗核桃后能直接上手盘吗？是否需要先阴干再盘？

可以直接上手盘玩，但务必遵循相关的注意事项，即在核桃彻底干燥之前，不要让其脱离手部，或者用适宜的物件将其包裹起来。

沾水刷洗核桃这一行为使核桃处于湿润状态，而核桃的材质特性决定了其在湿润环境下极易受到外界环境因素干扰，进而产生开裂风险。用湿刷子清洁核桃时，水分会渗入核桃内部，使细胞吸水膨胀。如果将湿润的核桃随意放置在干燥、寒冷或通风过度的环境中，水分会迅速蒸发，导致细胞急剧收缩。由于核桃表层与外界接触，水分散失更快，收缩程度大于内部，这种内外收缩不均的应力会导致核桃开裂，影响其品相和把玩价值。同理，在高温、干燥或是通风过度的环境下，核桃的水分同样会加速流失，增大开裂概率。

因此，若选择在沾水刷洗核桃后直接上手盘玩，就要保证核桃不离手，利用手掌的温度与湿度，为核桃营造一个相对温和、稳定的微环境，减缓水分蒸发速度；或是用柔软的布、密封袋等物品将核桃包裹起来，以此隔绝外界环境，控制水分散失速率，直至核桃彻底干燥。

十二、白狮子头尖部的"十字尖"特征明显、纹路较深，但总仿佛似要开裂，如何保养"十字尖"？

在文玩核桃的收藏与把玩领域，白狮子头因其独特的外形备受玩家青睐，尤其是其尖部的"十字尖"极具辨识度。然而，许多玩家在把玩时发现，白狮子头的尖部不仅"十字尖"特征显著，纹路也较深，初看容易让人误以为尖部有开裂的迹象，从而引发担忧，急于寻找保养方法来防止开裂。

其实，这种担忧不必存在。仔细观察白狮子头尖部会发现，看似开裂的部位只是两边有略深的缝隙。如果凑近仔细查看，或在充足阳光下观察，就能发现这些缝隙内部是有"底"的，并非因外力或干燥导致的真正开裂。这种缝隙是白狮子头在生长过程中，受品种特性、生长环境等因素影响形成的独特外观，属于正常现象。

在日常把玩和保养中，保持"顺其自然"的理念至关重要。不要因过度担忧尖部缝隙而频繁采取不必要的养护措施，比如频繁涂抹大量油脂或长时间置于高温干燥环境中"烘干"，这些行为不仅达不到预期效果，还可能干扰核桃的氧化和包浆过程，破坏其天然质地和色泽。

正确的做法是，在保持日常把玩习惯的同时，注意环境温湿度的控制。避免核桃长时间处于温度骤变或湿度极低的环境中，如北方冬季有暖气的室内，可使用加湿器调节湿度，为核桃创造温和稳定的存放和把玩环境。把玩时，动作要轻柔，避免因磕碰或大力摩擦对尖部造成冲击。遵循自然规律，让白狮子头在岁月的摩挲和悉心照料下逐渐形成包浆。这样，其尖部的"十字尖"和纹路不仅能得到妥善保护，还会在包浆的润泽下愈发古朴而富有美感。

第八章　麻核桃百家谈

第一节　麻核桃产业访谈录

1. 对话陈占文：政府引领，迈向辉煌

人物简介

陈占文，河北省保定市涞水县人民政府党组成员，副县长。

访谈内容概括

涞水麻核桃产业是涞水县四大特色传统产业之一，获历届县政府高度重视，每一步发展都离不开政府推动。目前，涞水县麻核桃产业形成集种植、加工、销售、文旅于一体的全产业链模式，构建了"龙头企业＋合作社＋农户"的产业化经营格局，已成为全国最大的麻核桃生产集散地。

涞水县政府采取多项举措推动产业发展：一是强化政策扶持，出台《涞水麻核桃产业 2023—2025 年发展三年规划》，为种植户和合作社提供政策与技术支持；二是完善产业链条，建设特色产品展销中心，鼓励发展深加工企业；三是打造品牌效应，多次举办"涞水麻核桃文化节"，提升知名度与美誉度，拓宽销路；四是推动科技赋能，与高校和科研院所合作，推广良种选育和绿色种植技术，建立质量追溯与检测体系保障品质。

涞水县政府将聚焦"三化"发展路径打造全国麻核桃产业高地。在规模化与标准化方面，新增标准化种植基地，统一种植管理标准；在品牌化与市场化方面，深化与电商平台合作，拓展国内外市场；在融合化与可持续化方面，推动"麻核桃＋文旅"融合发展，建设麻核桃主题观光园与文化体验馆，推广生态种植模式，实现产业增效与生态保护双赢。

访谈总结与思考

此次访谈不仅总结了涞水县麻核桃产业的辉煌成就，也反应了政府在发展中的重要作用和对麻核桃产业未来发展的美好展望。在县委县政府的正确领导下，在产业振兴专班、县麻核桃协会与广大核农核商的共同努力下，涞水县麻核桃产业定能迎来更加美好的明天。

此次访谈给我带来多个层面的思考与启示。政府在产业发展中扮演重要角色，从种植引导、品种培育到品牌打造和市场拓展，都发挥着关键作用。通过政策引导和技术支持，奠定了种植基础；与高校合作推广良种选育技术，保障了品质与产量；举办文化节等活动，注入了发展动力。

全产业链模式健全发展，种植、加工、销售、文旅各环节紧密相连，提升了产业附加值与竞争力，增加了农民就业与收入。这启示我们发展地方特色产业要注重产业链延伸与拓展。

产业发展中品牌建设与市场推广不可或缺。政府通过文化活动和旅游推广打造品牌形象，拓宽销路与市场。

科技创新与产业升级至关重要，政府与高校合作提升品质与竞争力，为产业转型提供支撑。这提醒我们推动产业发展要注重引进新技术。

政府重视生态保护与可持续发展，计划推广生态种植模式，实现产业与生态双赢。这种绿色发展理念为产业发展提供宝贵经验。

总之，本次非常荣幸能够和陈占文县长就涞水麻核桃产业的发展进行深入探讨，总结了涞水麻核桃产业的诸多成就及政府的大力帮助作用，其中的发展经验对推动地方特色产业发展、经济转型和生态文明建设等意义重大。

2. 对话王金龙：涞水麻核桃产业高质量发展

人物简介

王金龙，涞水县人大常委会副主任，麻核桃产业振兴专班负责人。

访谈内容概括

本次访谈围绕推动涞水麻核桃产业高质量发展展开。

王金龙主任高度评价涞水麻核桃产业，其作为传统优势产业，种植面积超十万余亩、260余万株，产销量占全国七成以上，涞水被誉为"中国麻核桃之乡"。2024年销售额约20亿元，带动几

万人就业，增强了百姓福祉。

县委、县政府高度重视该产业，将其纳入"1+4+6"产业体系，并成立传统产业振兴工作领导小组，县委、县政府主要领导挂帅、定期调度，并编制《涞水麻核桃产业 2023—2025 发展三年规划》，明确发展方向和目标。具体措施如下：一是投资超 2 亿元建设 70 亩特色农产品批发市场，打造文创商业综合体，改变马路市场散乱局面；二是抓品牌促提升，建设涞水麻核桃国家地理标志产品保护示范区，依托非遗保护和技艺传承提升从业者素质，打响品牌；三是抓宣传亮品牌，通过主流媒体与新媒体构建宣传矩阵，宣传产业举措、成效和亮点。

王金龙主任对麻核桃产业高质量发展寄予厚望，强调产业的发展离不开政府的扶持和引导，更离不开广大从业者的携手努力。政府及其职能部门要出实招、创实效，同时广大从业者要解放思想、守正创新，共同推动涞水传统产业转型升级和高质量发展。最后，他祝愿涞水麻核桃产业蒸蒸日上，广大从业者生活美满幸福。

访谈总结与思考

通过与王金龙主任的深度访谈，我深刻认识到涞水麻核桃产业在高质量发展道路上展现出的蓬勃生机与巨大潜力。其通过政府引导与市场协同实现现代化转型，为同类产业转型提供了重要启示，也引发了广泛的思考。

首先，传统产业并非一成不变，可以通过创新和技术升级焕发新生。政府通过成立工作专班、编制产业发展规划、建设特色农产品批发市场等系列举措，为麻核桃产业构建起政策支持体系。这告诉我们，传统产业并不落后过时，通过积极探索其转型升级的路径，能使其在新的时代背景下焕发新生。

其次，品牌建设与文化传承是产业发展的重要支撑。王金龙主任强调要抓品牌促提升，不仅体现在国家地理标志产品保护示范区建设上，更延伸至非物质文化遗产保护领域。品牌不仅是市场竞争力的载体，更是文化价值的具象化表达。通过构建"品牌矩阵"，既提升了产品溢价能力，又强化了消费者文化认同。文化基因的传承与创新，为产业注入了可持续发展的精神内核。

政府与市场的协同作用在产业发展中至关重要。政府通过优化营商环境、完善基础设施等举措营造发展生态，市场主体则需主动适应市场需求，提升产品附加值。二者良性互动，既避免政府过度干预，又防止市场自发调节的失灵，形成政策引导与市场机制的有机统一。

此外，创新驱动与产业升级是推动高质量发展的关键。王金龙主任倡导"解放思想、守正创新"理念，推动从业者从单一种植向全产业链延伸转型。技术创新、产品创新和管理创新都能够为产业发展注入新的活力，我们应该积极鼓励和支持创新行为，为产业升级提供有力支撑。

最后，产业的发展与乡村振兴、民生改善紧密相连，这既是经济问题，更是社会问题、民生问题。涞水麻核桃产业带动数万人就业，显著增加了老百姓的福祉。在推动产业发展的过程中，我们应多关注其经济带动作用，通过产业发展促进乡村振兴和民生改善，实现经济社会的全面发展。

3. 对话智慧：麻核桃产业在文旅融合下的新活力

人物简介

智慧，涞水县文化广电和旅游局局长。

访谈内容概括

本次我很荣幸特邀涞水县文旅局局长智慧一同探讨文旅局在推动涞水麻核桃等特色产业方面的贡献。

涞水是一座拥有千年历史的古县，山清水秀、人杰地灵，孕育了四大独具特色的传统产业，麻核桃如同其中一颗耀眼的明珠。麻核桃已被评为国家地理标志产品，承载着丰富的历史与文化内涵。

麻核桃种植历史悠久，是当地重要的特色产业。它不仅能强身健体，还在匠人们的巧手下被赋予新的艺术生命。近年来，麻核桃不再局限于盘玩，还被制作成了手串、摆件等工艺品，深受市场欢迎。这些文创产品有效传播了涞水文化特色，提升了涞水知名度。在涞水，已有三项关于麻核桃的市级非遗项目和两名非遗传承人。他们不断发掘和创新，将核木雕刻技艺发扬光大，提升了麻核桃的艺术价值，为产业发展注入了新活力。

展望未来，我们将通过多方努力，促进农业文旅融合发展。相信在大家共同努力下，涞水麻核桃会焕发出更绚丽的光彩，成为连接过去与未来的桥梁，让更多人爱上这份自然馈赠。

访谈总结与思考

在与文旅局局长智慧的访谈中，我深刻感受到涞水麻核桃产业蕴含的多重价值与意义，也对地方特色产业发展路径有了深刻思考。

首先，涞水麻核桃推动了经济发展，更承载着丰富的历史文化内涵。这提醒着发展特色产业不能忽视本土文化的传承保护。文化传承能为产业提供独特价值，增强地方文化软实力，吸引游客和投资者。所以，地方特色产业发展应与文化传承紧密结合，实现经济与文化双赢。

其次，麻核桃从传统文玩转变为现代工艺品，展现了匠人们的创新精神。这种创新基于传统技艺，表明创新与传统并非对立，而是和谐共生。要以创新推动特色产业发展，注重与传统技艺结合，让产业在传承中创新，在创新中保持传统魅力。

再者，政府部门、协会和市场的协同作用对地方特色产业发展至关重要。政府提供政策支持和引导，创造良好环境；协会发挥协调组织作用，促进产业内部交流合作；市场通过需求引导产业发展方向，推动产业持续健康发展。多方协作能形成合力，提升产业竞争力。

最后，涞水麻核桃作为自然馈赠，其发展利用要珍视自然资源。我们应尊重自然规律，合理利用资源，实现人与自然和谐共生。推动产业发展不能只关注经济效益，要注重生态环境保护，确保产业可持续发展。

推动地方特色产业发展，要注重文化传承与经济发展的双重动力、创新与传统的和谐共生、政府与市场的协同作用、可持续发展的重要性以及对自然资源的珍视与合理利用。这些思考对推动地方特色产业发展具有重要指导意义，有助于探索出更科学、合理、可持续的发展路径。

4. 对话杜玉华：监管护航、产业腾飞

人物简介

杜玉华，涞水县市场监督管理局副局长、二级主任科员。

访谈内容概括

杜玉华局长分享涞水麻核桃产业发展的历程与成果。详细介绍了市场监管部门在推动涞水麻核桃产业发展中所做的努力和取得的成就。

早在2010年12月，涞水麻核桃就获批了国家地理标志保护产品，这为涞水麻核桃产业的发展奠定了坚实的基础。随后，市场监管部门牵头制定了河北省和保定市的地方标准，规范了涞水麻核桃的栽培技术和产品质量，推动了行业的健康发展。

近年来，涞水又获批筹建了涞水麻核桃国家地理标志产品保护示范区，这是河北省首批、保定市首个也是目前唯一的国家地理标志产品保护示范区。以此为契机，市场监管部门在夯实地理标志保护基础、提升地理标志保护效能、多层次宣传和创新地理标志保护示范等方面做了大量工作。

在夯实基础方面，完善了方案、出台了相关政策，并多次邀请省市领导和专家前来指导。通过梳理麻核桃全产业链，完成了标准体系、检验检测体系和质量管理体系的建设，并建设了质量基础设施一站式服务平台，提升了涞水麻核桃的质量特色。

在提升保护效能方面，强化了地理标志协同保护，与相关部门建立了行政执法和刑事司法衔接机制。同时，加强了地理标志专用标志的使用管理，实现了可追溯管理，并开展了线上线下的监督检查和监督抽查，确保了涞水麻核桃的质量和市场秩序。

在宣传方面，市场监管部门坚持地标赋能，通过参加各种商标品牌节展会、海外宣传等方式，不断提升涞水麻核桃的品牌影响力和知名度。特别是在2024年9月，涞水麻核桃被列入了"一带一路"地理标志品牌推广清单，面向共建"一带一路"国家进行宣传和推广，进一步增强了其国际影响力和竞争力。

此外，市场监管部门还注重创新地理标志保护示范，探索了地理标志融资新模式，推广使用商品条码，研发新品种，并培育优势企业，强化品牌培育打造。这些举措为涞水麻核桃产业的转型升级和高质量发展提供了有力支撑。

访谈总结与思考

杜玉华局长的分享，让我深刻感受到了涞水麻核桃产业的发展历程与成果，也领略到了市场监管部门在推动地方特色产业发展中所发挥的重要作用。引发了我对产业发展路径和策略的一些深刻思考。

首先，地理标志保护的重要性在涞水麻核桃的成功案例中得到了充分体现。地理标志作为产品的身份象征，不仅保护了产品的品质特色，也为其在市场上树立了独特的品牌形象。涞水麻核桃能够获批国家地理标志保护产品，无疑为其发展奠定了坚实的基础。这让我认识到，对于具有地域特色的农产品而言，积极申请地理标志保护，是提升其品牌价值和市场地位的重要途径。

其次，标准化与规范化管理在推动产业发展中的作用不可忽视。市场监管部门在制定地方标准和规范栽培技术规程方面所付出的努力，不仅规范了涞水麻核桃的生产和质量，也为其产业的健康发展提供了有力保障。

再者，创新驱动与品牌提升是产业持续发展的关键。杜局长提到，市场监管部门在推动涞水麻核桃产业发展的过程中，不断探索和创新，从融资新模式的探索到商品条码的推广使用，再到新品种的研发和品牌培育，这些创新举措都为产业的转型升级和高质量发展提供了有力支撑。这让我深刻体会到，在产业发展中，应注重创新驱动，不断探索新的发展模式和路径，以提升品牌的国际影响力和竞争力。

此外，多方协同与合力推进也是产业发展的重要保障。涞水麻核桃产业的成功，离不开市场监管部门、行业协会、龙头企业以及社会各界的共同努力。这种多方协同、合力推进的模式，为产业的繁荣发展提供了有力支撑。

最后，品牌宣传与文化传承在提升产品附加值和市场认可度方面发挥着重要作用。市场监管部门在宣传涞水麻核桃品牌、推广地理标志文化方面所做的努力，不仅提升了产品的知名度和影响力，也促进了地方文化的传承和发扬。这让我认识到，在产业发展中，应注重品牌宣传和文化传承，通过宣传和推广，提升产品的文化附加值和市场认可度。

杜玉华局长的分享不仅让我领略到了涞水麻核桃产业发展的丰硕成果，更引发了我对产业发展路径和策略的一些深刻思考。在未来的工作中，我将更加注重地理标志保护、标准化管理、创新驱动、多方协同以及品牌宣传和文化传承等方面的工作，为推动地方产业的繁荣发展贡献自己的力量。

5. 对话孟广禄：麻核桃的美好愿景

人物简介

孟广禄，天津人，中国京剧表演艺术家，一级演员，国家级非物质文化遗产代表性传承人。享受国务院特殊政府津贴，中国文联副主席，中国戏剧家协会副主席，中国文艺志愿者协会副主席，天津市文联主席，天津市戏剧家协会主席，天津市文艺志愿者协会主席。

访谈内容概括

孟广禄老师在访谈中聚焦涞水麻核桃产业的发展。他称赞麻核桃作为文化载体，在传递友谊、促进健身和交友方面有着积极作用，肯定了麻核桃产业在解决就业问题、推动扶贫工作上做出的贡献，表达了对涞水麻核桃产业的美好祝愿。

同时，访谈中孟老师也引用了习近平总书记在2024年天津之行中提出的四个"善作善成"。其中，在推动文化传承发展上善作善成，坚持"以文化人、以文惠民、以文润城、以文兴业"，强调文化产业对社会发展和经济效益的重要性。

访谈总结与思考

在与孟广禄老师的访谈中，我深刻感受到了文化在中华民族传承中的不可替代性，以及文化产业对于社会发展的深远影响。

访谈一开始，孟广禄老师便强调了文化在中华民族传承中的重要性。他指出，文化不仅仅是中华民族的精神象征，更是推动社会经济发展的重要力量。这一观点让我深受启发。在我们的日常生活中，文化常常被视为一种精神寄托，但我们往往忽视了其在经济发展中的实际作用。事实上，文化能够激发人们的创造力，提升社会凝聚力，为经济发展提供强大的精神动力。文化产业的繁荣不仅能够丰富人们的精神生活，还能够促进经济的增长，实现文化与经济的良性互动。

接着，孟广禄老师对涞水麻核桃作为文化载体的积极作用给予了高度评价。他提到，麻核桃不仅传递友谊、促进健身和交友，还在解决待业问题、推动扶贫工作方面做出了显著贡献。这让我深刻认识到，文化产业的发展不仅能够创造经济效益，还能够带来广泛的社会效益。通过发展文化产业，我们可以创造更多的就业机会，提高人们的生活水平，同时也有助于解决贫困、待业等社会问题。涞水麻核桃产业的成功案例，正是文化产业在推动社会发展方面的生动体现。

此外，访谈中提到的四个"善作善成"为文化产业的发展提供了重要指导。需聚焦保护作用，坚持"以文化人、以文惠民、以文润城、以文兴业"，为我们指明了文化产业发展的方向。这四个方面相互关联，共同构成了文化产业发展的完整框架。通过文化来教育人、惠及民众、美化城市和振兴产业，我们可以实现文化产业的全面发展，为社会进步和经济发展注入新的活力。这一理念让我深刻感受到文化产业在推动社会发展和经济效益方面的重要作用，也为我未来的工作提供了重要的启示。

本次访谈不仅让我了解了涞水麻核桃产业的发展现状和前景，更让我深刻认识到文化在社会发展中的重要作用。它启示我，在未来的工作中，要深入挖掘和传承中华文化的精髓，通过文化产业的发展来推动社会进步和经济发展。同时，我也要加强行业协会的建设和支持，为文化产业的发展提供有力保障。

6. 对话刘发金：解读涞水麻核桃产业

人物简介

刘发金，河北省定兴县人，原北京军区军事法院院长。

访谈内容概括

本次访谈邀请了对涞水麻核桃产业深具情怀的刘发金首长。刘首长不仅喜爱麻核桃，也对麻核桃产业链的发展给予了大力支持。

在访谈中，刘发金首长对涞水麻核桃的多样品种表示了极大的赞赏，并深感欣慰。他指出，麻核桃的种植与改造不仅传承了中华文化，还为涞水老百姓提供了一条发家致富的好路子。老百姓们通过种植麻核桃享受到了实惠，同时也提升了涞水麻核桃的知名度和美誉度。

刘发金首长强调，麻核桃不仅是一种产品，更是一种展现艺术魅力的载体。他希望更多人能够来到涞水，亲身感受麻核桃文化的独特魅力。

访谈总结与思考

在与刘发金首长谈话后，我深感其见解深刻，引人深思。

首先，麻核桃的种植与改良不仅是一个简单的经济活动，更是一次对中华文化的传承与发扬。麻核桃作为一种具有深厚文化底蕴的植物，其种植与改造不仅为当地百姓带来了经济收益，更成为了文化认同和历史记忆的重要载体。这让我认识到，在现代社会中，传统文化并不过时，而是可以与现代经济相融合，共同推动社会进步的重要力量。

其次，涞水通过麻核桃产业找到了符合自身特色的经济发展道路。这启示我们，每个地区都有其独特的资源和文化，发掘和培育地方特色产业是促进区域经济可持续发展的关键。保护和弘扬地方特色文化也至关重要，不仅能增强地区的文化自信，还能为经济发展提供动力。

此外，刘发金首长还强调了文化传承者，将麻核桃视为展现艺术魅力的载体，体现了艺术与经济的深度融合。麻核桃不仅具有实用价值，更因其独特的艺术美感而备受追捧。这让我看到，文化产业的发展不能仅仅停留在产品本身，更要注重提升其艺术价值，通过艺术手法的运用，使产品更具吸引力和市场竞争力。

刘首长希望更多人能来涞水亲身感受麻核桃文化的独特魅力。这让我意识到，在现代社会，文化传承不能仅停留在书本和口头上，更要通过亲身体验和参与，让人们深刻理解和感受传统文化的魅力，不仅能增强人们的文化认同感和自豪感，更为文化传承注入新的活力和动力。

最后，刘发金首长多年来对麻核桃产业链的大力支持，让我看到了政府与社会力量在推动地方特色产业发展中的重要作用。政府应发挥引导作用，提供政策支持和服务保障；同时，也需要动员社会力量积极参与，共同推动产业的繁荣发展。这种协同作用不仅能提高产业发展的效率和质量，还能增强社会的凝聚力和向心力。

7. 对话冯恩平：麻核桃与健康

人物简介

冯恩平，现担任中华糖尿病学会委员，廊坊市中医学会常务理事。

访谈内容概括

冯恩平教授是知名的国医专家，本次访谈的主题是探讨把玩麻核桃与健康之间的关系。冯教授指出，盘核桃既是传统文化活动，也是促进健康的方式。

盘核桃时，五个手指活动，能锻炼手部肌肉。手上穴位众多，像手太阴肺经的中府、韶山，合谷穴，太溪穴等。盘核桃不仅增强手部功能，还能通过刺激经络，加强肺、心、肝、肾等五脏六腑的功能，提高自身免疫力。

盘核桃的方式多样，除了手上盘，还能在身体上盘、用脚盘。用脚踩核桃时，可轻按脚心涌泉穴，对心脑有益。踩踏要轻揉慢按，让每个穴位得到充分刺激以达到更好的效果。

冯教授自己已经有三四十年盘核桃的经验，他的核桃已经包浆玉化，非常漂亮。冯教授建议大家尝试盘核桃，不仅可以锻炼身体，还能促进健康。

核桃不仅是一种文化，更是一种促进健康的载体。通过盘核桃等活动，我们可以锻炼身体，增强体质，享受健康生活。

访谈总结与思考

这次访谈让我对盘核桃背后的健康智慧和生活哲学有了深刻认识。

在快节奏的现代生活中，人们常忽视身体锻炼。盘核桃作为简单的手部运动，能锻炼手部肌肉，提高手指灵活性和协调性，还能刺激穴位、增强脏腑功能、提升免疫力。这提醒我们，日常生活中要注重寻找锻炼机会，哪怕小动作也可能对健康有益。

冯教授提到的多种盘玩方式，让我们看到健康养生方法不局限于传统运动，可结合生活细节创新。通过刺激身体穴位来调节机能、增强免疫力。这种将健康养生融入日常生活的理念，让我深受启发。

冯教授自己三四十年盘核桃的经验这也让我们认识到，健康养生需长期坚持。应像冯教授一样，把养生理念融入生活、形成习惯。同时，核桃不仅是文化符号，更是健康载体。我们要多关注身边自然元素和传统文化，从中获取养生灵感。这些看似简单的活动蕴含深厚文化底蕴和健康智慧，学习实践能更好了解自身身体状况、掌握养生方法、提高生活质量。

8. 对话裴东：麻核桃特色资源保护与发展

人物简介

裴东，博士，博士生导师。现任中国林业科学研究院林业研究所经济林室副主任，中国园艺学会干果分会常务理事，中国林学会经济林分会常务理事等。

访谈内容概括

裴东教授是麻核桃学术研究的重要贡献者，也是涞水麻核桃协会终身顾问和名誉会长，多年来为涞水麻核桃产业发展做出了重要贡献。

裴教授介绍，麻核桃由核桃楸和核桃天然杂交而成，因其独特的生长环境和杂交特性，数量稀少且繁殖困难。然而，其个大、样美的特点使得麻核桃在清朝就备受皇帝和百姓的喜爱，被视为可以舒筋活络、愉悦身心的佳品。

近几十年来，麻核桃产业显著发展，从明清的五个大类型到如今五百多个品种。涞水县作为麻核桃主产地，已经形成了规模化种植，种植面积达到十万余亩，年产量超过50万种，年生产额超过20亿，成为当地脱贫致富和乡村振兴的主力军。

裴教授强调，麻核桃作为中国的原生物种，其产业健康发展至关重要。他们团队已经加入了国际植物新品种保护联盟UPOV，对麻核桃的品种进行保护，并成功申请了国家地理标志保护产品。裴教授认为，保护麻核桃产业不仅关乎经济效益，更是中华民族文化传承的产业化体现。未来，涞水麻核桃产业将不断发展壮大，带动全国麻核桃产业的兴起，让中国文化走向世界。

访谈总结与思考

整个访谈过程中，裴教授对麻核桃产业的深厚情感和对未来发展的坚定信心令人钦佩。她的贡献和愿景将激励更多人关注和支持麻核桃产业的发展，共同推动这一民族产业走上世界舞台。

在与裴东教授的访谈中，我深受启发，也对麻核桃背后所蕴含的文化、经济和社会价值有了深入思考。

文化传承与产业化相平衡。麻核桃是中国传统文化的重要组成部分，具有独特的审美价值。在将其转化为经济效益时，要避免过度商业化和扭曲，实现文化传承与产业发展的双赢。

物种保护与知识产权。麻核桃作为国家地理标志保护产品，具有重要的经济价值，但也面临物种保护和知识产权维护的挑战。保护物种和知识产权是实现资源可持续利用的关键。

乡村振兴与脱贫致富相结合。麻核桃产业对乡村振兴和脱贫致富有重要作用。通过发展特色产业，挖掘当地资源，为农民创造就业和收入，推动农村经济发展，同时要关注产业的可持续性和农民的长远利益。

科技支撑与产业升级。科技是推动麻核桃产业升级和提升产品附加值的关键。通过引入先进科技和管理理念，提高产量和品质，增强市场竞争力。

国际化与文化传播。将麻核桃推向国际市场，提升其国际影响力，需要制定国际化战略，加强品牌建设和市场营销，同时注重文化传播，讲述麻核桃背后的文化故事，让世界更好地了解中国。

裴东教授的访谈展示了麻核桃产业魅力与潜力，也引发了我对文化传承与产业化、物种保护与知识产权、乡村振兴与脱贫致富、科技支撑与产业升级以及国际化与文化传播等深层次问题的思考。这将激励我更加深入地研究和探索相关议题，为推动中国文化的传承与发展贡献力量。

9. 对话郭素萍：科技的力量

人物简介

郭素萍，河北农业大学林学院研究员、"李保国山区开发与林果产业创新团队"核心成员。曾入选"第八届河北省道德模范"，获得"敬业奉献模范"称号。作为李保国教授的爱人及团队核心成员，她与李保国共同开创了经济、社会与生态效益同步提升的扶贫新模式。李保国教授逝世后，她毅然扛起旗帜，率领团队巩固帮扶成果，持续推动山区生态治理与精准扶贫。

访谈内容概括

本次访谈，我走进郭素萍教授居所，了解她在涞水麻核桃产业发展中的贡献。郭素萍教授是李保国教授的伴侣，李保国教授也被誉为涞水麻核桃产业发展的重要贡献者。可以说，涞水小核桃所成就的大产业，既离不开李保国教授的卓越贡献，也凝聚着郭素萍教授的辛勤付出。

访谈中，郭教授强调科技是产业发展的第一生产力，涞水麻核桃作为支柱产业，不仅带动了十万核农增收致富，更为涞水县的脱贫攻坚注入了强劲动力。

郭教授研究生涯起初聚焦食用核桃，后来李保国教授调研发现涞水麻核桃挂果率低、有白尖花皮等问题。郭教授及其团队迅速行动，组建研究小组。2014 年，团队在涞水县郭各庄和龙泉山设实验基地，通过实验研究揭示问题根源。经过团队的努力，麻核桃的坐果率显著提升，成活率也大幅度提高。

过去，涞水麻核桃的种植多无人管理。而现在，研究团队引入了科学技术，根据麻核桃的生长特性，实施了拉枝、人工授粉等科学种植管理措施，有效提升了麻核桃的产量和品质。此外，郭教授及其团队还在不断探索和完善麻核桃的嫁接技术，如方块型芽接、嫩枝留芽嫁接等，这些技术的成活率均达到了较高水平。

访谈总结与思考

通过此次访谈，我们深刻感受到了郭素萍教授及其团队在涞水麻核桃产业发展中所做出的巨大贡献。她们用实际行动诠释了科技兴农的深刻内涵，为涞水县的脱贫攻坚和乡村振兴注入了强大的科技动力，也引发了我一的系列思考。

首先，郭教授强调科技是产业发展的第一生产力。在涞水麻核桃产业中，行政力量提供政策保障和资源倾斜，科技力量解决产业瓶颈、提升竞争力。这让我明白推动产业发展需要政府的帮助与科技创新形成合力。

其次，郭教授团队面对麻核桃挂果率低等问题迎难而上。通过组建小组、建设实验基地等措施解决难题，其勇于探索、创新的精神为我们树立了榜样。

再者，团队引入科学技术，实施科学种植管理，探索完善嫁接技术，提升了麻核桃产量和品质，提高了农民收入，为乡村振兴注入科技动力，让我认识到科技是农业发展的关键。

最后，郭教授团队既关注产业技术，更关注农民生活和乡村振兴大局，用行动诠释了科技兴农的内涵，为涞水脱贫和乡村振兴作出了巨大贡献。他们的责任感与使命感激励我在未来工作中要感恩社会、服务人民。

这次与郭素萍教授的访谈，不仅让我了解了涞水麻核桃产业的发展历程和成功经验，更让我在思想上得到了深刻的洗礼和升华。我将铭记这些发人深省的思考内容，努力将所学所得转化为实际行动，为推动农业产业的发展和乡村振兴贡献自己的力量。

10. 对话张志华：文玩核桃产业领航者

人物简介

张志华，河北农业大学研究员（二级）、果树学博士生导师，国家级突出贡献中青年专家、河北省省管专家。从事核桃栽培及育种方面的研究工作30多年，先后主持中华人民共和国科学技术部、教育部、国家林业和草原局及河北省科学技术厅等科研项目20余项；获国家科学技术进步奖二等奖1项，中国高校科技进步二等奖1项，河北省科技进步二等奖2项，河北省科技进步三等奖6项。

访谈内容概括

本次访谈有幸请到张志华教授。他回忆了从河北农业大学果树专业毕业后，参与河北省太行山开发项目，并在此过程中发现了涞水特有的文玩核桃资源。麻核桃独特的纹理和把玩价值吸引了张教授。此后，他和团队开始关注研究文玩核桃的特性与开发价值，推动其发展成产业。他们不仅注重种植管理，还致力于解决产业问题，促进其健康发展。

此外，张教授还谈到了核桃作为文玩和艺术品的价值，随着人们生活水平的提高，对这种既有实用价值又有文化价值的物品的需求将会持续增长。

最后，张教授表达了对麻核桃产业未来发展的信心和期待。他希望能够继续为核桃产业的发展作出贡献，并祝愿该产业能够越来越好，为人们提供更多的选择和享受。

访谈总结与思考

张志华教授不仅是核桃产业的知名专家，更是这一产业从无到有、从小到大的重要推动者。此次访谈让我们对核桃产业有了更深入了解，也引发了我对现代农业和产业发展的思考。

张教授原本研究食用核桃，参与项目时偶然发现文玩核桃，从此投身相关研究，并为麻核桃产业发展作出了重要贡献。通过科研和技术创新可以解决传统农业难题，提高生产效率和产品质量。这也启示我们，在未来的发展中，必须更加注重科技创新的投入和应用，以应对日益激烈的市场竞争和不断变化的市场需求。

市场需求与产业发展相互影响，涞水核桃产业的成功得益于市场的需求和消费者的喜爱。这启示我们要关注市场调研和消费者需求分析，把握市场趋势。

对于核桃产业未来的发展，虽然前景乐观，但仍面临着许多问题挑战。我认为，加强资源保护、优化产业结构、提升产品质量等方面都是非常重要的。只有确保产业的可持续发展，才能为未来的发展奠定坚实的基础。

总之，注重科技创新、关注市场需求、重视传承文化、确保可持续发展并善用集体力量，定能推动产业进步，为生活增添美好。

11. 对话郝艳宾：探麻核桃产业的传承与发展

人物简介

郝艳宾，研究员，核桃育种专家，中国经济林协会文玩核桃分会会长。在北京农林科学院林业果树研究所从事果树栽培和育种研究工作。2001 年被评为首都农业科技先进工作者，2005 年被评为全国科普工作先进个人，多次被评为院级、所级先进个人。

访谈内容概括

郝艳宾研究员有 20 年麻核桃行业经验，2002 年开启麻核桃栽培育种研究，2005 年获北京市资助后积极收集品种资源。

谈及涞水麻核桃，他指出，涞水是全国最早产地，市场观念超前、品种多样，但存在破坏原生树等不良行为。当前市场对麻核桃接受度高，新品不断，老品种仍具魅力。在栽培技术与市场趋势方面，涞水的园艺化栽培与嫁接技术成效显著，推动麻核桃文化走向大众，其养生把玩价值获认可。

面对行业规范问题，郝教授特意强调文玩市场尤其是科研单位品种命名规范的重要性。他期望通过出版相关书籍丰富历史文化内涵，促进市场繁荣，吸引更多人参与，让麻核桃产业在传承与创新中发展，实现从兴趣爱好到文化产业的转变，为生活增添健康幸福元素。

访谈总结与思考

麻核桃兼具自然与人文魅力，通过访谈，我们深入了解了这个行业，收获了很多启发。

坚守与热爱：麻核桃行业的发展离不开从业者的付出与热爱。郝艳宾投身研究 20 余载，全力收集资源，每一个环节都全身心投入，这份热爱清晰可感。涞水的种植户与商贩也积极搜集改良品种、开拓市场，悉心守护品种资源，让珍贵基因库延续。这种坚守难能可贵，启示我们传承传统文化需心怀热爱，抵御诱惑。

产业的兴起与发展：涞水作为发源地，凭借"艺核一号"等优势发展产业。种植户和商贩要保护传统品种，利用栽培技术提升核桃品质与产量，满足市场需求。这为特色产业发展提供借鉴，即立足本地资源，依靠科技开拓市场，注重可持续发展。

自律与监管：当前麻核桃市场新品种与老品种并存，反映市场与文化的平衡。但涞水曾破坏原生树的行为警示行业需加强自律与监管，确保市场契合文化传承要求。

通过此次访谈，我们对麻核桃行业有了全新且深入的认识。涞水作为发源地意义重大，虽存在问题，但老品种魅力不减，新品种持续涌现，栽培技术助力麻核桃文化融入大众生活。它是传统与现代融合的产业，未来潜力巨大。

12. 对话齐国辉：科学管理，增产高效

人物简介

齐国辉，河北遵化人，中国民主同盟会员，河北农业大学林学院教授，科技部创新团队负责人。兼任河北省核桃工程技术研究中心主任、河北省（邢台）核桃产业技术研究院院长、中国林学会经济林分会常务理事、中国林学会森林培育分会理事。

访谈内容概括

多年来，齐教授一直关注涞水地区麻核桃产业并投入大量精力。2012 年，齐教授团队与涞水科技局共同承担项目建设薄皮核桃示范基地。调研中，他发现当地麻核桃产量低，提出拉枝增产法，即把树枝拉到 100°以上促进顶芽萌发，采用此方法后次年显著增产。

除拉枝技术外，齐教授团队还在施肥和授粉方面深入研究。他们发现授粉不良是麻核桃坐果率低的重要原因，于是研究各品种花粉生活率并提出解决方案。针对发育不良的花皮白尖核桃，通过研究果壳成分与矿质元素关系，提出补充钙镁等元素的施肥建议促进果壳发育。

目前，涞水已成为全国主产区之一，带动当地经济发展、促进核桃文化传播，还通过"一带

一路"走向世界，成为乡村振兴支柱产业。协会对齐教授及团队表示感激，强调专家付出、政府支持和协会规范市场的重要性。齐教授认为促进百姓脱贫致富、发展当地经济是共同使命，愿继续为产业发展贡献力量，期待产业走向更美好未来。

访谈总结与思考

齐国辉教授及其团队运用科技手段，助力涞水麻核桃产业增产增收。这凸显了科技在农业发展中的巨大潜力，展示了科技兴农的广阔前景。只有持续将先进科技应用于农业生产，才能推动农业产业转型升级与持续健康发展。

拉枝技术是齐教授团队通过实地调研和与农民交流发现的实用方法。这种理论研究与实践经验相结合的方式，既提高了麻核桃产量，又增强了当地农民对科学种植的认识和接受度。这让我明白，理论与实践紧密结合，才能解决农业生产实际问题，推动农业技术创新进步。

涞水麻核桃产业的成功，不仅得益于种植技术提升，还依靠品种筛选、栽培技术推广和销售环节完善。这表明产业的健康发展需要全产业链协同努力。各环节有效提升和优化，才能形成产业合力，推动产业持续繁荣。

齐教授强调为当地农民脱贫致富、推动地方经济发展的责任感和使命感，令人敬佩。作为社会一员，我们应利用专业知识为社会贡献力量，尤其是在农业等民生领域。我们要像齐教授一样，怀揣责任与使命，投身农业产业发展，助力乡村振兴和农业现代化。

政府对相关项目的重视支持以及社会各界的积极参与，显示出在推动农业发展和乡村振兴中，政府、企业和个人都能发挥重要作用。政府提供政策和资金保障；企业发挥技术和市场优势；个人应参与农业生产和农村建设，形成合力推动产业健康发展。

麻核桃文化从涞水推广到全国乃至世界，体现了文化传承的力量和国际交流的广阔前景。在推动产业发展时，我们要注重文化传承与交流，提升产业文化内涵和国际影响力。让文化成为产业灵魂，让产业走向世界，增进世界对我国文化和产业的了解。

这次访谈，让我深入了解齐国辉教授的敬业精神和科研成就，更让我深刻认识到科技与农业结合、实践与理论交融、产业链全面发展、社会责任担当以及文化传承交流的重要性。

13. 对话张泉：涞水麻核桃智慧与发展的交融启示

人物简介

张泉，河北农业大学人文社会科学学院高级政工师。曾在河北农业大学动物科技学院、人文社会科学学院担任副院长，在经济管理学院、经济贸易学院从事学生工作。

访谈内容概括

此次访谈中，我与河北农业大学张泉教授就涞水麻核桃品牌发展进行交流。张教授因身为农大职工便于联络专家，又是涞水人满怀乡情，早在 2008 年就参与到涞水麻核桃品牌建设中。

当时涞水麻核桃产业标准制定需要专家支持，他即刻联系相关专家教授，全程助力涞水县首份麻核桃标准从谋划到审定，还两次实地参与标准修订完善。

张教授表示，作为涞水人，愿服务家乡经济，坚信家乡麻核桃产业能带动本地致富、引领走向全国。他为能出力深感荣幸，期盼持续为地方经济添砖加瓦。

访谈总结与思考

张泉教授凭借对家乡文化的眷恋投身涞水麻核桃产业振兴。他积极行动，联络农大专家团队推动产业规范化、品牌化建设，彰显了以乡情守护文化根基，用专业赋能产业创新。

涞水麻核桃文化可溯千年，通过申报国家地理标志产品、建立标准化体系等举措，麻核桃既延续了历史文脉，又实现了与现代市场的有机融合。这种"守正创新"的路径为传统文化活化提供了范本——在坚守文化精髓的同时，运用现代科技与市场机制重构价值体系，既增强民族文化自信，又提升产业竞争力。

河北农大专家团队（李保国、葛文光等）与地方政府部门形成协同效应，构建起"产学研政"联动机制。专家团队为产业规划到标准审定全程护航，政府部门优化营商环境，这种多主体协作模式为地方特色产业振兴提供了可复制经验：专业人才引领技术革新，行政力量保障制度供给，社会力量激发市场活力，三者耦合方能实现产业能级跃升。

麻核桃承载着超越物质的情感价值，成为连接个体与乡土的文化纽带。这种情感联结机制启示了产业创新的方向：需深挖产品背后的文化符号与情感记忆，通过故事化传播、体验式消费等手段，构建消费者与产品的情感共同体。当核桃纹路成为乡愁载体，当把玩过程升华为文化仪式，产业便获得了持续发展的精神动能。

涞水麻核桃产业实现了经济效益与文化效益的动态平衡。通过制定分级标准提升产品溢价，借助文化节庆强化文化认同，在市场化进程中始终维系文化根脉。

张泉教授的实践印证：地方特色产业振兴需要情感温度、专业深度、制度厚度的共同作用。当乡土情怀遇见现代治理智慧，当文化基因嫁接科技力量，传统便能焕发出超越时空的永恒魅力。

通过访谈张泉教授，我们能够深刻认识到涞水麻核桃产业发展饱含的智慧与情感，其在多方面的经验做法，为当下社会经济发展提供了宝贵借鉴经验，我们应汲取有益元素，推动地方经济、文化、社会的协同发展，实现传统与现代的完美融合，共创美好未来。

14. 对话胡玉祥：涞水麻核桃产业发展与启示

人物简介

胡玉祥，于 2006 年 6 月至 2011 年 8 月任涞水县副县长。

访谈内容概括

本次访谈非常荣幸邀请到涞水县原副县长胡玉祥，胡县长谈到，2010 年涞水县麻核桃种植规模在华北地区县级单位中跃居首位，为推动产业健康发展，县政府启动国家地理标志产品申报工作。经专家评审和多方努力，"涞水麻核桃"及"涞水野三坡麻核桃"成功获批地理标志产品，标志着产业从自由发展转向科学化、规模化路径。这一举措使麻核桃产业成为当地脱贫攻坚支柱，助力群众脱贫增收。时任副县长胡玉祥在产业规划、政策制定中发挥了关键作用，其前瞻性决策为产业发展奠定基础。

历经十四年发展，涞水麻核桃产业已形成全国性辐射效应，制定的行业标准成为全国麻核桃产业首部规范性文件。在此过程中，县政府统筹协调，县林业局、技术监督局等职能部门通力合作，通过制定种植规范、加强质量监管等措施，推动产业实现从区域优势向全国规模化的跨越。这些系统性工作不仅促进了当地经济持续增长，更带动了全国麻核桃产业规范化发展，为乡村振兴提供了可复制的产业振兴样本。

访谈总结与思考

在深入了解涞水县麻核桃产业的发展历程后，我深感这一产业的成功背后蕴含着诸多值得深思的启示。

首先，政府在产业发展中的角色至关重要。涞水县政府高度重视麻核桃产业，通过申报国家地理标志保护产品等有力措施，为产业提供坚实政策支持与保障。这体现了政府对地方特色产业的积极引导，也让我们认识到，政府应制定科学合理的产业政策，创造良好发展环境。

其次，标准化与品牌建设能提升产业附加值和竞争力。涞水县获得"涞水县麻核桃"和"涞水县野三坡麻核桃"国家地理标志产品标志，提升了产品知名度和美誉度，推动产业标准化发展。这启示我们要注重标准化和品牌建设，制定统一标准，打造地域特色品牌，实现产业可持续发展。

再者，产业发展与扶贫、乡村振兴紧密相连。涞水县麻核桃产业带动当地经济繁荣，成为百姓脱贫致富的重要途径，凸显了产业发展在扶贫和乡村振兴中的重要作用。我们应关注农村产业，通过产业带动农民增收，推动乡村振兴战略实施。

此外，多方协作是产业发展不可或缺的因素。涞水县麻核桃产业的成功，离不开县政府及各部门等相关工作人员的共同努力。这体现了加强部门协调合作、形成合力对产业发展的重要性。

最后，长远规划与可持续发展是产业健康有序发展的关键。胡县长的高瞻远瞩和领导决策对产业发展影响深远。我们应避免短期行为和盲目扩张，注重长远规划，确保产业持续健康发展。

涞水县麻核桃产业的发展历程和成功经验为我们提供了深刻的启示和思考。在推动地方特色产业发展的过程中，政府支持、标准化与品牌建设、多方协作以及长远规划与持续发展的重要性不言而喻。这些思考内容对于推动地方特色产业的发展、实现乡村振兴和农民增收致富具有重要的启示意义。

15. 对话王永利：东文山镇麻核桃产业

人物简介

王永利，现任涞水县东文山镇党委书记。

访谈内容概括

东文山镇麻核桃产业规模庞大，种植面积达 10 000 多亩，年产值超 4 亿，已有三四十年种植历史，从庭院种植发展到规模化种植，离不开县委、县政府、林业专家的努力，涞水惠农麻核桃协会发挥作用显著。

东文山镇有 17 个行政村，约 17 000 人，麻核桃产业带动九千多人就业，几乎家家种植。这里是麻核桃早期主产区，也是重要种植基地。为推动产业发展，东文山镇借助协会示范引领，联系河北农业大学专家教授，为农户提供栽培管理和新品种引进指导，获社会好评。

未来，东文山镇计划进一步发挥协会示范作用，与河北农业大学紧密合作，举办第二届农特产品展销节和麻核桃采收节，调动百姓种植积极性，提高产品附加值，提升产业品牌，打造特色，助力百姓增收致富。

访谈总结与思考

在深入了解东文山镇麻核桃产业发展历程后，我深感其在现代社会展现出了强大生命力与转型潜力。从庭院种植到规模化种植，东文山镇麻核桃产业实现量与质的双重飞跃，为传统产业现代化转型提供了宝贵启示。其蓬勃发展离不开政府、协会与专家的紧密合作。县委、县政府的政策支持奠定基础，涞水惠农麻核桃协会示范引领，带动更多农户参与。林业部门专家和当地土专家提供技术指导，这种多方协同模式促进产业快速发展，为其他传统产业转型提供借鉴。

该产业还带来显著的就业和增收效应。带动九千多人就业，占全镇人口近一半，解决农村剩余劳动力问题，提高农民收入，促进农村经济繁荣。这表明发展特色产业是实现农村就业和增收的有效途径，值得推广实践。

在品牌建设和市场推广上，东文山镇极具前瞻性与创新性。通过举办农特产品展销节和麻核桃采收节等活动，提高产业知名度和品牌影响力，为农户提供展示销售平台。可见，品牌建设和市场推广是提升产业附加值的关键环节，对于实现产业的可持续发展具有重要意义。

此外，东文山镇与河北农业大学专家教授合作，提供栽培管理技术和新品种引进指导，提高了麻核桃产量和品质，增强了产业竞争力。

东文山镇麻核桃产业发展给我们带来深刻启示：传统产业可通过科学规划、技术创新和规模化经营实现现代化转型；政府、协会与专家协同作用推动产业发展；发展特色产业助力农村就业增收；品牌建设和市场推广提升产业附加值；科技创新保障产业持续发展。这些经验对推动农村经济发展、农民增收致富意义重大，值得更多地区借鉴。

16. 对话张帅：涞水麻核桃的崛起与乡村振兴

人物简介

张帅，河北省涞水县人，2018 年 8 月起担任涞水县东文山镇杜家庄村党支部书记兼村民委员会主任。

曾被中共保定市委评为 2021 年"全市优秀共产党员"，2023 年被评为保定市"乡村振兴担当作为好支书"，2022—2024 年连续三年被评为"优秀人大代表"。

访谈内容概括

本次访谈聚焦于涞水一座小村庄的麻核桃产业发展与乡村振兴。张帅分享了麻核桃产业如何成为村民脱贫致富的重要支柱。早期，受地理条件限制、传统农作物经济效益低的影响，杜家庄村的村民生活贫困。1993 年引进并嫁接麻核桃品种，"盘山三棱"的推广让村民收入显著提高，实现了从温饱到小康的转变。

党支部在田产业发展中起到了关键作用，不仅成立农民专业合作社，引进专业农业技术，使种植技术规范化，提升核桃品质与竞争力。还注重核桃文化传播，将产业与乡村文化融合，通过参展和宣传活动推广麻核桃与传统文化。

张帅认为扩大麻核桃产业影响力，不仅要拓展国内市场，还将走向国际市场，传承中国麻核桃文化，展现地方农业发展雄心与传统农业产业走向全球的期待。

访谈总结与思考

从这次访谈中，我深刻感受到诸多关于传统产业转型与乡村振兴的启示。

涞水小村庄的麻核桃曾依赖传统农作物种植，受地理条件的限制，经济效益低下。但通过引进新技术和新品种，成功将麻核桃产业打造成村民脱贫致富的支柱产业，带动乡村经济发展，实现从贫困到小康的跨越。这表明传统产业适应市场、引入创新，能为乡村振兴注入动力。

政策引导与组织建设在农业产业发展中至关重要。党支部成立农民专业合作社，为农民提供组织上的保障，规范种植技术、提升产品质量。同时引进专业农业技术，增强产品市场竞争力，为产业健康发展提供坚实支撑。

文化传承与经济发展并重的理念值得深思。党支部在推动核桃产业时，将其与乡村文化结合，通过参加展会和宣传活动，传播麻核桃独特魅力与中国传统文化，提升产品附加值，实现经济效益与文化传承双赢。

国际化视野与全球市场拓展不可或缺。党支部书记展望未来，企盼将麻核桃产业推向国际市场，传承麻核桃文化，让世界了解中国文化，启示我们农业发展要有开阔视野和长远眼光。

麻核桃产业规划强调可持续发展，注重当前效益的同时关注长远发展，通过科学种植、品牌建设和市场推广确保产业持续繁荣。

这次访谈让我深刻认识到了传统产业转型、政策引导与组织建设、文化传承与经济发展并重、国际化视野与全球市场拓展以及可持续发展与长期规划在农业产业发展中的重要性。这些思考内容不仅为我们理解乡村振兴提供了新的视角和思路，更为我们推动农业产业的持续健康发展提供了宝贵的经验和启示。

17. 对话张翔：麻核桃的品牌及标准化

人物简介

张翔，涞水县人，涞水县工商联主席，河北龙云岭食品公司董事长，涞水县人大常委会委员和保定市人大代表。

访谈内容概括

张翔指出，麻核桃产业是涞水县重要支柱产业和地域名片，具有全国性影响力。面对市场发展需求，他提出品牌规范化建议，主张通过品牌认证和标准制定提升市场认可度，为从业者营造稳定市场环境。同时，他高度评价协会在产业推广中的工作成效，特别肯定协会通过直播、访谈等形式普及种植技术、宣传品种特点的创新举措，认为这些实践对提升品牌知名度和美誉度具有关键作用。

在交流中，我也表示，协会将持续完善产业体系，重点推进核桃品质认证和种植规范化，并通过多元化渠道加强品牌宣传，为从业者提供更优质服务。

张翔主席鼓励协会继续深化工作，坚信通过各方协作，麻核桃品牌将实现跨越式发展，为涞水县乡村振兴注入更强动力，为涞水县的乡村振兴事业做出更大的贡献。

访谈总结与思考

在与涞水县张翔主席的访谈中，我对他关于涞水麻核桃产业的见解印象深刻，也引发了对地方特色产业发展的思考。

访谈伊始，张翔主席指出麻核桃产业是涞水县经济的重要支撑和闪亮名片，影响力辐射全国。这让我意识到地方特色产业对区域经济和知名度提升的关键作用，挖掘产业潜力迫在眉睫。

张翔主席强调品牌化是麻核桃产业发展的必然趋势。品牌化不仅能提升产品附加值，还能赋予产业持久竞争力。他还提出品牌规范化建议，如进行品牌认证和制定标准。在激烈的市场竞争中，完善的标准体系能保障产品质量与服务稳定，提升品牌形象，为产业可持续发展筑牢基础。

张翔主席高度评价麻核桃协会的贡献。协会通过直播、访谈等新媒体平台介绍种植技术和品种特点，拓宽了信息传播渠道，推动了技术创新和产业升级。这体现了行业协会在产业发展中不可或缺的作用，它是政府与企业的桥梁，也是技术创新和产业升级的重要力量，加强协会建设对地方特色产业发展意义重大。

最后，张翔主席鼓励协会继续努力，相信各方共同奋斗能让麻核桃品牌更上一层楼，为涞水县乡村振兴贡献更大力量。这让我明白团队合作是产业发展的保障，凝聚各方合力才能推动产业前进。

本次访谈不仅让我对涞水麻核桃产业的发展有了更深入的了解和认识，更引发了我对地方特色产业品牌建设、标准化建设、行业协会作用以及团队合作等方面的深刻思考。这不仅对麻核桃产业的发展具有重要意义，更为我们探索其他地方特色产业的发展路径提供了启示。

18. 对话张宗元：涞水麻核桃产业发展启示

人物简介

张宗元，河北省保定市涞水县人，原涞水县林业局局长。

访谈内容概括

在与原林业局局长张宗元就涞水麻核桃产业发展的访谈中，收获颇丰。自 2010 年起，涞水县林业局系统推进麻核桃、山核桃、薄皮核桃及野生核桃产业发展，着力构建脱贫增收新路径与区域品牌体系。在地理标志申报过程中，县领导协调专项经费，主管副局长、果树站负责人等组建专班，经多轮材料修订及专家指导，最终完成申报程序。

2014年，通过工商部门历时半年多的审核，"涞水麻核桃"商标成功注册，该商标后续跻身河北省知名品牌行列。2012年成立的涞水县惠农麻核桃协会，持续为核农提供服务支撑。2014年获批地理标志证明商标后，协会制定包括种植规范、分级标准等五项行业准则，使符合标准的麻核桃获得"涞水麻核桃"认证，其标准体系逐步成为全国麻核桃产业参照范本。此外，涞水麻核桃最早由王泽等人在赵各庄发现，原树品种为鸡心，后衍生出五大类几百个品种。涞水成为核心发展区并向全国辐射，彰显了当地的智慧与贡献，凸显了林业局关键作为。

访谈总结与思考

访谈后，诸多心得与思考浮现。涞水麻核桃产业的发展是多方努力的成果，其经验值得其他特色产业借鉴。

早期林业技术人员如王泽老先生对麻核桃的钻研开启了传承篇章，他们源于对林业事业与本土资源的热爱投身其中，这份热爱在后续发展中得以延续，林业局人员、核农、核商等从业者坚守传承，成为行业走向成熟的关键。

涞水麻核桃产业蓬勃发展得益于多方合力，政府的政策扶持与科学策略尤为重要。县政府重视地标申请、拨专款，林业局精心筹备，经四五个月成功获得地标，后续还注册商标、制定标准，为产业规范化、规模化筑牢根基。此外，依据科研确定适宜种植区，保障了产品品质。这为其他地区发展特色产业提供经验，政府应积极引导、扶持，科学规划，整合资源。

产业发展中，人与麻核桃构建了独特情感纽带。核农、核商、玩家及工作人员等饱含对家乡特产的自豪和热爱，凝聚起产业向心力。这启示其他产业挖掘产品情感价值，满足消费者情感需求。

涞水麻核桃发展兼顾市场需求与文化内涵。申请地标、商标，制定标准提升了品牌竞争力，收获经济回报；同时传承弘扬文化，讲述产品故事，赋予其文化底蕴。此平衡对产业健康发展举足轻重。当下不少产业容易出现过度商业化导致文化缺失或重文化轻市场的需求问题，涞水麻核桃产业提供成功范例：找准市场与文化平衡点，方能实现可持续发展，在经济繁荣中保持文化魅力，屹立市场。

19. 对话曲建东：涞水麻核桃地标申请与
发展思辨

人物简介

曲建东，河北省保定市涞水县人，涞水县麻核桃品牌维护大使，原涞水县市场监督管理局局长，原涞水县技术监督局局长。

访谈内容概括

本次访谈中，我与曲建东局长围绕涞水麻核桃申请地理标志及相关标准制定展开，曲建东讲述了地方政府与部门为推动产业发展的努力。

1. 申请地理标志的背景与过程

发起缘由：涞水县胡玉祥县长临近退休，想为涞水做实事，与曲建东想法契合，遂决定开展麻核桃地理标志保护工作，并获政府大力支持。

筹备工作：曲建东、张宗源等组成工作小组研究申请事宜。曲建东走访当地知名人士，收集涞水核桃现状、历史及传说等资料，从文化层面挖掘价值，为申请提供依据。

制定标准：一是分类标准，最早制定河北省地方标准，将麻核桃分为五大类，后发展到几百种；二是栽培技术规范，明确种植要求；三是品质标准，河北农业大学专家提出涞水麻核桃纯天然、绿色健康，栽培不使用农药化肥，优先采用物理防治等措施防控病虫害。

2. 地理标志申请成功的意义

涞水麻核桃成功获批地理标志产品，确立了其在全国麻核桃产业的权威地位。明确了产品标准，统一规范符合标准的麻核桃品质，提升产业整体质量，同时强调保证涞水麻核桃品质特色。以涞水为带动点，推动全国麻核桃种植产业发展。

访谈总结与思考

1. 政府引导与产业发展的紧密联系

政府引导作用显著。一方面，原涞水县副县长胡玉祥、原市场监督管理局和技术监督局局长曲建东等主动谋划，胡县长临近退休仍为产业奔走，精准捕捉需求，协同各方推动地理标志保护申请，亲力亲为各环节，展现产业规划前瞻性。

另一方面，政府助力形成产业发展合力。申请涉及多部门与专业领域，各部门、专家、企业携手，提升效率、整合资源，凸显政府搭建平台、汇聚众智的关键意义。

2. 标准制定对产业发展的深远意义

早期及后续完善的标准详细界定品种分类、种植管理和质量要求，规范市场秩序，保障消费者权益，为企业指明方向。严格的标准提升了涞水麻核桃的品质与品牌形象，其纯天然特质使其在全国市场上脱颖而出。确立标准权威性，维护当地产业利益，吸引资源投入，推动产业升级与可持续发展。

3. 产业发展要兼顾品质提升与规模扩张

品质是产业根基，涞水麻核桃凭品质获得认可。全国种植规模扩大时，要坚守品质底线，维护品牌价值。以涞水带动全国种植是机遇，扩张中严控品质，强化异地指导监管，依靠技术创新与管理提升，在保证品质前提下合理扩规，实现经济与社会效益双赢。

20. 对话李荣海、徐杰：麻核桃产业传承与文化发展

人物简介

李荣海（左一），原涞水县林业局副局长，涞水麻核桃协会第一任会长。

徐杰（右一），原涞水县林业局林业站站长，涞水麻核桃协会第二任会长。

访谈内容概括

本次访谈中，李荣海与徐杰两位会长回顾了涞水麻核桃产业从萌芽到壮大的历程，探讨了产业现状与未来发展方向。李荣海拥有 37 年林业工作经验，自 2005 年接触核桃产业后，深感行业发展困境。2012 年，在县政府推动麻核桃产业的背景下，他牵头成立协会，旨在整合分散产户，构建标准化行业组织，扩大种植规模。彼时，产业种植面积仅一两千亩，如今已发展成颇具规模的特色产业。

追溯产业起源，麻核桃文化底蕴深厚，早有核农赴外地售卖，更有乾隆把玩核桃的历史典故。如今，协会已发展成为拥有 527 名会员、36 位副会长的行业核心组织，并设立种植管理、线上线下销售、宣传、战略及认证中心五大委员会，同时启动《中国涞水麻核桃》的编纂工作，全方位

展现产业智慧，助力乡村振兴。

然而，产业规模扩张也带来诸多挑战，当前销售环节问题尤为突出，协会年均处理投诉超 200 件。未来，协会将继续规范市场，助力向世界传播麻核桃文化，科普其保健与娱乐价值。徐杰会长强调，协会需从技术管理、品种界定、销售规范等方面发力，推动产业迈向新高度，实现经济价值与文化价值的双重提升。

访谈心得与思考

涞水麻核桃协会三任会长的谈话映射出麻核桃产业在传承、发展、市场运作以及文化传播等多方面的现状与未来走向。

李荣海与徐杰深耕林业多年，以对麻核桃产业的深厚热爱为驱动力，在漫长岁月中坚守初心。从产业普查到规模发展，面对重重困难，他们始终以坚定信念推动产业前行。这种精神在追求短期效益的当下尤为珍贵，提醒从业者无论外界如何变化，唯有坚守热爱，才能为产业筑牢根基，抵御市场波动带来的冲击。麻核桃协会的发展历程清晰地告诉我们，只有当我们怀揣着热爱去传承，才能够在漫长的岁月里为产业筑牢稳固的根基，使其能够逐步发展壮大，并且拥有足够的力量去抵御外界各种各样的干扰与冲击。

麻核桃文化的传承是此次访谈的重要脉络。协会致力于出版关于麻核桃相关书籍，系统诠释其文化价值，将之作为传播中华文化的独特载体。传统文化传承应突破固有形式，挖掘如麻核桃般贴近生活的民间元素，通过品牌化、规范化运作推向世界，增强文化的影响力。

涞水麻核桃产业从分散经营到协会统筹，形成了涵盖种植、销售、宣传、认证的完整体系。种植管理委员会把控产品源头，销售委员会拓展市场渠道，宣传委员会提升品牌影响力，战略委员会规划发展方向，认证中心保障产品品质。这种多维度协同发展模式，为其他地区特色产业提供了宝贵经验，证明完善的产业体系是推动地方经济增长的关键。

麻核桃与消费者之间的情感纽带，源于其文化内涵与把玩过程中的独特体验。随着消费升级，消费者对产品的需求已从物质功能转向精神价值。这启示企业应深入挖掘产品背后的情感与文化元素，通过故事营销、个性化体验等方式，增强用户黏性，满足现代消费者对文化认同与情感共鸣的需求。

当前麻核桃产业面临销售乱象，反映出市场逐利性与文化传承之间的矛盾。协会通过规范市场、加强监管，寻求两者平衡。这一经验对文化产业发展具有普适意义：既要建立健全市场规则，防止过度商业化对文化内涵的侵蚀；又要以文化为核心提升产品竞争力，实现经济效益与文化价值的良性互动。

在这次访谈中，我深刻认识到麻核桃产业的丰富内涵与发展挑战。了解到了协会有着明确的组织架构与发展规划，众多会员和多个专业委员会的设置，显示出其在推动产业发展上的决心与努力。从其发展历程看，它经历了从早期起步到如今规模渐成的过程，这其中蕴含着前辈们的心血与坚持。然而，产业做大做强的同时，销售环节暴露出的问题也不容忽视，大量投诉反映出市场秩序的混乱，这让我意识到规范市场对于产业持续健康发展的紧迫性。同时，我也看到了协会积极应对问题的态度。我相信，只要持续努力，麻核桃产业定能在规范市场秩序、传播麻核桃文化的道路上越走越远，收获更多人的喜爱与认可。

21. 对话李建队：涞水麻核桃产业发展与振兴

人物简介

李建队，涞水麻核桃栽培管理实用技术推广人，原涞水县林业技术推广站站长，正高级工程师。20世纪90年代初积极参与麻核桃种质资源的调查和保护，多年来作为林业技术骨干从事麻核桃栽培管理和实用技术推广工作。主持修订了《地理标志产品涞水麻核桃》(河北省地方标准 DB13/T 1624—2019)和《涞水县麻核桃栽培技术规程》(保定市地方标准 DB1306/T 116—2022)。

访谈内容概括

作为核桃产业资深专家，李站长自1991年起投身核桃领域，全程见证涞水麻核桃产业从资源普查到蓬勃发展的历程。涞水麻核桃依托独特小气候环境，形成质地细腻、纹理圆润、品相端庄、纹路逼真、上色快等优质特性，成为市场追捧的高端文玩产品。

历经30余年发展，涞水县现已成为全国麻核桃主产区，种植规模达10万亩，年产值突破15亿元，占据全国市场核心地位。该产业在促进群众增收、改善生态环境、推动乡村振兴中发挥重要作用。

李建队作为技术核心人物，2010年主导完成涞水麻核桃地理标志产品申报工作，2019年和2022年两次主持修订《涞水麻核桃产品质量标准》《栽培技术规程》地方标准，通过标准化生产体系保障产品品质，强化区域品牌竞争力。同时，他创新构建"培训＋现场指导＋技术材料＋远程咨询"四位一体推广模式，累计开展技术培训300余场，解决生产难题500余项，为产业可持续发展提供坚实技术支撑。

访谈总结与思考

李站长见证并参与了涞水麻核桃从资源普查到蓬勃发展的全过程。他首先强调了地域特色在农产品品牌建设中的重要性。涞水独特的小气候环境赋予麻核桃优质特性，使其在市场上占有一席之地。这启示我们发展农业要挖掘利用当地自然资源，打造地域特色品牌，提升农产品竞争力与附加值。

标准化生产是李站长提及的另一关键。通过制定和实施地方标准，引导农民进行标准化种植管理，确保了涞水麻核桃的品质与特色。标准化生产是提升农产品质量、赢得消费者信任的重要手段。

科技创新与技术支撑方面，李站长通过举办培训班、现场指导等方式推广麻核桃种植管理技术，解决生产难题。在农业生产中，应引进新技术、新品种，加强农民技术培训，提高生产效率与质量，为产业可持续发展提供保障。

此外，李站长还谈到涞水麻核桃产业发展促进了群众增收，改善了生态环境，推动了乡村振兴。发展农业要注重生态保护，实现农业与生态协调发展，以产业带动乡村经济繁荣。

最后，长期规划与持续努力不可或缺。李站长提到，涞水麻核桃产业发展历经艰辛，从资源普查到如今的蓬勃发展，离不开科学规划与不懈努力。推动农业产业发展，需制定合理规划，明确目标与路径，持之以恒地推进，方能实现产业的可持续繁荣。

本次访谈让我深刻体会到了农业产业发展中的诸多重要议题。地域特色、标准化生产、科技创新以及长期规划等都是推动农业产业可持续发展的重要因素。我们应充分挖掘和利用当地的自然资源优势，打造具有地域特色的农产品品牌；实现标准化生产，提升农产品质量和市场竞争力；不断引进和应用新技术、新品种，提高生产效率和质量；注重生态环境的保护和改善，实现农业与生态环境的协调发展；制定科学合理的规划，并坚持不懈地努力推进，以实现农业产业的可持续发展和乡村振兴。

22. 对话王德义：王泽先生的故事

人物简介

王德义，涞水县人，原涞水县林业站站长。

访谈内容概括

王站长是林业局老专家王泽之子，他给我们讲述了产业的发展历程。这段历史始于 1984 年，王泽老先生参与全省核桃资源普查时，在涞水板城发现两棵特殊核桃树，即麻核桃原生种。当时村民仅将其作普通树种，其观赏价值在后续调查中逐渐显现。

作为果树站工程师，王泽老先生率先开展嫁接实验，将野生麻核桃嫁接到本地老树上。历经数年技术攻关，终于实现嫁接成功，推动全县种植规模扩大。至 20 世纪 90 年代，涞水麻核桃进入高速发展期，品种从单一鸡心核桃拓展至数百种，形成完整产业链。

王站长特别强调父亲的奠基之功。王泽老先生带领团队攻克嫁接技术难题，培育出"官帽""公子帽"等经典品种，其手稿至今仍存于林业局档案室。为纪念这位产业先驱，当地计划将其事迹编入地方志。

当前产业呈现两大特征：一是品种创新持续突破，通过嫁接野生资源已培育出"狮子头""罗汉头"等新品种；二是市场价值显著提升，从最初每斤数元涨至万元级别，成为农民增收的重要渠道。

这段产业史折射出三重意义：一是技术革新方面，嫁接技术突破实现资源转化；二是经济价值层面，小核桃带动大产业；三是文化传承维度，见证民间收藏文化与生态农业的融合。正如王站长所言："麻核桃不仅是商品，更是承载地域文化的精神符号。"

访谈总结与思考

在王站长的访谈内容中，蕴含着前辈贡献、行业发展、文化需求、坚持执着以及传承创新等思考，如同璀璨星辰，照亮了我对涞水麻核桃行业乃至整个社会发展的认知之路。王泽老站长对涞水麻核桃行业的奠基性贡献令人肃然起敬。他不仅在林业普查中慧眼识珠，率先发现可玩的麻核桃品种，更以躬身实践的魄力投身嫁接与管理，用汗水和智慧推动行业从零星种植发展为规模化产业。这种以开拓者姿态深耕行业的精神，印证了任何行业繁荣都离不开前辈们筚路蓝缕的奠基——他们如同灯塔，以无私奉献为后来者照亮前路，为行业持续进步奠定基石。

涞水麻核桃行业的发展历程，是一部凝聚心血与智慧的奋斗史诗。从最初仅作为普通果品的种植，到后来因文玩需求兴起的产业转型，再到如今涵盖品种改良、文化推广、市场拓展的多元化发展，每个阶段都彰显着行业突破既有格局的勇气。正如访谈所述，行业进步的本质是打破固有模式的创新实践。面对挑战时，要勇于创造，敢于创新，以开放心态和前瞻视角重构发展路径，通过技术革新与模式迭代实现产业跃升。

随着物质生活水平提升，社会对精神文化需求呈现指数级增长。访谈中提到的文玩需求激增现象，正是经济繁荣催生文化消费升级的缩影。这提示我们：产业发展需与社会需求同频共振。当人们追求更高品质生活时，应着力培育兼具文化内涵与实用价值的产业形态，以满足人民群众日益增长的美好生活需要。

王泽老站长在行业发展中展现出的坚持与执着令人动容。面对品种改良的技术瓶颈、市场开拓的重重阻力，他始终以"咬定青山不放松"的韧劲坚守事业。这种精神特质如同磐石，支撑着从业者在逆境中开辟新局。这启示我们：无论身处何种领域，唯有以坚韧意志应对挑战、以执着追求突破局限，方能在时代浪潮中书写属于自己的传奇。

在传承与创新的辩证关系上，王泽老站长的实践提供了经典范本。他既系统梳理传统核桃品种谱系，又通过嫁接技术改良果形纹路，更借助现代营销理念拓展市场边界。在快速变迁的现代社会，我们既要珍视传统技艺的文化基因，又要以创新思维激活其生命力，方能在时代洪流中实现文化传承的创造性转化。

王德义的访谈内容不仅记录了涞水麻核桃行业的辉煌历程，更提炼出具有普适价值的发展启示。前辈贡献、行业规律、文化需求、精神品格、传承创新——这些维度共同构成产业发展的多维坐标。这些思考如同精神灯塔，将持续指引从业者在时代坐标中锚定方向，为推动社会进步贡献智慧与力量。

23. 对话李广生：共探麻核桃文化脉络

人物简介

李广生，中国人民对外友好学会艺研院研究员，故宫博物院书画协会副秘书长。

访谈内容概括

本次访谈邀请到故宫博物院退休员工、麻核桃爱好者李广生老师进行分享。从小时候看到老人玩核桃到后来自己深入了解，李老师与麻核桃有近二十年的渊源。故宫博物院曾展出过老核桃，这些核桃据说从乾隆年间开始就是王宫贵族的玩物，多为野生品种，数量稀少且珍贵。李老师认为，虽然现在科技发达，核桃品种丰富，但老品种的品质并不逊色，且玩核桃不仅是一种把玩乐趣，还有助于手部锻炼。

对于涞水麻核桃市场的发展，李老师表示，虽然近年来麻核桃市场有所波动，但他依然看好其前景。他认为涞水作为麻核桃的主要产地，拥有得天独厚的优势，但也需要加强管理和规范市场，形成更大的产业规模，建议通过各种方式宣传和推广麻核桃文化，让更多人了解和喜爱这一传统手玩物。

访谈总结与思考

李广生老师与麻核桃有近二十年缘分，从儿时见老人把玩，到后来亲身研究，其执着热爱令人动容。访谈中得知，麻核桃曾是王宫贵族珍爱之物，彰显深厚文化底蕴。在现代，传统手工艺品价值不减，承载着丰富的文化内涵，彰显着独特魅力。

李老师强调玩核桃有乐趣，还能促进手部健康，让我意识到兴趣与健康可良性互动。谈到地域特色与产业发展，涞水作为主产地，自然条件好，能为产业提供基础，但扩大规模需加强市场管理与规范化运作，可见地域优势与规范发展都不可或缺。

李老师关于麻核桃文化宣传推广的建议引人深思。在信息时代，我们可用多种渠道宣传麻核桃文化，吸引更多人喜爱。面对市场波动，他保持乐观，对市场前景有信心，这启示我们面对挑战要积极寻找机遇。

最后，李老师分享个人经历，从好奇到深入研究，这份情感纽带成为他传承发展麻核桃文化的动力，让我明白个人兴趣、经历和情感在文化传承中的积极作用。

通过这次访谈，我深刻体会到了麻核桃文化的独特魅力和市场潜力，也认识到了传统文化传承、兴趣与健康、地域特色与产业发展、文化宣传与推广、市场波动与前景展望以及个人经历与情感纽带等方面的重要性。这些思考不仅加深了我们对麻核桃文化的理解，也为我们今后在传统文化传承和发展方面提供了宝贵的启示。

24. 对话李元龙：匠人精神

人物简介

李元龙，天津市人，1953年生人，北派核雕代表性人物，从事核雕五十余载，形成了自身独特的雕刻风格，推动了民俗文化核雕的进步，为核雕艺术做出巨大贡献。

访谈内容概括

本次我访谈了中国麻核桃雕刻大师李元龙老师，他在麻核桃雕刻领域颇具影响力。访谈中，我表达了对李老师的高度赞赏，并强调了麻核桃雕刻在提升艺术价值和文化传承中的重要性。

李老师介绍，最适合雕刻的核桃品种是涞水麻核桃，其皮厚、质地细密且颜色透亮。不同品种的核桃因其独特的纹理和形态，适合不同雕刻题材，雕刻师需根据自身思维和灵感选材创作。

谈及手工雕刻与机器雕刻的区别，李老师明确表示，手工雕刻更具艺术性和细节表现力，机器雕刻虽高效但缺乏手工的细腻和独特性。手工雕刻要求雕刻师有足够想象空间和创造力，根据核桃纹理、形态确定题材。

李老师分享了自己从事麻核桃雕刻四十多年的经历，见证了雕刻核桃从兴趣爱好发展成产业。他认为，雕刻核桃带动了就业，为核桃爱好者提供高品质艺术享受，对麻核桃文化和产业发展贡献重大。

访谈总结与思考

与李元龙老师的深度访谈，让我深受触动，折服于他在麻核桃雕刻领域的深厚造诣和独到见解。这次访谈不仅是艺术交流，更是心灵洗礼，让我对麻核桃雕刻有了全新认识。

李老师强调了麻核桃雕刻在提升艺术价值和文化传承中的重要性。艺术创作不是个人英雄主义，艺术家需相互交流、切磋，共同推动艺术发展创新。麻核桃雕刻汇聚雕刻师的智慧与技艺，碰撞出创意火花，提升作品艺术价值。同时，它也是文化传承的重要方式，让传统艺术在时间长河中延续。

李老师对涞水麻核桃的介绍，让我认识到选材对艺术创作的重要性。涞水麻核桃的特性使其成为雕刻优质材料，就像打地基，选对材料才能为雕刻打下坚实基础。了解材料特性，才能发挥雕刻师技艺与创意，创作出优秀作品。

李老师对手工雕刻与机器雕刻的对比引发了我的思考。机器雕刻效率高，但手工雕刻的细腻表现力和独特艺术性无可比拟。在追求高效便捷时，不能忽视手工艺术魅力。手工雕刻考验技艺，挑战创造力和想象力，每件作品都蕴含雕刻师的心血与情感，是独一无二的珍品。这种对艺术的热爱与执着让我十分感动。

此外，李老师四十多年的雕刻经历，体现了他对麻核桃雕刻事业的热爱与执着。他见证了雕刻核桃从爱好到产业的变迁，这不仅为爱好者带来艺术享受，还为当地带来就业机会，推动麻核桃文化和产业发展。这让我认识到，艺术创作能丰富精神生活，产生积极社会效益，为地方经济注入活力。

本次访谈不仅让我对麻核桃雕刻这一传统艺术有了更深入的了解，更引发了我对艺术创作、文化传承、选材与技艺等方面的深刻思考。我相信，只要我们用心去感悟、去实践，中国传统艺术一定会在新的时代背景下绽放出更加璀璨的光芒。

25. 对话"迟锐：文玩的渊源

人物简介

迟锐，"文玩天下"网站创始人，文玩领域青年专家，北京电视台特邀知名专家，首届中国文玩博览会联合创始人。

访谈内容概括

迟锐先生是"文玩天下"的创始人。他回忆，早年文玩多指文房清供和清宫造办。因热爱核桃，他在大学期间创建了"文玩天下"网站，将核桃纳入文玩范畴。他觉得"耍核桃""麻核桃"等名字不够文雅，便根据河北保定谚语"文玩核桃武玩铁球"，将核桃命名为"文玩核桃"。

迟锐先生对核桃的热爱不仅体现在命名上，还体现在对核桃品种的深入研究和鉴别上。早年他凭借丰富经验和敏锐触觉，不用看就能判断核桃的产地和树种。随着网站需求的不断扩大，他进一步对核桃品种进行了解和研究，还参与了核桃的嫁接和培育工作。

他还提到"文玩天下"网站的发展。在文玩爱好者中该网站声誉很高，他曾在上面发布大量关于文玩核桃介绍和鉴别的文章，推动了文玩核桃的普及和推广。但随着时间推移，网站逐渐没落，他仍坚持恢复并重新上线数据，供爱好者回顾和学习。

访谈最后，迟锐先生感谢麻核桃协会，并希望未来继续合作，推动文玩文化发展。

访谈总结与思考

在与迟锐先生的访谈中，我深刻感受到了文化传承与创新的力量，以及行业规范与知识普及的紧迫性，同时也见证了市场消费群体的演变和个人兴趣对事业发展的深远影响。这些思考内容不仅丰富了我的认知，也为我们未来的行动提供了宝贵的启示。

迟锐先生作为"文玩天下"网站的创始人，他的故事生动诠释了文化传承与创新的重要性。他通过创建网站和命名"文玩核桃"，将小众的核桃文化推向大众视野，让更多人了解和喜爱这一传统文化。这种勇于创新、敢于担当的精神，让我认识到文化传承与创新是文化生命力的源泉。

迟锐先生提到文玩行业存在以讹传讹现象，这让我思考到行业规范与知识普及的必要性。在信息爆炸的时代，正确的信息传播渠道和知识体系对行业健康发展至关重要。只有建立完善的行业规范，普及正确知识，才能避免消费者被误导，保障行业长远发展。

市场消费群体的演变也是访谈中的亮点。迟锐先生提到，过去文玩核桃主要是老年人的玩物，但现在越来越多的年轻人都开始接触和喜欢它。这一变化让我看到市场的多元化趋势，也提醒我要时刻关注市场变化，调整策略以适应新的消费群体，才能在市场竞争中立于不败之地。

迟锐先生从建筑学到文玩行业的转变，让我体会到个人兴趣与事业发展的关系。他的故事告诉我们，个人兴趣可以成为事业发展的强大动力。只要我们有足够的热情和毅力，就能在喜欢的领域取得成功。这给了我很大的鼓舞和启发，让我更加坚定了追求热爱的决心。

26. 对话谷毅平：探讨麻核桃的文化魅力

人物简介

谷毅平，天津人，著名企业家、收藏家，弘道书画院院长。自 20 世纪 70 年代末起，他以保存与传承中国文化为使命，大量购藏中国艺术品，以字画、虫具为主，上起明末，下至民国，其中葫芦器多为范制珍品。个人出资在建弘道堂文化艺术馆，免费向公众开放；创建弘道书画院，构建书画名家联络平台。著作有《弘道同心》《弘道存珍》《访游寻古观画琐记》等。

访谈内容概括

谷毅平先生围绕涞水麻核桃的文化价值、收藏魅力及发展前景展开交流。谷先生早在二十几岁时便涉足收藏领域，最初专注于字画、葫芦等，后被麻核桃的文化内涵所吸引，尤其是对涞水麻核桃情有独钟，便开启了近二十年的核桃收藏与研究之旅。

谷先生介绍了涞水麻核桃的历史渊源及其文化价值。早期麻核桃多作为贡品进献宫廷，雕工精美，品相绝佳，反映出深厚的传统工艺和文化底蕴。他特别提到清末雕刻大师"少方刘"及其夫人"少方氏"制作的核桃作品，强调这些老核桃不仅是艺术珍品，更是文化传承的载体，具有极高的收藏价值和历史研究意义。

访谈中，谷先生展示了南将石的佛肚核桃和百花山的满天星核桃等精品，详细讲解了核桃的品种、纹路、色泽及盘玩特点。他指出，核桃不仅是一种文玩器物，更是一种文化体验，通过盘玩可以刺激手指经脉、开发左右脑，还能感受到与历史的对话，达到"玩中养心、玩中修身"的境界。

谈到核桃收藏的市场价值时，谷先生分享了自己曾花费27万元购买一对"三道筋"核桃的经历。他指出，随着麻核桃的文化价值逐渐被发掘，精品核桃价格一路攀升，部分珍品甚至拍出百万元以上高价，这体现了核桃收藏市场的潜力，也说明文玩核桃已发展为具有广泛影响力的文化产业。

谷先生高度肯定了涞水麻核桃在市场上的地位和品牌影响力，认为其品种优良，在文化传播和市场推广方面贡献突出。他还鼓励继续编纂和出版相关书籍，提升其文化影响力和市场竞争力。访谈最后，谷先生表达了对麻核桃产业未来发展的美好期望，认为麻核桃作为文化与经济并重的产品，具有广阔前景，只要坚持传承与创新并行，必将推动地方经济发展，助力文化复兴。

访谈总结与思考

与谷毅平先生的交流让我深受启发，尤其是在核桃收藏与文化传承方面的独特见解，使我对涞水麻核桃的历史和市场价值有了更深入的认识。这次访谈不仅是一次文化对话，更是一场关于收藏理念和市场趋势的深刻探讨。

谷先生作为文玩收藏界的资深专家，在字画、葫芦等多个领域均取得卓越成就，他的收藏品很多堪称国宝级别。然而，他最终选择将目光聚焦在核桃这一小而精的文玩领域，这充分说明核桃的艺术魅力和文化价值足以与其他高端收藏品比肩。他二十多年的收藏经历证明了麻核桃市场的发展潜力，也进一步肯定了核桃作为文化载体的独特地位。

让我印象深刻的是谷先生对麻核桃历史文化的深入了解和尊重。他讲述了清末雕刻大师"少方刘"和"少方氏"的故事，揭示了核桃不仅是文玩器物，更是一种文化传承的象征。这让我认识到，要推动麻核桃产业的发展，必须重视其文化属性，充分挖掘和保护核桃背后的历史故事和工艺技法，通过文化赋能提升产品价值和市场吸引力。

谷先生还强调了核桃收藏的市场价值和艺术价值。他多次提到自己曾在十几年前花费重金购入精品核桃，并强调市场价格的攀升反映出收藏市场对精品核桃的认可。随着人们生活水平的提高和文化消费需求的增长，核桃的艺术收藏价值将进一步凸显。因此，我们在推广核桃产业时，不仅要关注其实用价值，更要重视文化营销，通过打造品牌文化故事吸引更广泛的市场关注。

值得注意的是，谷先生在访谈中多次提到核桃的盘玩特点及其对身心健康的益处。在核桃市场推广过程中，可以充分利用其健康益处和文化内涵，打造更加多元化的产品定位，吸引不同层次的消费者。

谷先生还提出，要推动核桃产业进一步发展，必须加强文化研究和出版工作，通过系统整理核桃的历史、品种和盘玩技法，为行业建立标准化规范，推动产业走向规模化和品牌化。这一建议与当前产业发展的需求高度契合，说明在市场拓展的同时，必须同步完善文化建设和学术研究，为产业的可持续发展提供科学依据和文化支撑。

通过这次访谈，我深刻体会到涞水麻核桃产业发展的关键在于"文化与市场双轮驱动"。一方面，要继续加强技术创新和管理规范，保障产品质量，提高市场竞争力；另一方面，要充分挖掘和传播核桃的文化价值，借助品牌塑造和文化营销拓展市场空间，吸引更多文化爱好者和收藏者关注。

此外，访谈也让我意识到麻核桃产业的发展离不开收藏家和爱好者的推动力量。像谷先生这样的资深收藏家，不仅是文化的传承者，更是市场的推动者。他们的研究、收藏和推广行为，为核桃产业提供了市场支持和文化传播动力。因此，未来应进一步加强与收藏界的合作，形成产学研联动机制，共同推动核桃产业走向更高水平的发展阶段。

总之，麻核桃承载着丰富的历史文化和市场潜力。通过科技创新与文化传承相结合，我们完全有能力将涞水麻核桃打造成全国乃至国际知名的文玩品牌，为地方经济和文化建设做出更大的贡献。我相信，在专家和爱好者的共同努力下，涞水麻核桃必将迎来更加辉煌的未来。

27. 对话张福来：传承与创新的思考

人物简介

张福来，天津人，中国工艺美术协会会员，天津工艺美术行业协会常务理事，天津市工艺美术学会葫芦专业委员会会长，天津中环葫芦商会会长，中国工艺美术行业艺术大师，高级工艺美术师，天津市工艺美术大师，非物质文化遗产津派砑花葫芦代表性传承人。

访谈内容概括

张福来先生表示，自己对葫芦文化接触较多，但对麻核桃也有了一定了解。在文玩领域，葫芦和核桃都是深受老百姓喜爱的把玩之物，玩葫芦的人往往也会玩核桃。

张福来先生详细介绍了麻核桃的历史和现状。涞水县是麻核桃的发源地，1984 年在全国林木普查时发现了第一棵麻核桃树，这棵树被称为"艺核一号"。从这一棵树开始，逐渐发展出了几百个核桃品种，产业也从涞水县扩展到全国。天津和北京人对核桃的喜爱和盘玩分享，对核桃文化的传播起到了重要作用。

他还分享了自己对核桃价值的认识过程。最初他对核桃的高价值感到惊奇，但随着对核桃文化的深入了解，他逐渐产生了浓厚的兴趣。现在不仅老年人玩核桃，越来越多的年轻人和女性也加入其中，核桃文化已逐渐普及。

在对话中，我对张福来先生在核桃文化领域的大力支持和推广表示感谢，并表示协会将努力为核桃产业的健康有序发展做好服务，把传统文化发扬出去。

张福来先生表示，希望能与协会合作，共同举办宣传活动推广核桃文化。他还提到，去年与王同宝老师合作举办花卉葫芦文化节，活动中融入了麻核桃让葫芦爱好者近距离接触，效果很好。他期待未来与协会有更多合作，来推动麻核桃和葫芦文化的融合发展。

访谈总结与思考

在本次访谈中，张福来先生指出，核桃文化已经不再局限于老年人群体的喜爱，越来越多的年轻人和女性也开始对这一传统文化产生浓厚兴趣。这一变化让我意识到，传统文化并非一成不变，而是能够与时俱进，不断焕发新的活力。这也启示我们，在传承和发扬传统文化的过程中，应注重其与现代社会的融合，通过创新的方式，让更多人接触、了解和喜爱传统文化。

张先生还强调了地域特色在传统文化中的重要性。他提到涞水县作为核桃的发源地，从第一棵麻核桃树开始，逐渐发展出几百个核桃品种，产业也从涞水县扩展到全国。这一事实让我深刻认识到，地域特色是传统文化的重要组成部分，也是其独特性和吸引力的源泉。在推动传统文化发展的过程中，应充分发掘和利用地域特色，打造具有地方特色的文化品牌，这样不仅能够促进地方文化的繁荣和发展，也能让传统文化更加丰富多彩，更具吸引力。

此外，张先生提到了文化融合的可能性。他分享了自己去年与王同宝老师合作举办的花卉葫芦文化节的事迹，将麻核桃融入了其中，取得了很好的效果。这一实践让我看到了传统文化与现代文化、不同地域文化之间融合的可能性。这也启示我们，在传承和发扬传统文化的过程中，应注重不同文化之间的交流和融合，通过跨界合作和创新，为传统文化注入新的活力和内涵，让传统文化在现代社会中焕发出更加绚丽的光彩。

最后，张先生对传统文化推广的热情和执着让我深受感动。他希望通过与协会的合作，共同举办活动来宣传和推广核桃文化，让更多人了解和喜爱这一传统文化。这种对传统文化的热爱和执着精神，是推动传统文化发展和传承的重要力量。这也让我意识到，作为社会的一员，我们都有责任和义务去传承和发扬传统文化，让其在现代社会中继续发扬光大。

本次访谈不仅让我了解了麻核桃文化的历史和现状，更让我深刻思考了传统文化在现代社会中的生命力、地域特色在传统文化中的重要性、文化融合的可能性以及传统文化推广的热情和执着等议题。这些思考内容对于推动传统文化的传承和发展具有重要的启示意义。我相信，在未来的日子里，我们会看到更多的传统文化在现代社会中焕发出新的活力，成为连接过去与未来的桥梁。

28. 对话孙红川：专家眼中的核桃市场

人物简介

孙红川，河北定州人，毕业于河北农业大学园艺系果树专业。曾任河北德胜农林科技有限公司总经理，后创办湖北霖煜农科技有限公司并任董事长。作为主研人，"核桃高效芽接繁育理论与技术研究"等四项成果获河北省政府科技进步三等奖；参与制定我国林业行业首个"核桃标准综合体"。他先后获评河北省管优秀专家、林草乡土专家等荣誉。

访谈内容概括

行业专家孙红川，是麻核桃领域的资深人士。1998年，他的老师郗荣庭教授因学校扩建，将一批珍贵核桃树资源移交给孙红川，其中包括"艺核一号"（鸡心）和"清香"等品种。孙红川由此开启规模化种植之路，通过农展会等平台展示核桃，吸引市场关注，核桃曾卖到十元一颗。但随着市场竞争加剧，价格下跌，他面临着经营压力。

困境中，孙红川结识了首席专家裴东教授，获得"戏金蟾"品种。该品种虽小但特色明显，适合做手串，但却因产量低、栽培难而难以推广。孙红川凭借积累的栽培技术攻克种植难题，五年后成功提高其存活率和产量。

访谈中，孙红川表达了对"戏金蟾"的喜爱和信心，希望能在协会带领下，推动麻核桃产业走向世界。他强调科技在产业中的重要性，认为科技创新是让更多人欣赏麻核桃之美的关键。访谈处处展现了他对麻核桃的执着追求和对行业的美好憧憬。

访谈总结与思考

在与孙红川老师的访谈中，我仿佛进入了一个充满智慧与希望的农业世界。

访谈中，孙红川先生高度评价了科技在核桃种植和推广中的关键作用。他提到，通过栽培技术革新，核桃树的存活率和产量显著提升，这不仅满足了市场需求，更彰显了科技在现代农业中的核心地位。这让我深刻体会到，科技是推动农业产业升级的关键引擎，如同一把钥匙，开启了高效、可持续发展的新大门。

孙红川先生接手并成功保存了郗荣庭教授引进的核桃品种，这让我对农业种质资源的保护与利用有了更深的理解。珍稀种质资源如同宝贵的基因库，承载着生物多样性和农业可持续发展的潜力。孙红川先生的实践告诉我们，通过科学手段，可以将这些资源转化为推动农业产业创新的动力。

他还强调了市场需求对产业发展的引导作用。他根据市场需求灵活调整种植规模，通过技术改进提高产量，满足了消费者需求，提升了产业效益。这启示我们，在市场经济下，农业产业必须紧密贴合市场需求，优化产业结构，提高产品质量和效益，增强竞争力。

核桃产业的文化传承与创新也给我留下了深刻印象。孙红川先生认为，核桃产业不仅是经济产业，更是承载着深厚文化底蕴的产业。他们通过品种创新和技术改进，推动了核桃文化的传承与发展。这让我认识到，在农业产业发展中，不能忽视文化的力量，将传统文化与现代科技结合，打造具有地域特色和文化内涵的农业品牌，是提升产业附加值的重要途径。

访谈中，孙红川先生多次提到团队合作和知识共享的重要性。他在核桃品种开发和推广中，得到了多位专家的指导和支持。这种紧密的合作关系和知识分享，为核桃产业的成功发展提供了支撑。这让我深刻体会到，在农业产业发展中，加强团队合作和知识共享至关重要，只有形成合力，才能推动产业创新。

孙红川老师的访谈内容不仅让我对核桃产业的发展有了更深入的了解，更让我在科技、资源、市场、文化和团队等多个方面获得了深刻的启示。我坚信，只要我们坚持科技创新、保护利用资源、紧贴市场需求、传承创新文化、加强团队合作和知识共享，就一定能够推动农业产业不断迈向新的高度，为实现农业可持续发展贡献我们的智慧和力量。

29. 对话秦秀福：解涞水麻核桃为精神载体

人物简介

秦秀福，河北省保定市涞水县人，书画艺术家，一级美术师、中国国画院院士。

访谈内容概括

秦老师讲述麻核桃能够保留并传播，一是古时桃有驱凶避祸寓意，人们认为它可以驱邪避邪，麻核桃继承了这种寓意，给人精神安慰；二是其形状像两个蝴蝶相抱，象征美好爱情。同时，麻核桃在后续历史中被挖掘出健身、按摩等功能，深受百姓喜爱，从而使这一文化流传至今。

访谈总结与思考

秦秀福老师的讲述让我们深刻感受到涞水麻核桃背后深厚的历史底蕴。麻核桃成为历史的见证者和文化传承的载体，承载着涞水地区一千七百多年的记忆，让我们对这片土地的过去有了更深刻的认识。

从古至今，麻核桃文化在民间和宫廷传承从未间断，这不仅是对一种植物的传承，更是对当地历史文化、民俗风情和人们精神寄托的传承。我们有责任和义务将这些珍贵的文化遗产传承下去，让后人了解先辈们的生活和智慧，使地域文化得以延续和发展。

30. 对话赵持帜：解码涞水麻核桃的多元价值

人物简介

赵持帜，河北人，茅山第 80 代持字辈，道名持帜，号"冀州山人"，九合易学创始人。

访谈内容概括

在此次访谈中，我有幸邀请到国学专家赵持帜先生，共同探讨涞水麻核桃背后的文化故事。赵先生详述了核桃作为传统文化载体的意义，麻核桃从古代贵族专属玩物逐渐普及到寻常百姓家，文化底蕴深厚，在国学与传统文化体系中占据重要地位。明清时期，把玩核桃之风盛行，达官显贵痴迷，与如今人们对手机的依赖相似，是极具代表性的文玩物品。

我赠予赵先生一对涞水麻核桃精品——官帽（麒麟纹）核桃，并提及乾隆爷的咏核桃诗。赵先生十分珍视这份礼物，并对麻核桃产业的前景满怀信心，相信在核农与相关部门的推动下，能打造成为中国特色并走向世界，成为馈赠贵宾的佳选，融合文化与养生功效，助力传统文化的传承与发展。

访谈总结与思考

在与国学专家赵持帜先生探讨涞水麻核桃文化故事的访谈中，我收获了诸多深刻感悟。赵先生对麻核桃文化底蕴的阐述，让我深切感知到他对传统文化的热爱与执着传承。麻核桃从古代达官贵人的专属玩物，经岁月洗礼传至今日成为大众喜爱的文玩物品，背后是无数人的喜爱延续。现代从业者的倾心付出，同样源于内心热爱。当下快节奏社会，诸多传统技艺文化因缺乏传承者而日渐式微，麻核桃产业的传承精神启示我们，守护传统文化需要众人的热忱与担当，让传统文化在现代寻找新的契机、绽新光彩，延续民族文化的根脉。

麻核桃产业发展需要市场支撑与文化引领，两者平衡是关键。市场的需求推动经济发展，拓展销售、打造品牌，实现其经济价值；文化内涵赋予其独特魅力，助其脱颖而出。赵先生还提到，发展产业要结合市场与文化，避免过度商业化导致丢失文化内涵或出现重文化轻市场的现象。

总之，通过访谈我们能够深刻认识到麻核桃产业融合了历史文化、现代经济与情感价值。其发展的各方面都为传统文化传承、特色产业发展等提供宝贵经验，能够引导当下人们注重文化挖掘、情感创造与产业可持续发展，以实现经济、文化和社会的协调共进，让传统与现代在相互交融中创造更加美好的未来。

31. 对话于宗玲：麻核桃与养生之道

人物简介

于宗玲，俗名于金玲，河北省道教协会副秘书长、保定市道教协会副秘书长、涞水县道教协会会长兼秘书长、涞水县政协委员，涞水县城隍庙住持。

访谈内容概括

于会长首先介绍了麻核桃与养生的紧密联系。麻核桃是涞水县特产，具有独特文化价值和深厚养生理念。其阴阳两面与道家阴阳平衡理念契合，盘玩可促进手部血液循环，达到养生效果。

接着，于会长分享了她在道教协会的工作经历。自2006年进入城隍庙以来，她致力于道教文化传承与发展，在县委县政府支持下，积极参与文物保护和道教文化推广，使涞水县道教文化得以丰富传承。

于会长强调，道教养生理念是中国传统文化的重要组成部分，强调顺应自然、阴阳平衡和养神。通过调理饮食、锻炼身体、冥想养心等方法，可达到身心健康目的。麻核桃作为自然产物，其纹理和形状均为天成，与道家动静结合、穴位刺激等理念相契合，具有显著养生功效。

在于会长引导下，我们探讨了麻核桃与道家养生理念结合的多种创新方法，如顺应自然理念与麻核桃自然属性结合、阴阳平衡思想融入麻核桃搭配、盘玩技法创新等。这些创新方法丰富了麻核桃玩法，提升了其养生效果。

最后，于会长用诗句赞美麻核桃的养生功效，表示盘玩麻核桃可修身养性、与自然和谐相处，是对麻核桃和道家养生理念的传承发扬。

通过此次交流，我们深刻认识到麻核桃与养生之道的紧密联系，希望未来有更多人了解并参与这一养生方式，共同传承发扬中国传统文化。

访谈总结与思考

在与于宗玲会长的访谈中，我深刻感受到传统文化与现代养生的紧密联系，以及道家的养生理念。同时，也引发了我对文化传承与个人修养的深思。

首先，于会长强调了麻核桃与养生之道的紧密联系，麻核桃作为自然产物，其纹理和形状与道家"道法自然"理念契合，通过盘玩可感受自然力量，达到养生目的，这种利用自然产物养生的方式简单有效，值得传承。

道家养生理念中的顺应自然、阴阳平衡和养神思想，在现代社会仍具重要指导意义。它提醒我们尊重自然规律，保持身心和谐平衡。现代快节奏生活常使我们忽略身心需求。道家养生理念则教会我们顺应自然、调节身心，保持健康状态，这种理念不仅适用于个人养生，也适用于社会的发展。

道家养生理念中"天人合一""顺应自然"思想提醒我们尊重自然、保护环境，实现人与自然和谐共处。现代社会应面对着一些环境问题，我们可从道家养生理念中汲取智慧，学会与自然和谐相处，共同保护地球家园。

访谈中提到的创新养生方式，如将道家养生理念与麻核桃盘玩结合，启示我们要勇于创新，探索新的养生方式和方法，以满足现代人多样化的养生需求，推动养生事业发展。

访谈中还提到的个人努力与集体力量的结合，引发我的深思。于会长的个人付出和县委县政府的支持共同推动了文化传承和养生事业的发展，这告诉我们个人努力在推动事业成功中的作用也不容小觑。

于宗玲会长这次访谈让我深刻感受到了传统文化与现代养生之间的紧密联系以及道家养生理念在现代社会中的深远意义。它引发了我对文化传承、身心健康、人与自然和谐共处等方面的深思，也让我更加坚定了传承和弘扬优秀传统文化的信念。

32. 对话王浩然：涞水的麻核桃名片

人物简介

王浩然，涞水人，自媒体创作者，涞水日记文化传媒有限公司创始人。

访谈内容概括

这次访谈邀请到了协会中的一位特别成员——王浩然，他以"涞水日记"为网名，在推广涞水麻核桃方面做出了显著贡献。

王浩然分享了自己与麻核桃的深厚情缘，从儿时初次接触到麻核桃的深刻印象，到后来逐渐了解并见证了麻核桃产业的蓬勃发展。他回忆，第一次了解麻核桃是在1998年左右，当时表兄的亲戚用核桃制作了一个钥匙把，这让他对麻核桃产生了兴趣。尽管他并未直接从事麻核桃行业，但麻核桃一直是他作为涞水人的骄傲。他见证了麻核桃从最初的零星种植到后来成为当地的重要经济作物，甚至带动了全国范围内的种植发展。

王浩然提到，麻核桃不仅为当地人提供了就业机会和收入来源，还成为了涞水的一张文化名片。他讲述了许多通过种植麻核桃实现脱贫致富的故事，包括一些原本在外工作的程序员、业务员等，后来回到家乡种植麻核桃并取得了成功。此外，麻核桃还延伸到了国外，让外国朋友也体验到了中国的传统文化。

王浩然还强调了麻核桃与健康的紧密联系，指出把玩麻核桃不仅能享受其变化的过程，还能对身体产生益处。他提到，麻核桃文化历史悠久，是中国传统文化的重要组成部分，现在能够如此繁荣发展，也体现了国家的富强和社会的和谐。

访谈总结与思考

与王浩然的访谈过程，深深触动了我。这次对话不仅是一次关于麻核桃文化的探讨，更是一次关于文化传承、经济发展、生活品质、个人选择、文化传播以及传统文化现代价值的全面反思。

首先，访谈中提到的文化传承与经济发展让我印象深刻。小小的麻核桃，这一传统文化符号，在涞水地区焕发出了新的生机。它不仅带动了当地的经济发展，解决了就业问题，还成为了涞水的一张文化名片。这充分展示了传统文化与现代经济相结合的力量，也让我们看到了如何通过文化产品促进地方经济繁荣。麻核桃的故事告诉我们，传统文化并非只是历史的遗迹，而是可以与现代生活紧密相连，成为推动社会发展的重要力量。

其次，麻核桃文化所体现的生活品质与和谐社会也让我深思。访谈中提到，麻核桃文化象征着和谐、美好和富足。它原本只是皇室和达官贵人的玩物，如今却已普及到寻常百姓家。真正的文化应该能够深入人心，成为人们生活中不可或缺的一部分，从而推动社会的和谐与进步。

王浩然对于麻核桃文化的深厚感情和自豪感也引发了我的思考。他虽然并未直接从事麻核桃行业，但却将宣传和推广麻核桃文化视为自己的责任。这种将个人选择与集体荣誉紧密相连的观念，体现了他对家乡的热爱和对文化传承的责任感。这也让我意识到，我们每个人都是文化传承的重要一环，我们的选择和行为都在影响着文化的传播和发展。

麻核桃文化在国际上的传播更是让我看到了中国传统文化的强大影响力和吸引力。它不仅在国内得到广泛传播，还逐渐走向世界，成为连接不同国家和文化的桥梁。这提醒我们，要重视和传承自己的文化遗产，让它们在国际舞台上发光发热，让世界更好地了解中国、认识中国。

与王浩然的访谈不仅让我了解了麻核桃文化的独特魅力和经济价值，更引发了我对于文化传承、生活品质、个人选择、文化传播以及传统文化现代价值的深刻思考。这些思考将激励我在未来的生活中更加关注文化的传承与发展，为推动社会的进步贡献自己的力量。

33. 对话刘凤伟：AI 赋能麻核桃产业新飞跃

人物简介

刘凤伟，涞水人，麻核桃文化宣传大使。

访谈内容概括

本次访谈邀请了麻核桃文化传播人刘凤伟老师，就麻核桃产业与 AI 技术的结合展开深入探讨。刘凤伟老师对 AI 技术在推动麻核桃产业文化品牌发展上寄予厚望。他指出，传统营销手段已近瓶颈，而 AI 技术能借助大数据和智能算法，为麻核桃产业带来全新的营销模式和品牌策划理念。

刘凤伟老师强调，AI 技术能够汇聚全球智慧，通过文字描述生成图案和思想，构建出比人工更全面、更创新的营销方案。他特别提及了美国的 ChatGPT 和中国的 deepseek 等 AI 应用，认为这些技术已能满足核桃产业现有需求，并有望实现营销的质的飞跃。

在具体策略上，刘凤伟老师建议从品牌理念、文化、健康等多维度出发，利用 AI 技术生成虚拟图像、文字和视频等内容，以更生动、直观的方式推广核桃产业。同时，他提到了外贸市场的潜力，尤其是东南亚等地区的华人市场，认为这些地区对核桃产品接受度高，商业价值巨大。

刘凤伟老师还对涞水县政府和协会在核桃产业发展中的努力表示赞赏，认为这些努力是产业取得现有成就的关键。他强调，作为涞水人，他有责任和义务推广家乡的文化和产品，为家乡经济发展贡献力量。

最后，刘凤伟老师希望未来能继续借助 AI 技术推动核桃产业发展，并对涞水县政府和协会的贡献表示感谢，认为这些努力体现了涞水人的智慧和精神。

访谈总结与思考

首先，刘凤伟老师对传统营销手段局限性的揭示让我深刻认识到，在快速变化的市场环境中，仅依靠传统营销手段已难以满足市场需求，甚至可能面临市场饱和以及竞争加剧的挑战。这迫使我们不得不重新思考，如何在激烈的市场竞争中寻找新的突破点，不断创新和尝试新的营销方式。

其次，刘凤伟老师对 AI 技术潜力的强调让我看到了科技对产业未来发展的巨大影响。AI 技术不仅能集中全球智慧，生成创新营销方案，还能在品牌策划、产品设计等多个方面提供支持。这让我思考如何在未来产业发展中更好地利用 AI 技术，实现产业升级和突破。

在品牌与文化结合方面，刘凤伟老师的建议让我更加意识到品牌不仅是产品的代名词，更是企业文化和价值观的体现。在营销过程中，我们不仅要关注产品实用性，更要注重品牌文化建设，通过多角度推广增强消费者的认同感和忠诚度。

此外，刘凤伟老师对外贸市场拓展的提及也让我意识到全球化背景下积极拓展海外市场的重要性。尤其是东南亚等地区的华人市场，具有文化共性和市场潜力，应成为我们关注的重点。通过深入了解这些地区的市场需求和消费习惯，我们可以更好地制定营销策略，提升产品竞争力和市场份额。

刘凤伟老师作为涞水人对家乡文化和产品的深厚情感也让我深受感动。他强调自己有责任和义务推广家乡文化和产品，这体现了个人对家乡的深厚情感，也激励我们在各自领域为家乡和社会作出贡献。

最后，刘凤伟老师对涞水县政府和协会的赞赏再次表明了政府和协会在产业发展中扮演的重要角色。他们通过政策支持和资源整合为产业发展提供保障。这启示我们在未来产业发展中应更加注重与政府和协会的合作，共同推动产业繁荣发展。

这次访谈让我深刻认识到在快速变化的市场环境中，我们需要不断探索和创新，充分利用新技术和新兴市场，加强品牌文化建设，积极履行社会责任，与政府和协会紧密合作，共同推动产业的繁荣发展。

第二节　优秀核农核商访谈录

1. 对话李超：把控质量、以德经商

人物简介

李超，河北省保定市涞水县人，麻核桃种植规模 500 亩以上。

访谈内容概括

李超是涞水麻核桃产业中表现卓越的年轻核商，谈及当前市场环境时他指出，目前消费者的消费水平偏低，5 万、10 万等级的高端麻核桃销售遇阻，但 1 万多、2 万多的核桃仍具市场。

李超透露，他目前拥有 14 名主播推广麻核桃，促进了就业。谈及品种选择，他表示老品种如白狮子、四座楼、苹果园等，因自然骨质优良，依旧受到市场青睐。新品种虽有一定市场潜力，但产量较低，相比之下，还是大宗品种更受欢迎。李超强调，他们注重质量把控，从青皮挑选到配对，再到发货前，均进行严格检查，确保产品质量。

在种植方面，李超拥有超 500 亩的核桃园，管理成本高昂，但他坚持使用有机肥，避免化肥对树木造成伤害。他认为，科学管理和付出是获得好收成的关键。

我们赞扬了李超在核桃产业中的成就，并强调其诚信经营和以德经商的理念。李超是行业的榜样，大家都应向他学习以共同维护市场健康发展。

最后，提及涞水麻核桃产业在乡村振兴和脱贫中的重要作用，李超希望大家能够共同努力，传承和发展这一产业，提升生活品质，传承涞水人的精神和智慧。

访谈总结与思考

与李超的访谈让我深受触动，并让我仔细品悟其中的智慧与启示。

李超团队坚守诚信经营、以德经商的原则，严格把控质量，确保每一对核桃都是精品。他们多次提及"不坑人不骗人"和"售后把控好"等理念，赢得市场的广泛认可，为行业树立了诚信典范。这让我深刻体会到，诚信和质量是企业长远发展的基石。

在品种选择上，李超既保留传统老品种，又勇于尝试新品种，这种在传统与创新之间寻求平衡的做法，让我深感敬佩。他深知老品种受欢迎的原因，也意识到新品种的市场接受度需要时间沉淀。这启示我们，在传承传统文化的同时，也要勇于创新，但更要尊重传统。

李超注重使用有机肥，减少化肥和农药使用，体现了对环境和生态的保护意识。同时，他强调科学管理的重要性，认为这是实现可持续发展的关键。这提醒我们，在追求经济效益的同时，也要关注环境保护和可持续发展。

李超的核桃产业带动了当地就业和经济发展，为乡村振兴做出了贡献。这让我认识到农业产业在促进地方经济发展和解决农村就业问题中的重要作用。同时，也启示我们要关注和支持农业产业的发展，推动乡村经济的繁荣。

访谈中，李超还提到行业中的不良现象，他坚决反对这些行为，呼吁大家共同维护行业良好形象。这让我意识到，在任何行业中，都要保持自律和诚信，树立正面行业形象。同时，也要加强行业自律和监管，营造公平、公正、透明的市场环境。

这次访谈让我对诚信、质量、创新、可持续发展、乡村振兴以及行业自律等方面有了深入思考。我相信，只要我们坚持诚信经营、注重质量把控、勇于创新、关注环境保护和可持续发展、推动乡村振兴和加强行业自律，就一定能够推动麻核桃产业迈向新的高度，为实现农业强国梦贡献力量。

2. 对话核桃老李：探寻产业发展密码

人物简介

李建忠，河北省保定市涞水县娄村镇人，三代核农，从事麻核桃行业二十年。抖音麻核桃部类商家之一。

访谈内容概括

本次访谈中，我与麻核桃行业知名人士核桃老李，围绕麻核桃文化展开了讨论，涉及产业发展、市场交易、把玩文化等多个方面，展现了老李对麻核桃的深厚情感与深入理解。

1. 麻核桃产业发展历程

早期嫁接与市场起步：15～20年前，麦虎等品种开始嫁接，青皮核桃在国贸售价曾达1 500元，后降至1 200元，彼时市场渐兴，价格波动大。

品种推广与价格变化：从业者在品种推广中发挥了重要作用，王勇官帽早期一对横径4.9厘米的能卖27 000元，后虽降价，但把玩价值犹存，全品官帽仍有市场。

2. 麻核桃的市场交易情况

开青皮市场现象：往年7、8月开青皮，近年延至9月，青皮价格下滑至单个8元。但"假开""偷梁换柱"、不发货等问题频出，影响了行业信誉。消费者应谨慎对待，建议在能看清实物的情况下交易。

市场需求与产地优势：全国从业者、消费者汇聚麻核桃市场，范围广、规模大。全国各地的核桃多拿到涞水嫁接，因本地气候适宜麻核桃生长，这是涞水麻核桃质量好的重要因素，也使其成为国家地理标志保护产品。

3. 麻核桃把玩文化

把玩喜好与态度：从业者对各种核桃都有喜好，注重把玩品质，认为亲手把玩能更好地体验其特点，同时强调对消费者负责，终身保障核桃质量，增强消费者购买信心。

文玩核桃分类与意义：文玩分上文玩、下文玩，麻核桃具有较高的把玩价值，不同麻核桃各有千秋，把玩核桃既是物质享受，更是文化传承，当下从业者十分热衷与粉丝分享文化。

4. 直播与麻核桃产业发展

直播作用与频率：从业者月播二十七八场甚至三十来场，直播不只为售核桃，更是传播情怀，与粉丝分享知识、互动聊天，也成为传播文化、促进产业发展的新途径。

对产业发展的期望：期盼政府、涞水惠农麻核桃协会助力，规范市场，吸引更多人参与，推动麻核桃产业壮大。

职业生涯人物访谈心得与思考

此次访谈后，我深刻感受到麻核桃产业发展蕴含诸多要点。

其一，产业发展得益于多元因素。涞水的独特气候利于核桃生长，吸引各地核桃来此嫁接，地域因素为产业发展奠定了坚实基础。早期的从业者对品种推广也功不可没，推动了产业的发展。

其二，市场交易现状有喜有忧。市场规模持续扩张，吸引了全国各类人群。但开青皮环节问题频出，扰乱了市场秩序，折损了消费者的信任，建议消费者交易时务必理性谨慎。

其三，把玩文化意义深远。从业者对核桃把玩的热爱以及对品质的追求，体现了这一文化的魅力，这种文化传承不仅是物质层面的享受，更是一种精神文化的延续，对产业发展有着深远影响。

其四，直播为产业注入活力。直播不仅是销售途径，更是文化传播、互动的平台。从业者的高频直播，与粉丝建立了深厚情感联系，推动了产业的发展。最后期望政府与协会规范市场、加大扶持，从业者能够发挥自身优势，共促产业壮大，实现社会经济价值。

3. 对话付志磊：麻核桃创业之路与启示

人物简介

付志磊，农民创业者，"核和美美"品牌创始人，2015年与创业伙伴成立"核和美美"电商品牌，最早期介入麻核桃类目电商领域创业者之一。

访谈内容概括

本次访谈有幸邀请到核桃界知名人士付志磊，他是"核和美美"品牌掌舵人，在麻核桃领域经验丰富、见解独特。

付志磊来自东北，家庭背景与农副产品收购相关。2010年冬季，他开始接触核桃。当时，父亲收购大量东北楸子，因产量大、价格低，常被北京客商挑选后作为麻核桃销售。受此启发，他尝试在淘宝销售楸子核桃，并发现麻核桃市场潜力巨大。

起初，他在淘宝销售楸子核桃，价格亲民，销售良好。但随着对市场的深入了解，他意识到麻核桃是高端品种，具有极高的收藏和升值价值。于是，他开始销售麻核桃，并通过网络平台与涞水等地核桃供应商建立联系，获取优质货源。

为更深入了解市场和产品，他亲自前往涞水等地的核桃种植基地和交易市场考察。他惊讶地发现，这里核桃市场繁荣，只要能买到好货，就能轻松赚钱。这种繁荣景象激发了他的创业热情，他决定带领团队在麻核桃领域精耕细作。

经过多年努力，他的团队逐渐壮大，最多时拥有60名成员。他们不仅在电商平台销售麻核桃，还注册了"核和美美"品牌，致力于提升产品质量和品牌影响力。他的创业故事激励了周围朋友和伙伴，带动更多人加入这个行业。

如今，他已成为麻核桃领域的佼佼者。每年都会花大量时间在涞水，与本地核桃种植户和经销商保持紧密联系，确保供应链稳定和优质。同时，他也积极参与行业交流和活动，为推动麻核桃产业发展贡献力量。

访谈总结与思考

深入了解付志磊先生后，我深受启发。他的经历不仅是个人奋斗的传奇，更是对创业者和管理者们的宝贵启示。

付志磊的创业之路始于家庭背景中的农副产品收购，这让他接触到核桃。但他没有止步于简单收购与销售，而是敏锐捕捉到麻核桃市场的巨大潜力。这种对市场趋势的洞察力和果断决策力，是他成功转型并专注于高端麻核桃销售的关键。

他还重视亲身体验与深入了解。不仅通过网络平台销售核桃，还亲自前往核桃种植基地和交易市场考察。这种深入一线的做法，让他能更直接地了解市场和产品的真实情况，从而做出更明智的决策。

在品牌建设方面，他注册了"核和美美"品牌，致力于提升产品质量和品牌影响力。他深知品牌是连接消费者与产品的桥梁，是提升产品附加值的关键。因此，他投入大量精力在品牌建设和品质提升上，以增强市场竞争力。

团队协作也是他成功的重要因素之一。他的团队从最初的几个人发展到最多时拥有60名成员，共同努力和协作推动了公司的快速发展。

最后，他还注重持续学习和行业贡献。每年都会花大量时间在涞水等地，与本地核桃种植户和经销商保持紧密联系，确保供应链稳定和优质。他还积极参与行业交流和活动，为推动麻核桃产业的发展贡献力量。

付志磊的经历为我们提供了关于市场洞察、亲身体验、品牌建设、团队协作以及持续学习和行业贡献的深刻思考，对其他行业的创业者和管理者也具有重要的启示意义。

4. 对话陈小宝：悟核人的坚持与行业发展

人物简介

陈小宝，涞水县悟空寺村人，注册商标"悟核人"，是金字塔和女娲石引进者。2010年开始经营麻核桃，主营高端小众路线，负责新品种市场推广和批发零售等业务，经营理念：人无我有，人有我优，售前售后终身陪跑。

访谈内容概括

本次非常荣幸邀请到了陈小宝先生，为我们分享他在麻核桃领域的精彩故事。

陈小宝的麻核桃之旅始于北京报国寺地摊时代。2010年，他便在报国寺鬼市摆地摊经营麻核桃，当时市场尚小，参与者不多。他在行业内逐渐积累名声，结识了众多同行与顾客。

2011年，陈小宝回到涞水，开设麻核桃大世界店铺，正式踏入麻核桃零售领域。店铺位于涞水涞阳路，凭借合理价格与批发优势，很快站稳脚跟。

在麻核桃品种选择上，陈小宝眼光独到。他注重核桃骨质与特色，力求满足消费者需求。如铁锤核桃，因骨质坚硬、上色快、手感舒适而备受喜爱。这款核桃从默默无闻到市场热门，离不开他的推广与努力。

此外，陈小宝注重与同行合作交流，与许多优秀麻核桃商家保持紧密关系，共同推动行业发展。他深知，携手合作才能让行业更加繁荣。

在协会中，陈小宝也发挥着重要作用。他积极为行业发声，为商家和消费者搭建沟通桥梁。他深知政府支持与协会指导对行业发展的重要性，因此一直在为争取更好的营商环境和政策而努力。

最后，陈小宝表达了对麻核桃行业的热爱与对未来的期待。他希望通过努力，让涞水麻核桃产业更加发展壮大，为当地经济和社会发展做出更大贡献。同时，他也希望更多人了解和喜爱麻核桃这一传统文化瑰宝。

访谈总结与思考

在对陈小宝的访谈中，这位行业精英的奋斗历程给了我丰富的启示。他的故事不仅是成功传奇，更是关于坚持、热爱、市场洞察、合作、责任感以及文化传承的深刻思考。

陈小宝起点不高，从地摊时代开始逐渐积累名声，其中离不开对麻核桃的热爱与自身的坚持。这让我体会到，无论从事哪个行业，热爱与坚持都是成功的基石。

在品种选择上，陈小宝展现出敏锐的市场洞察力。他注重核桃骨质与特色，力求满足消费者需求。这种对市场的精准把握和创新精神，使得铁锤核桃成为热门选择。这启示我们，在市场竞争中，拥有敏锐的市场洞察力和创新能力是关键。

同时，陈小宝注重与同行合作。他认为携手合作会能让行业更加繁荣。这种合作与共赢的理念，在竞争激烈的市场环境中尤为重要。

作为协会一员，陈小宝积极为行业发声，争取更好的营商环境和政策。这显示了他对行业发展的责任感和使命感。他不仅关注个人利益，更关注整个行业的健康发展。

此外，陈小宝注重传统文化的传承与发展。麻核桃作为传统文化瑰宝，他不仅将其视为商业机会，更希望将其传承和发展下去。这启示我们，在追求经济效益的同时，也要注重传统文化的保护和传承。

最后，陈小宝的成功不仅是个人的努力结果，也受益于行业的发展和市场的成熟。这告诉我们，个人与行业是相互依存、相互促进的。我们应该时刻保持对行业的关注和思考，为行业的发展贡献自己的力量。

5. 对话吕金良：麻核桃行业的传承、文化与启示

人物简介

吕金良，涞水县东文山镇上车亭村人，网名"翻天印"，从事麻核桃销售十余年，最早期通过网络渠道销售麻核桃产品的头部核商之一。

访谈内容概括

在本次访谈中，我与麻核桃行业佼佼者吕金良（网名翻天印）深入交流，探寻其在该行业的发展轨迹与成功秘诀。

吕金良入行于麻核桃行业发展初期，当时自身经济状况不佳，急需寻找赚钱途径，受村里同行盈利启发，便投身其中。起初，他从自家院子种核桃起步，通过嫁接积累经验，尝试零售获利，早期主要依赖线下及 QQ、论坛等传统渠道销售。

随着行业发展，他察觉到互联网潜力，从百度摸索线上销售模式，后扎根微拍堂九年，成为该平台麻核桃类目头部商家，其间还因微拍堂稳定的老玩家客户群体而放弃拓展快手平台。去年冬天，他看准抖音流量优势开始涉足。他曾在双十一与双十二直播中创下 97 万元销售额，如今在抖音平台平均日销上万，好时可达十几万，成绩斐然。

他的成功经验包括诚信经营，视买家为朋友；提供优质售后，七天无理由退货甚至超期也能处理；深入了解产品，精准把握各品种定价、特点与配对要求，严控品控；合理定价，不随意抬高或降低价格。谈及行业未来，他乐观看好，认为麻核桃亲民的价格将吸引全民参与这项活动。

但他也强调从业者需共同努力，摒弃侥幸心理，用心对待客户，以推动行业持续发展。同时，他对政府和协会为行业做出的贡献表示感谢，并承诺会积极服务核友，支持协会工作，为涞水麻核桃行业的繁荣贡献力量。

访谈总结与思考

在与吕金良先生的访谈中，我深刻领略到麻核桃行业在现代商业中的蓬勃发展及其多重价值。

吕金良先生的从业历程，展现了传承与热爱的力量。他因看到行业盈利机会，毅然踏入此领域，从自家院子的小规模种植起步，历经线上销售平台的拓展，始终坚守如初。这种对事业的热爱与执着，为当下社会的行业从业者树立了榜样。

麻核桃文化的传承在吕金良先生的经历中得到了独特体现。通过互联网平台，麻核桃不仅作为商品销售，更实现了文化的广泛传播。每一次直播，都是对核桃品种、特点与把玩技巧的介绍，也是对核桃文化的弘扬。

麻核桃产业的兴起，见证了科技与创新的力量。从早期的 QQ、论坛、百度推广，到微拍堂九年的深耕，再到抖音平台的拓展，线上销售渠道的不断丰富，为麻核桃产业带来了前所未有的发展机遇。

然而，随着麻核桃产业的迅速发展，市场中的问题也日益凸显。吕金良先生强调诚信经营的重要性，包括七天无理由退货、精准定价和严格品控等措施。这些不仅是商业经营的基本准则，更是维护市场秩序、促进市场和谐发展的关键。

访谈中，吕金良先生的经历让我深刻认识到麻核桃行业所蕴含的丰富价值与启示。它不仅是一个经济产业的发展范例，更在传承与热爱、文化传承、产业创新以及市场规范等方面提供了宝贵经验。首先，传承与热爱是行业发展的基石。其次，文化传承是行业发展的灵魂。再者，产业创新是行业发展的动力。最后，市场规范是行业发展的保障。坚守诚信原则，注重产品质量和文化底蕴的提升，营造健康、有序、充满文化氛围的市场环境，是确保产业长期繁荣与稳定的基础。

综上，麻核桃行业同行的发展经验为我们提供了深刻的启示。我们应当汲取这些智慧，推动行业的和谐发展，为麻核桃产业做大做强贡献自己的力量。

6. 对话王文华：麻核桃带来的机遇

人物简介

王文华，涞水县娄村镇庞家河村人，"山中玉""核农老李"品牌联合创始人。2013 年初，他回乡创业，投身麻核桃行业，年底组建团队开展互联网销售，创立"京西文玩核桃"。2018 年，品牌升级，注册"山中玉"商标，并在天猫、京东等平台开设旗舰店。2024 年，他主攻内容平台，推出"核农老李"账号，免费普及麻核桃种植管理技术。公司总面积近 1 000 平，全网粉丝超 60 万。

访谈内容概括

本次访谈我们有幸邀请到了山中玉和核农老李的品牌主理人王文华，来为我们讲述他与麻核桃产业的点点滴滴。

王文华介绍，2024 年行业整体稳定。他从事该行业十几年，从百度贴吧起步，后扩展到淘宝、京东、朋友圈等平台，计划未来加入快手、抖音等，实现全网覆盖。

他回忆，之前在大城市上班时，虽收入不错，但消费高、通勤时间长，难以存钱。后通过美团网等平台深入了解互联网，并因结识岳父而进入核桃产业。他们在县城成立团队，从 QQ、贴吧起步，逐步发展。

谈及平台选择，王文华表示，虽然在淘宝等平台有市场占比，但面对抖音、快手等新兴平台，他们也在积极拥抱变化。他认为，从搜索逻辑到推荐逻辑的转变是一大挑战，但团队正在努力学习适应。

对于产品策略，他坚持让大众玩得起核桃的理念，主要销售几十到几百元不等的文玩核桃。注重品控和诚信经营，是他们在竞争中立足的关键。

品牌发展方面，他们最初名为"京西马核桃"，后更名为"山中玉"，并推出岳父的 IP 形象"核农老李"。岳父在行业内经验丰富，对他进入行业有重要引导作用。

最后，王文华表示，在县委县政府和协会领导下，他们将继续努力，为当地经济发展作贡献。作为协会副会长，他将积极配合会长工作，推动行业健康发展。

访谈总结与思考

聆听王文华的访谈，我深刻体会到适应变化、坚持诚信、关注客户需求、注重品牌建设和加强团队合作的重要性。

王文华从传统电商平台向新平台过渡的过程，让我认识到适应变化的重要性。在电商行业，只有不断学习和尝试新事物，才能立于不败之地。

访谈中强调的诚信，让我体会到诚信是商业成功的基石。只有坚持诚信，才能赢得客户信任，树立良好口碑。

王文华提到提升品控以满足客户需求，让我意识到关注客户需求、提升产品和服务质量至关重要。

他还提到更正品牌名和推出 IP，显示了品牌建设和 IP 打造的重要性。通过塑造独特品牌形象和故事，企业可以吸引和留住客户，提高品牌知名度和美誉度。

此外，王文华感谢协会支持，表示将配合协会工作，让我认识到团队合作和协会支持的重要性。通过加入行业协会，企业可以获得更多资源和支持，推动自身发展。

王文华的访谈为我提供了关于适应变化、诚信经营、关注客户需求、品牌建设和团队合作等方面的深刻思考。这些思考不仅对于文玩行业具有指导意义，更对于任何行业和个人都具有重要的启示意义。在未来的工作和生活中，我将以这些思考为指引，不断提升自己的能力和素质，以适应不断变化的市场环境，实现个人和企业的共同发展。

7. 对话高波：品控是核心竞争力

人物简介

高波，涞水县人，2011年起涉足涞水麻核桃，从摆摊起步，历经微商、电商转型，见证了核桃市场价格的变迁。从几毛、几块到如今的几十、几百元高品质核桃，高波始终坚守，引领行业潮流，谱写核桃电商新篇章。

访谈内容概括

本次访谈邀请到涞水著名核商高波夫妇。访谈中，高波认为 2024 年市场比往年更复杂混乱，新人和外地人的涌入加剧了行业竞争。但他坚信，只要坚持做好品质和品牌，就能成功。

高波强调，在文玩核桃行业，品质至关重要。有人试图低价买高配置核桃，结果往往是消费者上当受骗。为确保品质，他建议引入第三方保障机制，如通过麻核桃协会担保，保障买卖双方权益。

讨论品种选择时，高波提到市场上核桃品种繁多，并非所有品种都值得推广。他特别提及锦鲤、元宝等优良品种，强调选择好品种对经营成功的重要性。同时，提醒卖家注意风险控制，因农作物受气候等因素影响，产量和品质会波动。

在品质控制方面，高波夫妇分享了经验。他们严格把关选品和品控环节，确保每对核桃都达到高标准。通过多年积累，他们形成了一套完善的品质控制体系，包括选品、配对、筛查等环节。

此外，高波还谈到了行业发展趋势。他认为，随着文玩核桃市场扩大和消费者需求多样化，行业将迎来更多机遇和挑战。他鼓励从业者不断创新进取，以适应市场变化。

交流中，高波还提到与妻子成姐的合作模式。他们分工明确，高波负责选品和品质控制，成姐负责销售和品牌推广。通过共同努力，取得了显著经营成果。

最后，高波展望了文玩核桃行业的未来。他认为，只要坚持做好品质和品牌，行业仍有广阔前景。同时，呼吁从业者加强合作交流，共同推动行业健康发展。

高波夫妇的交流分享，展现了文玩核桃行业的现状、挑战和机遇，传递了坚持品质、注重品牌和创新进取的重要性。

访谈总结与思考

聆听高波成姐夫妇的访谈后，我对文玩核桃行业有了更全面深刻的认识。作为行业佼佼者，他们的分享让我看到市场复杂性，也激发了我对多个关键问题的思考。

市场竞争与品质坚守的话题让我意识到，在快速变化的市场环境中，保持对品质和品牌的执着追求至关重要。高波提到，尽管竞争激烈，但只要坚守品质，就能赢得消费者的信任和忠诚。这不仅是文玩核桃行业的现状，也是许多行业共同面临的挑战。在追求市场份额和短期利益时，不能忽视对产品品质和品牌价值的长期投入，这是企业可持续发展的基石。

关于对品质控制与第三方保障机制的讨论让我看到市场中存在的信息不对称和信任缺失等问题。高波建议引入第三方保障机制，这不仅是对消费者负责，更是对市场秩序的维护。在任何行业中，建立健全的品质控制体系和第三方保障机制都至关重要，不仅能增强市场透明度，还提升消费者信心，促进公平竞争和行业健康发展。

对品种选择与风险控制的思考让我意识到，在市场竞争中，差异化竞争和风险管理同样重要。高波提到市场上核桃品种繁多，选择好品种至关重要。同时，要提醒卖家注意风险控制，因为农作物受气候等因素影响，产量和品质会波动。这启示我们，在选择产品时，要关注其品质和品牌，还要关注差异化和风险控制能力，以降低经营风险，提高市场竞争力。

高波夫妇的合作与分工模式也让我深受启发。他们通过明确分工和共同努力，取得了显著经营成果。这告诉我们，在团队管理中，明确职责分工、发挥各自优势、形成合力是提高工作效率和经营效益的重要途径。

最后，关于行业发展趋势与未来展望的思考让我深受鼓舞。高波认为行业将迎来更多机遇和挑战，鼓励从业者不断创新进取。这强调了创新在行业发展中的重要性，只有不断推陈出新，满足消费者需求变化，才能在市场竞争中立于不败之地。同时，要关注行业发展趋势和市场变化，及时调整经营策略和方向，以把握未来机遇。总的来说，本次访谈不仅让我们了解了文玩核桃行业的现状、挑战和机遇，更让我们深刻体会到了坚持品质、注重品牌、创新进取、加强合作与交流的重要性。这些思考内容对于我们理解市场规律、把握行业趋势、提升经营能力具有重要的启示意义。

8. 对话付双利：热爱与探索

人物简介

付双利，涞水人，2013年成立"涞水县爱尚核桃种植农民专业合作社"，"爱尚麻核桃"品牌创始人，涞水早期介入麻核桃行业人员之一。

访谈内容概括

今日有幸邀请到麻核桃圈的佼佼者付双利分享他的故事。付双利是核桃圈的资深人士，经营麻核桃二十余载，还是涞水麻核桃协会副会长。

付双利的创业源于对麻核桃的热爱与探索。起初，他经商时接触到麻核桃，发现了其商业价值。然而，创业初期他面临诸多挑战，如麻核桃价值不被认可、市场接受度低等。但他并未放弃，坚持摸索，最终决定在淘宝开店，将麻核桃推向更广阔的市场。

2012年，付双利在淘宝上以一物一图的方式销售文玩核桃，这一方式新颖独特，也面临不少质疑与困难。但他凭借对文玩核桃的热爱与坚持，逐渐赢得客户信任与支持。随着业务发展，2013年他成立爱尚合作社，进一步扩大生产规模与销售渠道。

在合作社的带领下，付双利不仅提高了麻核桃的产量与质量，还带动了周边村民就业增收。他秉持"一个人富不叫富，大家一起富才叫富"的理念，努力做大做强麻核桃产业。如今，麻核桃已成为当地支柱产业，为脱贫攻坚和乡村振兴做出积极贡献。

如今，付双利带领着40多人的团队，共同致力于麻核桃产业发展。他表示，日后还将继续努力，将麻核桃产业推向更高水平，为更多人带来财富与希望。

付双利的故事充满艰辛与奋斗，也满含希望与收获。他用实际行动诠释了创业精神，为我们树立了榜样。

访谈总结与思考

付双利会长的故事不仅是个人奋斗史，更是一部关于坚持与创新、团队合作与共同致富、品牌与产业建设、政府支持与产业发展以及社会责任与贡献的启示录。

付双利从接触麻核桃到开始经营，历经迷茫、探索，终于找到市场定位。这让我想到，创业路上坚持与探索的重要性。面对未知与竞争，他勇往直前，用坚持与勇气书写传奇。这告诉我们，只要坚定信念，勇于探索创新，就能找到成功之路。

付双利还展现出非凡的创新精神。从淘宝销售到短视频直播，这些创新举措为事业发展带来新机遇。他的尝试充满了对市场的敏锐洞察与对技术的深刻理解。这让我认识到，在快速变化的市场中，只有不断创新，才能保持竞争力，实现持续发展。

付双利不仅关注自身发展，还有强烈的团队合作与共同发展意识。他成立合作社，带动村民共同致富。这种社会责任感令人敬佩。他深知，个人成功不是真正的成功，只有让更多人分享成功的喜悦，才能实现共同富裕。这告诉我们，团队合作与共同发展是实现个人与社会价值的重要途径。

在品牌与产业建设方面，付双利展现出卓越的远见与执行力。他致力于将文玩核桃打造成品牌，提升产品附加值，增强市场竞争力，推动产业发展。这一举措为事业带来更大发展空间，也为产业注入新活力。

访谈中，付双利还提到政府对合作产业发展的支持。这让我认识到，政府在产业发展中扮演着重要角色。政府的政策、资金与宣传等措施，为产业发展提供了良好环境。这再次证明，政府与企业的紧密合作是推动产业健康有序发展的关键。

最后，付双利发展麻核桃产业，带动村民就业增收，为脱贫攻坚做出了贡献。这体现了企业家的社会责任感。这告诉我们，企业家不仅要有市场洞察力与管理能力，更要有社会责任感与使命感，才能为社会做出更大贡献。

综上所述，付双利的访谈内容为我们提供了许多发人深省的思考。他的故事不仅让我们看到了坚持与创新、团队合作与共同致富、品牌与产业建设、政府支持与产业发展以及社会责任与贡献等方面的重要性，更让我们深刻认识到，在创业的道路上，只有不断学习、不断探索、不断创新，才能实现个人价值和社会价值的双赢。付双利的故事将激励着我们不断前行，为实现更加美好的明天而努力奋斗。

9. 对话核桃亮子：蛤蟆头品种探究与经营理念

人物简介

肖召亮（网名"核桃亮子"）出生于黑龙江。2016年来河北，2017年正式进入互联网快手平台。主推的品种有玄武狮子头、怀柔蛤蟆头、兴隆瓷娃娃、山西汉高山白狮子等。

访谈内容概括

肖召亮分享了对麻核桃蛤蟆头的见解。他肯定了蛤蟆头作为主流品种的走势，指出其蟾形相似度和金钱寓意受到了各年龄段的喜爱，而皮质走色迅速更是其受欢迎的重要原因。

肖召亮澄清他从未刻意炒作过蛤蟆头的产地，强调各产地的核桃品质都有好坏之分，他拿种植文玩核桃与种植地作类比，说明了经营理念的不同也会对品质产生的影响，并提到晚熟核桃品质更佳。他还谈到文玩核桃市场的多样性，认为大众与小众品种各有粉丝，其价值在于个人喜好和把玩体验。

肖召亮分享了自己在行业中的经营理念，强调对粉丝负责和传承核桃文化，每年亲自去产地挑选核桃并直播展示从采摘到晾晒全过程。对新品种，他表示暂无高期望，因市场每年走势不同，需在立秋之后看品质和走势。他认为文玩核桃市场未来机遇会很多，但需理性对待市场炒作和价格波动等现象，要坚持自身经营理念和价值观。

访谈总结与思考

在与肖召亮的谈话中，我们可以深刻感受到文玩核桃行业的丰富内涵和独特魅力，同时也引发了我们对多个方面的深入思考和感悟。

首先，文玩核桃的价值与文化传承方面，"文玩本无价，人心有高低"揭示了其价值核心在于个人喜好和内心认同。麻核桃承载着文化底蕴，能强身健体、修养心性，是文化传承的载体。

其次，经营理念的差异与影响是重要话题。肖召亮强调不同产地核桃品质有差异，经营理念是关键。这提醒我们，经营策略和管理方式至关重要，需深入理解市场需求，注重时间管理和经营策略，才能在竞争中立于不败之地。

再者，消费者心理与市场趋势方面，文玩核桃的价值取决于消费者喜好，市场趋势不可预测。这要求我们保持敏锐的市场洞察力，关注行业动态和变化，抓住机遇。

在诚信与责任方面，肖召亮强调诚信经营的重要性，认为对消费者负责才能赢得信任和忠诚。这种责任感是对消费者和自己事业的尊重。作为从业者，我们要传承文化，对消费者权益负责。

最后，肖召亮的个人经历与感悟也启发我们，从爱好到专业需要勇气、决心和不断学习实践。这种热爱和坚持的力量，让他在面对市场波动和竞争压力时还能保持冷静和坚定，不断推动自己向前发展。

这次访谈不仅让我们对文玩核桃行业有了更深入的了解，也提醒我们在日常生活中要关注文化传承、诚信经营、市场趋势和个人成长等方面的问题。这些发人深省的思考内容，将成为我们未来生活和工作的宝贵财富。

10. 对话王晓雨：麻核桃行业探索与商业创新思考

人物简介

王晓雨，涞水鑫淘梦园商贸有限公司总经理、保定老核农商贸有限公司总经理。2023 年获保定市五一劳动奖章，在麻核桃领域深耕多年，凭借专业与热情赢得众多玩家认可。

访谈内容概括

本次访谈有幸邀请王晓雨分享他的麻核桃故事。王晓雨提到，他们近期在山里收集聚宝盆核桃，因其产量少、品质优，一直受市场欢迎。他们每年主要收集和销售此类核桃，2024 年价格约每克 40 元，虽价格不低，但市场供不应求，预计收益超 50%。

王晓雨表示，他们目前资金规模达 500 多万，已开设二十多个直播间，主播素质高、人员稳定。他希望涞水惠农麻核桃协会能推出品质认证证书。协会也回应，只要麻核桃符合质量标准，即可出具证明，但需确保产品品质。

访谈中，王晓雨还提及聚宝盆核桃的稀有性，其四面内凹能盛水，产量极少、价格昂贵，好的能卖到 5 000 至 10 000 元一个。他分享了种植和销售核桃的经验，称已从事此行业十多年，主要采用师傅带徒弟的方式培训，新主播一般两个月即可上岗，月薪可达一万元左右。

访谈总结与思考

此次访谈让我深刻感受到麻核桃行业的丰富内涵与广阔前景。王晓雨作为行业佼佼者，其经历与见解令我印象深刻，也引发了我对传统行业与现代商业模式结合、产品质量与市场需求、稀有性与价值、人才培养与传承以及行业协会作用等方面的思考。

首先，王晓雨利用直播间销售麻核桃，展现了传统行业拥抱现代商业模式的潜力。在数字化时代，线上平台成为连接消费者与生产者的重要桥梁。他通过直播间扩大了市场范围，提升了销售效率，为消费者提供了便捷多样的购物体验。

其次，聚宝盆核桃供不应求的现象，凸显了产品质量在市场竞争中的重要性。在物质充裕的今天，消费者对产品品质要求越来越高。只有注重提升产品质量、满足消费者需求的企业和个人，才能在竞争中脱颖而出。

同时，聚宝盆核桃的稀有性和高价值也给我带来启示。稀有资源在市场中的高价值既反映了其稀缺性，也体现了人们对独特、高品质产品的追求。这提示我们在资源利用和开发时要注重可持续性，实现经济效益和生态效益的双赢。

在人才培养与传承方面，王晓雨提到的师傅带徒弟模式展现了传统人才培养模式的魅力。这种模式有助于技能和经验的传承，为行业注入新鲜血液。在当今社会，人才培养已成为推动行业发展的重要因素，我们要注重人才培养，为行业提供人才支持。

此外，王晓雨对行业协会作用的期望让我认识到行业协会在规范市场秩序、提升产品质量方面的重要作用。行业协会可通过制定标准和认证体系，引导行业健康发展，保护消费者利益。

最后，王晓雨他们的商业模式具有创新性和可持续性，注重产品质量、通过线上平台扩大市场，并注重人才培养和传承，为长期发展奠定了坚实基础。这让我认识到，在商业模式创新过程中，要注重可持续性，确保其长期稳定运行。

这次访谈不仅让我了解了麻核桃行业的现状和发展趋势，还引发了我对于传统行业与现代商业模式结合、产品质量与市场需求、稀有性与价值、人才培养与传承以及行业协会作用等方面的深入思考。这些思考对于我们理解商业世界、把握市场机遇、推动行业发展都具有重要意义。

11. 对话张全忠：从质疑到鉴定

人物简介

张全忠，黑龙江省五常市人，自 2011 年介入麻核桃行业开始，主营中高端异型（三棱、四棱及多棱）麻核桃，玉玺狮子头引进者，于山东及河北拥有近千亩核桃园，2013 年曾参加央视栏目《天下收藏》核桃淘金记，展示自己收藏的一只六棱麻核桃，最终成交价 37 万。

访谈内容概括

这次非常荣幸邀请到核桃界的资深人士、涞水县惠农麻核桃协会副会长张全忠。张全忠来自东北地区，因核桃与涞水结缘，并在此创业成家。访谈中，他分享了进入核桃行业的经历与感悟。

2011 年，张全忠在山东的朋友告知他在天津卖核桃生意不错，他便抱着试一试的心态前往天津，并投资了一片核桃园。起初，他对核桃了解甚少，甚至误包了未成熟的核桃树。不过，园中竟产出一颗异常大的核桃，这成为他事业的起点。

两年精心培育后，核桃迎来收获季。虽起初未配对成功，但这颗独特核桃最终以 37 万元的高价售出，为他带来第一桶金。这次的成功坚定了他继续从事核桃行业的信心，他也逐步扩大了种植规模。

目前，张全忠在涞水、山东和云南等地种植几百亩核桃树，他最看好的品种是玉玺。玉玺核桃以独特的四棱、三棱形状和稳定的市场价格受市场青睐。他不仅自己种植，还积极推广该品种，带动了当地核桃产业的发展。

回顾过往，张全忠感慨通过核桃结交了许多涞水朋友，感受到当地人民的热情友善。同时，他感谢涞水县政府和麻核桃协会的支持，让他能在此安心创业致富。

最后，麻核桃协会会长代表协会向张全忠及在涞水创业的外地客商表示感谢。他们的到来为涞水带来经济繁荣，促进了核桃产业发展。相信未来，张全忠和他的核桃事业会继续为涞水繁荣发展贡献力量。

访谈总结与思考

张全忠先生，这位来自东北却在涞水扎根的核桃界翘楚，以其丰富的经历和独到的见解，为我展开了一幅核桃产业的壮丽画卷，同时也引发了我对个人成长、产业发展以及社会支持等多方面的深刻思考。

张全忠的创业历程充满传奇色彩。最初他对核桃了解甚少，仅凭对朋友的信任和敢于尝试的勇气踏入陌生行业。这次尝试让他发现核桃市场的巨大潜力，并取得瞩目成就。这让我意识到，机遇常隐藏在未知与尝试中。面对新机遇和挑战，我们常因恐惧和不确定而犹豫，但正是这些尝试可能成为人生重要转折点。

张全忠的成功源于他两年如一日的精心培育与不懈努力。创业路上他遭遇诸多困难，却选择坚持。这种精神让他迎来了收获的季节，也为我们树立了榜样。成功需付出时间、精力和汗水，需在挫折中保持坚定信念和勇气。

张全忠对核桃品种的独到眼光和积极推广，既为自己带来经济效益，也带动了当地产业发展。这启示我们，在产业发展中，个人选择和努力能产生深远影响。优秀企业家要具备敏锐的市场洞察力，敢于创新尝试，推动产业升级。同时，他的成功离不开涞水县政府麻核桃河协会的支持，这再次证明了政府和社会组织支持对个人创业和产业发展的重要性。

此外，张全忠的故事也让我思考文化传承与创新的关系。核桃作为传统文化符号，承载了丰富的历史文化内涵。他既继承传统种植技术，又通过创新推广，让传统文化焕发生机。这启示我们，传承传统文化要保持开放心态和创新精神，将其与现代科技、市场需求结合，才能让传统文化在新时代焕发光彩。

与张全忠的访谈不仅让我了解了他个人的创业历程和成就，更引发了我对产业发展以及社会支持等多方面的深刻思考。这些思考将激励我在未来的道路上不断前行，勇于尝试、坚持不懈、勇于创新，追求更加美好的未来。同时，我也希望更多的人能够从张全忠的故事中汲取智慧和力量，共同为社会的进步和发展贡献自己的力量。

12. 对话郭长江：麻核桃行业的坚守与启示

人物简介

郭长江，河北省保定市涞水县杜家庄村人，麻核桃异型大王，2012年开始经营麻核桃，主营高端麻核桃异型，常年在涞水麻核桃异型市场占有率超50%，经营理念为诚实守信、精益求精。

访谈内容概括

在此次访谈中，我与有着"涞水异型大王"之称的郭长江进行深入交流，了解了他在麻核桃行业的经历与感悟。郭长江原本是一个木工，靠制作红木家具谋生。但11年前，因为家人看好嫁接核桃树售卖核桃的前景，于是转行进入了麻核桃行业。

访谈中，郭长江说自己最早接触的是王勇官帽这一品种，彼时单颗售价超三千元。他经人介绍，与李超结识合作，因为彼此办事靠谱，在配核桃售卖分钱时建立了信任，后来二人凭感情与诚信持续合作至今。2024年全年，郭长江收购了近500万元的核桃，因配对要求高、投入大，今年的销售利润不及往年一半。

在当下，核桃市场呈现两极分化，好核桃价高，普通核桃亲民，且配对要求越来越严。鉴于异形核桃稀少、具收藏投资价值、客户群高端，郭长江选择将异形核桃作为主打产品，曾卖出过二十多万的高价核桃，甚至有一对白狮子犀牛核桃，无论价格多高都不舍得卖。郭长江在访谈最后表达了对李超的感谢，并感谢政府、协会及家人的支持，同时也表示在今后，他将凭借经验与市场洞察力，继续深耕，做强做优产业，为麻核桃行业发展贡献力量，实现个人价值追求。

访谈总结与思考

在与郭长江先生的访谈中，我能够看到麻核桃行业呈现出微观且生动的发展景象，其中诸多元素为洞察麻核桃行业及社会经济领域提供了宝贵见解，给我们带来了诸多启发。

郭长江从木工转行投身麻核桃产业，源于对家庭决策的支持以及对新事业前景的看好，这背后实则是一种潜在的传承与热爱精神的驱动。他在麻核桃领域坚守了11年，从最初对核桃品种的懵懂认知到如今成为行业内的"异型大王"，这一路的坚持绝非偶然。当下职业选择众多，他专注深耕，足见热爱是强大动力。从业者真心热爱事业，才能抵御干扰、传承行业精髓、开拓创新，为传统行业延续注入活力。

麻核桃文化在郭长江先生的讲述中虽未详细展开其历史脉络，但从郭长江对品种的珍视、强调收藏价值，可见文化传承影子。例如，他所珍藏的那对白狮子犀牛核桃，即便面对高价诱惑也不愿出售，考量的不单是经济价值，更是背后文化坚守。核桃把玩中沉淀的独特色泽与纹理，如同文化积累，承载玩家的情感与时间投入。这提醒我们应重视传统文化内涵，保护传承文化符号，让其连接过去未来以及本土世界，增强文化自信与认同感，为文化产业发展筑牢底蕴。

郭长江先生的经历清晰地展现了麻核桃产业兴起过程中的关键因素。从最初家中尝试嫁接核桃树，到后来与李超合作经营，再到如今在异型核桃领域占据重要市场份额，每一步都反映了他在麻核桃产业发展的机遇与策略选择。他敏锐的捕捉到了市场需求与异型核桃的价值，通过精准定位高端客户群体，实现了较高的经济回报。同时，他也提到了核桃收成与销售中的挑战，如配对要求高、投入大等问题，这表明产业的兴起并非一帆风顺，而是需要不断地优化经营策略、提高技术水平以应对市场需求。这对于当下各地特色产业的发展具有重要的借鉴意义，即要善于发现本土资源优势，把握市场机遇，结合有效的合作模式与经营策略，克服发展过程中的困难，逐步实现产业的规模化与专业化发展，推动地方经济的增长与繁荣。

在郭长江的讲述中，人与核桃情感连接很清晰。例如他那对收藏三年的白狮子犀牛核桃，已经成为他的情感寄托。玩家把玩核桃时，麻核桃成为了生活一部分，见证其岁月与成长，情感联系超越了物质到达了精神领域。消费者对核桃收藏价值的认可，体现了情感连接，企业和从业者应挖掘产品的情感价值，满足消费者的精神需求，促进产业发展。

郭长江先生与李超的合作建立在感情和诚信的基础之上，这一理念对于麻核桃行业乃至整个市场的健康发展至关重要。如今市场竞争激烈，诚信是维护秩序、保障权益的关键。他即使在核桃销售利润未达预期时，仍坚持高品质配对，尊重产品质量与文化内涵，避免短视逐利。

这一访谈让我们认识到，麻核桃行业并非简单的商业领域，而是富含文化、情感与发展智慧的综合体。其发展的各方面为个人职业、传统文化传承、产业创新可持续及市场文化关系处理等提供了启示，促使我们思考如何在当下社会经济环境中实现协调发展，共创美好的未来。

13. 对话张天佐：至尊三棱白奔

人物简介

张天佐，2009年加入麻核桃圈，专营涞水麻核桃。数载耕耘后，洞悉异型核桃市场潜力。2016年起专注白奔核桃，开设白奔专卖店，成为麻核桃界异型核桃领域的佼佼者。

访谈内容概括

本次访谈邀请到麻核桃圈的重要人物张天佐，他是白狮子三棱领域的佼佼者。他谈到，随着网络普及，麻核桃市场得到极大拓展。各大平台积极推广，直播间售卖麻核桃屡见不鲜，让全球核桃爱好者都能认识和了解麻核桃。特别是白奔核桃，尽管价格昂贵，但因其稀有性和独特魅力，仍受市场热烈追捧。

张天佐作为白奔核桃资深玩家，对市场定位有独特见解。他表示，白奔核桃的稀有性使其难以被复制，即便通过拼接技术制作的核桃，也无法与真正的白奔核桃媲美。他认为，真正的玩家能分辨真假核桃，不良商家以假乱真只能欺骗缺乏经验的消费者。

张天佐还分享个人经历，他从 2009 年开始回归农村种植核桃，目前山上已有两千多棵核桃树，品种多达二十余个。他认为，核桃文化需要更多宣传推广，新人的加入是推动这一进程的重要力量。

在谈到市场现状时，张天佐表示，新人进入市场带来活力的同时，也带来一定混乱。他建议新人在进入行业前，要先了解市场情况，确保质量把关，避免盲目投资。同时，他也提醒商家和消费者在交易过程中要留好视频证据，避免不必要的纠纷。

访谈中，张天佐还提到其他受欢迎的核桃品种，如磨盘等，并分享了市场交易经验和心得。他表示，尽管市场存在波动，但他们对麻核桃文化的热爱和坚持将让他们在这个行业中继续前行。

访谈总结与思考

与张天佐的访谈，让我仿佛踏入一个充满故事与智慧的世界。此次对话，是我深入探寻麻核桃市场的契机，更引发了我对文化传承、市场洞察及个人坚持的思考。

张天佐提到，尽管麻核桃，尤其是白奔核桃因稀有性和独特魅力受市场追捧，但核桃文化传播仍面临挑战。这让我思考，在追求市场经济效益的同时，我们是否忽视了对传统文化的保护与传承。核桃文化作为承载历史与记忆的文化符号，其价值不仅在于经济收益，更在于精神滋养。因此，如何利用现代科技手段，如网络平台，有效推广核桃文化，成为值得深思的问题。

张天佐强调了市场定位的重要性。他指出，真正的玩家能分辨真假核桃，市场上存在的以假乱真现象提醒我们，建立清晰的市场定位、提升消费者辨识能力，是维护市场秩序、保障消费者权益的关键。

在快速发展的市场中，如何平衡新势力的涌入与既有市场规范的维护，是一个需要细致考量的问题。既要鼓励创新，又要确保市场健康有序发展。

张天佐的故事也给我带来深刻启示。他从 2009 年开始回归农村种植核桃，至今已有两千多棵核桃树，品种多达二十余个。他的坚持与努力，让我看到成功往往来自对事业的热爱与长期不懈的努力。在追求短期利益盛行的今天，保持个人坚持，用长远眼光看待事业，是通往成功的重要路径。

面对市场波动，张天佐表示对麻核桃文化的热爱和坚持将使他们继续前行。这强调了文化热爱对于个人和行业发展的重要性。在商业化浪潮中，保持对文化的敬畏与热爱，能激发我们的内在动力，帮助我们在逆境中坚韧不拔，持续前行。

这次访谈不仅为我提供了关于麻核桃市场的宝贵信息，更引发了我关于文化传承、市场规范、个人坚持与文化热爱等多方面的深刻思考。

14. 对话张亚楠：核桃行业转型的探索与启示

人物简介

张亚楠，涞水核仆人张三商贸有限公司主理人。公司主要经营销售高端类麻核桃。张亚楠自2014年起从事文玩核桃线上直播及线下销售工作，曾获涞水麻核桃"行业标兵"、涞水麻核桃产业2022年度直播销售全国第二名、涞水县"最佳人气主播""诚信商户"、涞水县麻核桃协会副会长等称号。

访谈内容概括

在与核桃行业资深人士张亚楠的访谈中，我们深入了解了核桃产业的发展历程、文化内涵及未来趋势。张亚楠于2020年涉足核桃行业，起初在潘家园积累经验，后专注于本地核桃产业。他经历了从健身房等实体行业失败到转向核桃行业的转变，目前团队约20人，涵盖发货、打包、配对、售后等专业人员，销售品种近500个，日销售额稳定在10万元左右。

张亚楠形成了自己的选品策略，将核桃分为入门级、中端和高端，以满足不同消费者需求。他认为核桃不仅是商品，更是文化传承与情感寄托，能解闷、促进社交，成为家族传承的念想。他强调核桃行业门槛高，需整合人、货场等多方面资源，进入行业需深入了解。

对于核桃行业的未来发展趋势，张亚楠认为消费意识将向品质化和高端化发展。消费者对核桃品质要求越来越高，不再只满足于品种，而是更注重核桃本身的品质，如配对好坏等细节。同时，消费者的消费意识会逐渐从入门级向高端发展，对高端品种的需求可能会增加。此外，品牌化趋势也将凸显，品牌在市场竞争中的作用日益重要。

访谈总结与思考

在与核桃行业资深人士张亚楠的深入访谈中，我仿佛经历了一场思想的洗礼，不仅全面了解了核桃产业的发展历程、文化内涵及未来趋势，更提炼出许多启示。

张亚楠的转型之路给我留下深刻印象。他从健身房等实体行业的挫败中勇敢走出，凭借对核桃行业的热爱和坚定信念，在核桃领域找到立足之地。这告诉我们，面对挑战和失败时，保持积极心态、勇于尝试和寻找新机遇至关重要。

张亚楠对核桃的独到见解让我对核桃有了全新认识。他不仅将核桃视为商品，更看作文化传承和情感寄托。这种对核桃文化内涵的深入挖掘和传承，丰富了核桃行业的内涵，为消费者提供了更加多元化的价值体验。

张亚楠对核桃行业门槛的深刻认识也给我带来启发。他指出，核桃行业需要整合多方面资源，对从业者的专业素养和综合能力要求较高。因此，想要在核桃行业取得成功，必须不断学习和提升专业水平，以适应行业发展变化。

此外，张亚楠对核桃行业未来发展趋势的预测也为我提供了思考。他认为，随着消费者消费意识的提升，对核桃品质的要求将越来越高，对高端品种的需求可能会增加。这启示我们，在市场竞争日益激烈的情况下，企业需要不断提升产品品质和服务水平，以满足消费者的更高需求。同时，品牌化趋势的凸显也提醒我们，品牌建设是企业发展的重要方向之一。

通过这次访谈，我深刻认识到，无论是核桃行业还是其他行业，都需要我们保持积极心态、勇于尝试和寻找新机遇；需要深入挖掘行业文化内涵，与消费者的情感需求相结合；需要不断提升专业素养和综合能力；需要注重产品品质和服务水平的提升；需要加强品牌建设。这些思考内容不仅适用于核桃行业，也对于其他行业的发展具有重要的启示作用。

15. 对话张保：麻核桃的致富经

人物简介

张保，河北省保定市涞水县东文山镇淮河村人，最早期发展麻核桃产业者之一，玉玺宫灯引进者，核老闷引进者，具有极其丰富的麻核桃种植管理经验。

访谈内容概括

今天邀请了核桃圈的老成员张保进行分享。张保是核桃种植领域的老专家，自1995年起便与核桃结下了不解之缘。

1995年，张保在北京送货时首次接触到了麻核桃，当时他并不了解这种核桃的价值，误以为与普通核桃无异。询问价格时，对方开玩笑称这对核桃价值连城，这虽让他感到不解，却也激发了他的浓厚兴趣。两年后，他在北京马连道再次偶遇麻核桃，并开始积极寻找相关资源。

1997年，张保在虎过庄找到了李占军，开启了他的麻核桃种植之旅。尽管面临家人和朋友的反对，他仍坚持投资约 16 万至 17 万元，嫁接了一百多棵核桃树。第二年，核桃树便结出了果实，他成功收回了成本。

2000 年，张保收到河北省农民专业合作社的邀请函，参加了山西省第七届世界合作节。在展会上，他的一对文玩核桃以 3 万元的高价售出，引起了广泛关注。这次展会不仅让他结识了众多朋友，还让他看到了文玩核桃市场的巨大潜力。

此后，张保积极推广文玩核桃种植，带动了身边的朋友和乡亲们共同致富。他通过嫁接、培训等方式，将文玩核桃种植技术传授给更多人，使得这一产业在当地迅速发展。

张保表示，虽然他在文玩核桃种植上取得了一定成就，但他认为自己有些保守，没有充分抓住市场机遇。他看到身边许多人发展起了大规模的文玩核桃种植园，而自己却原地踏步。不过，他也欣慰地看到，文玩核桃已成为一个大产业，不仅销往全国各地乃至海外，还带动了整个产业链的发展。

最后，张保对麻核桃协会表示感谢，认为协会为核桃产业的发展做出了巨大贡献。他希望协会能继续为农民办实事、办好事、办大事，让核桃产业更健康地成长，将文玩核桃的文化传播到全世界。

访谈总结与思考

在与张保的访谈中，我深刻感受到了一个创业者从初探未知到精耕细作的艰辛，以及其中蕴含的智慧与启示。20 世纪 90 年代初，当大多数人还对核桃种植持保守态度时，张保已敏锐察觉到其中机遇，尤其是文玩核桃的潜力。他的早期探索之路并非一帆风顺，面对误解与拒绝，他选择了坚持与深入，这份坚韧不拔的精神和对新事物的敏锐洞察力，是创业者应学习的宝贵品质。

随着对文玩核桃市场的逐步了解，张保对市场的认知发生了根本性转变。他意识到，这一小众市场实则蕴含巨大商业价值和文化内涵。这体现了市场认知对创业成功的重要性，也强调了创业者必须具备持续学习和适应市场变化的能力。

在认识到麻核桃的商机后，张保展现出了非凡的创新精神和冒险勇气。他毅然选择了嫁接和投资，尽管背后隐藏着巨大风险和不确定性。然而，正是这份敢于尝试新事物的勇气，最终为他带来了丰厚的经济回报，也为核桃产业的发展注入了新的活力。

张保的成功并非孤军奋战，他在访谈中多次提及与合作伙伴、朋友及行业协会的紧密合作。通过分享经验、资源和成果，他不仅实现了个人财富的积累，更带动了整个核桃产业链的共同发展，展现了合作与共赢的强大力量。

张保的学习与成长经历也是访谈中的一大亮点。从最初的误解到后来的深入了解，再到成功后的反思与总结，他始终保持着一颗谦逊和进取的心。这启示我们，无论处于人生的哪个阶段，都应保持持续学习和成长的心态，不断适应市场的变化和发展，以应对未来的挑战。

综上所述，张保的访谈不仅是一次对创业经历的回顾，更是一次关于人生智慧与启示的深刻探讨。它告诉我们，创业之路虽充满挑战，但只要我们具备坚韧不拔的精神、敏锐的市场洞察力、勇于创新的气魄、合作共赢的理念、持续学习的态度以及强烈的社会责任感，就一定能够在创业的道路上越走越远，实现个人价值的同时，也为社会的进步和发展贡献自己的力量。

16. 对话王彦良：土专家的经验智慧

人物简介

王彦良，涞水人，涞水县最早介入麻核桃行业的人员之一，现已拥有 1 000 亩以上的种植规模，极具麻核桃种植管理经验。

访谈内容概括

核桃界资深专家、涞水麻核桃协会种植委员会副会长王彦良先生，与我们分享了他在核桃种植和合同管理方面的丰富经验。

王彦良的核桃种植之路始于 20 世纪 90 年代末。1997 年至 1998 年，他已开始接触核桃种植合同事宜。2000 年后，他全身心投入核桃事业，从核桃贩卖转向核桃批发。自 2010 年起，其批发业务逐渐壮大，如今，他在外地的核桃种植园已近一千亩，多个品种处于旺果期。

王彦良不仅实践经验丰富，还是核桃技术能手。他强调，核桃种植需注重科学管理，从选址、土壤、气候到品种选择，每个环节都至关重要。为提升核桃品质，他积极与多家科研院所合作，攻克技术难题。

种植过程中，王彦良发现核桃存在花皮、授粉受精率低等问题，认为这很大程度上源于管理不善。因此，他提倡科学用水、施肥，强调在核桃生长不同阶段给予不同关怀和管理。

王彦良的核桃种植经验不仅为自己带来可观经济效益，也为当地核桃产业发展做出重要贡献。他的成功经验和技术创新，为其他种植户提供了宝贵参考。

此外，王彦良还积极参与核桃种植技术的规范化和推广工作。他希望通过编写核桃种植技术手册，将自己和众多专家的经验总结成册，供种植户学习和参考。

总的来说，王彦良的核桃种植之路充满挑战与收获。他的成功经验告诉我们，只有注重科学管理、不断创新、积极合作，才能在核桃种植领域取得长足发展。

访谈总结与思考

聆听王彦良会长的谈话后，我深刻体会到农业种植与管理中的智慧与时代要求。

王彦良强调农业种植需与时俱进，紧跟市场需求。过去，核桃种植者主要目标是提高产量，以满足市场需求并获得经济收益。如今，消费者更注重核桃品质，如皮质光滑细腻、骨质坚硬饱满。这要求种植者调整策略，从追求高产转向注重提升品质。这不仅是市场导向的必然结果，也是农业种植理念进步的体现。它启示我们，无论是核桃还是其他农产品，都需紧密关注市场动态，灵活调整生产策略。

科学管理是王彦良多次提及的农业发展关键要素。在核桃的种植、管理和病虫害防治等环节，科学方法和技术都发挥着不可替代的作用。他警示我们，传统且缺乏科学依据的管理方式，如过度施肥、不合理浇水等，不仅无法提升产量和品质，反而可能对核桃生长造成负面影响。这凸显了科学管理在现代农业中的核心价值。

农业与科研的紧密结合，是访谈中的又一亮点。通过与多所科研机构和院校的合作，他们成功解决了种植过程中的技术难题，提升了核桃的产量和品质，降低了生产成本，增强了市场竞争力。这充分证明，农业与科研的深度融合是推动农业现代化的重要引擎。

访谈还触及了农业经验的传承与创新这一重要议题。老一辈农业工作者的丰富经验，为年轻一代提供了实践基础。同时，年轻一代的创新思维和新技术应用，为农业发展注入了新的活力。这种传承与创新的结合，是农业持续发展的不竭动力。

总之，与王会长的访谈为我们提供了宝贵的思考和启示。它不仅对核桃种植具有指导意义，更对整个农业领域的发展具有重要的启示作用。它告诉我们，只有紧跟市场需求、坚持科学管理、深化农科结合、注重经验传承与创新，才能推动农业不断向前发展。

17. 对话高凤启：谈可持续发展之道

人物简介

高凤启，涞水县薛家庄村人，1989年参加工作任涞水县林业局林果技术服务站业务员、中级工程师、果树管理技术员，从事果树管理技术服务、植保服务等。自 1995 年开始接触麻核桃，创新研究出麻核桃夹板技术与闷尖药物，解决核农管理中出现的问题，面向核农进行服务与技术指导，立志培育出品质更好的麻核桃。

访谈内容概括

本次访谈有幸邀请到麻核桃行业资深专家、协会技术服务站站长高凤启。老高自 20 世纪 80 年代起便投身此行业，在技术管理和服务农民方面贡献巨大。

老高从事麻核桃工作已数十年，他深情回忆起与麻核桃的结缘历程，以及它对涞水县经济发展的深远影响。他表示，管理麻核桃需投入真心，善待它才能收获好回报，忽视管理则难以种出高质量核桃，也难以卖出好价钱。

协会一直致力于组织种植户学习，传授经验和技术，不遗余力地帮助大家解决问题，因此也特别感谢老高在技术推广和田间服务方面的付出，他对协会的贡献十分卓著。

然而，尽管取得了一定成绩，但仍有诸多问题待解决。管理麻核桃需根据土壤、气候等环境因素综合管理，且需时间验证效果。协会工作任重道远，需大家共同努力，集思广益，克服当前问题。

老高分享了多年经验和观察总结，认为麻核桃管理需与时俱进，根据环境变化调整策略。他提到，过去主要解决坐果量问题，现在则更关注降低成本、提高效益。同时，他强调建立管理档案的重要性，通过多年管理逐步解决问题。

我与老高均认为，科学化、规范化管理是麻核桃发展的关键。并就以下方面达成一致：呼吁大家相信科学，积极学习新知识、新技术，共同推动麻核桃产业发展。

访谈总结与思考

在与高凤启的访谈中，我深刻体会到农业生产背后的丰富内涵与深远意义。高凤启作为行业佼佼者，其见解和经验为我们揭示了麻核桃产业的现状与未来的发展方向。

访谈中，高凤启强调真心投入与回报的重要性，认为管理麻核桃需投入真心，善待它才能获得好回报。这让我认识到，农业生产需要人与自然和谐共处、相互尊重，在追求经济效益的同时，不能忽视对土地的敬畏和对农作物的关怀。

接着，他谈到经验传承与技术更新的重要性。协会组织种植户学习、传授经验和技术，体现了知识传承的宝贵价值。然而，管理麻核桃需要与时俱进，根据环境变化调整策略。这告诉我们，技术创新和持续学习是农业发展的不竭动力。

在谈到综合管理与长期规划时，高凤启指出，管理麻核桃需根据环境因素综合管理，并需时间验证效果。这让我认识到农业生产中的系统性和长期性，需要有耐心和远见，通过持续管理和规划，实现可持续发展。

此外，他还提到成本效益与可持续发展的重要性。当前麻核桃管理的主要问题之一是降低成本、提高效益，这反映了现代农业面临的挑战。同时，建立管理档案体现了可持续发展的理念，即追求经济效益的同时，注重环境保护和资源节约。

最后，我们一致认为科学化、规范化管理是麻核桃发展的关键。这强调了现代农业管理的重要性，我们要依靠科学技术，遵循自然规律，实现高效、环保和可持续发展。

本次访谈让我深刻体会到农业生产中的诸多重要议题，如真心投入与回报、经验传承与技术更新、综合管理与长期规划、成本效益与可持续发展以及科学化、规范化管理，它们都是推动麻核桃产业乃至整个农业领域进步的关键因素。

18. 对话李明花：南将石的来龙去脉

人物简介

李明花（左一），涞水人，南将石核桃大姨，从1996年到2006年承包南将石原生古树，为南将石文玩核桃的传承奠定了坚实的基础与贡献。

访谈内容概括

本次我们非常开心邀请到了一位传奇人物——核桃大姨李明花，来为我们讲述南将石核桃的故事。南将石核桃作为麻核桃类目中的关键一员，与涞水麻核桃渊源深厚。

李明花大姨来自南将石村，该村地处河北省张家口市涿鹿县谢家堡乡，海拔1500多米。1996年，她承包了村里的一棵老核桃树，这棵树是南将石核桃原生树之一。彼时，人们对麻核桃认识模糊，这棵树险遭砍伐。幸得一位五保户保护，得以留存，成为南将石核桃的摇篮。

李明花大姨不仅是守护者，更是传播者。她来自涞水县，与涞水情感深厚。众多商家找她索要南将石核桃码子用于嫁接，她无条件分享资源，积极参与南将石核桃在涞水的推广。如今，南将石核桃在涞水蓬勃发展，口碑与信誉俱佳。

访谈中，李明花大姨揭开了南将石核桃的一些误区。她指出，市场炒作的姜黄皮并不代表核桃骨质好、密度高。核桃颜色和质地与生长环境和成熟程度相关。真正的南将石核桃盘玩后期都会走红，姜黄皮只是其中一种表现，不能作为评判核桃好坏的唯一标准。

此外，李明花大姨还分享了南将石核桃的多样性和独特性。这棵老核桃树结出的核桃形态各异，有高桩、矮桩、平底等，纹路丰富。这些特点使南将石核桃在文玩核桃中独树一帜，深受玩家喜爱。

最后，我表示邀请李明花大姨讲述南将石核桃的故事，旨在让大家了解其渊源和特色，传承和发扬文玩核桃文化。希望通过此次活动，让更多人了解文玩核桃的价值和魅力，共同推动行业发展。

访谈总结与思考

在与核桃大姨李明花的深入访谈中，我感受到了前所未有的心灵震撼和深刻启示，让我深受触动。她不仅讲述了南将石核桃的故事，更以实际行动和深邃思考，为我上了一堂生动的文化传承课。

李明花大姨作为南将石核桃的守护者，在核桃树面临危机时挺身而出，与五保户共同保护了这棵承载着原生血脉的老树。这不仅是保护一棵树，更是对传统文化的坚守。这让我意识到，保护传统文化，每个个体的力量都不可或缺。我们应怀揣敬畏之心，积极投身文化遗产保护行列中去，让传统文化得以延续。

李明花大姨对南将石核桃的推广和发扬，展现了她对文化的热爱与传播精神。她无条件分享资源，积极参与推广，使南将石核桃在涞水发扬光大。这让我体会到，在文化传承中，个人力量的巨大。我们每个人都可以成为文化传播者，让更多人了解和喜爱传统文化，推动文化繁荣。

李明花大姨还揭开了南将石核桃的误区，强调评判核桃好坏不应只看外观。她指出，姜黄皮不能代表核桃骨质好、密度高，真正的南将石核桃盘玩后期都会走红。这让我反思，在追求物质享受时，我们常被表象迷惑，忽视本质。我们应学会透过现象看本质，以客观、全面的眼光评判事物。

李明花大姨分享的南将石核桃的多样性和独特性，让我看到了传统文化的丰富多彩。这棵老核桃树结出的核桃形态各异，纹路丰富，使南将石核桃在文玩核桃中独树一帜。这让我意识到，传承传统文化应注重保持其多样性和独特性。我们应让传统文化在继承中发展，在发展中创新，焕发出更加迷人的光彩。

与李明花大姨的访谈让我深入了解了南将石核桃的渊源和特色，更让我汲取了诸多思考。我们应怀揣敬畏之心，积极投身文化遗产保护传承，让传统文化在现代社会中焕发出新的生机与活力。

19. 对话范迎新：麻核桃批发与零售

人物简介

范迎新，涞水县娄村镇木井村人，麻核桃高端两棱经营者。2015年开始经营麻核桃，主营高端两棱精品麻核桃，致力于发展高端两棱精品麻核桃批发与零售，经营理念为诚实守信，精益求精。

访谈内容概括

范迎新是核桃批发领域的资深商人，也是涞水县惠农麻核桃协会会员。在本次访谈中，他分享了从事麻核桃批发行业的经历与感悟。

范迎新表示，他目前主营麻核桃批发，今年收获颇丰，收购了价值270万元的货物。他提到，核桃价格受产量和品种影响较大，每年都有波动。在经营方面，他经营着十几个品种的麻核桃，强调品控是重中之重，无论是新品种还是老品种，关键看品相和配对。

范迎新进一步阐述了核桃批发的关键要素，包括一次性收购的重要性，以避免后期配对出现色差等问题。他还指出，不同产地和管理方式的核桃品质差异显著，这是价格差异的主要原因。对于新品种，他认为消费者更青睐纹路漂亮、骨质好的核桃。

访谈中，范迎新还分享了对核桃行业的感悟。他认为核桃产业已成为涞水等地的支柱性产业，既提高了当地经济水平，又为玩家提供了更多选择。同时，他感谢了涞源县政府、麻核桃协会以及广大麻核桃主播的支持。

最后，范迎新表达了对核桃行业的热爱和对未来的期望。他认为核桃不仅是商品，更是文化和身心的享受。他希望通过不断努力，为行业发展作出贡献。

访谈总结与思考

这次对范迎新的深度访谈，不仅揭示了核桃批发行业的运营细节和市场动态，更引发了我对行业、文化及个人使命的深刻思考。

范迎新强调，核桃的品相和配对是决定其价值的关键因素。这让我认识到，在任何行业中，品质都是立足之本。只有坚守品质，才能在市场竞争中赢得信任和喜爱。

范迎新提到，麻核桃产业已成为涞水等地的支柱性产业，带动了当地经济发展。这让我看到了行业特色与地域经济的紧密联系。具有特色的行业，往往是推动地域经济发展的重要力量。我们应珍视和保护这些产业，让它们成为经济发展的瑰宝。

在谈到品种创新与市场需求时，范迎新指出，消费者更偏向于纹路漂亮、骨质好的核桃。这反映了市场需求的变化和消费者偏好的多样性。企业需要不断创新，以满足消费者的多样化需求，并密切关注市场动态，及时调整产品策略。

此外，范迎新感谢了政府、协会及麻核桃主播们的支持。这体现了行业内部和外部合作的重要性。一个行业的发展，离不开各方的共同努力。通过合作共赢，可以共同推动行业的繁荣发展。

最后，范迎新认为麻核桃不仅是一个商品，更是一种文化和把玩享受。这让我认识到，一个行业的发展，不仅是经济上的繁荣，更是文化传承和个人使命的体现。每个人都应肩负起自己的使命，为行业的发展贡献力量。

这次访谈让我深刻反思了品质与价值、行业特色与地域经济、品种创新与市场需求、行业生态与合作共赢以及文化传承与个人使命等重要问题。这些思考对于我们理解和尊重传统文化、推动行业发展具有重要意义。我相信，在未来的日子里，会有更多像范迎新这样的行业领军人物，为行业的发展贡献力量，共同推动行业的繁荣。

20. 对话冀杰：回乡创业的年轻人

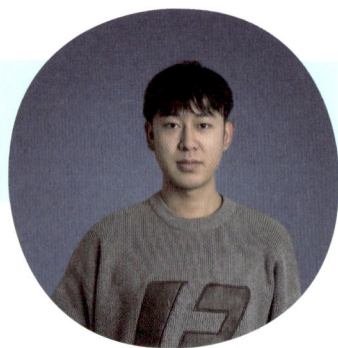

人物简介

冀杰，涞水县明义村人，涞水县惠农麻核桃协会会员，经营品牌"核桃零零七"，2023 年开始经营麻核桃，主营高品质经典品种。经营理念：创造品质和服务，客户发自内心的喜欢高于一切。

访谈内容概括

本次访谈邀请到一位经营麻核桃生意的年轻人冀杰。这位来自涞水的年轻人刚毕业，便选择回乡从事麻核桃销售与直播。他选择这个行业，源于大学期间对麻核桃产生的浓厚兴趣，加上擅长短视频制作，希望通过技能宣传家乡核桃特色，吸引更多同龄人了解和喜爱麻核桃。

冀杰分享了创业经历，提到家中本就有核桃树，从小对麻核桃有深厚感情。他认为麻核桃的魅力不仅在于可玩性，更在于盘玩中逐渐变色带来的成就感和精神寄托。同时，他也坦言创业初期面临诸多挑战，需慢慢摸索和学习。

交流中还提到麻核桃的选购标准，包括配对、品相和手感等方面。有人强调内在质量的重要性，认为一对好核桃不仅要外观好看，更要有能玩红的潜力。此外，也提及了麻核桃行业面临的问题，如商家之间的矛盾、外地商家的流动性对当地营商环境的影响等。

最后，我们呼吁大家共同维护麻核桃行业的秩序和环境，希望年轻人用先进的思想和观念推动行业发展，带动涞水经济发展，也欢迎更多年轻人回乡创业，为行业注入新活力。

访谈总结与思考

在深入了解冀杰关于麻核桃行业的经历后，我的内心深受触动，仿佛被一股温暖而坚定的力量所引领，让我对人生、职业、文化乃至生活方式都有了全新的理解和感悟。

冀杰选择回乡投身麻核桃销售与直播事业，这不仅是一个职业选择，更是对自我价值的追寻和对个人兴趣的尊重。将热爱转化为职业，让工作充满乐趣和满足感，也激发了个人创造力和潜能。

麻核桃承载着深厚文化底蕴，在年轻人创新和现代技术的助力下，焕发出新的生机与活力。通过短视频和直播等新媒体形式，麻核桃得以走向更广阔的市场，让更多人了解和喜爱这一传统文化。这不仅是文化传承的胜利，更是创新与科技力量的体现。它启示我们，在传承文化的过程中，应勇于尝试和创新，利用现代科技手段，让传统文化在新时代焕发出更加璀璨的光芒。

然而，访谈中也提到行业波动和外地商家撤离对本地营商环境造成的负面影响。这让我们意识到，在追求经济利益的同时，维护行业秩序和营商环境同样重要。只有大家携手合作，共同营造一个公平、公正、健康的市场环境，才能确保行业的可持续发展和长期繁荣。

冀杰在追求麻核桃情怀的同时，也充分考虑了现实的经济因素。这种情怀与现实的平衡，让我深感敬佩。在追梦的路上，我们不仅要怀揣热情和理想，更要脚踏实地，考虑现实的经济支撑和可持续发展。

最后，玩核桃过程中承载的精神和情感价值，以及核桃随时间变化带来的成就感，让我深刻感受到了时间和情感带来的无价之宝。在快节奏的现代生活中，我们应慢下来，用心去体验和感受生活中的每一个瞬间，才能获得真正的内心满足和幸福感。

总之，这次访谈让我在多个层面获得了深刻的思考和感悟。只要我们勇敢追寻内心的声音，勇于创新和尝试，珍惜时间和情感的价值，就能在人生的道路上走得更远、更稳、更精彩。

21.对话张英俊：麻核桃产业的现状与传承

人物简介

张英俊，北城文玩创始人，2014 年涉足麻核桃、红木家具行业，2017 年创立北城文玩，并注册"北城思城"商标品牌，2018 年成立思城传媒。2019 年，抖音平台粉丝突破 50 万，成为麻核桃优质商家，2020 年荣获"涞水麻核桃推广大使"称号。其公司一直秉承"千年文化，世代传承，匠心独具，北城文玩"的理念。

访谈内容概括

本次访谈邀请到麻核桃行业的北城老板张英俊，我们共同探讨了 2024 年的合作发展，并一致认为，今年的主打品种将继续是老品种核桃，同时兼顾热门款小众品种，以实现全方位发展。

北城老板分享了他从事核桃行业的经历和心得。他提到，核桃不仅是天然玩物，对人体也有益处，尤其是老品种核桃，具有稳定性和文化价值。他强调，尽管市场上新品种不断涌现，但老品种核桃仍是文化传承的基石，应继续传承和发展。

谈及收益时，北城老板表示，他的核桃生意历经起伏，但总体实现了稳定发展。他透露，刚入行时曾开设五家店铺，但随着市场环境变化，现稳定为两家店铺和一家公司。他认为，最重要的是坚持下去，传承核桃文化。

北城老板还谈到了市场上存在的诚信问题，如销售拼接、机刷或做旧的核桃，这不仅误导了消费者，也损害了核桃文化的声誉。他呼吁行业伙伴宣传正能量，抵制不健康行为，让消费者信任并享受核桃文化带来的乐趣。

最后，北城老板表达了对未来发展的信心和决心。他认为，只要保持百折不挠的精神和正能量，就一定能够传承和发展核桃文化。同时，他也希望儿子能继承这一事业，让涞水麻核桃的接力棒代代相传。

访谈总结与思考

在北城老板张英俊的访谈中，我深刻感受到了麻核桃行业的丰富内涵与深远意义。他的分享让我对行业现状有了更清晰的认识，也引发了我对文化传承、商业道德、市场适应、未来展望及消费者信任的深入思考。

首先，北城老板强调老品种核桃的稳定性和文化价值，认为它们是文化传承的基石。这让我意识到，商业活动中不能只追求短期利益，而忽视产品的文化内涵和历史价值。

其次，他分享了自己在核桃行业的起伏经历，让我感受到市场环境的瞬息万变及企业适应市场变化的重要性。

同时，北城老板指出市场上的诚信问题，让我认识到商业道德在行业健康发展中的重要性。作为从业者，应秉持诚信原则，抵制不良行为，共同维护公平、透明的市场环境。

此外，他对未来发展的信心和决心，以及希望儿子继承事业的愿望，让我感受到他对麻核桃文化传承的深刻认识。这启示我们，传承和发展相辅相成，通过培养年轻一代的热爱和责任感，可以确保行业文化的延续和创新。

最后，北城老板呼吁行业伙伴宣传正能量，抵制不健康行为，让我认识到消费者信任在行业形象塑造中的重要性。一个健康、正面的行业形象能吸引更多消费者，提升行业竞争力。

北城老板张英俊的访谈为我提供了丰富的思考内容，让我受益匪浅。这些思考不仅有助于理解麻核桃行业的现状和发展趋势，也为我提供了在商业活动中坚守原则、追求卓越的启示。

22. 对话核桃小胖：热爱与诚信的创业之路

人物简介

郑培桢，别名核桃小胖，河南省洛阳市伊川县高山乡郑村人，麻核桃创一代，15 岁开始自己经营麻核桃生意，主营高端小众轻奢品，常年在涞水精品板块发展，经营理念诚信为本，精益求精。

访谈内容概括

核桃小胖是涞水县惠农麻核桃协会成员，来自河南洛阳，因热爱核桃到涞水创业。他从事核桃直播销售五年，师从车厂村李保教，主要销售中高端精品核桃，如三棱四棱、红锦鲤、龙鼎华等品种。凭借粉丝群体、经验及高黏性粉丝的信任，他在直播销售中成绩斐然，年销售额达数千万元。

访谈中，小胖分享了创业经历和感悟，认为行业机遇与挑战并存，需共同努力维护市场秩序，促进健康发展。他强调诚信经营的重要性，呼吁大家脚踏实地，拒绝坑蒙拐骗，共同推动行业发展。

我对小胖的创业精神和正能量表示赞赏，欢迎更多像他这样的年轻人到涞水创业。他认为，有正能量和努力的年轻人应该得到支持。同时，我也希望协会继续发挥领导作用，引导大家维护市场秩序，推动行业健康有序发展。

访谈总结与思考

从核桃小胖的访谈中，我深刻体会到几个关键点，这些不仅关乎他的创业历程，更触及麻核桃行业乃至商业社会的健康发展。

首先，小胖的故事让我看到个人热爱对创业的重要性。他因热爱核桃而创业，将兴趣与职业发展紧密结合，这种精神是创业路上最宝贵的财富。热爱能驱使人在困难面前坚持不懈，正如小胖在访谈中所展现的，他的坚持和努力最终让他在行业中取得不俗成绩。

其次，小胖提到行业机遇与挑战并存，这让我意识到任何行业的发展都非一帆风顺。从业者需具备敏锐的市场洞察力和应对挑战的能力，才能在竞争中立于不败之地。同时，他强调行业自律和市场秩序维护的重要性，提醒我们只有形成共识，共同维护市场秩序，才能促进行业健康发展。

此外，小胖对诚信经营的重视也让我深受启发。他认为诚信是维护市场秩序和促进行业健康发展的关键。在现代商业社会中，诚信是建立长期商业关系和客户信任的基础。访谈还提到年轻人创业的正能量与社会支持。年轻人是社会的未来和希望，他们的创业精神和正能量是推动行业和社会发展的重要力量。因此，我们应积极为年轻人提供创业机会和资源支持。

最后，行业协会的领导与引导作用也让我深思。它们可制定行业标准、提供技术支持、协调行业内外关系，为行业发展提供有力保障。因此，我们应加强行业协会的建设和管理，充分发挥其领导作用。

核桃小胖的访谈不仅展示了他的创业经历和感悟，更引发了我对个人热爱、行业机遇、诚信经营、年轻人创业及协会作用等方面的深入思考。这些思考对推动麻核桃行业乃至商业社会的健康发展具有重要意义。

23. 对话高杰：汉高楼的神秘面纱

人物简介

高杰，山西人，汉高山系列麻核桃品牌主理人，致力于把控麻核桃品质，在优美的汉高山上，种植管理出更优秀的麻核桃。

访谈内容概括

本次访谈邀请汉高山系列核桃园主高杰，分享汉高楼与涞水麻核桃的故事及发展历程。

故事始于 2000 年，高杰父亲主要种植食用核桃。在国家退耕还林政策推动下，他们开始种树。一次展会中，高杰父亲偶遇涞水核桃专家张保老师，这次偶遇改变了他们的核桃种植之路。张保老师介绍，涞水麻核桃独特，玩的核桃按颗卖，吃的核桃按斤卖。2012 年，麻核桃市场达到高峰。

受到启发后，高杰父亲与张保老师建立联系，邀请涞水师傅前往山区，对七八千棵核桃树进行整体改良。第一批嫁接品种为四座楼，后根据山名汉高山，命名为汉高楼。

汉高楼受欢迎得益于其独特品质。种植在海拔 1 300 多米的吕梁山脉，昼夜温差大，土壤条件独特，使得汉高楼骨质好、颜色鲜艳、易于上色。与一般核桃相比，汉高楼授粉率低，但成活率和品质更优。

在核桃种植和管理中，高杰父亲引进涞水品种和技术，多次与当地核桃专家交流，学习实用种植技巧。他们注重品质控制，力求提供最佳产品。

对于核桃未来发展，高杰表示将继续以供货为主，注重品质控制，并感谢麻核桃协会和当地政府的支持。他们希望与涞水县及其他地区核农共同努力，做大做强麻核桃产业，为当地经济腾飞和脱贫致富作贡献。

最后，我们呼吁大家共同维护行业，传承核桃文化，让麻核桃产业健康、持续发展。

访谈总结与思考

与汉高山系列核桃园主高杰的访谈，让我走进了一个充满故事与传奇的核桃世界。从高杰家族的核桃种植之路，到汉高楼与涞水麻核桃的结缘，再到对核桃品质的不懈追求和未来发展规划，每一个细节都透露出深厚的文化底蕴和对产业发展的深刻理解。

高杰家族麻核桃种植之路的转变，让我深刻感受到机遇的偶然与必然。原本只是响应政策种下的核桃树，却因一次展会中的偶遇，开启了种植麻核桃的新篇章。这启示我，面对生活，应保持开放心态，勇于尝试和探索。

汉高楼的成功案例，让我深刻认识到品质控制的重要性。高杰家族在引进品种和技术的同时，注重品质控制，从种植到管理，每个环节都力求做到最好。这种对品质的执着追求，让他们赢得了市场认可和良好口碑。这让我意识到，产业发展不能只追求短期利益，应注重长远发展，关注产品品质，提升附加值，才能赢得市场信任和支持，实现可持续发展。

高杰对核桃未来发展的规划和愿景，让我看到了产业合作与共赢的可能性。他希望与涞水县及其他地区核农共同努力，做大做强麻核桃产业。这种合作与共赢的理念，有助于推动产业健康发展，为当地经济腾飞和脱贫致富作贡献。

最后，访谈中提到的维护行业和传承文化的呼吁，让我深刻感受到文化传承的重要性。麻核桃作为传统文化，承载着丰富的历史和文化内涵。我们应共同维护行业秩序，传承好核桃文化，让麻核桃产业健康、持续发展。这不仅是对传统文化的尊重和保护，也是提升我们自身文化认同和自信的重要途径。作为新时代青年，我们有责任传承和弘扬传统文化，为文化繁荣发展贡献力量。

24. 对话孙彦峰：小手捻大产业

人物简介

孙彦峰，河北省保定市阜平县人。曾经营一家医疗产品销售公司。2020 年踏入文玩核桃互联网销售行业。

访谈内容概括

本次访谈，邀请到了孙彦峰来分享他的创业经历和合作故事。2020 年他的工作陷入困境，休息期间，他注意到姐夫在文玩核桃领域内业务稳定，于是他便决定转行，投身文玩核桃行业。

孙彦峰深入了解文玩核桃后，发现它不仅是商品，更具有深厚文化底蕴。他认为，文玩核桃能帮助人们静心、磨炼心智，具有很大的市场潜力。他特别关注小巧精致、上色快的小手捻核桃，并成功吸引了年轻消费者。

创业过程中，孙彦峰和团队不断学习优秀企业经营理念，强调"利他"思想，全心全意为客户和员工着想。他们注重产品质量和售后服务，制定了内部晋升机制，增强团队凝聚力和创造力。

孙彦峰的团队目前拥有约 30 人，包括 15 名主播和后勤人员。他们计划在未来几年内扩大业务规模，2024 年营业额预计达 3 000 万，2025 年计划达 5 000 万，2026 年冲刺一个亿。他们相信，通过团队努力和协会支持，就能实现这些目标。

访谈中，我对孙彦峰的创业思路和市场洞察力表示赞赏，并祝愿他的团队取得更大成功。孙彦峰分享了成功经验，强调站位要高、为客户和员工着想、做好市场调研和团队建设的重要性。

访谈总结与思考

在与挚友孙彦峰的访谈中，我仿佛经历了一场心灵洗礼。他的创业历程如同一部励志小说，蕴含着诸多哲理与智慧。

孙彦峰在工作陷入困境时，他没有逃避，而是以勇气和决心寻求转机。他的转行决定基于对市场的深刻洞察和个人兴趣，发现了文玩核桃的文化底蕴和独特价值。这启示我们，面对人生转折点，应勇于探索未知，追求内心热爱。

孙彦峰的"利他"思想让我深受触动。他将客户与员工需求放在首位，体现了他全心全意为客户和员工着想的经营理念。这种以人为本的管理方式，赢得了客户信任，激发了员工积极性，为企业发展注入强大生命力。这让我认识到，企业成功不仅在于经济效益，更在于构建和谐、共赢的生态环境。

孙彦峰对市场的精准定位和深刻洞察，让我印象深刻。他捕捉到年轻消费者对小核桃小手捻的喜爱，调整产品策略，成功吸引大量年轻粉丝。这启示我们，创业过程中，必须保持敏锐的市场嗅觉，紧跟时代潮流，不断创新。

孙彦峰的成功经验，还告诉我们站位要高、为客户和员工着想、做好市场调研和团队建设的重要性。他深知，只有成就和帮助更多人，公司才能得到更好发展。这种以社会责任为己任的企业家精神，不仅让他的团队走得更远，也为我们提供了宝贵的人生启示。

孙彦峰的创业经历和市场洞察力，让我体会到创业需要勇气、智慧、责任感和人文关怀。他的成功经验为文玩核桃行业注入新活力，为我们追求梦想提供借鉴和启示。我相信，孙彦峰和他的团队定能继续书写辉煌篇章，为文玩核桃行业发展贡献力量。

25. 对话杜宝东：品种的发掘与发展

人物简介

杜宝东，涞水县人，涞水县最早进入麻核桃行业的人员之一，盘山公子帽引进者，具有丰富的麻核桃种植管理经验。

访谈内容概括

涞水当地知名的核桃土专家杜宝东，分享了他的核桃种植经历。2004 年，因其他工作挣钱难且看到麻核桃行业潜力，他决定尝试种植。特别提到了盘山三棱这一品种，这是他们村最早嫁接成功的品种。

杜宝东回忆，为找好品种，他们曾深入大山搜寻。一次偶然机会，发现一棵大树下的三棱核桃并成功嫁接。然而，嫁接后并非都能长出三棱，起初成功率仅 10% 左右甚至更低。但经历多年改良管理，核桃品质提升，三棱更明显美观。

杜宝东的努力使自家核桃产量和质量大增，还带动了村庄发展。如今，全村 80% 以上土地种植三棱核桃，成为全县乃至全市的核桃种植基地。他的技术获得广泛认可，许多村民向他学习，共同推动当地核桃产业发展。

今年收获季，杜宝东的核桃销售情况乐观。他表示，今年盘山公子帽价格高，好的管理下能卖到 350 元一个。家庭因此获可观收入，预计今年能挣上百万。在杜宝东的带领下，许多村民实现致富，生活条件显著改善。

杜宝东的成功离不开辛勤付出和创新精神。他表示，只要肯下功夫、抓住机会，就能在核桃种植行业取得成功。同时，感谢村里党委和村委支持及村民的共同努力，使核桃产业蓬勃发展。

访谈总结与思考

了解杜宝东的经历后，我深受触动。他的故事不仅是个人奋斗史，更是关于勇气、坚持、创新与产业发展的启示录。

2004 年起，杜宝东踏上种植核桃的征途。那时核桃行业尚未蓬勃发展，他的决定是一次大胆尝试。他不满足现有品种，亲自上山寻找优质品种嫁接。这种勇于探索、敢于突破传统的创新精神，正是时代所需。他的行动告诉我们，只有敢于迈出第一步，才能在未知领域发现新可能，创造辉煌。

　　然而，核桃嫁接与管理不易，需时间、耐心与不懈努力。杜宝东多年摸索实践，改良品种，提高三棱核桃成活率。这背后是他无数次尝试与付出，是他在失败中汲取教训、在成功中总结经验的不懈努力。他的坚持让我们看到，成功背后隐藏着无数次跌倒与爬起，正是这些经历铸就了他的成就。

　　杜宝东的成功不仅让自己致富，更带动了村庄乃至全县核桃产业发展。他的成功是个人努力与集体力量的结合，是产业发展与地方经济相互促进的例证。他的故事告诉我们，一个人的成功能激发更多人的斗志，带动群体共同进步。

　　访谈中，杜宝东提到品质与管理的重要性。他强调，只有管理得当、品质上乘的核桃，才能在市场上卖出高价。这说明在农产品销售中，品质与管理是决定成败的关键因素。

　　此外，杜宝东的成功也离不开政府支持。政府的政策扶持与资金帮助，为他提供了发展后盾与空间。这提醒我们，政府在产业发展中扮演重要角色，通过政策引导与资金支持，可促进产业健康发展与农民增收。

　　访谈最后，杜宝东强调"小核桃大产业"的理念。他用自己的经历告诉我们，即使是最不起眼的核桃，也能发展成为带动地方经济的重要产业。这启示我们，要善于发现并挖掘身边的潜力产业，通过科学规划与创新实践，实现产业升级与转型，为地方经济发展注入新活力。

　　杜宝东的访谈内容展示了他个人的奋斗历程与成功经验，也提供了关于产业发展、个人努力与政府支持的思考。他的故事如明灯，照亮我们前行的道路，激励我们不断追求进步与创新。

26. 对话韩娟：麻核桃行业的市场变迁与现状

人物简介

　　韩娟，核桃文化传播者，京城四大核商之一，桃源居主人，2018 年编写麻核桃类目书籍《核桃谱》。

访谈内容概括

　　此次访谈中，韩娟作为北京四大核商之一及麻核桃行业的重要贡献者，与我们分享了 1993 年进入麻核桃行业的经历。她因痴迷文玩物件，经常出入潘家园后逐渐对核桃产生兴趣。起初，她主要收藏和贩卖东北产的秋子核桃，后来接触到涞水地区的鸡心、狮子头等品种。韩娟描述了早期在涞水寻找和购买核桃的艰辛，以及核桃市场的变迁与现状。

对话中，韩娟强调核桃的养生价值和文化内涵，认为核桃不仅是健身器材，还有预防老年痴呆等益处。她指出，核桃市场虽有起伏，但潜力巨大，尤其随着中国社会老龄化加剧和年轻人对核桃文化兴趣增加。

我赞同韩娟的观点，并补充核桃市场的发展趋势。随着核桃品种多样化和市场的不断扩大，核桃产业不仅为种植户和商家带来经济效益，还为当地旅游等产业提供发展机遇。

最后，韩娟对涞水人、涞水核桃以及当地政府和协会表示感谢与赞扬，认为涞水充满福报，希望大家珍惜核桃产业，共同努力将其发扬光大。我也表示将坚定信心，继续推动核桃文化的传承和发展。

访谈总结与思考

通过与韩娟的对话，我们了解到核桃行业的历史变迁、市场现状及未来发展趋势，也认识到核桃的养生价值和文化内涵对个人和社会的重要意义。

核桃不仅是一种文玩，更是承载深厚文化和情感的载体。韩娟作为资深从业者，她的经历和见解为我们提供了丰富的思考素材。

首先，核桃文化的传承需要时间和情感的积累。韩娟从十几岁接触核桃，通过不断摸索和学习，逐渐成为行业推动者。这种热爱和执着，是核桃文化得以传承的重要动力。

其次，韩娟对核桃市场的见解展现了麻核桃行业的广阔前景。她认为，尽管当前市场面临挑战，但只要齐心协力，做好标准和包装，市场仍有很大发展空间。特别是随着老龄社会的到来，核桃作为随身携带的健身器材，其养生价值将得到更多认可。

同时，韩娟对核桃品种和价值有独到见解。她认为，核桃的价值不在于特定品种，而在于完美的配对和整体品质。这提醒我们，在核桃收藏和鉴赏中，应更注重整体美感和文化内涵，而非盲目追求高价品种。

此外，我认为核桃产业不仅为当地农民带来财富，还为政府提供旅游等方面的经济发展机会。核桃文化还提升了人们的品质和情操，是一种健康、环保的生活方式。

最后，涞水人民和政府在核桃产业中的付出令人敬佩。他们不仅提供优质核桃资源，还积极推动核桃文化的传承和发展。这种地方政府与民间力量相结合的模式，为核桃产业的繁荣奠定了坚实基础。

总之，此次访谈让我们看到核桃行业的广阔前景。在韩娟等资深从业者的带领下，在涞水人和政府的共同努力下，麻核桃文化将不断发扬光大，为更多人带来健康和快乐。

27. 对话齐方明：麻核桃产业经营理念

人物简介

齐方明，天津市塘沽区人，幼年受长辈影响接触文玩核桃，2014 年投身文玩核桃相关工作，能从玩家角度看待文玩核桃，经营上坚持传统，对麻核桃见解独到。

访谈内容概括

我们非常荣幸地邀请到了天津的齐方明先生，这位在文玩核桃领域极具影响力的专家。齐先生将与我们分享他在这个行业里的经历和见解。

齐先生回忆，幼时受家中老人影响喜欢上文玩核桃，因工作变故将爱好转为职业，至今已十多年。其间结识一位涞水石亭镇的师傅，可惜师傅四年前因病离世，给他留下遗憾。

齐先生虽不再亲自种植或管理核桃树，但依旧热情不减，不断学习。他认为，文玩核桃行业健康发展需从业人员共同努力，遵守规范，提升产品质量，也期待有权威机构或标准引导行业，让爱好者放心购买收藏。

谈及涞水麻核桃，齐先生表示，涞水是全国最大的文玩核桃产地之一，产品获国家地理标志保护。涞水麻核桃协会和相关企业致力于推广保护这一优质产品，为消费者提供品质保证。他还提到了麻核桃相关书籍的出版工作，认为这对推广文玩核桃文化、提升行业认知度意义重大，期待图书的出版能让更多人了解文玩核桃，推动行业发展。

齐先生对涞水感情深厚，称没有涞水就没有现在的麻核桃产业，感谢涞水给予的机遇和成就，将继续为涞水麻核桃事业贡献力量。

齐先生认为，文玩核桃市场广阔、粉丝众多，但存在商家无底线经营的现象，影响行业形象。他建议从从业人员入手加强治理，呼吁建立权威机构或标准规范市场，保护消费者权益。

我介绍了涞水麻核桃的国家地理标志保护产品身份，以及麻核桃协会通过证书保证产品品质。目前已有三家诚信商家获相关证书，减少了退货率，增强了粉丝信任度。齐总表示赞同，并强调涞水是全国最大文玩核桃产地，对行业影响重大，期待通过共同努力发扬文玩核桃产业，带动乡村振兴。

齐先生还提到传统老品种文玩核桃受欢迎，价格稳定、效果出色，吸引大量年轻玩家。他建议商家销售时详细介绍产品，提高消费者购买体验，降低退货率。

最后，我感谢齐先生的分享，强调团结合作的重要性，希望共同努力，推动文玩核桃产业健康发展，传承传统文化。

访谈总结与思考

首先，齐先生强调麻核桃作为传统文化一部分的传承与发展，其与涞水麻核桃产业的深厚感情，凸显了文化传承的重要性。麻核桃承载着丰富的历史和文化内涵，是传统文化的重要组成部分。

然而，麻核桃行业面临行业标准缺乏的挑战。齐先生提到，文玩核桃行业长期缺乏统一标准衡量产品质量，导致市场混乱，消费者难以辨别真伪优劣。这提醒我们，建立明确的标准和规范对行业发展至关重要。

在应对挑战中，诚信经营和品质保证成为行业生命线。齐先生强调诚信经营的重要性，麻核桃协会采用证书制度，通过国家知识产权局认证和国家地理标志保护，提高产品可信度和市场竞争力，为行业规范化发展树立标杆。

此外，齐先生提到创新与传统的平衡问题。尽管市场出现许多新品种，但传统老品种仍受玩家青睐，因其价格稳定、质量可靠，承载着丰富的历史和文化内涵。这启示我们，在追求创新的同时，不应忽视传统价值。

最后，齐先生的个人经历和总结，强调了个人成长与行业发展的紧密联系。个人的成长往往与行业发展相连，团结协作是推动行业繁荣发展的关键，这一观点适用于所有行业。

综上所述，齐总的分享引发了对文化传承、诚信经营、创新与传统的平衡以及个人成长与行业发展等方面的思考，对文玩核桃行业及其他行业的可持续发展都有启示。

28. 对话核桃表妹：探寻麻核桃产业路

人物简介

核桃表妹，本名陈红云，文玩核桃鉴赏专家，北京电视台财经频道《理财》栏目专家组成员。曾参与中央电视台《一锤定音》节目，也是《赶山之核桃表妹》纪录片嘉宾，对麻核桃的鉴定、购买、保养等有深入研究。

访谈内容概括

本次访谈有幸邀请到北京四大核商之一的核桃表妹，她在涞水麻核桃乃至全国核桃行业地位重要，是行业顶梁柱，更是涞水麻核桃文化的引路人与贡献者。

访谈中，表妹回忆起早年涞水核桃产业的艰辛起步。2000 年左右，通往核桃产地的道路崎岖难行，有时甚至要翻山越岭，恶劣天气下还会被困于山上数日。那时，核桃种植和嫁接技术未普及，野生核桃居多，品种多样，如白狮子、虎头、苹果园等。表妹和团队不畏艰难，逐步探索并推广了麻核桃嫁接技术，为产业发展奠定基础。

谈及麻核桃品种，表妹偏爱白狮子老树，认为若它还在，将是无可替代的十字尖品种。然而，许多老品种已消失或变异，如白狮子颜色逐渐恢复正常，红狮子因产量、成活率和配对率低而不受欢迎。尽管如此，表妹对鸡心等老品种怀有深厚感情，认为它们是核桃文化的精髓。

表妹还强调了核桃文化对涞水县的积极影响。核桃产业发展带动了当地经济，吸引全国各地爱好者前来交流交易，让农民走上致富路，也提升了他们对核桃文化的认知和传播意识。

访谈总结与思考

这次访谈让我们深入了解涞水麻核桃行业及其背后故事，通过核桃表妹的亲身经历和见解，我们对麻核桃文化有了更深刻的理解。

核桃表妹作为行业先锋人物，创业历程充满艰辛。早期核桃产业起步艰难，道路崎岖、技术落后，但她和团队凭借坚韧精神，探索推广嫁接技术，为产业发展奠定基础。这让我们明白，文化传承发展需经历困难挑战，需坚定信念和不懈努力。

在核桃品种变迁方面，表妹对老品种感情深厚，认为它们是核桃文化的精髓、历史的见证者。然而，许多老品种已消失或变异，这引发我们对文化变迁的思考。在追求新品种、新技术时，如何保留传承老品种，是亟待解决的问题，关乎文化多样性和历史尊重。

表妹还强调了核桃产业对当地经济的积极影响和文化传播的意义。麻核桃产业发展带动了农民增收，提升了他们对核桃文化的认知和传播意识，证明文化与经济可相互促进、共同发展。在追求经济效益时，不能忽视文化价值，文化是持续发展的根本动力，只有让文化与经济相辅相成，才能实现可持续发展。

这次访谈让我们深刻反思了文化传承、品种变迁、文化与经济关系等问题，不仅加深了对涞水麻核桃行业的理解，也为传统文化传承发展提供了启示。我们应珍惜这份文化遗产，共同努力传承下去，让更多人了解和喜爱中国的麻核桃文化。

29. 对话核桃冯：麻核桃文化的新秀与未来之思

人物简介

冯超，北京人，人称"核桃冯"，核桃资深收藏玩家，核龄18年，希望把盘玩核桃的经验分享给核友，让大家用正确方式玩核桃，懂得欣赏核桃之美。

访谈内容概括

本次访谈我与核桃圈新秀核桃冯进行了一场关于麻核桃文化的深入交流。核桃冯是年轻核桃爱好者，有近18年玩核桃经验。他分享与核桃结缘的故事，从最初对父亲手中的核桃好奇，到被色泽变化吸引，最终爱上这一文化。

核桃冯表示，虽然市场上核桃种类多样，但优质核桃大多流向涞水，成为重要集散地。他强调，核桃不仅是商品，更是文化和情感寄托。他手中的核桃最初200多元，如今因15年的陪伴与情感，无价可估。

他还分享通过直播分享核桃文化的经历，直播间从最初200多粉丝，一年涨到13 000多人。他直播初衷是分享交流，非销售，但粉丝增多后，逐渐帮粉丝挑选购买核桃，传递热爱。

谈及核桃文化未来发展，他和我都认为，首先要规范市场，确保诚信经营，避免消费者受损；其次，要拓展南方和国外市场，让更多人了解和体验核桃文化魅力。他们相信，能让中国核桃文化走向世界，传递到每个热爱生活的人心中。

交流中，核桃冯展现对核桃文化的深厚情感和对未来的美好愿景，希望更多人感受核桃文化魅力，体验把玩乐趣和成就感。

访谈总结与思考

与核桃冯的访谈，让我深刻体会到他对核桃文化的深厚情感和独到见解，这些思考触动人心，带来宝贵启示。

核桃冯强调核桃的独特性，不仅是商品，更是文化和情感寄托。他手中核桃的故事让我意识到，现代社会我们常关注物质价值，忽视情感和文化意义。核桃作为传统艺术，承载着人们对生活的热爱和对美的追求，是精神寄托。每个核桃都蕴含岁月故事和主人情感，见证时间流逝，成为生活一部分。

他通过直播分享核桃文化，让更多人了解这一传统艺术，还帮粉丝挑选购买核桃，传递热爱。这让我感受到，在文化传承中，个人力量巨大。他利用现代科技手段扩大文化影响力，启示我们传承传统文化要积极利用现代科技，让更多人接触了解传统文化，推动传承发展。

谈及核桃文化未来发展，我们认为规范市场和拓展市场是重要方向。规范市场能确保诚信经营，避免消费者受损；拓展市场能让更多人了解和体验核桃文化魅力。这提醒我们，文化传承要关注市场需求和变化，顺应市场趋势，让传统文化焕发生机活力。同时，要加强市场监管，打击虚假宣传和劣质产品，保护消费者权益，为传统文化传承发展创造良好环境。

核桃冯对核桃文化的热爱和对未来的美好愿景让我感动。他希望通过努力让更多人感受核桃文化魅力，体验把玩乐趣和成就感。这启示我们，追求个人梦想要热爱和敬畏传统文化，将个人梦想与文化传承结合，为文化繁荣发展贡献力量。只有我们积极行动，才能共同推动传统文化传承发展，让智慧和精神永远流传。

核桃冯的访谈让我深入了解了核桃文化的独特魅力，引发我对文化传承、个人力量、市场需求和文化热爱等方面的思考。只要我们积极行动，就能推动传统文化繁荣发展。

30. 对话李建军：与涞水麻核桃产业的情缘

人物简介

李建军，天津人，自幼酷爱文玩核桃，10 多岁便开始走访天津各大文玩市场，对麻核桃的鉴赏与把玩颇有研究。20 世纪 80 年代初期，辗转多地摆摊售卖麻核桃，后在天津古文化街开设"津门核桃李"品牌门店，成为国内首家麻核桃售卖店，提升了麻核桃的文玩地位。他深入太行山脉、燕山山脉及秦岭山脉寻找优质文玩核桃，使"津门核桃李"店在文玩核桃界声名远扬，成为爱好者的专业交流平台。

访谈内容概括

在访谈中，麻核桃产业推动者李建军分享了他与麻核桃的深厚缘分及成功历程，为了解该行业的发展提供了珍贵资料。李建军受父亲影响，自幼对麻核桃产生浓厚兴趣，尤其钟爱涞水的麻核桃，因其个体大、骨质好。初次进入涞水时，他因迷路得到热心人帮助，开启了与涞水麻核桃的深厚情缘。

　　李建军的麻核桃生意始于收藏，随着数量增加，他开始出售核桃。随着市场需求增长，麻核桃在天津、北京、上海等地受到热捧。他回忆，早期收购涞水麻核桃时价格较低，当地人对其经济价值认识不足，但卖到外地后价格能翻数倍，间接推动了核桃市场扩展，他也成为核桃文化推动者之一。他通过收藏、买卖，推动了涞水麻核桃市场发展，激发了当地的种植热情，促进了产业壮大。

　　李建军对麻核桃品种发展充满信心，从最初几个品种到如今近 500 个品种，他见证了涞水麻核桃的丰富与多样化。他提到白狮子、虎头等品种的发现，展现了核桃品种的创新，尤其是王勇官帽核桃这种横径接近 5 厘米的大核桃，受到市场高度关注。他和其他种植者的努力使涞水麻核桃走向全国，形成了独特文化。他对麻核桃市场的变化感慨万千，认为市场的起伏和价格波动体现了产业的成熟，而涞水人通过改良品种提升了产品价值和影响力。

心得与思考

　　李建军的经历展现了他对核桃的热爱及推动产业发展的努力。从祖辈到他，再到涞水村民，核桃文化的传承清晰可见。最初，他只是单纯收藏和玩核桃，但随着深入了解和市场需求增长，他意识到核桃背后蕴藏着巨大的商业潜力。通过他的努力，涞水麻核桃的价值被发现并推广到了全国，甚至影响了当地的经济发展，从贫困山村到因核桃致富的家庭，核桃见证了生活水平的提高和文化的丰富，李建军是这一产业发展的见证者与推动者。

　　随着涞水麻核桃需求增加，部分人更关注其商业价值，却忽略了文化与历史传承。李建军曾提到"夹板核桃"这一现象，虽提高了麻核桃的品相和市场价值，却淡化了传统核桃的天然魅力。这让我意识到，追求经济利益时，保持核桃文化纯粹性至关重要。而编纂核桃"族谱"的工作，正是试图在商业与文化间找到平衡，这种分类和记录工作，不仅能为后人提供科学依据，也能让人们更了解核桃背后的故事。

　　李建军的经历让我看到，一个小小的核桃如何在热爱与坚持中改变了一方水土。当今速变时代，我们当学其执着，化热爱为事业，促文化经济共进，驭商业为文化所用，莫使文化被商业吞噬。

31. 对话李旺：麻核桃行业的新老更替

人物简介

李旺，涞水县虎过庄乡人，麻核桃行业奠基者，麻核桃行业元老之一，拥有极其丰富的麻核桃嫁接管理经验，早期供货于北京各大核商，为涞水麻核桃行业发展做出突出贡献。

访谈内容概括

本次访谈邀请虎头核桃的创始人李旺老爷子，他不仅是行业的奠基人，更是推动者，为麻核桃乃至全国麻核桃行业做出了不可磨灭的贡献。

李旺老爷子首先分享与麻核桃行业的渊源。过去，麻核桃主要销往天津，价格不高。但历经几十年发展，行业迎来巨变。20世纪90年代，他尝试嫁接核桃树并获成功，核桃价格逐年攀升，从几块钱一枚到几十元、几百元，甚至几千元一枚。这一变化让农民看到希望，带动周边村庄发展。

李旺老爷子还讲述了收购核桃的小故事。有时为收购高品质核桃，他不惜高价，与竞争对手激烈竞争。他的坚持和眼光赢得了良好口碑，成为行业领军人物。

谈及行业未来，李旺老爷子认为麻核桃还有很大发展空间。他建议年轻人要敢于创新，在品种、深加工和工艺品制作上下功夫。同时，他强调诚信经营的重要性，网上销售核桃时要如实描述信息，不欺骗消费者。

最后，李旺老先生对行业未来充满期待。他希望客商和农户共同努力，把产业做大做强，让涞水麻核桃国家地理标志保护产品品牌更响亮。在他们的指导下，麻核桃行业将迎来更繁荣的发展。

访谈总结与思考

此次对李旺老爷子的访谈，让我仿佛走进一段厚重的历史长河，深刻感受到麻核桃行业的辉煌历程与现状，更从李旺老先生的经历和见解中，获得诸多启发。

李旺老先生的创业历程，生动诠释了坚持与创新的力量。他引入嫁接技术，让核桃树焕发生机，推动核桃价格飙升，为农民带来收益，带动周边村庄经济发展。这告诉我们，在传统行业中，勇于尝试新技术、新方法，寻求突破与创新，是推动行业持续发展的关键。麻核桃产业二十多年来蓬勃发展，品种繁多，也强调了持续创新对保持行业活力和竞争力的重要性。

访谈中，李旺老先生对诚信经营的重视，让我体会到商业道德的重要性。在麻核桃行业，收购高品质核桃或网络销售产品，诚信都是赢得消费者信任和口碑的关键。这提醒我们，商业活动中，追求利润的同时，要坚守道德底线，以诚信为本，才能赢得消费者长久信赖，实现企业可持续发展。

李旺老先生对年轻人和行业未来的期待，让我深感责任重大。他希望年轻人勇于担当、敢于创新，在核桃品种、深加工和工艺品制作等方面下功夫，推动产业繁荣发展。这启示我们，作为年轻一代，应积极投身行业发展与创新，提升专业技能和创新能力，为行业繁荣发展贡献力量。

此外，李旺老先生对涞水麻核桃国家地理标志保护产品品牌的期待，让我认识到品牌建设对行业发展的重要性。品牌是行业名片、产品质量象征和消费者信任基础。因此，我们应加强品牌建设，提升产品质量，加大宣传力度，让更多人了解和认可产品，推动行业持续发展。

此次访谈让我深入了解麻核桃行业历史与现状，从李旺老先生的分享中提炼出关于坚持与创新、诚信经营、年轻人与行业未来以及品牌建设等方面的思考。这些思考将激励我在未来道路上，以坚定信念和积极态度，投身麻核桃行业发展与创新，为行业繁荣贡献力量。

32. 对话李占军：探究麻核桃产业起源与崛起

人物简介

李占军，涞水县虎过庄乡南安庄村人，最早嫁接麻核桃树并经营麻核桃的核商之一，涞水麻核桃行业奠基者，麻核桃种植及嫁接技术专家，艺核一号（鸡心）及水龙纹等著名品种推广人。

访谈内容概括

本次采访，我与核桃界人士李占军展开对话，他讲述了核桃行业自20世纪80年代至今在发现、价格、嫁接技术及储存包装等方面的发展历程。

嫁接技术上，20世纪80年代中期起步时极不成熟，嫁接树生长不良。因操作无规范，选树小、手法粗糙，仅靠经验手工操作，对嫁接时间、接穗处理等要点把握不准。90年代后，技术逐步改进，大树嫁接出现，技术难度与水平同步提升。

市场需求与交易轨迹方面，20世纪90年代前，市场未受重视，食用核桃当地仅五六毛钱一斤，麻核桃价值更无人知晓，太行山上的核桃被忽视。90年代市场兴起，外地人来寻核桃，核农开始重视生产，但市场信息闭塞、价格不透明，交易盲目。90年代中后期交易活跃，1997年左右，京津等地人士大量参与，市场范围扩大，价格波动大，买家遍布多地。

行业认知与品种发展上，早期人们对核桃行业认知有限，核农与大众都缺乏对核桃价值、潜力及技术的了解。随着市场需求出现，从业者推动行业向有意识经营转变。早期品种认知模糊，仅依形状粗略区分，后随市场与客户需求，区分逐渐细化，开始重视产品品质与差异化。

行业人物与交易实例中，早期代表性人物如李占军、北京"大核商"、天津买家、韩国张文学等，在1997年左右参与当地核桃交易，促进了市场对外联系。李占军分享，曾花一万多元收购20多只核桃，当时对品种、价值认知模糊。一对特殊四棱核桃，收购、出售价格波动大，后期价值预期升至十万以上，体现市场对优质品种的追捧。

核桃行业早期在技术、市场、认知等多方面的显著变化，为后续发展奠定了基础。

访谈总结与思考

通过与李占军的交流，我深入了解了麻核桃产业的起步与发展。李占军作为产业先驱与领军人物，其创业之路充满了挑战与机遇，彰显了涞水农民的创新精神与实践智慧。从他的经历中可以总结出宝贵经验：

·是技术创新至关重要。20世纪80年代末，产业未成规模，市场认知与技术都不足，李占军持续摸索，提升嫁接成功率，为产业成功奠定基础，体现技术突破对农产品质量提升、产业发展的强大推动作用。

二是市场需求与文化价值需兼顾。起初麻核桃文玩价值未受认可，李占军凭借技术与市场眼光，坚持推广并拓展市场，同时深挖其文化底蕴，让麻核桃超越经济价值，实现传统农产品向高附加值商品的转变。

三是产业链构建与品牌塑造意义重大。起初麻核桃文玩价值未受认可，李占军凭借技术与市场眼光，坚持推广并拓展市场，同时深挖其文化底蕴，让麻核桃超越经济价值，实现传统农产品向高附加值商品的转变。

此次访谈展现了核桃行业数十年的发展变迁，为洞察行业历程提供了珍贵素材，彰显了从业者的探索奋进精神，为行业后续发展铺就基石。

33. 对话李战民：三十载风雨

人物简介

李战民，"天津李核桃"品牌创始人，任涞水县首届"文玩核桃争霸赛"专家评委、历届涞水文玩核桃博览会特约顾问。20 世纪 90 年代初即从事文玩核桃采购及销售，涉及地区广泛，2006 年于天津市南开区古文化街创立"天津李核桃"品牌实体店，专营文玩核桃批发零售。

访谈内容概括

本次访谈，我们有幸邀请到天津的李战民先生，一位在麻核桃产业中享有盛誉的资深玩家，他对麻核桃的宣传推广和销售贡献巨大。

李战民的核桃之旅始于 1994 年。彼时在北京打工的他，于潘家园市场偶遇卖核桃的老大爷，一对百年老核桃令他一见倾心，自此踏上收藏与鉴赏之路。起初源于好奇喜爱，后逐渐大量收藏，还带动家族成员共同推广销售。

多年经营中，李战民积累了深厚经验与情感。他认为麻核桃不仅是财富象征，更是文化传承的载体，每一对核桃都承载故事与情感，见证岁月变迁。他对麻核桃痴迷至深，为心仪之物不惜代价。

谈及感悟，李战民表示对麻核桃的热爱已超越金钱。在他眼中，麻核桃是情怀与信仰。他感谢行业支持，并视涞水为第二故乡，希望让更多人了解并传承麻核桃文化。

李战民与麻核桃的不解之缘，展现了麻核桃的独特魅力，以及他对这一文化的深厚情感与执着追求。我们相信，在他的带领下，麻核桃文化必将继续发扬光大，为更多人带来快乐和收获。

访谈总结与思考

与李战民的访谈，让我深刻体会到个人兴趣与文化传承的紧密关联，以及传统文化在现代社会的魅力。

李战民从偶然接触到推动文化传承，将个人兴趣转化为文化传播力量，不仅充实自我，更助力麻核桃文化发展。这表明个人兴趣可成为传统文化传承的重要动力。

他对麻核桃的见解，揭示了物品背后的文化价值。麻核桃不仅是商品，更是文化与情感的寄托，传承文化需挖掘物品深层价值。

李战民以个人力量带动家族、推动文化传播，彰显了个体在文化传承中的重要性。每个人都应积极投身传统文化传承工作。

最后，李战民对麻核桃文化的传承愿景，让我看到了文化传承的美好未来。我们应怀揣着对传统文化的热爱与执着，积极投身于文化传承和发扬工作中，注重挖掘和传承物品背后的文化价值，共同推动传统文化的传承与发展。

34. 对话林常亮：麻核桃行业新业态

人物简介

林常亮，涞水县人，涞水麻核桃新业态发展者，麻核桃产业与旅游相结合的模式，创办了麻核桃生态园区。

访谈内容概括

本次访谈，我走进了涞水县娄村镇林常亮的核桃园。林常亮虽年纪尚轻，却极具创新思维，在涞水麻核桃产业发展中扮演着重要推动者的角色。

林常亮的核桃园已有十年历史，园内种植着十余个品种的麻核桃树，占地二百余亩。十几年间，他在核桃园投入数百万元，如今该园每年营收可达数十万元。

林常亮创新意识卓越，善于推动产业融合发展，以实现效益最大化。他计划在核桃园内建设特色民宿，将麻核桃产业与旅游业有机结合，以核桃产业为核心，带动相关产业协同发展。核桃园能发展到如今的规模，除自身投入大量资金外，也离不开政府的大力支持与帮助。

在科技应用方面，林常亮的核桃园走在前列。考虑到人工搬运麻核桃树苗上山费时费力，便采用无人机运送树苗至山上种植。此外，还在山上建造蓄水池，引山下井水灌溉核桃树。同时，利用核桃园良好的生态环境，开展了羊、鸵鸟、孔雀、柴鸡等动物的养殖。

林常亮提及，自己最初接触麻核桃，是受李旺及父亲的影响。涞水麻核桃产业的发展，离不开这些行业先驱的推动。

谈及从事麻核桃产业十几年的感受，林常亮对涞水县政府给予麻核桃产业的大力支持深表感激。他认为涞水气候环境适宜麻核桃生长，对产业发展前景充满信心。他还表示，将继续为涞水经济发展贡献力量，推动麻核桃产业不断壮大。

访谈总结与思考

此次对涞水县娄村镇林常亮的访谈，让我对涞水麻核桃产业有了更深入全面的认识，诸多感悟也油然而生。

一是创新驱动产业变革。创新是产业发展的核心驱动力。林常亮年纪虽轻，却凭借创新思维成为涞水麻核桃产业的重要推动者。他不满足于传统种植模式，积极探索产业融合之路，计划建设特色民宿，以核桃产业带动相关产业协同发展。这种创新模式打破了传统产业边界，为麻核桃产业开辟了新发展空间，创造了更多经济价值和社会效益。这让我认识到，任何产业都不能故步自封，要敢于突破传统思维，积极探索新的发展模式和业态，才能在市场竞争中立于不败之地。

二是科技赋能产业升级。科技应用是提升产业竞争力的关键。林常亮的核桃园在科技应用方面走在前列，利用无人机运送树苗，解决了人工搬运费时费力的难题，提高了工作效率；建造蓄水池并引水灌溉，保障了核桃树的水分供应，提高了产量和质量。同时，借助良好生态环境开展多种动物养殖，实现了资源的循环利用和综合开发。科技的应用降低了生产成本，提升了产业的现代化水平和可持续发展能力。这表明，传统产业要实现转型升级和高质量发展，必须积极引入先进科技手段，提高生产效率和产品质量，增强产业的核心竞争力。

三是政府支持产业保障。政府支持是产业发展的重要保障。林常亮的核桃园能发展到如今的规模，离不开政府的大力支持与帮助。政府在政策引导、资金扶持、技术指导等方面发挥着不可或缺的作用。良好的政策环境能够吸引更多人才和资金投入产业，促进产业的规模化和专业化发展。涞水县政府对麻核桃产业的重视和支持，为产业发展提供了有力保障，也为其他地区的产业发展提供了有益借鉴。

四是传承引领产业发展。行业传承与先驱引领至关重要。林常亮最初接触麻核桃是受李旺及父亲的影响，涞水麻核桃产业的发展也离不开这些行业先驱的推动。在产业发展过程中，传承与创新相辅相成。传承能让我们坚守产业根基和特色，创新则能让产业适应时代发展需求，焕发出新的生机与活力。我们要重视传统产业的传承和保护，同时鼓励新一代产业从业者在传承的基础上勇于创新，推动产业不断向前发展。

此次访谈让我深刻体会到，传统产业只要积极拥抱创新、科技和政策支持，注重传承与发展，就能够实现转型升级，创造出巨大的经济价值和社会价值。

35. 对话刘启合：星星之火，可以燎原

人物简介

刘启合，涞水县人，从事麻核桃种植二十余年，具有丰富的管理经验和精湛的嫁接技术。因家居太行深处，常在闲暇之余跑上山寻找新品种。

访谈内容概括

本次访谈邀请到在核桃种植领域经验深厚的刘启合先生，他自小在山里长大，见证了麻核桃行业的变迁。

刘启合回忆，20 世纪 80 年代，核桃在当地仅是普通果实，多作玩耍之用，并无经济价值。当时山里品种繁多，但因不受重视，多数核桃树被砍伐或挪作他用。其中一棵老鸡心核桃树曾是当地标志，却也难逃被砍伐的命运，如今想来，其价值难以估量。

不过，核桃种植并未就此消亡。随着市场需求出现和外部信息传入，当地开始尝试嫁接新品种，如南将石等。刘启合积极投身其中，不仅种植近百棵核桃树，还带动村民发展庭院种植。通过嫁接和引进新品种，核桃产量与品质显著提升。

如今，刘启合的核桃树新旧品种并存，各有特色。他坦言，老树管理成本虽高，但品质优于新树。在协会助力下，他的核桃销售良好，收入可观。

刘启合的经历是涞水麻核桃产业发展的缩影。这一产业以小户、庭院种植为主，虽无大型企业引领，却凭借众人努力与协会支持，逐渐发展壮大。县委县政府的重视与扶持，更为产业发展提供了有力保障。他的故事展现了麻核桃从普通果实向经济作物的转变，以及当地人民的智慧与付出。

访谈总结与思考

刘启合先生的分享，勾勒出涞水麻核桃产业的变迁，也揭示了诸多值得深思的哲理。

他对老品种核桃树的回忆，反映出传统资源曾被忽视的现状。这提醒我们，传统背后蕴藏着历史记忆与文化积淀，那些尚未被充分发掘价值的传统资源，或许正是未来创新的源泉。

涞水麻核桃产业以小户、庭院种植为特色，看似分散弱小，却在市场波动中展现出强大生命力与适应性。这证明在规模化浪潮下，小户经济凭借灵活性仍有独特优势，肯定了经济多元化发

展的意义。

协会与政府在产业发展中发挥了关键作用。协会作为桥梁，提供市场信息、协助销售、推广新品种；政府的支持则为产业注入活力。这表明政府与民间力量的有效结合，是推动传统产业转型升级的关键。

刘启合强调老树核桃品质优于速成品种，引发我们对品质与价值的思考。在追求速度与效率的现代社会，我们不应该忽视产品的本质，而是应该思考如何传递产品的内在价值，这一问题值得我们深入探讨。

尽管以小户经济为主，涞水麻核桃产业仍积极创新，通过嫁接新品种、利用直播平台等方式适应市场。这说明创新不分大小，关键在于保持开放心态与探索勇气。

刘启合先生的访谈，不仅是一次对涞水麻核桃产业的深度剖析，更是一次心灵的触动，激发了我们对于传统与现代、保护与传承、小户经济与大市场、品质与价值、创新与发展的深刻思考。在未来的道路上，愿我们都能怀揣敬畏之心，以更加开放与包容的姿态，共同书写属于这个时代的辉煌篇章。

36. 对话吕福忠：麻核桃带来的机遇

人物简介

吕福忠，涞水县东文山镇人，东文山镇麻核桃行业推动者，涞水最早期介入麻核桃行业人员之一。

访谈内容概括

吕福忠是东文山镇核桃基地发展的早期推动者，凭借嫁接新品种和管理技术，为当地农民创造了显著经济效益。

起初，吕福忠接触核桃嫁接是源于个人兴趣，而后逐步发展成致富产业。随着天津、北京等地客商前来采购，核桃市场不断扩大，带动东文山镇麻核桃产业蓬勃发展。

他不仅自己实现致富，还积极帮助乡亲嫁接核桃树增收。杜家庄的第一棵核桃树便是由他嫁接，由此掀起当地核桃种植热潮。他提到，南将石、磨盘等老品种至今仍受市场欢迎。

冀会长强调，协会和政府的支持是核桃产业发展的关键。没有协会的引领与政府扶持，产业难以取得如今的成就。他感谢吕福忠等老一辈农民的辛勤付出与无私奉献。

此次访谈展现了吕福忠在核桃产业发展中的重要贡献，以及协会和政府支持的必要性。

访谈总结与思考

吕福忠的故事不仅是一段个人奋斗史的生动写照，更是一部关于个人与集体、创新与传统、合作与共赢、政府支持、社区团结以及持续学习与创新相互交织的启示录。

作为早期推广者，吕福忠的奋斗不仅让自己致富，更带动了东山镇核桃产业发展。这体现了个人成功对集体发展的带动作用，个人努力能为社会进步贡献力量。

谈及核桃品种时，吕福忠既肯定新品种嫁接带来的效益，也重视南将石、磨盘等老品种的价值。这启示我们，创新的同时要尊重传统，传统文化底蕴与市场需求，是经济发展的宝贵资源。

吕福忠与外地买家的合作，展现了合作共赢的重要性。通过合作，拓宽了市场，提升了核桃竞争力，实现了更大的经济利益。在市场竞争激烈的当下，唯有合作才能实现资源共享、优势互补。

政府支持在吕福忠的成功经历中不可或缺。林业局和协会提供的政策支持与引导，为产业发展创造了良好环境。政府在产业发展中扮演着关键角色，能为企业和个人提供发展机遇。

吕福忠带动乡亲共同富裕，体现了社区团结的力量。在社区中，成员相互依存，只有携手奋斗，才能实现真正繁荣。个人成功应成为推动社区发展的动力。

麻核桃品种的更新改进，凸显了持续学习与创新的必要性。在快速变化的市场中，唯有不断适应需求与技术发展，才能立足。我们应保持学习热情与创新精神，应对市场挑战。

吕福忠的经历是一部蕴含多重启示的奋斗史，为我们提供了宝贵的思考和启示，让我们在追求个人梦想的同时，也不忘为社会的进步与发展贡献自己的力量。

37. 对话穆希城：谈坚持与创新

人物简介

穆希城，1995 年偶然发现麻核桃商机。他深入山林寻得磨盘核桃和满天星核桃接穗，成功嫁接到自家核桃树，成活率高达百分之百。经悉心管理，磨盘老树第一年挂果 76 个，以 1 000 元 / 个售予北京核商；满天星青皮果则以 3 500 元 / 个卖给当地核商。如今，他的涞水野三坡麻核桃基地已拥有 1 000 棵老树。

访谈内容概括

本次访谈邀请到核桃圈资深人士穆希城，他分享了涞水麻核桃的发展故事。

穆希城自 1995 年投身核桃行业，起初专注鸡心品种，后深入深山探寻新品种，发现野生磨盘核桃。嫁接后，得益于涞水优越的土壤与空气条件，核桃品质出众。此外，他还培育出满天星品种，二者均对核桃圈产生深远影响。

穆希城讲述了有趣细节：他在放羊人的引导下发现磨盘核桃，并依其形状命名；早期青皮果单个售价达 1 000 元，配对后价值更高。他强调，涞水核桃品质优良，不仅源于自然条件，更得益于精细化管理。

通过穆希城的讲述，我们不仅了解了磨盘和满天星这两个核桃品种的来历和故事，还感受到了他对核桃的深厚情怀和不懈努力。他的故事不仅为核桃圈注入了新的活力，也为我们提供了宝贵的经验和启示。

访谈总结与思考

在与穆希城先生的深入访谈中，我深刻体会到了他关于涞水麻核桃的故事背后所蕴含的丰富思考和启示。

首先是热爱与坚持的力量。数十年间，他凭借对核桃的热爱，在核桃的世界里不断探索，最终发现了磨盘和满天星这两个极具特色的核桃品种。这份执着证明，唯有热爱方能保持长久动力，唯有坚持才能突破困境，适用于各领域发展。

其次是创新精神的价值。他深入山林寻找新品种，以嫁接技术改良核桃品质，为核桃产业注入活力。这体现了创新在农林领域的关键作用——唯有敢于尝试新方法、培育新品种，才能提升农产品竞争力，推动传统产业突破发展。

地域特色与品质的关联同样重要。穆希城指出，涞水的土壤、空气及管理共同造就了核桃的优良品质。这启示我们，发展农业应挖掘地域优势，打造特色农产品品牌，既能增强市场竞争力，也能推动地方经济发展。

市场需求与价格机制的关系也值得关注。磨盘核桃的高价反映出优质农产品的市场潜力。这提醒农业生产者需注重提升产品品质与附加值，同时关注市场动态，灵活调整生产策略以适应需求变化。

最后，农业可持续发展不容忽视。在追求经济效益的同时，需兼顾生态保护，实现农业与环境的协调发展。同时，加强农民技术培训，提升其科技素养与生产技能，是保障产业长远发展的重要支撑。

穆希城先生关于涞水麻核桃的故事不仅让我们了解了核桃产业的魅力和挑战，更让我们思考了热爱与坚持、创新与发现、地域特色与品质、市场需求与价格机制以及农业可持续发展等重要议题。这些思考内容不仅对于推动农业产业的可持续发展和乡村振兴具有重要的启示意义，也为我们提供了宝贵的经验和借鉴。

38. 对话曲凤生：品种、品质、更迭交替

人物简介

曲凤生，涞水人，深耕麻核桃行业二十余年，主营蛤蟆头品种，积累了极为丰富的种植管理经验。

访谈内容概括

我们一行人来到涞水县娄村镇曲凤生家的核桃园进行探访。作为核桃种植界的资深从业者，曲凤生凭借多年经验，将核桃园经营得规模逐渐扩大、收益逐年提升。

曲凤生回忆，他原本是小商贩，收入微薄。听闻麻核桃能卖高价时半信半疑，直到看到村里亲戚靠种植核桃致富，才于 2000 年左右投身核桃种植。二十年间，他不仅积累了丰富的管理经验与技术知识，还带动亲朋好友共同种植，实现集体增收。其核桃园内树龄多样、品种丰富，管理井然有序。他特别提到，早年种植的"金牛"品种经恢复后，再次获得市场认可。

访谈中，曲凤生表达了对政府和麻核桃协会的感激。他坦言，若无外界支持，难以取得如今成就，希望未来继续携手，为涞水经济发展出力。

最后，我也对曲凤生的辛勤付出和取得的成就表示了赞赏，并鼓励他继续为核桃种植事业努力。同时，他也希望更多的农民能够加入到麻核桃种植的行列中来，共同实现致富梦想。

访谈总结与思考

曲凤生从微薄收入的小商贩成长为行业资深人士，源于敢于突破现状的勇气与不懈努力。他的经历证明，勇于尝试新事物、持续追求进步，是通向成功的关键。

在种植实践中，曲凤生将理论知识与实际管理相结合，实现核桃园高效运营。这体现了理论与实践结合的重要性——唯有将知识转化为行动，才能推动个人与行业进步。

曲凤生不仅自己致富，更带动亲友共同发展，展现出社区合作精神。这启示我们，个人成功应成为推动社区繁荣的动力，通过合作共享创造更大价值。

"金牛"品种的复苏，反映出农业种植中选对品种、适应市场的重要性。即使是传统行业，也需紧跟市场变化调整策略，保持竞争力。

曲凤生对政府和协会的感谢，凸显了社会力量在产业发展中的关键作用。加大对农业的政策、资金与技术支持，是助力农民创业、实现农业可持续发展的必要保障。

他对年轻一代加入麻核桃种植的期许，承载着农业经验传承与文化延续的使命。鼓励青年投身传统农业，通过传承与创新，能为乡村振兴注入活力。

本次访谈不仅展现了曲凤生个人的奋斗历程和成就，更蕴含了关于个人成长、社区发展、市场适应、政府支持以及文化传承等多方面的深刻思考。我们应该从曲凤生的故事中汲取力量，勇于改变现状，不断学习与实践，加强合作与创新，共同为麻核桃产业的繁荣与进步贡献力量。

39. 对话上官凝心：异型青皮的致富经

人物简介

上官凝心，网络红人，本名周芳，涞水人，擅长通过青皮外形精准判断内部核桃品质。

访谈内容概括

本次访谈中，上官凝心分享了她对核桃市场的独到见解与经营策略。她计划以单支核桃为主打，凭借丰富经验，通过观察青皮外观预判内部品质，作为盈利核心。她坦言，麻核桃行业高风险与高收益并存，单日盈利过万或亏损数千皆有可能，并透露曾以 35 000 元高价售出一只核桃。

谈及市场现状，她直言行业内存在欺骗外地买家的不诚信行为，严重损害了涞水麻核桃声誉。她强调，诚信是行业长远发展的根基，从业者需坦诚对待消费者，如实告知产品情况。同时，她肯定了麻核桃品牌对涞水人的重要性，呼吁共同维护这一重要生计来源。

对于与外省商家的合作，她指出，北京、天津、东北等地的外地商家既带来机遇，也因行为难以管控而带来挑战。她呼吁本地从业者以身作则，恪守诚信，也希望外地商家珍视涞水麻核桃产业的贡献。

在品种选择上，她认为白狮子核桃因外形圆润矮小、受众广泛，虽市场存量大但价格依旧坚挺。她还分享赌青皮的典型案例：三个年轻人以 3 000 元赌中龙鼎正版核桃，最终卖出近 10 万元高价，凸显行业的高风险与高回报特性。

针对欺诈行为，她倡导从业者互相监督，遇问题及时向协会反映，并提醒消费者增强防范意识。整场对话中，她不仅分享经营心得，更表达对行业的热爱与责任感，希望从业者以诚信为本，共同维护涞水麻核桃品牌，传播行业正能量，共同承担起作为涞水人的责任与使命。

访谈总结与思考

这次与上官凝心的深入访谈，给我留下了深刻的印象，其中蕴含的思考内容不仅局限于麻核桃这一特定行业，而是广泛涉及到社会、经济、文化等多个层面，引人深思。

她强调的行业经验与风险管理，揭示出任何领域中，专业知识是发展基石，而高回报必然伴随高风险。市场竞争中，唯有保持清醒，做好风险预判，方能行稳致远。

上官凝心对诚信的坚守极具现实意义。她揭露的行业乱象与强调的诚信价值，印证了无论是个人还是企业，诚信都是立足市场的根本。唯有赢得消费者信任，才能实现可持续发展，这是商业道德的底线，更是社会文明的体现。

她对麻核桃品牌的珍视，凸显区域品牌与地方经济、文化的紧密关联。维护品牌声誉不仅关乎从业者利益，更是对家乡发展的责任担当。面对外地商家带来的机遇与挑战，她展现的开放心态颇具启示，地方产业需以包容姿态拥抱外部力量，通过合作实现共赢。她对消费者权益的关注，强调了健全市场保护机制的必要性。保障消费者合法权益，是市场健康发展的前提，也是社会公平正义的重要体现。

最后，她倡导传播行业正能量，彰显个体在社会中的责任感。传递积极信息以够激发社会活力，推动行业与社会共同进步。

这次与上官凝心的访谈不仅让我们了解了麻核桃行业的经营策略和市场情况，更让我思考了诚信、责任、机遇与挑战、消费者保护以及正能量传递等深刻话题。这些思考内容不仅对于理解社会现象、指导个人行为具有重要意义，更对于推动社会发展、促进社会和谐具有积极作用。在未来的日子里，我将以更加开放和包容的心态面对生活中的挑战和机遇，坚守诚信和责任的原则，传递正能量和积极信息，为实现个人价值和社会进步贡献自己的力量。

心人。

倡导健康品质生活。

牌，将中华优秀传统文化ᆢ

化。

创造ᆢ共同

40. 对话史廷友：麻核桃行业中的洞察与坚持

人物简介

史廷友，涞水人，麻核桃行业元老之一，苹果园引进者，坐佛原树树主。

访谈内容概括

在与史廷友的访谈中，我深入了解了他在麻核桃品种发现与推广上的重要贡献。

2000 年，史廷友在门头沟放羊时，偶然发现一棵结满了奇特花纹核桃的树，经打听得知这是麻核桃。他将采摘的野生麻核桃带到潘家园市场，意外收获热烈反响，就此敏锐察觉到麻核桃的价值与市场潜力，踏入麻核桃行业。

2003 年，史廷友发现苹果园新品种，原名平顶狮子头，因在苹果园附近售卖而得名。即便遭遇品种接穗被盗，他仍坚持推广，最终引发行业轰动，带动大量从业者嫁接种植。

此外，他还推广了老树宫灯、山西左权皇冠等品种，但因挂果量低或市场趋势变化，部分品种逐渐失去市场。如今，他专注开发的坐佛品种，作为苹果园树的天然变异种，从无人问津到价值攀升，尽显其对麻核桃品种的敏锐判断。

史老谈及麻核桃对涞水县的影响时表示，这不仅是文玩产品，更是当地产业支柱，带动百姓致富。这一观点凸显了小产业的"大力量"，麻核桃从个人的发现，逐步发展为区域性的特色产业，成为一方百姓脱贫致富的重要途径。

访谈总结与思考

我与史廷友老先生的交谈，让我真切领略到一位平凡劳动者对自然恩泽的敏锐洞察，以及对传统文化的深邃体悟。这场访谈，既是鲜活的自然启蒙，也是满含智慧和温情的文化之行。

史老先生从发现麻核桃到推广品种，既将市场潜力转化为经济效益，又坚守品种文化，引发我对传统保护与创新发展平衡的思考。

他推广苹果园的执着、保留老树宫灯的坚守，以及开发新品种的探索，诠释了传统文化与创新的关系。史老的实践启示我们，保护传统文化需在尊重本源的基础上适度创新推广。

史廷友的故事，展现了人与自然、文化与市场的多维联结。麻核桃从偶然发现到成为支柱产业，是自然与智慧的结合，更是传统文化价值的生动体现。此次访谈，让我深化了对产业的认知，坚定了文化自信，唤醒了对自然的敬畏。

41. 对话王京生：麻核桃行业的传承、文化与市场平衡

人物简介

王京生，北京人，业内人士称其为"王三"，核桃文化传播者，京城四大核商之一，曾在2009年举办老核桃展，2016年编写《从核谈起》。

访谈内容概括

与王京生先生的对话，让我深入领略了麻核桃行业几十年的发展脉络，感受到其背后的传承热爱、文化底蕴、产业逻辑与情感联结。

王三先生早期经营玉器与瓷器，后因老师傅让其代销核桃而进入核桃圈。在寻货源时，他与涞水结缘，从此踏上麻核桃发展之路。他经验丰富，见证了涞水从核桃树稀少到成为全国最大麻核桃基地的历程，了解诸多核桃品种的发展演变，也经历了核桃价格从无到有的过程，还曾因一对核桃体会到人情冷暖与价值内涵。

谈及未来，王三先生认为核桃行业呈百花齐放态势，小众品种不断崛起，未来发展将走向两极分化，精品价格走高，普品价格滑落，这有利于行业发展。他看好新品种研发和异型核桃前景，虽异型核桃存在争议，但各有特点。当下网络的发展让玩家认知差异缩小，越来越多的年轻人参与其中，这是行业发展的积极信号。不过，他也担忧行业中出现的机刷、脱色等乱象损害行业根基，希望行业能在文化传承中健康发展，让更多人领略麻核桃的魅力与价值。

访谈总结与思考

访谈王京生先生，让我感受到麻核桃行业的深厚底蕴。王三先生对麻核桃事业的热爱，是他在行业中坚守二十余年的核心动力，这种对事业的坚守与热爱，提醒我们真正的事业发展需要深厚的情感和坚定的信念。

麻核桃文化源远流长，承载着丰富的历史内涵。涞水作为麻核桃最早的产地之一，当地核农从寻找野生山核桃嫁接到掌握园艺化栽培和嫁接技术，实现了品种多样化和产量、质量的提升，

展示了地域特色产业崛起的典型路径。

人与核桃之间的情感连接是本次访谈的亮点，玩家们投入时间和精力把玩核桃，看着其颜色变化，获得心灵上的寄托和成就感。核桃还成为社交纽带，形成了独特的社交圈子。

随着产业发展，市场与文化关系凸显，市场需求推动产业繁荣，但也出现机刷、脱色等不良现象。王京生先生认为要实现可持续发展，需在市场与文化间找到平衡，从业者应树立正确价值观，加强行业自律，注重产品质量和文化内涵提升，政府和行业协会也应发挥监管作用，制定标准和规范，引导市场健康发展。

麻核桃行业是承载历史文化、情感连接和社会价值的综合体，其发展历程为我们在传承与创新、文化与经济、人与自然等多个维度提供了宝贵思考。我们应注重文化底蕴挖掘与传承，情感价值创造与传递，以实现经济、文化和社会的协调发展，寻找可持续发展道路。

42. 对话王克文：麻核桃带动发家致富

人物简介

王克文，涞水县上车亭人，涞水麻核桃产业引路人。他白手起家，早年以经营工坊式小件家具为生，后在天津发掘麻核桃产业的商业价值，带领天津核商到涞水采购，为当地麻核桃产业发展作出巨大贡献。

访谈内容概括

王克文作为新时代核桃产业的开拓者，敏锐捕捉到涞水麻核桃的产品与文化潜力，成功将其推向全国市场，推动行业繁荣。他不仅投身核桃种植销售，还联合王克堂、王克民等人，丰富核桃品种、拓展市场版图。

王克文回忆，早年在天津销售家具收益平平。改革开放后，他转而关注核桃市场，与伙伴在太平庄寻得优质核桃树，奠定产业发展基础。发展过程中，他既注重产品品质，又积极推广核桃文化，通过合作交流让核桃文化深入人心，同时带动当地经济发展，助力乡亲改善生活。

在销售中，王克文遭遇过不公平竞争，但始终坚守诚信经营，赢得客户信赖。最终，他让涞水麻核桃在全国打响知名度，推动整个核桃产业繁荣发展，其经历激励着更多人投身相关事业。

访谈总结与思考

王克文的故事不仅是一段个人奋斗史的生动写照，更是对当代社会创业、文化传承等多方面问题的深刻反思。

创业成功离不开对机遇的把握。王克文在改革开放浪潮中，凭借敏锐的商业嗅觉发掘麻核桃产业潜力，主动投身开发与推广，最终带动行业发展。这启示我们，在瞬息万变的市场中，需保持洞察力，敢于抓住机遇。

人脉与信任是事业发展的基石。王克文与王克堂等人基于信任的合作，在资源获取、市场开拓上发挥关键作用，降低交易成本、提升合作效率。这表明，商业活动中建立良好人际关系、培育信任感至关重要。

传统文化需在创新中传承。王克文将核桃文化与红木雕刻等传统工艺结合，提升产品附加值，使其更贴合现代市场需求。这种融合创新的方式，为传统文化注入新活力，值得借鉴。

诚信经营是企业立足之本。王克文坚持"白管饭不收劳务费"的质朴原则，用诚信赢得市场认可。在商业竞争中，唯有遵守道德规范，才能获得长远发展。

地方经济与文化发展相辅相成。王克文推动涞水麻核桃走出大山，既带动当地经济，又传播特色文化，实现双赢。这印证了发掘地方特色资源对区域发展的重要意义。

王克文的故事为我们提供了宝贵经验。从他的经历中汲取智慧，有助于在事业发展与社会进步中找到方向，创造更大价值。

43. 对话王同宝：麻核桃产业的探索与情感纽带

人物简介

王同宝，天津人，人称"天津二王"，是资深文玩核桃鉴赏专家。出身文玩收藏世家的他，自幼受家庭熏陶，成年后专注文玩核桃鉴赏、收藏与经营超20年。他多次登上电视台分享麻核桃文化，在天津音乐厅举办鉴赏讲座，《今晚报》也多次报道其事迹并刊登他撰写的核桃知识文章。

访谈内容概括

在访谈中，王同宝讲述了他与涞水麻核桃的深厚渊源。1997年，在师傅核桃李的带领下，他踏入核桃圈，于涞水上车亭初次接触麻核桃。当时核桃稀缺，众人从一棵树上采下三四百个核桃分堆抓阄，他和哥哥分到两份，经晾干配对后售出获利，还回忆起在一宫大院卖出第一对核桃的难忘经历。

此后，他深入了解涞水核桃资源，辗转多地收购，如承包虎过庄李占军院里的桃树。随着时间推移，他见证了产业的巨大变革。2003年非典型肺炎（简称非典）暴发之后，嫁接技术普及，他也曾担忧过产业会受到冲击，但麻核桃文化在涞水及京津地区传播广泛，仍吸引了众多核友参与。玩核桃群体从以天津、北京、沧州等地的老人为主，扩展到年轻人、小孩。如今，麻核桃被赋予的"情绪价值"逐渐提升，品种数量也趋于饱和。

王同宝感慨，在涞水不仅收获了财富，更结交了众多好友，为当地发展助力。他认为，麻核桃让涞水闻名，成为了当地的一张亮眼名片，自己也亲历了涞水麻核桃从籍籍无名到声名远扬的历程，对其未来充满信心。

访谈总结与思考

1997年，王同宝在探索精神与经济追求的驱使下，跟随师傅踏入麻核桃行业。从涞水上车亭的原始采集、晾干、配对起步，这些早期经营步骤为产业规模化发展奠定基础。彼时市场虽不规范，但他们的尝试成为麻核桃产业萌芽的关键。

产业发展初期，机遇与挑战并存。王同宝凭借有限资源，在市场初现需求时果断尝试，售卖野生核桃获得经济回报。首对核桃售出的惊喜，更坚定了他们对产业潜力的信心。尽管当时从业者追求朴素，但每一步努力都推动着产业成型。

2000年后，嫁接技术革新成为产业转折点。2003年非典时期，嫁接技术使核桃产量激增，从业者曾担忧供过于求。但事实证明，技术变革反而推动麻核桃文化传播，核友群体不断扩大，涵盖学生、女性等群体，展现出产业强大的适应性与发展韧性。

二十多年的经营中，王同宝与涞水建立起深厚情感纽带。经济收益之外，他与当地结下的人脉和归属感，让他深度参与产业发展的每个环节。这种情感联结增强了从业者的忠诚度，为产业地域传承和文化延续提供人文支撑。

如今，涞水麻核桃凭借从业者的努力，在全国树立品牌形象，成为高品质代名词。其品牌价值不仅推动产品销售，更承载文化传承使命，让更多人通过涞水麻核桃感受传统文化魅力。

从机遇起步到技术突破，从情感联结到品牌树立，麻核桃产业的发展历程为未来提供了宝贵经验，唯有持续探索创新，方能推动其持续繁荣。

44. 对话王勇：王勇官帽

人物简介

王勇，涞水人，人民教师，麻核桃行业奠基者，王勇官帽创始人。

访谈内容概括

此次访谈，我有幸邀请到麻核桃行业的元老级泰斗王勇老先生。作为王勇官帽的创始人、涞水麻核桃行业的杰出代表，他以毕生心血奠定行业根基，是推动麻核桃产业发展的关键人物。

王勇官帽凭借独特花纹、美观外形和较大尺寸，成为麻核桃行业的领军品种。从最初的老树品种走向全国市场，这一品种历经多年推广才获得市场认可。王老先生回忆，早期该品种鲜为人知，正是持续的市场培育与品质打磨，才让它成为文玩爱好者的心头好。

谈及品种关系时，王老先生提到龙鼎核桃。他推测龙鼎与王勇官帽可能存在近亲关系，认为龙鼎或许是官帽在生长过程中发生的变异品种。尽管无法确定两者的确切联系，但这种对品种变异的关注，展现出了他对麻核桃生物学特征的深刻理解。

关于行业未来，王老先生指出，加工技术的进步将为麻核桃带来新机遇。像王勇官帽这样的优质品种，经过精细加工后，收藏价值将进一步提升。此外，他还分享了多年收藏的老核桃，包括包浆核桃，建议建立珍藏馆，将具有历史价值的老核桃集中展示，供文玩爱好者参观学习。

我高度认同这一建议，并表示将全力推动珍藏馆建设，同时感谢王老先生为行业发展倾注的智慧与心血。他的经验，将持续激励从业者前行。

访谈总结与思考

与王勇老先生的对话，让我深入了解麻核桃行业的发展脉络，也获得诸多关于行业发展与文化传承的启示。

王勇官帽从无人问津到发展为行业标杆的历程，展现了成功背后的不懈坚持。王老先生对未知的探索精神启示我们，在面对行业挑战时，唯有保持开放与勇敢，不惧失败，才能在市场竞争中脱颖而出。

龙鼎与王勇官帽的潜在关联，以及核桃的自然变异现象，揭示了生物多样性的重要性。在追求标准化的当下，尊重自然界的变化之美，不仅是对自然的敬畏，更是行业创新的动力源泉。这种多样性为麻核桃品种的改良与拓展提供了无限可能。

王老先生对麻核桃加工技术的展望，指明了行业发展方向。在传承传统文化的同时，积极拥抱现代科技，通过技术创新提升产品附加值，能让麻核桃在新时代焕发新生，这也是文化自信的有力彰显。

建立珍藏馆的提议，体现了对文化传承的深刻思考。老核桃承载着行业历史与文化记忆，珍藏馆的设立将为后人搭建学习传统文化的平台，守护民族文化根脉。这提醒我们，在快速发展的时代，传统文化保护不容忽视。

此次访谈，不仅让我认识到王勇老先生对麻核桃行业的卓越贡献，更让我在探索创新、生物多样性、技术融合与文化传承等方面获得深刻启发。未来，我将以更开放的心态、创新的精神，为麻核桃行业发展与传统文化传承贡献力量，在传承与创新的道路上稳步前行。

45. 对话杨二林：北派二哥的生意经

人物简介

杨二林，涞水人，北派二哥品牌创始人，甲骨文麻核桃引进者，麻核桃种植管理行家，深耕麻核桃批发领域，为众多核商供货。

访谈内容概括

丰收时节，我在涞水县娄村镇杨二林家中与他进行访谈，彼时他正忙于核桃分拣配对工作。作为当地的知名核农核商，杨二林在涞水麻核桃产业颇具影响力。

今年杨二林收成颇丰，种植的蛤蟆头、南瓜墩、甲骨文等品种广受市场青睐。其中，横径40厘米左右的甲骨文精品对，市场售价超千元。该品种老树原产于河北邢台，经当地核农王艳良嫁接后，虽果实果型偏小，但外观精美。杨二林专程赴邢台，豪掷18.5万元购回接穗。

2004年，杨二林被涞水鸡心麻核桃单棵7 000元、麦穗虎头20万元的高价吸引，毅然投资十几万元购入麻核桃小苗，开辟两亩种植园。2008年，一棵虎头麻核桃树以4万元售出，青皮核桃一对售价两三千元，更坚定了他钻研麻核桃的决心。此后，他与曲凤生赴延庆区寻蛤蟆头、到蓟州区找门墩核桃，15棵蛤蟆头曾卖出120万元。尽管钟情小众品种限制了蛤蟆头的规模发展，但依然收获可观。

访谈尾声，杨二林表示希望为涞水麻核桃产业壮大贡献力量，提升其知名度，也期待更多人投身其中，共同推动产业发展。麻核桃助力涞水脱贫，正是当地人民齐心协力的成果。

访谈总结与思考

通过这次对杨二林的访谈，结合涞水麻核桃产业，有以下几点体会：

1. 产业发展潜力巨大

涞水麻核桃种植规模超 10 万亩、400 余万株，覆盖 15 个乡镇 8 万农户，年产值 15 亿元，占据全国 70% 以上市场份额。杨二林从高价品种中看到商机，投身产业并获利，印证了其强大的市场吸引力与经济价值。

2. 创新与品种改良是关键

杨二林不惜重金引进甲骨文接穗，通过品种改良提升产品竞争力。在涞水麻核桃产业中，持续培育和引进新品种，满足市场多元需求，是产业发展的核心动力。

3. 产业发展需要坚持和专注

二十余年深耕，杨二林历经市场起伏，始终专注小众品种。即使蛤蟆头仅种植 15 棵，仍取得佳绩，彰显坚持与专注在产业发展中的重要性。

4. 产业带动作用明显

麻核桃产业不仅让核农、核商受益，还带动种植、加工、物流等相关产业发展，解决大量就业，推动基础设施建设，成为涞水脱贫与乡村振兴的重要支柱。

5. 产业发展需要多方合作与支持

杨二林的发展离不开政府政策扶持与品牌推广，也得益于行业内如与曲凤生的合作。此外，社会各界的关注与媒体宣传，共同助力产业提升知名度，可见多方协作是产业持续发展的保障。

46. 对话杨西有：玉华宫粗筋王

人物简介

杨西有，陕西人。2008 年起，他历时三年巡山，发现极具特色的玉华宫核桃。2014 年开始嫁接，2017 年成功挂果。该品种被涞水客商命名为"玉华宫粗筋王"，以棱子粗、纹路狂野、皮质密度高、上色快、油性足著称。由于嫁接数量少，尚未形成规模，配对难度大，优质果极为稀缺。

访谈内容概括

通过电话访谈，我与玉华宫麻核桃创始人杨西有展开深入交流。2008 年，他踏入核桃产业，经多年探寻，在铜川玉华宫发现优质麻核桃品种。原树遭砍伐后，仅存的两个核桃于 2013 年被高价售出，这坚定了他培育该品种的决心。2014 年起，杨西有专注培育，成功推出玉华宫核桃。

如今，他拥有三十多棵挂果麻核桃树、一百多棵未挂果树，年产量超一万个，产值数十万元。玉华宫核桃因上色快、骨质硬、纹理美观而深受市场青睐。不过，杨西有坦言自己在核桃配对方面并非专长，多为随意搭配。

谈及产业前景，双方均持乐观态度。杨西有感谢麻核桃协会的支持，并希望携手同行做大产业，推动麻核桃文化在国内外传播。

访谈总结与思考

在与玉华宫麻核桃创始人杨西有的访谈中，我深刻感受到了他对于麻核桃产业的深厚情感和不懈追求。

从 2008 年到寻得品种，杨西有用数年坚持证明，任何领域的突破都需不懈探索。唯有敢于尝试、不惧挫折，才能挖掘真正有价值的机遇。

原树被砍的遗憾，警示着产业发展中自然资源保护的重要性。而杨西有通过嫁接培育延续品种，则展现了保护与创新的平衡之道——以创新驱动产业可持续发展。

玉华宫核桃凭借优良品质立足市场，印证了产品质量是竞争核心。在激烈的市场环境中，唯有坚守品质，方能赢得消费者信赖。

杨西有对麻核桃协会的致谢，凸显行业合作的力量。各方资源共享、优势互补，是推动产业繁荣的关键。

他希望传播麻核桃文化的愿景，彰显了企业家的格局。产业发展不仅是经济增长，更是文化传承与交流的契机，值得珍视与推广。此次访谈带来的思考，对麻核桃产业及文化发展极具启示意义。

这次与杨西有的访谈让我受益匪浅。不仅让我们了解了玉华宫麻核桃产业的发展历程和市场现状，更深刻反思了坚持与探索的价值、保护与创新并重、品质与市场的认可、行业合作与共同繁荣以及文化传承与国际视野等重要问题。这些思考内容对于我们理解和推动麻核桃产业的发展具有重要意义。

47. 对话于瑞安：麻核桃种植与前景

人物简介

于瑞安，涞水县东文山镇上车亭人，二十多年麻核桃种植管理经验，主要种植品种为文山狮子头。

访谈内容概括

此次访谈中，我与核桃种植专家于瑞安探讨了其种植历程与行业贡献。2006 年，他从红木家具行业转行投身麻核桃种植，凭借对行业前景的敏锐判断，成为村里最早开展核桃嫁接的人，尝试过百花山、苹果园、白狮子等品种，还从李旺处购入陕西官帽接穗。

如今，他的园子种植数百棵御龙粗筋（文山三棱）树，是该品种大面积嫁接的先行者。三棱核桃市场价值高，优质对果售价可达上万甚至十几万元，普通果也能卖千元以上，但因出果率低，种植颇具挑战。

于瑞安不仅专注自身发展，还带动周边村民种植文山核桃，通过信息共享实现共同致富。他感慨产业发展离不开政府重视与协会支持，并表示将紧跟时代步伐。鉴于他在东文山镇核桃产业兴起中的突出贡献，协会计划分享其管理经验，助力产业繁荣。

访谈总结与思考

与于瑞安的交流，让我对麻核桃产业发展有了深刻认识。从红木转行种植，他凭借对麻核桃产业的热爱与洞察，坚守近二十年，成为行业行家。这份热爱与坚守，是产业传承发展的基石，也启示我们在现代社会中，专注热爱的事业方能收获成果。

涞水麻核桃文化独具特色，从早期百花山等品种到御龙粗筋等特色品种的培育，承载着当地种植历史与文化传承。这表明地方经济发展应挖掘地域文化特色，融入产业发展，提升附加值与竞争力，推动传统文化创新。

于瑞安作为产业先行者，率先嫁接种植并带动周边发展，展现了个人洞察力和经验共享的重要性。这种示范效应在产业初期能有效带动区域经济发展，形成共同致富的良好局面。

人与核桃的情感连接在其故事中尤为突出。于瑞安对每棵核桃树的熟悉与倾注，让核桃成为精神寄托。这为其他产业提供借鉴，注重培养消费者与产品的情感互动，能增强产品人文关怀与市场吸引力。

三棱核桃的高价体现了市场对稀有品种的需求，以及产品品质与文化价值的重要性。于瑞安通过科学管理保障品质，挖掘品种文化内涵，实现了市场需求与文化价值的平衡。这启示产业发展需兼顾科技创新与文化挖掘，打造特色品牌，实现可持续发展。

于瑞安的经验为地方特色产业发展、文化传承、经济与文化融合提供了宝贵借鉴。未来，我们应重视文化创新、人与自然和谐共生、经济文化协同进步，推动社会全面发展。

48. 对话张春林：新品种研发与成果转化

人物简介

张春林，涞水县娄村镇人，麻核桃协会新品种研发基地负责人，二十余年致力于麻核桃新品种研发，目前已成功开发三十余种新品种，如：涞阳铁球、麻版疙瘩包、麻版球鱼等。

访谈内容概括

二十年磨一剑，张春林成功培育约三十个新品种，为涞水麻核桃产业开辟新路径。他坦言，创新是产业发展的核心驱动力，而他的研发之路，正是不断突破与探索的过程。

谈及研发方式，张春林介绍，团队通过播种核桃，从出土苗子中筛选优质品种并重点培育。这一过程需结合苗子树叶颜色、枝条状态等多方面因素综合判断，既考验耐心，也依赖丰富经验。他带来的二十多个新品种中，研发周期短则三四年，长则十几年。但他始终秉持"慢工出细活"的理念，更注重品种的内在品质与市场需求适配度。

在品种命名环节，张春林表示，团队正致力于赋予新品种兼具涞水地域特色与核桃纹理特点的名称，期望通过文化赋能，助力新品种推广，进一步弘扬涞水核桃文化。

访谈尾声，我向张春林老师表达衷心感谢，并呼吁行业同仁携手共进，为涞水麻核桃产业发展添砖加瓦。这场分享不仅展现了他研发过程的艰辛与最终成果，更凸显了创新对产业发展的关键意义。

访谈总结与思考

在与新品种研发委员会的张春林老师的深入访谈中，我的内心受到了极大的触动。

张春林老师二十年如一日的坚持，为涞水麻核桃产业注入新动能，树立了行业标杆，也让我明白创新是产业发展的核心竞争力。

研发过程中，张春林老师的耐心与专业令人钦佩。从幼苗筛选到品种培育，需长期观察与经验积累，这揭示了科研创新绝非一蹴而就，需要扎实的专业知识、敏锐的洞察力，以及脚踏实地的沉淀。

在品种命名上，他对文化传承与市场推广的考量，展现出了独特视角。将地域文化融入品种名称，既彰显了对传统文化的尊重，又契合市场需求，实现文化与经济的有机结合，为产品赋予更深层次的内涵。

本次访谈不仅让我了解了张春林老师在核桃新品种研发上的艰辛历程和丰硕成果，更引发了我对创新、耐心、文化传承、市场需求以及个人贡献等方面的深刻思考。这些思考将指导我在未来的道路上更加坚定地前行，为推动涞水核桃产业乃至整个行业的发展贡献自己的力量。

49. 对话陈鑫：麻核桃文化之旅

人物简介

陈鑫，麻核桃爱好者，百万级老核桃收藏者。

访谈内容概括

本次访谈对象是北京麻核桃爱好者陈鑫。他虽然年轻，但玩核桃资历颇深，尤其钟情涞水麻核桃。在核桃圈，陈鑫既是忠实玩家，更对核桃文化有着深刻感悟。

2009 年，陈鑫因父亲喜爱楸子核桃，便萌生赠予父亲麻核桃的念头。他在十里河地摊上尝试开青皮，虽花费不菲但却未配到一对满意的核桃，这次经历还点燃了他对麻核桃的热情。此后，他在网上大量购入白茬核桃，最多时收藏了七八十对。把玩过程中，他逐渐偏爱盘玩后的红核桃，并在网络平台结识王三。

王三的直播间成为陈鑫的"核桃课堂"。他不仅学到专业知识，更了解到涞水核桃的发展历程与文化底蕴，由此从单纯的"玩家"转变为注重核桃独特性与故事性的"藏家"。陈鑫与王三的交易故事也颇具传奇色彩：他主动出价从王三直播间购入一对南将石核桃，用自己的诚意打动对方；而最让陈鑫难忘的是，他曾以107万元买下一对承载着王三深厚情感的核桃，交易中深刻体会到了核桃文化的厚重。

如今，陈鑫不仅收获了知识与藏品，更结识了众多涞水朋友。他希望带领北京玩家走进涞水，助力麻核桃文化传播。

访谈总结与思考

陈鑫的故事，生动展现了兴趣如何驱动个人深入探索。从为父寻核桃到自身热爱，这份热情促使他不断在核桃领域深耕和钻研，也印证了热爱是成长的强大动力。

他从玩家到藏家的转变，折射出对文化内涵的追求。陈鑫不再局限于核桃的把玩价值，转而挖掘其背后的历史与故事，这启示我们欣赏物品时，应重视文化底蕴的传承，让传统在现代社会焕发新生。

王三直播间的知识分享，凸显文化传承的重要性。通过口传心授，麻核桃文化得以延续，也让我们意识到，在信息时代，更应珍视这种传统知识传递方式，让文化瑰宝代代相传。

陈鑫与王三的交易，超越了单纯的商业行为。高价购得的核桃，承载着两人对核桃的热爱与不舍，体现出情感在交易中的重要意义。这提醒我们，人际交往与商业活动中，情感共鸣远比物质价值更珍贵。

地域文化是我们民族的瑰宝，它们承载着我们的历史、传统和智慧。通过传播和发展地域文化，我们可以让更多的人了解和认同这些文化，从而增强民族凝聚力和文化认同感。

50. 对话陈达：麻核桃标品化与商品化

人物简介

陈达，山东淄博人，2014年进入麻核桃行业，主营批发各种高端核桃。

访谈内容概括

作为麻核桃圈的后起之秀，陈达在行业内已颇有名气。此次访谈中，他分享了自己的核桃生意经历与心得。

今年，陈达的核桃生意成绩亮眼，综合收入约300万元，主要以批发为主，为全国直播渠道供货。他收购了15个品种，其中红锦鲤和玉玺狮子头作为主打，市场表现优异，价格处于中上品位。

2014年，受舅舅张全忠启发，陈达踏入核桃行业。从开始在天津摆地摊起步，到跟随舅舅来到涞水，他敏锐捕捉到商机，转型从事核桃批发。他特别感谢涞水县政府和协会搭建的平台，让他收获了事业的第一桶金。

谈及行业未来，陈达认为核桃将走向标品化与商品化。他主张批发商降低利润，以批量销售打开全国市场，让更多消费者能以实惠价格购得优质核桃。目前，协会正推进核桃标准化工作，这将助力市场健康发展。

在品种选择上，陈达指出，老品种如三角白、原生态苹果园、山西四座楼更受玩家青睐，而新品种需经长时间市场检验才能获得认可。

访谈最后，陈达表达了对涞水县政府、协会及舅舅的感激。核桃生意不仅改善了他的生活，让他在涞水安家落户，也让他体会到核桃作为商品之外的情感价值，成为生活的重要陪伴。

访谈总结与思考

在聆听了陈达的访谈后，我的内心深受触动。从理发店造型师转型为成功的核桃批发商，陈达的故事诠释了个人奋斗与机遇把握的重要性。他凭借努力找准事业方向，同时借助舅舅引导和政府平台，实现人生转变，证明只要敢于尝试、善于借力，就能创造价值。

将传统核桃产业与直播电商结合，陈达推动了产业升级。这启示我们，传统产业应与时俱进，利用现代市场渠道突破发展瓶颈，实现焕新。陈达提出的标品化、商品化趋势，反映了市场经济中标准化对提升效率、降低成本的关键作用。规范产品标准，既能方便消费者选购，也能增强市场竞争力。他强调以消费者需求为导向的理念，提醒从业者在产品开发中，必须重视市场反馈，只有贴合消费者需求的产品才能站稳脚跟。

陈达对各方的感恩之情，以及他为当地发展作出的贡献，展现了成功背后的社会责任。懂得回馈社会的人，才能赢得更多尊重与支持。在传承核桃文化的同时，陈达积极创新，将传统文化与现代市场融合。这表明，唯有创新，才能让传统文化适应时代发展，焕发持久生命力。

陈达的个人奋斗经历、对机遇的把握、对传统产业的升级转型、对市场需求的注重、对社会的感恩回馈以及对传统文化的传承与创新等方面，都为我们提供了有益的借鉴和参考。在未来的生活和工作中，我们应该以陈达为榜样，勇于追求梦想、善于抓住机遇、注重市场需求、懂得感恩回馈并不断创新进取。

51. 对话高涛：麻核桃带来的机遇

人物简介

高涛，涞水县娄村镇燕翎村人，资深核农。

访谈内容概括

此次有幸邀请到麻核桃圈的知名人物高涛，这位兼具核商与核农双重身份的行业佼佼者，分享了他的创业故事与行业见解。

2012 年，从事深水井钻井工作的高涛，因路边核桃热销的景象萌生入行念头。次年，他在娄村东大街开设第一家门店，开启核桃经营之路。随着对市场的深入了解，高涛尝试核桃种植，起初承包 100 棵树试种却未能盈利。但他将挫折视为学习契机，通过不断摸索实践，掌握种植管理技巧，并开始嫁接改良品种。

高涛推崇白狮子、苹果园等传统老品种，这些经典款在市场始终热度不减。同时，他也积极关注新品种开发，尤为看好"莲花"核桃。该品种凭借手感重、走色快和精美纹理，被他认为极具市场潜力。

如今，高涛的核桃种植规模已达 300 多亩，且计划持续扩张。他致力于通过技术创新与市场推广，为玩家提供更多优质选择。访谈尾声，高涛透露两款新品种将于 2025 年上市，期待为行业带来新惊喜。

访谈总结与思考

高涛的创业历程，展现出一位成功创业者的智慧与格局，其经验对各行业均有借鉴意义。

从钻井行业跨界投身麻核桃领域，高涛凭借敏锐的市场洞察力与创新精神，突破行业壁垒。面对种植初期的失败，他坚持学习、调整策略，最终实现转型成功。这启示我们，敢于尝试新领域，在挫折中积累经验，是实现突破的关键。

对核桃"骨质""纹理""走色"等细节的严格把控，体现了高涛对品质的极致追求。在竞争激烈的市场中，唯有注重产品细节、提升品质，才能赢得消费者信赖，这一理念适用于任何行业。

高涛对市场变化的精准把握令人瞩目。他既坚守传统老品种的市场优势，又积极探索新品种潜力，灵活调整经营策略。这种敏锐的市场触觉与前瞻性，是企业家在商业竞争中立足的必备能力。

在种植技术上，高涛不断尝试新方法、新技术，展现出强大的学习能力与自我提升意识。在快速发展的时代，持续学习是保持竞争力的核心，唯有不断更新知识技能，才能适应行业变革。

此外，高涛乐于分享经验、推动行业发展的态度，彰显了合作共赢的价值观。通过与同行交流互鉴、整合资源，不仅能实现个人成长，更能促进行业整体进步。

从高涛的访谈中，我们可以获得关于创新、品质、市场洞察、持续学习和分享合作的深刻启示。这些思考内容不仅对于麻核桃行业具有指导意义，也对其他行业和领域具有普遍的参考价值。让我们以高涛为榜样，不断努力、不断进取，在各自的人生和事业中创造更加辉煌的成就。

52. 对话曲玉成：科学种植对麻核桃的意义

人物简介

曲玉成，河北定州人，原人民教师，后转型经营麻核桃，麻核桃领域早期经营者之一，2013年参与编撰《中国麻核桃》一书，麻核桃规模化种植实践者。

访谈内容概括

今天我们有幸邀请到了核桃圈的资深专家曲玉成老师，来分享他在涞水麻核桃行业的经历和见解。

曲玉成与麻核桃的缘分始于儿时记忆。20 世纪 50 年代，家乡的麻核桃树常被用作烧火材料。直到 20 世纪 90 年代初，在保定求学的他发现，老家的麻核桃青皮竟能卖到 10 元一个，远超父亲 42.5 元的月工资，这让他敏锐察觉到其中的市场潜力。1997 年后，因父母身体欠佳，他正式投身麻核桃行业。

起初，曲玉成在庭院小规模种植，很快因市场需求激增转向规模化发展。他与定州孙红川合作，在河北农业大学专家的支持下扩大种植规模。至 2008 年，其公司麻核桃生产基地面积达七八千亩，产量占据市场半壁江山。

曲老师还分享了麻核桃市场的发展历程：2000 年前的市场零星销售，此后随着人们生活水平的提升，麻核桃在国内市场呈爆发式增长，2005 年后进入规模化与品种多样化阶段。如今，市场更青睐奇特、个性化品种，中等个头、浅纹甚至无纹核桃备受欢迎。

谈及从业感悟，曲玉成坦言，种植麻核桃不仅带来经济收益，更赋予精神享受。他将核桃树视作孩子，见证其生长结果倍感幸福；盘玩核桃的过程，于他而言如同瑜伽、太极般，是精神的升华。曲老师的贡献，不仅推动了麻核桃的经济价值，更传承了涞水人的智慧与文化。

访谈总结与思考

与曲玉成老师的对话，以麻核桃为载体，串联起传统文化传承、市场演变与个人成长的深刻启示。

麻核桃从烧火材料到文玩珍品的转变，彰显传统文化在时代变迁中的创新活力。它证明，传统文化若能贴合时代需求，便能焕发新生，成为承载现代生活品质的符号。

市场价格与需求的起伏，深刻反映市场规律对产业发展的影响。从无人问津到供不应求，再到需求转型，这一历程警示从业者需敏锐捕捉市场动态，灵活调整策略，方能在竞争中立足。

曲玉成从追求经济收益到注重精神享受的转变，启发我们思考物质与精神的平衡。在追求财富的同时，关注精神需求，才能实现更丰盈的人生价值。

个人成长与行业发展的紧密交织在曲老师身上体现得淋漓尽致。他的经历印证，个人价值的实现往往依托于行业发展，而个人的努力也能反哺行业进步，形成良性循环。

麻核桃融入现代生活、吸引年轻群体，展现传统文化与当代审美的融合可能。将传统文化元素与现代生活方式结合，既能满足人们的精神需求，也为传统文化的传承开辟新路径。

与曲玉成老师的这次访谈不仅让我们了解了麻核桃行业的发展历程和现状，更引发了我们对于传统文化传承与创新、市场需求与产业发展、经济收益与精神享受的平衡、个人成长与行业发展的紧密联系以及传统文化与现代生活融合等问题的深刻思考。未来的生活和工作中，我们应更加注重传统文化的传承与创新，积极应对市场变化，寻求经济收益与精神享受的平衡，为实现个人价值和社会价值的双赢而努力奋斗。

53. 对话李勇：南安庄核桃起源

人物简介

李勇，涞水县人，麻核桃行业元老之一，见证了麻核桃行业兴起。

访谈内容概括

此次与王克文老先生一同拜访李勇，这位麻核桃行业的关键发掘者，用亲身经历讲述了产业的起源与发展。李勇感慨，麻核桃产业的繁荣离不开老一辈人的开拓，作为行业先驱，他在种植与推广领域奠定了重要基础。

据李勇回忆，麻核桃产业的兴起始于天津核商大老郭、小李子到访涞水，而他深度参与其中，通过种植与推广让麻核桃走向全国。谈及市场变化，他提到早期麻核桃在天津价格低廉，随着市场认知提升，在北京等大城市逐渐成为高价值收藏品。

在品种培育方面，狮子头、官帽等经典品种均通过嫁接技术从野生资源培育而来，其中白狮子已成为市场热门。李勇强调，麻核桃产业的壮大是几代人接力的成果：老一辈奠定基础，年轻人创新突破，共同推动产业覆盖全国，带动地方经济发展。

访谈总结与思考

与李勇的对话，不仅是对麻核桃产业历史的回溯，更蕴含着对未来发展的深刻启示。

传承与创新的融合是产业发展的核心动力。李勇等老一辈既珍视野生核桃资源，又通过嫁接技术改良品种，在尊重传统的同时推动创新。这启示各行业发展均需立足根基、勇于突破，才能实现持续繁荣。

市场需求是产业发展的关键驱动力。麻核桃从区域低价商品到全国高价值藏品的转变，印证了把握市场趋势的重要性。只有敏锐捕捉需求变化，企业和个人才能在竞争中脱颖而出。

团队合作与资源共享加速产业进步。麻核桃产业的繁荣得益于多方协作，通过优势互补实现共赢。这提醒我们，产业发展需要凝聚各方力量，通过资源整合创造更大价值。

个人奋斗与社会贡献紧密相连。李勇等先驱通过产业开拓实现个人价值，更带动地方经济发展。这表明，追求个人成功的同时应关注社会需求，在创造经济效益的过程中推动社会进步。

产业可持续发展离不开生态保护。麻核桃产业的长远发展依赖自然资源的合理利用，这警示我们，经济发展必须与生态保护协同推进，以实现产业的长期稳定。

李勇老先生的这次访谈不仅记录了麻核桃产业的发展历程和关键人物的贡献，更为我们提供了许多发人深省的思考内容。这些思考内容不仅对于麻核桃产业本身具有重要的指导意义，更对于我们在其他领域的发展和进步也具有重要的借鉴意义。在未来的道路上，我们应铭记这些智慧与启示，不断前行、不断创新、不断贡献自己的力量。

54. 对话刘怀震：科学种植对麻核桃的意义

人物简介

刘怀震，天津市蓟州人，从 1994 年开始经营麻核桃，麻核桃领域早期经营者之一，拥有极其丰富的麻核桃种植管理经验。

访谈内容概括

此次访谈邀请到天津市蓟州区老核农刘怀震，作为涞水县惠农麻核桃协会资深成员，他拥有近 30 年核桃种植经验。访谈围绕他与涞水麻核桃的渊源展开。

刘怀震回忆，1994 年受盘山风景区游客对核桃的喜爱启发，他踏入核桃行业。随着市场需求增长，他引入涞水核桃嫁接技术，这一举措既保护了当地野生核桃树，又推动了产业蓬勃发展。他特别致谢涞水嫁接技术，认为这是产业存续发展的关键。

嫁接改良后的望月品种，以骨质坚硬、分量沉实、外观精美的特点成为市场宠儿。如今，刘怀震的望月核桃年产量超 1 万个，成为重要收入来源。谈及市场变化，他指出核桃市场日趋理性，消费者更关注品质与纹路。他坚持稳定价格，望月青皮定价四五十元，一对优质核桃售价超 3 000 元。

刘怀震不仅带动当地核桃产业发展，还通过多元种植和技术推广助力农民增收。双方均表示，未来将深化合作，推动核桃产业稳健前行。此次访谈，展现了小小核桃在乡村振兴中发挥的巨大能量。

访谈总结与思考

刘怀震的故事蕴含着丰富启示，从技术革新到产业共赢，为地方经济发展提供了生动样本。

技术与合作是产业升级的核心引擎。涞水嫁接技术的引入，让蓟州核桃产业实现质的飞跃，带动农户脱贫致富。这表明，积极寻求外部合作、引入先进技术，是推动地方产业发展的有效路径。

创新与传统保护需协同并进。面对市场对核桃品质要求的提升，既需要通过技术创新满足需求，又要保留产品传统特色。唯有如此，才能让产业保持长久竞争力。

感恩与回馈精神是合作的基石。刘怀震对涞水技术支持的感激，以及双方的相互认可，为长期合作奠定信任基础。这启示我们，在合作中应珍视彼此付出，以诚信友善促进共赢。

小产业蕴含大能量。麻核桃产业不仅为农民带来收入，更成为乡村经济发展的重要支撑。这提醒我们，任何产业都有挖掘潜力的空间，创新与合作能激发其更大价值。

共同发展是产业发展的终极目标。通过资源共享、优势互补，推动区域经济均衡发展，实现共同富裕，这既是产业发展的方向，也是社会和谐发展的保障。

刘怀震的经历为麻核桃产业及其他领域提供了宝贵经验。未来，我们应借鉴这些启示，以技术创新为动力，以合作共赢为目标，推动产业高质量发展，创造更多社会价值。

55. 对话张品增：四座楼的起源

人物简介

张品增，北京平谷人，四座楼发掘者，平谷元宝发掘者，拥有极其丰富的麻核桃种植管理经验。

访谈内容概括

今天，我们非常荣幸地邀请到了平谷的张品增，来给我们讲述四座楼和元宝核桃的故事。

张品增介绍，四座楼核桃得名于其原生地的古长城遗迹。山上留存的四个楼堆与岗楼虽已坍塌，但名称沿用至今。约30年前，一位内蒙古赤峰的放羊人发现原生核桃树，并带他前去查看。随后，张品增开始嫁接，最初仅三棵树，次年便迎来结果。

四座楼核桃在旺果期价格惊人，单棵曾卖出40万元高价，不仅轰动市场，更带动涞水等地产业发展。作为最早掌握原生树接穗的人之一，张品增手中的接穗也价值不菲。

除四座楼外，张品增还提及同源于此山的平谷元宝核桃。他认为这片山林野生品种丰富，而平谷元宝以独特果型脱颖而出。他亲自采集原始树木接穗，验证了品种的优良特性。

四座楼核桃堪称麻核桃行业的"强心剂"，30年来热度不减，为从业者带来丰厚收益。他强调，行业的健康发展离不开各方共同努力与政府支持，政策扶持为产业搭建了优质发展平台。

访谈最后，我们呼吁核桃行业新老从业者携手合作，共同推动产业繁荣。

访谈总结与思考

与张品增的对话，在多个维度引发我们深刻思考，不仅深化了我们对麻核桃产业的认知，更延伸至创业、社会责任等领域。

四座楼与元宝核桃的起源，彰显了对自然与传统的敬畏。其名称源于历史遗迹，品种依托自然资源，体现了人与自然的和谐共生。这启示我们，可持续发展需根植于对自然与传统的尊重。

张品增的创业历程诠释了坚持的力量。从偶然发现到全国推广，他凭借执着与努力克服重重困难。这印证了创业之路虽坎坷，但坚韧不拔的精神是成功的关键。

四座楼核桃带来的不仅是个人财富，更带动了区域产业发展。这表明，追求个人价值的同时应关注行业整体利益，唯有共赢才能实现长远发展。

品质与创新是产业发展的核心。张品增对品种的精心培育，既保证了产品质量，又通过品种发掘推动创新。这提醒我们，提升竞争力需兼顾品质提升与创新突破。

政府支持为产业发展提供保障。政策扶持、品牌建设等举措，为麻核桃产业营造了良好环境。这说明产业发展离不开政府、行业与社会的协同合作。

作为行业前辈，张品增积极传承经验、鼓励新人，体现了文化传承对行业发展的重要性。唯有在传承中注入新活力，才能推动行业持续繁荣。

56. 对话王忠泽：蛤蟆头的起源

人物简介

王忠泽，北京延庆人，2000年以前从事找寻野生麻核桃行业。1998年发现蛤蟆头原树，并一直致力于麻核桃产业发展，拥有极其丰富的麻核桃种植管理经验。

访谈内容概括

今日，我们十分荣幸地邀请到北京延庆的王忠泽先生，一同探讨麻核桃，尤其是蛤蟆头核桃的故事。

王忠泽先生在麻核桃界地位颇高，他是蛤蟆头核桃原生树的发现者。20 世纪 90 年代末，麻核桃市场价值不高，价格在五毛到一块钱之间。王忠泽先生凭借上山采摘，发现了这种独特的蛤蟆头核桃，一天能摘几百甚至上千个，收益远超打工。

蛤蟆头核桃因形状似蛤蟆，有腿有眼而得名。王忠泽先生不仅发现了它，还成功进行嫁接，实现大规模种植。他嫁接的 20 棵树全部存活，其中最大的一棵树一年能产两千多个核桃，最贵时一棵树的核桃能卖二十多万元。

蛤蟆头核桃的流行，改变了王忠泽先生一家的生活，也带动了整个麻核桃产业的发展。如今，蛤蟆头核桃在延庆、涞水等地广泛种植，还影响到天津、山西等全国多个地区。王忠泽先生对此深感欣慰，认为这是大家共同努力的成果。

访谈中，王忠泽先生还提及了其他品种的核桃，如白狮子。他坦言，白狮子核桃种植过程中出现了白尖等问题，但他相信通过共同努力，定能克服困难，种出更优质的核桃。

最后，王忠泽先生对涞水人表示感谢，认为若没有涞水人去延庆收购核桃，他们也不会知晓其价值。同时，他期待人家共同发扬核桃文化，实现共同致富。

此次对话，让我们了解了蛤蟆头核桃的历史与现状，也感受到了麻核桃产业的魅力与潜力，共同期待这个行业的美好未来。

访谈总结与思考

访谈王忠泽先生让我深刻体会到了几个方面的启示，这些启示不仅关乎个人成长，更涉及到了商业发展、文化传承以及环境保护等多个维度。

王忠泽先生在 20 世纪 90 年代末发现并培育蛤蟆头麻核桃新品种，这体现了他对机遇的敏锐捕捉。他的经历告诉我们，机遇常隐藏在平凡之处，需要具备足够的观察力和探索精神。看似普通的劳动，也可能蕴含巨大的商业与文化价值。

发现蛤蟆头麻核桃后，王忠泽先生并未因市场冷淡而放弃，而是坚持努力。通过不断嫁接培育，最终使该品种获得市场认可。这启示我们，追求梦想需付出大量努力与坚持，每一步的辛勤付出都是通往成功的基石。

王忠泽先生为新品种命名"蛤蟆头"，并将其推广至全国，彰显了创新的力量。在传统文化与现代商业结合中，创新是发展的重要动力。他赋予新品种独特文化内涵，通过创新营销手段，使其广受欢迎。同时，涞水麻核桃文化对全国的影响，也证明了文化传承与创新相结合的重要性。

访谈中，王忠泽先生提到原生树移栽失败和人工嫁接的困难，反映出生态环境对植物生长的重要性。这提醒我们，追求经济利益时，要关注生态环境保护，实现经济发展与生态保护的和谐共生，才能确保可持续发展。

王忠泽先生多次提及涞水人的帮助和共同努力，体现了合作与共赢的重要性。在全球化背景下，我们更需团结协作，共同应对挑战，实现共同目标，推动社会和谐进步。

访谈还提到蛤蟆头麻核桃背后的文化意义，启示我们要重视传统文化的传承与发展。文化是推动社会进步的重要力量，深入挖掘和传承传统文化精髓，能让社会更加丰富多彩、充满活力。

王忠泽先生不仅讲述了一个普通农民发现、培育和推广新品种的故事，更引发了我们对发现机遇、努力坚持、创新发展、生态环境、合作共赢以及文化传承等多个方面的思考。这些思考不仅有助于我们更好地理解王忠泽的成功之路，也为我们的人生和社会发展提供了宝贵的启示和借鉴。

57. 对话李超：京八棱的起源

人物简介

李超，涞水县虎过庄村人，出身麻核桃世家，家族长辈是行业先驱，发掘白花山、磨盘等品种。2009年，李超投身麻核桃经营，主攻精品异形核桃与优质配对核桃。2013年创立"卓正文玩"，同年发现京八棱，此后陆续发掘和尚头、楼王（华坤龙）、龙鼎、血麒麟等品种，推动行业新品迭代。

访谈内容概括

此次访谈邀请到了李超分享他与麻核桃的不解之缘。

李超的麻核桃之路始于童年。每逢寒暑假，家中便因核桃交易热闹非凡，来自北京、天津、东北、上海等地的买家纷至沓来，现金交易的场景令他印象深刻。儿时的他常与叔伯兄弟在寒假驻守核桃园，守护果实。这样的成长环境，不仅让他对核桃产生了深厚情感，更坚定了投身行业的决心。

在品种探索上，李超继承家族优势，对百花山、磨盘、虎头等父辈发掘的原生品种如数家珍。随着市场变迁，他主动求新，2013年初在太行山与燕山交界处发现京八棱原生树，经多年培育推广，使其成为市场热门。2017年发现的血麒麟，因走色红润、骨质优良得名，同样收获市场认可。

谈及行业感悟，李超强调"君子爱财，取之有道"。他将品控视为经营核心，认为商家应严格把控质量，农户需专注种植培育。同时，他坚守诚信经营，坚信以德经商方能行稳致远。

李超感谢县政府与麻核桃协会搭建的平台，让涞水麻核桃得以广泛传播；也感恩客户的信任与支持，并承诺将继续深耕品质、诚信立业，助力行业发展。

访谈总结与思考

李超的分享，不仅展现了个人奋斗历程，更折射出麻核桃行业的发展密码。

家族传承奠定了李超的行业根基。从参与儿时的核桃交易，到独立经营事业，他在耳濡目染中接过家族事业的接力棒，深刻体会到行业传承的意义。这种代代接力的精神，是行业发展的重要支撑。

李超的创新探索为行业注入活力。他不拘泥于传统品种，主动寻找并培育京八棱、血麒麟等新品，以敏锐的市场洞察力打破行业固有格局。这种勇于突破的精神，是在竞争中脱颖而出的关键。

品质与诚信是李超的经营信条。面对市场乱象，他始终坚守底线，以优质产品和诚信服务赢得客户信赖。这印证了在任何行业中，品质与诚信都是立足市场、长远发展的根本。

对行业未来，李超保持乐观态度。他认为，尽管市场存在次品泛滥等问题，但随着消费者品质需求提升与行业规范化，麻核桃市场前景广阔。这份前瞻性眼光，为从业者注入信心。

李超对各方的感恩之情，彰显了成功企业家的担当。他深知个人成就离不开社会支持，积极回馈行业与客户，展现出强烈的社会责任感。

李超的故事为麻核桃行业乃至其他领域树立了榜样。他的传承精神、创新勇气、诚信理念、乐观态度与社会责任意识，不仅推动了麻核桃行业发展，也启发我们在各自领域追求卓越、坚守价值，为行业繁荣与社会进步贡献力量。

58. 对话徐喜占：无心插柳奠定麻核桃产业基石

人物简介

徐喜占，河北涞水人，涞水县林业局造林工程师。

访谈内容概括

今日，我们有幸邀请到林业局林业工程师徐喜占先生，分享他与麻核桃产业的故事。作为产业发展的见证者，徐喜占对麻核桃产业饱含深情，经验丰富。

徐喜占回忆，1985年大学期间，树木学老师提及涞水县赵各庄镇板城村的麻核桃树，由此引起了他对麻核桃的兴趣。工作后，他负责涞水县工程造林规划，麻核桃种植也在其中，在上级支持下，全县核桃栽培面积逐年扩大，每年新增数万亩。

2002年左右，徐喜占发现村民开始大规模进行麻核桃大树嫁接。因麻核桃效益远超普通核桃，大量原本种植的薄皮核桃树被改接。这一转变虽出乎意料，却为麻核桃产业发展奠定基础——此前林业局发放的薄皮核桃树苗，成为嫁接麻核桃的"预备军"。

谈及产业前景，徐喜占信心满满。他坦言，行业发展难免面临质疑与挑战，但随着玩家群体扩大，麻核桃产业仍有广阔空间。这一产业不仅带动百姓致富，更传播了文化，兼具身心、欣赏与健康价值。徐喜占表示将持续关注和支持产业发展，同时感谢政府与行业同仁的共同努力。

访谈总结与思考

通过与徐喜占工程师的访谈，我深刻感受到了产业发展中的种种挑战与机遇，以及如何在复杂多变的市场环境中保持产业的持续健康发展。

产业发展的偶然性与必然性在麻核桃行业体现得淋漓尽致。政府推广薄皮核桃的初衷与市场最终选择麻核桃形成反差，证明市场需求与创新是产业发展的核心驱动力。这提醒从业者需保持敏锐，及时捕捉市场机遇。

市场需求的变化推动产业转型。消费者对核桃的需求从食用转向文化收藏，促使产业迅速调整，将普通核桃嫁接为麻核桃。这启示各行业都应紧跟市场需求，灵活调整发展方向。

面对产业发展中的短期波动，长远视角至关重要。尽管麻核桃产业曾被唱衰，但徐喜占基于长期观察，坚信其潜力。这表明在产业发展中，需抵御短期干扰，坚守正确方向。

麻核桃的经济价值与文化价值相融合，是产业可持续发展的关键。作为文玩，麻核桃承载文化内涵，提升产品附加值。这提示各产业应注重挖掘文化价值，增强竞争力。

政府、市场与产业的协同发力，是推动产业发展的关键。政府提供政策支持，市场发挥资源配置作用，产业自身不断创新，三者相互配合，才能实现产业的持续健康发展。

本次访谈为我们提供了关于产业发展、市场需求、长期视角、文化价值以及政府、市场与产业协同作用等方面的深刻思考。这些思考不仅有助于我们更好地认识和理解产业发展的规律，也为我们推动产业的持续健康发展提供了重要的启示和指导。

59. 对话野建岐：盘龙纹的起源

人物简介

野建岐（左一），河北邯郸人。1999 年受涞水麻核桃启发，投身产业开发，蟠龙纹麻核桃创始人。他带领周边五十多户脱贫，开发出莲花核桃、金锭核桃等多个品种。如今，他的团队拥有 1 100 亩核桃园基地产品远销国内外。2024 年，野建岐成立"武安起源文化艺术公司"，注册"晚楸"商标。

访谈内容概括

此次有幸邀请到野建岐先生及其儿子，这位核桃界资深人士与我们分享了他在麻核桃领域的深耕历程。

1999 年，野建岐在涞水接触到麻核桃，发现其与家乡山上的品种相似，便开始培育工作。他培育的蟠龙纹核桃，凭借独特纹理和优良品质迅速打开市场。他指出，太行山特有的马岩与石灰岩地质，赋予当地麻核桃骨质坚硬、密度大、上色快的特性。除蟠龙纹外，莲花、金鼎元宝等品种也源自武安市朝阳沟和活水乡。

谈及产业发展，野建岐坦言，蟠龙纹等品种虽受欢迎，但受授粉率低的影响，产量难以提升，人工授粉效果也不理想。他提醒农户嫁接时应结合实际与市场需求选种，避免盲目跟风。

野建岐还分享了种植经验与对麻核桃文化的理解。他认为，麻核桃产业与传统文化紧密相连，感谢政府与协会支持，让他得以带动农户共同致富。他的儿子也表达了传承决心，计划通过电商平台进一步推广产业，与全国爱好者携手推动行业发展。

访谈总结与思考

与野建岐的对话，不仅探究了麻核桃产业的部分发展脉络，更蕴含着关于文化、创业与责任的深刻启示。

麻核桃从普通坚果升华为文化载体，见证了两代人的传承与创新。老一辈专注品种培育，为文化传承奠定基础；年轻一代借助电商等新渠道，赋予传统文化新活力。这启示我们，文化传承需守正创新，才能在时代浪潮中生生不息。

野建岐的创业之路诠释了坚持的力量。从品种发掘到产业规模化，他历经无数挫折却始终坚守。这种信念与毅力，是创业成功的关键，也激励着人们在困境中保持前行的勇气。

科学种植与经验积累在访谈中得到充分体现。授粉难题的探索，反映出科学方法对农业生产的重要性；而多年实践积累的经验，则是优化种植管理的宝贵财富。二者结合，才能实现生产效率与质量的双重提升。

野建岐强调的风险防控与多样化发展，极具现实意义。他提醒从业者关注市场动态，避免单一化经营，这对抵御市场风险、保障产业稳定发展具有重要指导作用。

最令人钦佩的是野建岐的社会责任感。他致富不忘乡亲，通过技术帮扶、信息共享等方式带动农户增收，践行共同富裕理念。这种担当不仅促进了地方经济发展，更为企业家履行社会责任树立了典范。

野建岐的访谈内容为我们提供了关于文化传承与创新、创业与坚持、科学种植与经验积累、风险防控与多样化发展以及社会责任与共同富裕等多个方面的深刻思考。这些思考内容不仅对我们个人的成长和发展具有重要意义，也对我们社会的和谐稳定和进步具有深远的影响。让我们从中汲取智慧和力量，共同为创造更加美好的未来而努力奋斗。

60. 对话张英贺、李金凯：麻核桃种植销售的合作经

人物简介

张英贺（左一）与李金凯（右一），河北涞水人，核桃圈新秀。主营中高端文玩核桃的批发与

零售。拥有丰富的麻核桃种植管理与销售经验。

访谈内容概括

本次访谈对象是核桃圈新秀兼合作伙伴张英贺与李金凯，二人深耕麻核桃种植销售领域，分享了经营经验与行业见解。

虽被称为行业新秀，张英贺与李金凯已携手合作十余年，共同经营苏州的麻核桃产业。他们拥有百亩麻核桃园，其中三十亩进入盛果期。分工上，李金凯主抓种植，张英贺负责销售；除园内产出，还通过外部收购丰富品种，以满足市场需求。

销售方面，二人主攻批发市场，经营五十多个品种。石门元宝、太行龙纹、铁锤等品种表现突出，尤其是石门元宝，连续五年备受市场青睐。他们通过批量销售策略压低价格，推动优质品种普及。

品牌建设是二人经营的重要方向。他们十分重视"涞水麻核桃"这一国家地理标志品牌的价值，认为优质品种、过硬品质与强大品牌结合，才能提升产品整体价值。

谈及经营理念，他们强调合作需基于信任，秉持不斤斤计较的态度，以共同盈利为目标。同时，二人敏锐指出互联网将成为未来销售的主渠道，直播销售与 AI 机器人直播等新模式将带来新机遇。

访谈总结与思考

与张英贺、李金凯的对话，展现了麻核桃产业成功经营的关键要素，为创业者提供了宝贵启示。

合作共赢是事业发展的基石。二人以共同盈利为目标，凭借默契配合与相互信任，化解经营中的挑战，实现优势互补。这种和谐的合作关系，是其在行业立足的重要原因。

明确分工与专注专业提升了经营效率。李金凯专注种植，张英贺深耕销售，各自发挥专长，推动业务高效运转。这启示创业者，清晰的分工和专业能力是事业发展的重要保障。

市场洞察与品种创新决定竞争优势。李金凯重视研究市场需求，不断更新品种、提升品质，以适应激烈的市场竞争。创业者需具备敏锐的市场嗅觉与创新能力，才能脱颖而出。

品牌建设助力价值提升。从无品牌到依托地理标志品牌，二人深刻认识到品牌对产品信誉与附加值的提升作用。注重品牌打造，是增强市场竞争力的有效途径。

拥抱互联网技术是把握未来趋势的关键。张英贺预判直播销售等新模式的潜力，体现出前瞻性眼光。创业者需紧跟时代潮流，创新销售模式，才能抓住发展机遇。

与二位的访谈为我们揭示了合作、专注、市场研究、品牌化、互联网以及感恩与回馈等多个发人深省的主题。这些主题不仅为创业者提供了有益的启示和借鉴，也让我们更加深刻地理解了成功的背后所蕴含的智慧和努力。

61. 对话王振久：麻核桃行业的见证者

人物简介

王振久，涞水人，原涞水县娄村镇包家坟村党支部书记，麻核桃行业最早期参与者之一，资深核农，拥有丰富的麻核桃种植管理经验。

访谈内容概括

本次有幸邀请到了麻核桃界资深人士王振久，与我们分享了麻核桃从 20 世纪 90 年代至今的发展历程。

王振久回忆，20 世纪 90 年代初他开始尝试核桃种植，最初家中仅有几棵树。嫁接后的第三年，一棵树结出上百个核桃，带来意外收入。此后价格虽然波动，但三年内累计获利 30 万元。在种植过程中，他逐渐对麻核桃新品种产生了兴趣，把玩核桃的收益甚至超过工资，这让他更加关注行业发展。

在乡政府与县领导的重视下，麻核桃产业迎来发展契机。麻核桃协会通过推广优良品种、提供技术支持，推动产业壮大。王振久曾远赴陕西宝鸡秦岭山脉寻找优质品种，尽管过程艰辛，但看到产业如今的成就，他深感欣慰。

谈及产业未来，王振久持乐观态度。他认为，麻核桃既是生活品质的象征，又符合中医养生理念，随着中医国际影响力提升，麻核桃有望开拓国际市场。最后，他感谢麻核桃协会的支持，期待协会继续助力产业发展，为更多人带来致富机遇。

访谈总结与思考

与王振久的对话，不仅展现了麻核桃产业的发展脉络，更揭示了个人兴趣、政府支持与文化价值在产业发展中的重要作用。

王振久的经历印证了个人兴趣对产业发展的强大驱动力。从个人爱好到产业探索，他的转变离不开地方政府和协会在政策、技术等方面的支持。这启示我们，兴趣是事业的起点，而多方协作则是产业可持续发展的保障。

麻核桃的高附加值特性，显著提升了农民收入。单棵树数年创造数十万元收益，体现了文化产业赋能乡村经济的巨大潜力，为农村发展提供了新路径。

作为传统文化载体，麻核桃兼具文化传承与保健功能。盘玩核桃不仅是传统习俗，更承载着中华养生智慧，其发展有助于增强文化自信，展现传统文化的现代价值。

面对广阔前景，麻核桃产业也面临挑战。市场竞争加剧、品种改良需求、品牌建设压力等问题，要求从业者持续创新，提升品质，打造品牌，以应对市场变化。

王振久的故事彰显了个人努力与团队合作的重要性。他凭借坚持将兴趣转化为事业，同时强调团队协作对产业发展的推动作用。这提醒我们，个人奋斗是成功基础，而多方协同才能实现更大突破。

这份访谈不仅让我了解了麻核桃产业的发展历程和现状，更让我深刻认识到个人兴趣与产业发展的关系、经济价值与文化价值的平衡、市场前景与挑战的并存以及个人努力与团队合作的重要性。它启示我们，在追求梦想和目标的过程中，要勇于探索、敢于创新、注重团队合作，并始终保持对文化的敬畏和传承之心。

62. 对话李杰：异型核桃的魅力

人物简介

李杰，内蒙古人，毕业于南开大学。他是异型核桃收藏领域的佼佼者，坐拥四百多对异型核桃及一万多只单只藏品。

访谈内容概括

今天我邀请到了天津的核桃收藏家李杰，分享他的核桃收藏故事。李杰被誉为"异型大王"，对核桃的异型情有独钟。

李杰的收藏之路始于朋友赠送的一对鸡心核桃。经过两个月盘玩，核桃色泽红润，获朋友称赞后，他受推荐前往涞水，就此踏入核桃收藏世界。受 30 年古玩生意家庭背景影响，他对珍稀藏品兴趣浓厚，尤其钟情于异型核桃，认为其独特魅力远超普通两棱核桃。

他的藏品中不乏苹果园三连体等珍稀异型核桃，每一对都承载着动人故事。犀牛核桃、酒壶核桃等藏品，不仅形状奇特，更凝结着他与农户的深厚情谊。目前，他收藏的万余只核桃中，成功配对四五百对。

收藏过程中，李杰经历过诸多挑战与趣事。他曾在市场偶遇心仪核桃，却因摊主收摊错失，一年后通过微信联系才成功购得；还有凭借尺寸记忆盲配宫灯龙首核桃的经历，充满惊喜趣味。

李杰认为核桃是自然馈赠，更是情感纽带。收藏过程中，他结识众多同好，体会到了核农的辛勤。未来，他将继续深耕收藏事业，为涞水核桃产业贡献力量，并期待与更多爱好者分享收藏故事。

访谈总结与思考

在李杰的访谈中，我被深深吸引，并从中汲取了诸多发人深省的思考。

对自然的敬畏贯穿李杰的收藏理念。他视异型核桃为自然杰作，每一道纹理、每一处形态都承载着大自然的鬼斧神工。在科技主导的现代社会，这种对自然的珍视，提醒着我们莫忘与自然的联结，珍惜自然资源的馈赠。

收藏于李杰而言，是精神与情感的双重收获。通过与核农、藏友的交流，他以核桃为媒介，搭建起文化传承与情感交流的桥梁。这也让我们重新审视收藏的意义——它不仅是物品的积累，更是文化脉络的延续和情感记忆的沉淀。

追求收藏梦想的过程中，李杰投入大量心血。为寻觅心仪核桃，他奔波各地、精心整理，这份坚持让他深刻体会到成功背后的艰辛。这启示我们，任何目标的实现都离不开付出，而过程中的体验与成长，往往比结果更珍贵。

李杰对核农、政府及协会的感恩之情令人动容。他深知收藏事业离不开多方支持，因而积极回馈社会。这种感恩与反哺的精神，为我们树立了在成功后不忘回报社会的榜样。

在传承传统文玩文化时，李杰将现代审美融入其中，赋予核桃收藏新的艺术价值。这启示我们，传统文化的延续需要创新，唯有注入时代元素，才能使其在现代社会焕发新生。

收藏核桃的经历，让李杰领悟到坚持与耐心的重要性，也更加重视人际交往中的情感沟通。这些感悟是珍贵的人生财富，指引我们在面对生活挑战时，保持从容与坚韧。

李杰的收藏故事，串联起自然、人文、生命等多元主题，为我们带来深刻启示。它教会我们敬畏自然、珍视情感、感恩生活，在传承与创新中寻找文化与人生的真谛。

63. 对话李洪亮、柳利焦：
最大麻核桃集散地涞水

人物简介

　　李洪亮（右一），黑龙江省五常市人。2014 年踏入北京核桃文玩行业，2017 年扎根涞水，深耕小核桃嫁接与高端精品手串批发领域，凭借丰富的选品经验，在业内赢得"李精品"美誉。

　　柳利焦（左一），河北省石家庄市元氏县人。2011 年入行麻核桃行业，次年投身嫁接领域，积累十余年种植管理经验。作为淘宝推广京八棱小核桃的先行者，被同行称为"小核桃淘宝一姐"。2024 年，她在涞水汇金城开设"艾柳文玩"店铺，将石家庄、邢台、邯郸等地的朱雀、石门元宝等特色麻核桃品种引入涞水。

访谈内容概括

　　本次有幸邀请到柳利焦和李洪亮，两位合作伙伴分享了在麻核桃领域的丰富的经验和独到的见解。

　　柳利焦回忆，2011 年他们在北京以电商起步，从涞水进货销售虎头核桃。随着市场竞争加剧、品种日益丰富，他们转型为批发商，聚焦石家庄、邢台、邯郸等地特色品种，朱雀、石门元宝、太阳龙纹等新品成为主营方向。

　　李洪亮虽来自哈尔滨五常，却被涞水麻核桃产业的活力吸引，毅然投身当地批发业务。两人一致认为，涞水作为全国麻核桃集散地，将凭借规模优势吸引着各地商家。

　　谈及行业现状，他们指出，年轻群体对核桃文化的兴趣增长推动市场扩容，但市场分散、管理不规范等问题也亟待解决。目前，政府、协会与商家正合力建设新市场，优化营商环境。

　　对于未来，柳利焦和李洪亮充满信心。他们认为，通过提升品控、压缩交易时间成本等举措，可进一步激活市场。同时，他们感谢涞水县政府和协会的支持，让其安心创业，助力产业发展。

　　访谈尾声，冀会长代表麻核桃协会对两人表示欢迎与感谢，期待他们能继续为涞水麻核桃产业贡献自己的力量。

访谈总结与思考

　　柳利焦和李洪亮的经历，为传统行业在互联网时代的转型提供了生动样本，折射出多维度的行业发展启示。

传统行业与电商的深度融合重塑了产业格局。两人从电商零售转向批发的历程，展现出传统农产品与电商结合的强大生命力。在互联网浪潮下，传统行业打破地域限制，通过线上渠道触达更广泛市场，印证了拥抱新技术是行业焕新的关键。

市场细分与消费需求迭代不容忽视。年轻群体（90后、00后）涌入核桃市场，其偏好中小型果的审美倾向，颠覆了传统玩家对大尺寸核桃的偏好。这警示从业者需精准把握代际消费差异，通过产品差异化满足多元需求。

品牌与品控是市场竞争的核心。以大主播李建忠为例，严格品控带来的高消费者满意度，凸显品牌建设与质量保障对降低退货率、提升竞争力的重要性。唯有坚守品质，方能在市场中站稳脚跟。

政府支持成为产业发展的重要推力。涞水县政府在政策扶持、市场建设上的持续发力，不仅为产业发展筑牢根基，更推动了产业集聚与升级。这表明政府在地方特色产业培育中，发挥着不可替代的引导作用。

产业集聚与市场整合的矛盾亟待破解。涞水作为全国核桃集散地，虽占据规模优势，但市场分散导致交易成本上升。如何构建规范、高效的市场体系，实现资源优化配置，是产业迈向更高发展阶段的关键课题。

柳利焦和李洪亮的这次访谈不仅为我们揭示了核桃产业的现状和发展趋势，更引发了我们对传统行业与现代电商、市场细分与消费者需求、品牌与品控、政府支持以及产业集聚与市场整合等多个方面的深入思考。这些思考内容不仅对我们理解当前社会经济发展具有重要意义，也为我们未来的工作和生活提供了宝贵的启示和借鉴。

64. 对话李朋：麻核桃产业的洞察

人物简介

李朋（保三活），涞水县娄村镇人，麻核桃嫁接师，2012年开始嫁接、销售麻核桃。

访谈内容概括

　　本次访谈对象是在麻核桃产业深耕十余年的李朋，他丰富的人生履历为其积累了人际交往、商业运营经验与市场洞察力，助力他在麻核桃行业稳步发展。

　　谈及品种格局，李朋指出，磨盘、白狮子等传统品种凭借独特外形与优良质地，依旧占据市场主流；雪麒麟、铁锤等新品种则以差异化优势快速崛起，展现强劲潜力。在 2024 年的收购中，带挂果麻核桃与散篓子的数量均显著增加，反映出产业在种植技术、规模及产出结构上的新变化。

　　在经济价值层面，李朋强调珍稀品种在收藏市场的巨大潜力，同时表明传统品种通过精细化管理同样能实现高收益。这意味着，无论是种植端还是销售端，科学养护与专业管理是提升产品附加值的核心路径。

　　对于优质麻核桃的寻觅，李朋认为难点在于客户需求的高度个性化。市场上核桃数量虽多，但需客户兼具鉴别能力与合理预算，才能挑选到心仪产品。

　　李朋着重介绍，涞水已成为全国麻核桃交易的核心区域。娄村市场以青皮交易为主，高效整合周边散户资源，激活基层流通；北二环市场聚焦成品批发零售，构建起跨区域的市场辐射网络，吸引全国客商。

访谈总结与思考

　　通过与保三活李朋的深入访谈，我对麻核桃产业的认知得到了极大的丰富和深化。

　　李朋十余年行业经验赋予他敏锐的市场洞察力。精准把握老品种的市场韧性与新品种的发展潜力，这种能力在快速变化的商业环境中至关重要。各行业从业者都需保持对市场动态和消费需求的敏感度，提前布局方能抢占先机。

　　李朋对价格的分析，揭示了麻核桃在收藏与高端消费市场的价值空间。这既体现了细分市场的机遇，也证明了传统产品通过创新管理仍具生命力，启示商业活动应注重挖掘传统产品的潜在价值。

　　优质核桃筛选的复杂性，本质上是客户需求多元化的体现。从业者需深入研究产品细节，结合市场调研精准匹配客户个性化需求，才能提供满意的产品与服务。

　　李朋身兼涞水县麻核桃形象大使、非遗传承人等多重身份，不仅在产业内取得成就，还积极投身公益与文化传承。这种个人发展与社会责任相结合的模式，为地方经济发展中企业家的角色定位提供了范本，彰显了成功从业者带动地方建设的示范作用。

　　这次访谈不仅让我对麻核桃产业有了全面的了解，更从李朋的经验和观点中汲取了关于商业发展、个人成长和地方建设的诸多宝贵经验和启示。

65. 对话王长山：麻核桃的传承与展望

人物简介

王长山，涞水县娄村镇人，"核仙菇文玩核桃"品牌创始人，从事麻核桃行业至今已有 13 年。

访谈内容概括

王长山于 2013 年踏入麻核桃行业，起初通过微信朋友圈开启买卖。发现行业可观的利润空间后，他与妻子全身心投入。随着自媒体兴起，他们从百度贴吧、微拍堂逐步拓展至快手、抖音等平台，目前以抖音为核心销售渠道。

如今，王长山的年销售额达数百万，进货规模约二三百万。麻核桃销售季节性明显，通常年底即可回本。尽管市场波动，他依然看好产业发展潜力。

其家中种植的"陨石元宝"是独创品种，凭借稀有性和原生树成本，最初定价万元一对，创下行业高价，最贵一对曾卖出三四万元。这一成功源于对品质的坚守和对市场的精准判断。

王长山不仅个人事业有成，还带动身边朋友投身行业。他秉持"众人共富才是真富"的理念，与妻子分工明确：他负责采购和外联，妻子主理销售与内部管理。

谈及产业未来，王长山希望涞水麻核桃能健康发展。他呼吁从业者坚守初心，避免过度营销，注重文化传承。他感谢当地政府和协会的支持，期待年轻一代接力推动产业发展。

最后，王长山感慨，小核桃成就大产业，离不开涞水的地理优势与各方支持，希望麻核桃产业持续繁荣。

访谈总结与思考

这次与王长山的访谈令我深受启发，有了许多深刻的思考与心得。

王长山紧跟时代步伐，借助自媒体平台拓展销售，体现了传统产业与互联网融合的重要性。这种对新兴渠道的敏锐把握，为传统行业在数字时代的转型提供了范本。

"陨石元宝"的成功，印证了创新与品质的价值。独创品种的高定价，源于对市场需求的精准洞察和对产品品质的严格把控，揭示了差异化竞争在市场中的关键作用。

王长山"共富"的理念，彰显了合作与分享的力量。他带动身边人共同发展，体现了企业家的格局与担当，启示我们个人成功应与集体利益相结合。

他对政府和协会的感恩，以及对行业传承的重视，展现了企业家的社会责任感。成功后不忘回馈社会，推动产业可持续发展，是值得学习的榜样。

王长山的经历深刻诠释了创新与传承的辩证关系。在传承麻核桃文化的同时，通过品种创新和营销模式革新来适应时代需求，为传统文化产业的发展指明方向。这些宝贵经验，对各行业的发展都具有重要借鉴意义。

66. 对话李政：麻核桃文化、产业与人生

人物简介

李政，文玩核桃收藏者，资深核农，种植麻核桃 200 余亩。

访谈内容概括

此次访谈邀请天津好友李政分享他与核桃的故事。受父亲影响，李政结缘核桃十一二载，其收藏之旅始于在涞水购入的一对 40 尺寸白狮子三棱核桃，花费 13 000 元。如今，他的收藏已达四五十对，总价值约 200 万，涵盖三棱、四棱等珍稀异形品种。

李政痴迷于核桃变色、走色的演变过程，尤其钟爱骨质坚硬、上色快、色泽佳的白狮子品种。他盛赞涞水作为核桃主产区，品种丰富。在此期间，他不仅学习嫁接技术与管理方法，还负责 200 多亩土地培育麻核桃。

李政感慨，小小麻核桃已发展为大产业，带动就业、繁荣地方经济。他视麻核桃为传统文化载体，希望通过推广让更多人领略其文化魅力。最后，他感谢涞水人民与麻核桃协会的贡献，并表示将继续传承麻核桃文化。

访谈总结与思考

在本次访谈中，我深刻体会到了李政与麻核桃之间那份难以割舍的深厚情缘，以及他对麻核桃文化充满热情的分享。

从父亲手中接过玩核桃的爱好，李政成为文化传承的践行者。麻核桃承载着历史记忆与文化精髓，这种代际传承不仅赋予个人文化归属感，更让传统在岁月流转中延续，成为连接过去与未来的精神纽带。

麻核桃产业对地方经济的带动作用，展现出特色产业的巨大潜力。看似微小的核桃，却能形成完整产业链，创造就业机会、拉动经济增长。这提醒我们，挖掘地方特色资源、培育优势产业，是推动区域可持续发展的有效路径。

其持续学习嫁接技术、探索品种培育的行动，彰显创新精神。在知识快速迭代的时代，唯有保持学习热情、勇于突破创新，才能在行业竞争中立足。这种对专业的钻研与探索，正是推动麻核桃产业进步的核心动力。

此次访谈以核桃为引，展现文化传承的温度、产业发展的潜力、个人担当的价值与创新进取的力量。这些启示不仅加深了对社会现象的理解，更为个人成长与社会责任践行提供了方向指引。

本次访谈不仅让我了解了李政与麻核桃的情缘，更让我对文化传承、产业发展以及持续学习与创新等议题有了更深刻的思考。这些思考内容不仅有助于我们理解和认识社会现象，更能指导我们的个人行为，让我们在人生的道路上走得更加坚定和自信。

67. 对话李春玉：热爱就像坐标轴，每一个零点都是新的起点

人物简介

李春玉毕业于武汉体育学院。2015—2020 年在武汉经营"阿玉雅玩"文玩店。2020—2024 年就职于武汉汉口学院。2024 年，她辞去稳定工作，重返文玩行业，于涞水投身文玩核桃推广与交流。

访谈内容概括

李春玉与核桃的缘分始于十多年前，家中偶然翻出的一对铁核桃，点燃了她的兴趣。她自学文玩核桃知识，通过多方渠道收藏核桃。大学时期，发现武汉核桃市场稀缺，她联合玩家，借着古玩城免租政策，在学校对面开店，亲赴北京潘家园进货，由此接触到涞水核桃产业，完成从玩家到商家的转变。

2020 年她的核桃生意陷入困境，一度萌生退意。但对核桃的热爱驱使她在四年后重返行业。她视核桃为中国传统文化的载体，每对核桃都承载着时光记忆与玩家故事。

访谈中，李春玉表达了传承核桃文化的强烈愿望，呼吁人们珍视手中核桃，并表示将把推广核桃文化作为毕生追求。冀会长对她传播核桃文化的行动表示感谢，同时欢迎更多有志者投身涞水麻核桃事业。

访谈总结与思考

李春玉的经历，不仅是个人与核桃的故事，更折射出热爱、传承与成长的多重启示。

热爱是支撑她跨越困境的精神支柱。从偶然结缘到事业受挫再到重启征程，对核桃的热爱始终是她前行的动力。这启示我们，无论面对何种挑战，内心的热爱都能激发潜能，助力突破困境。

她对核桃文化的珍视，凸显文化传承与创新的价值。在她眼中，核桃超越商品属性，承载着传统文化基因。传承文化既要守护历史底蕴，也要结合时代需求创新，让传统文化焕发新生。

个人成长与产业发展的共生关系在李春玉身上体现得淋漓尽致。她投身核桃产业，既实现个人价值，也为行业注入活力。这提醒我们，个人发展应与社会需求、产业进步紧密结合，在奉献中实现自我超越。

生意上的挫折与重生，展现出她的勇气与韧性。面对困境，她选择重新出发，这种不屈精神值得学习。它告诉我们，困难是成长的契机，保持信念与勇气，方能在逆境中开辟新路。

这篇访谈不仅是一次关于核桃产业的深入交流，更是一次关于热爱、坚持、文化传承、个人成长以及面对挑战的勇气与韧性的深刻思考。李春玉的经历告诉我们，只要心怀热爱、坚持信念、勇于挑战、不断创新，就一定能够在人生的道路上走出一条属于自己的精彩之路。

68. 对话张海涛：文玩老兵谈麻核桃市场与产业未来

人物简介

张海涛，涞水县惠农麻核桃协会副会长，12 年文玩行业经验。23 岁踏入文玩行业，创办首玩团队，仅用 3 年时间将其发展为百人规模，年利润过千万。企业顶层设计、股权架构和商业模式的终身研究与实践者，资深私域流量玩家。他的经营理念是"诚信利他，信用口碑第一位，保持初心，心怀远方，脚踏实地。"

访谈内容概括

本次访谈邀请了张海涛先生，他虽年轻，但已是文玩圈的老兵，对麻核桃有着深厚的情感。张海涛来自河北承德，一个麻核桃产区，从小与核桃为伴。他在文玩行业深耕 12 年，见证了麻核桃市场的兴起与变化。如今，麻核桃在文玩界占据重要地位，但市场也存在一些问题，如商家经营不规范、服务与需求不对等。

张海涛提出，需要一支规范、健康、绿色的队伍来引领行业。他分享了自己的经营理念和商业模式。在理念上，他强调诚信为本、永不放弃、超越自己三大核心理念。在商业模式上，他选择了私域经营，通过一对一服务和会员分层管理，提升客户满意度。在品控方面，他构建了严格的选品标准，采购人员均为市场专家，每天挑选数百对核桃，只选出符合标准的几对。这种品控体系不仅保证了核桃质量，也提升了消费体验。

张海涛对涞水县政府的务实作风和高效执行力印象深刻，政府对麻核桃产业的推动作用显著。同时，他也赞赏协会的领导和大爱有格局的风格。双方共同表达了对未来的期许，表示将共同努力推动麻核桃产业发展。

访谈总结与思考

此次对话不仅是对麻核桃市场现状的剖析，更是对文玩核桃产业未来发展的探讨。张海涛指出，麻核桃市场存在商家经营不规范、服务与需求不对等的问题，这些问题也是中国核桃产业面临的挑战。他提出的"规范、健康、绿色"行业队伍理念，通过严格的品控体系和私域会员管理，试图解决信任危机，降低退货率，为行业标准化提供了范本。

张海涛对私域经营的见解令人眼前一亮。传统文玩行业依赖线下交易和低复购率的模式已难以满足现代市场需求。他的私域经营通过一对一服务和会员分层管理，实现了与客户的深度互动，增强了用户黏性，挖掘了高端市场需求，推动了核桃产业向高附加值方向升级。

张海涛还强调了地域资源与文化赋能对产业升级的重要性。他作为河北承德人，深知麻核桃产区的文化价值。涞水县政府通过电商物流体系建设和品牌打造，推动了"土货变网货"的进程。麻核桃作为国家地理标志产品，融入历史故事和手工雕刻技艺，提升了产品溢价空间，赋予了文旅属性，为差异化竞争提供了支撑。

在品控与技术驱动方面，张海涛团队追求极致，仅选择1%的优质核桃作为产品，反映了从粗放种植向精细化管理的转型。他们还看到了核桃深加工产品的市场潜力，意识到完善的品控体系可为其提供原料保障，为持续发展奠定了基础。

最后，张海涛强调了政策支持和协会赋能的重要性。涞水县政府的电商扶持政策与张海涛的私域模式形成互补，行业协会的规范化引导减少了恶性竞争。"政企协"协同模式为核桃产业的规模化、国际化铺平了道路。未来，如何平衡小众文玩属性与大众消费需求，将地域特色转化为全球竞争力，将是行业需要探索的方向。

此次对话让人对麻核桃市场有了更深入的了解，也对文玩核桃产业的未来发展充满期待。相信在文化内核、品控与技术支撑、私域和电商渠道以及政策和协会保障下，文玩核桃产业将迎来更加辉煌的明天。

第三节　戏说麻核桃

涞水山野的麻核桃传说，多是百姓口耳相传的"艺术创作"——这些故事无正史可考，却饱含乡土情感与市井趣味。

故事中常借历史人物或仙怪传说，为麻核桃的沟壑纹路添上奇幻注脚。本章采撷的趣闻，恰似掌中麻核桃的包浆——虽非原木本色，却在时光摩挲中沉淀出独特光泽。虚中见真，方显民间叙事的鲜活生命力。

一、《神农遗泽：麻核桃的初绽》

在远古时代，世间疫病肆虐，百姓生活困苦不堪。面对此情此景，神农氏心怀悲悯之情，毅然决然地肩负起了济世救人的重任，踏上了漫长且充满未知与艰险的寻药之旅。他的足迹遍布广袤的山川河泽，无论是酷暑严寒，还是狂风骤雨，都无法阻挡他前行的脚步。在荒山野岭间，他艰难攀爬；在幽深峡谷中，他仔细探寻，只为能够找到解救苍生疾苦的草药良方。

一日，神农氏如同往常一样，全神贯注地穿梭于茂密的山林之间。当他行至一处偏远之地时，眼前赫然出现了几株高耸入云的奇异树木。这些树木枝叶繁茂，其间隐约可见许多形似桃子的奇异果子。这些果子被一层鲜绿欲滴的青皮紧紧包裹着，在葱郁的树冠下散发着一种神秘而诱人的气息。

核桃山林

神农氏心中充满了好奇，他凭借着自己丰富的经验和敏捷的身手，迅速攀爬上树，从几棵树上摘下了几个果子。采完之后，他来到一处平坦开阔之地，席地而坐，将果子外的青皮剥开，里面是质地坚硬的果实。他依据果实的外皮纹路特征，将它们分成了两份：一份果实外皮纹路相对平整光滑，触手温润如玉；另一份则纹路深邃复杂，仿佛镌刻着某种神秘莫测的密码。

神农氏首先拿起那纹路光滑的果实，找来一块石块，轻轻地将其砸开。只听"咔"的一声轻响，果壳应声而裂，露出了里面饱满丰盈的果肉。那果肉色泽鲜亮诱人，香气隐隐飘散开来。神农氏凑近细嗅，并未察觉到任何异样之处，于是他谨慎地将果肉放入口中浅尝了一口。顿时，他感到口感软糯，淡淡的汁水在舌尖上漫溢开来，滋味颇为鲜美。而且果壳轻薄易剥，果肉极易与果壳分离，显然是一种可食之物。

接着，神农氏又拿起那颗纹路深的果实。相比之前那颗果实，这颗砸开的难度要大得多。他双手紧握石块，使足了力气，几番敲击之下，才使果壳裂开了一道缝隙。费了好大一番周折，他才将果壳彻底砸开。只见里面蜷缩着一颗个头极小的果仁，想要取出这颗果仁，还需费上一番功夫，或是剔或是抠，才能艰难地获取少许。神农氏将取出的果仁反复查看、嗅闻，又试着咀嚼了一些，发觉其口感干涩无比，几乎没有任何食用价值。

这种果实既不能疗愈病痛，又难以果腹，看似毫无用处。然而，神农氏一路行来身心俱疲，便将这颗纹路深的果实随手置于掌心之中，无意识地把玩了起来。他一边思量着此番寻药的收获与疑惑，一边下意识地转动、摩挲着这颗果实。不知不觉间，手中的果实随着他的思绪翻滚跳跃着，时光也在悄然流逝。

许久之后，神农氏似乎从沉思中猛然醒悟过来。他看着手中的果实，喃喃自语道："虽然这种果实不堪食用，但却可以用来把玩。"自此以后，这种偶然所得、难以食用却适合把玩的果实，便悄然开启了人们"耍核桃"的先河。一段别样的民俗文化传统，也在无意之中悄然萌芽于历史的长河之中，并逐渐发展成为一种独具特色的文化现象。

（投稿人：吴斌）

二、《麻核桃记：子牙辅周之始》

在商周交替之际，世间局势犹如风云变幻，动荡不安。殷纣王当政，其暴政苛虐，横征暴敛，致使百姓生活困苦不堪，怨声载道。朝堂之上，奸佞小人当道，忠良之士或惨遭无情迫害，或噤若寒蝉，不敢有丝毫异议。姜尚彼时仅为一隐居山林之处士。他身处乱世，目睹世间疾苦，深知不可与纣王之无道朝堂同流合污，遂决然隐匿踪迹，栖身于远离尘嚣、静谧幽深的山林小溪之间，以求保全自身，静待时机。

山林之中，姜尚结庐而居，每日伴着晨曦初露而出，直至暮霭沉沉方归。他手持钓竿，静坐溪边，眼眸凝视水面，波澜不惊。他看似专注于垂钓，实则是以这方清幽之地为窗，冷眼静观世间百态，默默等待那能够扭转乾坤、出山辅弼明主的时机到来。

西伯侯姬昌，久闻姜尚贤名远播，求贤若渴，渴望能得此人相助，共谋大业。他经多方探寻，历经艰难险阻，终觅得姜尚隐居之所。一日，姬昌率亲信，轻车简从，沿着蜿蜒曲折、荆棘丛生的山间小径，怀揣虔诚之心，前往拜谒姜尚。待至其庐前，姬昌礼数周全，言辞恳切，详细述说天下苍生之苦、殷商之将倾以及周室欲兴之宏愿，力邀姜尚出山相辅。姜尚见姬昌诚意昭然，且言谈间尽显仁德睿智，便愿意助其一臂之力。

姬昌闻此，欣喜不已，当下亲自将姜尚扶上备好的车辇，唯恐有所不周，怠慢了这位贤才。更令人动容的是，为表至高敬意与求贤诚意，姬昌竟不顾自身尊贵身份，毅然脱履赤足，亲手牵起缰绳，引车前行。此时车辇之上，满载着姜尚平日间于山林里收集的一袋袋麻核桃，原本是预备冬日用以打发闲暇时光的，不想此刻竟有了其他用处。

启程之际，姜尚心生一念，为铭记姬昌的赤诚相待之举，亦或是冥冥中预感此乃天数之征，便与姬昌约定：姬昌每前行十步，姜尚便自车上掷出一麻核桃为记。于是，一行人缓缓前行，姬昌步伐沉稳有力，目光坚定如炬，一步一步皆踏出对贤才的敬重、对周室未来的期许；姜尚则端

姬昌驾车请姜尚出山

坐车上，神情肃穆庄重，每掷出一核桃，都似在历史长河中落下一颗意义非凡的棋子，预示着周室未来的兴盛与辉煌。

待行至八百步时，车上的麻核桃已然倾尽。姜尚见状，即刻下车，撩袍跪地，向着姬昌郑重拜倒，口中高呼："吾王赤足八百步，此乃上应天数，可保周室八百年国运昌隆！"此言一出，天地为之动容，山河为之色变。

此后，这段传奇佳话便在民间口口相传，经久不衰。尤其在河北涞水一带，更是家喻户晓，深入人心。此地留存诸多遗迹，如上车亭、中车亭、下车亭等村落，皆因姜尚与姬昌当日的行程典故而得名。这些村名代代沿用至今，承载着先辈们对那段历史的敬重与追念之情。而沿途广袤的山间平地上，处处可见枝繁叶茂的核桃树郁郁葱葱、生机勃勃。微风拂过，树叶沙沙作响，似在低语诉说着当年的故事与传奇。相传这些核桃树便是姜太公当日车上核桃遗留此地而生根发芽、绵延成林之物，它们成为了这段古老传说的鲜活见证。历经岁月流转与朝代更迭，这些核桃树依旧守望着这片土地与人民，静看世事变迁与人间沧桑。

（投稿人：谢卫猛）

三、《文玩核桃之殇：山村狸猫换太子》

在往昔文玩核桃盛行之际，各类品种在市场上的价格呈现出显著的差异。其中，王勇官帽麻核桃以其深邃独特的纹路、饱满大气的外形，深受收藏把玩者的青睐与追捧。其珍贵程度在巅峰时期尤为凸显，一枚尚未去皮的青皮王勇官帽麻核桃，售价竟高达一千多元，足见其市场价值。

夫妻找寻王勇官帽麻核桃树

相比之下，崔凯公子帽核桃虽然也具有一定的文雅气质，但由于其存量相对较多，加之纹路特色稍显不足，因此在市场上的价格较为亲民，每个的售价往往仅几十块钱。这种价格上的悬殊，使得王勇官帽与崔凯公子帽在文玩核桃领域内的身价形成了鲜明的对比。

有一对夫妻，对文玩核桃有着难以言喻的痴迷与热爱。每年核桃下树的季节，他们总是不辞辛劳，远赴文玩核桃的主要产区，穿梭于各个村落之间，挨家挨户地探访核农，仔细甄别每一棵核桃树，以严谨的态度与树主洽谈价格。经过数年的积累与实践，他们逐渐掌握了挑选核桃的门道与经验。

有一年核桃下树前夕，这对夫妻辗转至涞水地区的一个偏远山村，听闻当地有位核农家中有一棵极为出众的王勇官帽麻核桃树。他们闻讯后兴奋不已，立即动身前往探访。只见那棵麻核桃树枝繁叶茂，在明媚的日光下，叶片闪烁着油绿的光泽，串串青皮核桃隐匿于枝叶之间。夫妻二人围着麻核桃树细细端详，眼中闪烁着炽热的渴望与期待。经过一番议价，他们终于与树主谈拢了价格，商定以每枚核桃一千元的高价包下这棵树当年所产的全部核桃，总计一百九十枚。

为确保核桃品质，树主在夫妻二人的全程监督下，身手矫健地爬上树，精心挑选了一枚核桃摘下，郑重地交到他们手中。夫妻二人小心翼翼地摩挲着那枚青皮核桃，反复查验其品种特征，又依据经验判断其成熟度。经过一番细致的审视后，他们满心笃定地认为这就是他们心心念念的王勇官帽麻核桃，于是彻底放下了心中的顾虑，开始憧憬着这批核桃去皮配对后的绝佳品相，以及日后在文玩圈子里展示交流时的风光场景。

然而，核桃的采摘过程却远比想象中烦琐与艰辛。夫妻二人亲力亲为，小心翼翼地将每一枚核桃摘下，满心欢喜地将它们装入背篓。尽管沉甸甸的背篓压在肩头，却丝毫未能减损他们心头的喜悦与期待。回到家中后，他们顾不得休憩与疲惫，迫不及待地开始剥去核桃的青皮。然而，随着一枚枚核桃褪去青涩的外衣，他们脸上的笑容却逐渐凝固，满心的欢喜瞬间化为乌有。眼前这些核桃，无一例外地全是崔凯公子帽核桃！

惊愕与愤怒如同潮水般汹涌而至，吞噬着他们的理智与冷静。待情绪平复后，他们瞬间醒悟，定是那树主趁他们查看样品之际，暗中施了手脚，将王勇官帽的青皮核桃挂到了这棵崔凯公子帽树上，神不知鬼不觉地完成了这出"狸猫换太子"的卑劣把戏。夫妻二人又气又急，誓要讨回公道。当即折返山村，气势汹汹地找树主理论，一定要讨个说法。

此后数日，村里时常能听见他们愤怒的争吵声与质问声。然而，树主却矢口否认有过任何偷梁换柱之举。他要么推诿扯皮，将责任推得一干二净；要么佯装无辜，摆出一副毫不知情的模样。任凭夫妻二人如何哭闹、如何据理力争，他始终不肯认账还钱。这对夫妻多次往返奔波于山村与城市之间，来回的路费、食宿费又增添了不少开销。他们的精力与财力皆被这场纷争消磨殆尽，却依旧未能讨回分文损失。

经此一遭，夫妻二人深受打击，对文玩核桃的热忱与热爱瞬间消散得无影无踪。仿若心头那团炽热的火苗被一盆冷水无情地浇灭，再也无法复燃。自此以后，在熙熙攘攘的文玩市场上，再也无人见到这对曾经满怀憧憬、四处寻觅核桃珍品的夫妻身影。这段苦涩而令人唏嘘的经历，如同阴霾般彻底笼罩了他们曾经炽热的文玩之路。它徒留一段令人感慨万千的往事，在市井坊间悄然流传，成为同行者们日后交易往来时的一则醒世谈资与警示案例。

（投稿人：智慧）

四、《清朝涞水核桃事：从山坳林家到慈禧掌心的流转》

清朝同治年间，尽管时局略有动荡，风雨欲来之势渐显，但在河北涞水县的山坳之间，仍旧维持着几分难能可贵的宁静与自足。此地有一户世代居住的赵姓人家，他们祖祖辈辈靠山吃山，凭借着一片郁郁葱葱的核桃林，得以繁衍生息，绵延数代，过着自给自足、与世无争的生活。

这片核桃林，不仅是赵家生计的源泉，更是他们家族的根基命脉。每当金秋时节来临，核桃便逐渐成熟，饱满的青皮果实沉甸甸地坠于枝头，宛如绿色的宝石，在微风中轻轻摇曳，沙沙作响。彼时，赵家老宅前便变得热闹非凡，各路人士纷至沓来，他们不为别的，皆是冲着赵家那独具特色的"赌核"活动而来。

赌核，堪称是一场惊心动魄的博弈游戏。全赌者，全凭运气，从刚摘下的一堆青皮核桃中盲选，待剥开后，方能知晓其内里乾坤，因此又称"赌青皮"，是纹路精美、质地上乘的稀品，还是平淡无奇的凡物，一切皆听天由命，毫无规律可循；半赌则稍有门道，买家尚可依据核桃外观的些许特征，如青皮色泽的深浅、果形的规整度等，稍作揣测判断，再行抉择，然而即便如此，其中的风险依旧不小，稍有不慎，便可能血本无归。

赵家出了一个赌核翘楚，名叫赵核桃。他自小穿梭于核桃林间，与核桃为伴，对核桃的脾性摸得一清二楚。别家辨别核桃，至多凭借眼力与经验，瞧个大概，他却拥有一项独门绝技，仅凭一根纤细如发、打磨光滑的银针，便能精准判断核桃的优劣。只见他手持银针，轻轻刺入青皮之中，凭借针入时的细微阻力、拔出后针尖沾染物的色泽质地，乃至核桃内部反馈于针身的微妙颤动，便能八九不离十地断定核桃的纹理走向、皮质疏密，其技艺之精湛，令人叹为观止。

然而，涞水县的县太爷，却是个野心勃勃、深谙钻营之道的官场中人。他身处这偏远小县，一心巴望着寻得奇珍异宝，作为进身之阶，好在那繁华京城、权贵云集之地谋个高位，以求仕途顺遂、飞黄腾达。他听闻赵家有这等鉴核绝技，又眼馋那核桃林里兴许藏着的稀世珍宝，便将主意打到了赵核桃身上。他一纸传唤，命赵核桃速速献上能入得了京城贵胄法眼的极品文玩核桃，否则便要以抗命之罪论处。

赵核桃虽满心不愿，却深知县太爷权势难违，只得无奈返家，翻出祖传的那套银针。怀着忐忑的心情，步入核桃林。穿梭林间，他目光如炬，逐一甄别，历经数日艰辛，终于在万千核桃里

赌核

锁定了一对罗汉心麻核桃。

　　这对罗汉心麻核桃，堪称天造地设，举世无双。它们个头匀称饱满，宛如两颗孪生星辰，散发着诱人的光泽；纹路仿若天然雕琢的罗汉面庞，深邃而灵动，线条蜿蜒起伏，疏密有致，恰似蕴含禅意玄机，令人叹为观止；皮质温润厚实，触手生温，光泽隐现，仿若凝脂，令人爱不释手。赵核桃精心打理，用细软绸缎层层包裹，怀揣着复杂心绪，将这对核桃呈至县太爷跟前。

　　县太爷得此核桃，如获至宝，当下便谋划着如何借此讨好上司，以求晋升之机。恰逢王爷大寿，各地官员竞相献礼，他觉着机会来了，不惜重金聘请能工巧匠，打造了金丝楠木嵌宝盒。这宝盒盒面雕龙画凤，技艺精湛。县太爷将核桃郑重安置其中，一路护送进京。

　　王爷寿宴之上，礼品堆积如山，琳琅满目，可这盒核桃甫一亮相，便以其独特的魅力吸引了众人的目光。王爷把玩许久，爱不释手，知晓此乃上乘珍品，又恰逢入宫面圣之机，便顺势呈到了慈禧太后面前。

　　慈禧太后整日被奇珍异宝环绕，眼光何等刁钻，可初见这对核桃，亦不禁眼前一亮。那核桃置于掌心，轻重合宜，恰到好处，慈禧太后轻捻慢转，原本因朝政烦忧而紧绷的神色竟也舒缓了几分。此后，这对核桃便被置于慈禧太后寝宫显眼处，成了宫闱之中一段因山野之物而起、辗转入京的逸闻趣事。

　　而赵家与那片核桃林，依旧默默隐匿于涞水山间，守着祖传的技艺与山林岁月，过着与世无争的生活。只是偶尔听闻京城传来的只言片语，知晓自家核桃竟已入了那深宫大内，成为权贵掌心玩物，个中滋味，难以言表。

（投稿人：胡磊）

五、《麻核桃医缘：从雅士发现到民间护眼星火》

　　曾经，有一位雅士，其心怀静谧笃定，对文玩之物有着深厚的造诣与独到的见解，尤其对麻核桃情有独钟。于这位雅士而言，麻核桃绝非世俗眼中的普通玩物，而是如同朝夕相伴的挚友，承载着无尽的乐趣与情感。每当闲暇之时，总能见他端坐于庭院中那古朴的石凳上，神色悠然自得，双手轻轻握住一对麻核桃，指缝间核桃灵活滚动，摩挲把玩之间，仿佛在与流逝的时光默默对话，享受着那份难得的宁静与怡然。

　　这位雅士在文玩圈中沉浸已久，对于各类藏品的典故、门道以及背后的文化意蕴皆了如指掌。一日，他偶然间研读古籍医典，竟在其中发现了一则隐秘而有趣的关联：原来，那手掌间轻轻摩挲的麻核桃，按压于手部养老穴，可以缓解老年人的眼疾困扰。

　　麻核桃以其质地坚实厚重、纹路纵横交错、凹凸有致的特性，天然地成为一种绝佳的按摩良器。每一道细腻的纹理，每一处凸起的部位，都仿佛是大自然精心雕琢的按摩触点。当精准地将麻核桃置于养老穴之上，轻捻慢转，便能给予穴位恰到好处的刺激力道，悄然促进着眼部的康复与调整。

　　彼时，在民间，有诸多老者饱受眼疾的折磨。视力的衰退给生活带来了诸多不便，读书看报、穿针引线等日常活动皆成了难题，往昔那些寻常的乐趣也因此大打折扣。这位心怀悲悯的雅士，深感自己有责任将这一妙法广而告之，于是，他穿梭于街巷间里，出入市井茶坊，每遇老者，便耐心地向他们推介这一把玩麻核桃按压养老穴的方法，言辞恳切，不厌其烦地解释其中的原理与效果。

　　起初，老人们对此半信半疑，只觉新奇有趣。然而，终有几位老者抱着姑且一试的心态，依

庭院角落把玩核桃

言而行。晨曦初露时，庭院角落便可见到老者们端坐的身影，他们依循指引，手握麻核桃，仔细寻找养老穴的位置，缓缓施力进行按摩。日复一日，从晨曦到日暮，从不间断。数周过去，惊喜悄然降临。部分老人原本酸涩沉重的眼皮逐渐变得轻盈，双眸中的血丝隐退，视物不再那般昏花模糊。读书阅信时，字迹仿佛挣脱了迷雾的束缚，变得清晰可辨。往昔生活的亮色，竟在不知不觉中缓缓归位。

虽然这一方法尚不能如利刃般迅速斩断顽固的眼疾，却如同暗夜中的烛火，于暗淡的困境中燃起了一抹微光，为老人们带来了希望与慰藉。一时间，邻里乡间口口相传，更多的老人欣然加入这一行列。他们手中麻核桃翻飞滚动，怀揣着重拾康健视力的期冀，在悠悠的岁月里，借助这古朴的文玩与传统医理相结合的方法，默默地抵御着眼疾的侵袭，重拾了几分悠然惬意的生活。而那位雅士的善举，也成为了坊间流传的佳话，代代相传，为人们的生活增添了许多乐趣与福祉。

（投稿人：刘建国）

六、《桃源匠影：李老匠麻核桃雕刻的乡情暖流》

在连绵不绝的青山怀抱里，隐匿着一座恍若人间仙境的小村庄。四周的山林郁郁葱葱，如同一道天然的翡翠屏障，将这座村庄与外界的喧嚣尘世巧妙隔绝，使得这里成为一片远离尘嚣的净土。村民们世代以农桑为业，严格遵循着时令节气，春耕秋收，夏耘冬藏，他们的生活如同缓缓流淌的山间溪流，虽然波澜不惊，却满溢着生活的本真意趣，洋溢着质朴与平实的氛围。

在这座宁静的村庄里，住着一位备受敬仰的手工艺人——李老匠。自幼年起，他便与雕刻艺术结下了不解之缘。在那个物资匮乏的年代，由于家境贫寒，他没有新奇玩具可供消遣，唯有木块随处可见。于是，他便整日手持一把简陋的小刀，端坐在门槛上，全神贯注地对着木块精雕细琢。小小的身影完全沉浸在这份静谧的艺术世界中，忘却了周遭的一切。随着岁月的流逝，春去秋来，那些原本平凡的木块，在他的巧手下逐渐幻化成形态各异的艺术品，有飞鸟、走兽、花卉等，栩栩如生，令人叹为观止。而李老匠的雕刻技艺，也在这一次次的雕琢中悄然生根、发芽，日益炉火纯青。

然而，天有不测风云。某一年，这座宁静的村庄突遭一场百年难遇的旱灾侵袭。烈日炎炎，数月间滴雨未降，土地干裂如龟背，禾苗枯黄如柴草，田间地头呈现出一片荒芜的景象。往昔那麦浪翻滚、稻香四溢的丰收盛景已不复存在，家家户户的粮仓空空如也。村民们望着这片毫无生机的庄稼地，愁容满面，眼神中充满了绝望与无助。李老匠看在眼里，痛在心里，他食不知味，夜不能寐，满心思索着如何能帮助乡亲们度过这艰难的岁月。

一日清晨，李老匠漫步于山林间，目光偶然掠过地上散落的麻核桃，心中顿时涌起一股希望。这些麻核桃，有的圆润饱满，有的形状奇特，皆是大自然赋予的宝贵财富。他心中灵光一闪，决定利用这些麻核桃进行雕刻，为乡亲们带来一丝慰藉。自此以后，李老匠每日晨曦微露便踏入山林，仔细甄别挑选麻核桃，轻叩其壳，细辨质地，只为觅得那些纹理清晰、质地紧实的上乘之材。

选材既定，便是雕琢环节。李老匠独坐于简陋的工坊中，屏息凝神，全神贯注地投入雕刻工作中。他手中的刻刀仿佛有了灵魂，灵动地游走于麻核桃坚硬的外壳上。他刻牡丹，花瓣层层舒展绽放，娇艳欲滴，仿佛能嗅到馥郁的花香；他雕骏马，四蹄腾空，鬃毛飞扬，仿佛能听到嘶鸣阵阵；他塑神话人物，仙袂飘飘，神情灵动，仿佛要破壁而出。每一道线条，每一处纹理，都倾注了他对乡亲们的深情厚谊与殷切期盼。这些雕刻作品宛如被赋予生命，鲜活灵动，令人赞叹不已。

作品初成后，李老匠便携着这些麻核桃雕刻挨家挨户拜访乡亲们，亲手将其递至他们手中。农妇接过刻有繁花的核桃，愁苦的面容上绽放出久违的笑容；老者摩挲着雕有瑞兽的核桃，眼中重现出光彩；孩童把玩着小巧萌趣的动物雕刻，清脆的笑声回荡在街巷之间。这些麻核桃雕刻作品，如同暗淡日子里的熠熠星光，点亮了村民们心中的希望之火，慰藉着他们疲惫的灵魂，给予他们前行的力量。

消息如同春日微风般悄然拂过周边大地，迅速传播开来。起初，是邻村的旅人听闻此事，口口相传；继而，风声传入遥远的城镇，引得不少人好奇探问。一日，一位身着华服、气宇轩昂的富商在商路辗转间踏入了这座村庄。他久闻李老匠的大名，满怀期待地前来求见。当那一件件精妙绝伦的雕刻作品呈现于眼前时，富商瞬间被其深深震撼，眼中满是惊艳与赞叹。他当即许下重金求购，愿以丰厚财帛换取这些瑰宝，相信带至繁华都市，定能引发收藏热潮。

然而，李老匠只是淡淡一笑，拱手婉拒道："蒙您错爱，但这些麻核桃雕刻乃生于斯、长于斯之物，是为慰藉乡亲、共渡难关所制。它们承载的是乡情与希望，而非钱财所能衡量。"富商闻言一愣，继而细细端详眼前这位质朴的老者，心中敬意油然而生。他踱步于村庄街巷之间，目睹了旱灾肆虐后的破败景象，又看到村民们虽身处困境，却因这些雕刻作品而仍怀希望，深受触动。

于是，富商决意伸出援手。他出资招募能工巧匠，购置砖石木料，于村头破土动工修建水利设施。数月后，清泉潺潺沿着新渠蜿蜒流入田间，干涸的土地重焕生机，村庄再度洋溢着欢声笑语。炊烟袅袅升起，生活步入正轨，村民们终于走出了困境。

经此一事，李老匠的麻核桃雕刻愈发声名远播，成为村庄的文化瑰宝和传承技艺。村民们心怀感恩，纷纷聚拢于李老匠门下求艺问道。从垂髫小儿到花甲老者，皆手持刻刀潜心钻研。起初，刻刀不听使唤，核桃常被刻废，但无人轻言放弃。时日一久，一件件精美的作品陆续诞生。它们或细腻婉约如江南水乡的女子般柔美；或粗犷豪放如北国大地的山川般壮美。风格各异却皆饱含深情与匠心独运。

这些饱含村庄故事与匠心的麻核桃雕刻作品随着旅人的脚步、商贩的行囊流向四方。在市井

李老匠雕核桃

集市的摊头上，它们引得路人驻足把玩；在文人墨客的案几上，它们成为雅趣谈资；在远方城镇的展会上，它们大放异彩，令观者惊叹不已。它们仿若一扇扇窗口，将小村庄的坚韧不拔、温情脉脉以及独特的雕刻技艺播撒至广袤世间。这份技艺与文化如同薪火相传般绵延不绝，代代传承，成为中华优秀传统文化中一颗璀璨的明珠。

（投稿人：胡新春）

七、《漾濞巧手张：核雕绝技守民族大义》

在滇西高原的漾濞，苍山洱海环抱之间，世代居住着一支以核雕闻名的张氏家族。作为第八代传人，巧手张自幼研习家传技艺，以本地特有的文玩核桃为材，雕刻花鸟虫鱼、山水人物。其代表作《狸猫戏鼠》，猫须根根分明，鼠尾纤毫毕现，堪称一绝。

张氏核雕的原料取自漾濞山间的野生文玩核桃，其壳坚硬如石，纹理似流水行云。巧手张曾言："雕核如修心，刀下无虚笔。"每件作品皆耗时数月乃至数年，家族技艺由此沉淀百年。

1942 年，缅甸被日军攻陷，滇缅公路被切断。同年 5 月，怒江以西的腾冲、龙陵相继沦陷，但日军始终未能跨过怒江天险。漾濞虽地处滇西，却因崇山阻隔，未被日军实际占领，成为抗战后方的重要据点。

战火虽未直接烧至漾濞，但动荡已波及此地。巧手张的核雕生意因战事萧条，许多作品被迫搁置。一日，一名叫宋福财的商贾登门——此人常往来于昆明、大理，暗中为日军搜罗古玩珍宝。他拿出一对稀有的麻核桃籽料，要求巧手张雕刻"双龙戏珠"，声称是"昆明富商所托"。

巧手张

　　巧手张细观籽料，确属上品，但宋福财言辞闪烁，且袖口隐约露出一枚日军军票。时滇西地区虽未被日军直接占领，但日军通过占领的缅甸向云南边境渗透，大量军票在黑市流通，成为汉奸走私的交易工具。巧手张目光如炬，一眼识破其身份。

　　他当即警觉，冷声道："这龙纹是皇家样式，如今山河破碎，张某不雕这等媚权之物。"宋福财恼羞成怒，威胁道："别敬酒不吃吃罚酒！这世道，识时务者为俊杰！"

　　此后，宋福财多次纠集地痞骚扰工坊，砸毁半成品。巧手张深知此人背后势力，遂将祖传工具与图谱密藏于苍山岩洞，仅以粗料应付寻常订单。邻里乡亲暗中相助，为他传递消息，甚至联合抵制宋福财的货栈。

　　1944 年，中国远征军反攻滇西，松山、腾冲相继光复。宋福财见势不妙，仓皇逃往昆明，最终在乱军中失踪。而巧手张的作品《苍山雪霁》，却在战后大理的义卖会上拍得高价，所得尽数捐给抗战遗孤。

　　晚年，巧手张将技艺传于子孙，常告诫后人："匠人之手，可雕万物，不可雕奴颜。"如今，张氏工坊的展柜中，仍陈列着当年未完成的《双龙戏珠》粗坯——一道刻意留下的刀痕，横贯龙首，如断脊之梁。

（投稿人：梁金明）

八、《清平麻核桃：灾荒中孕育的民俗祥瑞之源》

清平镇，坐落于连绵起伏的群山怀抱之中。四周群山巍峨，峰峦叠嶂，如同一道天然的屏障，将小镇与外界的喧嚣纷扰隔绝开来，赋予这片土地一份难得的宁静与祥和。尽管此地的土地并不算得十分肥沃，但凭借着几分质朴而坚韧的地力，在风调雨顺的年份里，仍足以支撑乡亲们春种秋收，维持着他们质朴而平实的农耕生活。

在这座宁静的小镇中，生活着一位名叫李福的青年。他出身贫寒，家境拮据，所居屋舍简陋，条件艰苦。然而，李福为人至孝，对家中老母亲极为孝顺。不幸的是，他的母亲突患重病，缠绵病榻，药石无灵，病情日益沉重。这让原本就清苦的家庭更是雪上加霜，生活陷入了前所未有的困境。李福望着母亲日渐憔悴的面容和虚弱的身躯，心急如焚，却无力延请名医救治。在绝望之中，他只能将希望寄托于山野之间，期盼能在这片广袤的自然中寻找些许食物以填充家人的饥腹，更渴望能够寻得对症的草药，以挽救母亲。

一日，带着满心的焦灼与期许，李福前往镇外那座平日里鲜有人迹的小山丘。山丘上，荆棘密布，道路崎岖难行。他手脚并用，艰难攀爬，历经千辛万苦，终于行至丘顶。在那里，一株奇异的树木突兀地映入眼帘——竟是一棵麻核桃树。那树上的果实，个头虽不大，但外壳却坚硬无比，徒手难以剥开。饥不择食的李福找来石块，奋力砸开果实，却发现里面的果肉寥寥无几。尽管如此，他还是勉强将其吞咽充饥，以缓解饥饿之苦。恐母亲病情反复，小心翼翼地采摘了一些麻核桃，用破旧的衣衫兜着，匆匆返回家中。

此后，李福日夜守候在母亲床前，尽心尽力地侍奉汤药、端水喂饭，无微不至地照料着母亲。那些采摘回来的麻核桃被他随意搁置于母亲的枕边。日子悄然流逝，李福惊喜地发现，母亲的病

街头售卖麻核桃挂件

痛似乎有了缓和的迹象。原本浑浊黯淡的眼眸逐渐恢复了光亮，精神也振作了许多，不再整日昏萎。李福满心诧异，仔细思量下，只能将这一微妙的变化与枕边的麻核桃隐隐关联起来，暗暗记在了心底。

待母亲的病情逐渐稳定，气色逐步恢复之后，李福心怀感恩，将剩余的麻核桃细细翻拣。他从中挑选出几枚外形规整、质地细密的麻核桃，找来粗砺的石块，日复一日地精心打磨。经过不懈的努力，核桃的表面变得光滑润泽，焕发出了新的光彩。他又费尽周折，用烧热的细铁棍穿孔，制成了简易的挂件。

李福家隔壁住着一位年逾古稀的老者，体弱多病，多年来被各类病痛折磨得身形佝偻，痛苦不堪。每当夜幕降临，他便深陷梦魇的泥沼之中，夜半的惊呼声时常扰得四邻不安，睡眠于他而言成了一种奢侈。李福念及老者孤苦无依的处境，心怀悲悯之情，将自己精心制作的麻核桃挂件送给老者，权当是一种慰藉。不料，老者佩戴之后，竟奇迹般地有了起色。几日后再见，老者的面上竟有了久违的红润之色，他笑言夜间睡得安稳沉实，往昔那些张牙舞爪的噩梦仿若被一道无形的屏障阻挡在外，再未前来叨扰。

此事仿若一颗石子投入了平静的湖面，涟漪迅速在清平镇扩散开来。街头巷尾、茶余饭后，乡亲们聚在一起交头接耳、议论纷纷，皆觉此事不可思议。有人揣测，许是这麻核桃沾染了山丘的灵气所致；有人则深信不疑地认为，定是上天怜悯清平镇的百姓，赋予了这小小核桃神秘的力量，能够辟邪驱灾、护佑安康。一时间，众人纷纷效仿李福的做法，呼朋唤友、成群结队地朝着那座小山丘进发。

山丘之上，人头攒动、热闹非凡。乡亲们满怀希冀地采摘着麻核桃，再依样画葫芦地制成挂件。家中有孩童的，将挂件挂于孩童的脖颈之上，祈愿孩子无病无灾、茁壮成长；当家的男丁远行前，贴身佩戴挂件，期盼旅途平安顺遂；妇人们则将挂件悬于床头之上，以求家宅安宁、阖家美满。

灾荒的阴霾终究在乡亲们的坚韧不拔与互帮互助之下缓缓散去，清平镇重归安宁与祥和。而麻核桃辟邪挂件的故事却如同脱缰的野马一般奔腾不息，传播范围愈发广泛。周边村镇听闻此事之后，亦有人慕名而来探寻究竟，学得制作之法后带回家中。岁月悠悠、代代更迭，麻核桃与辟邪效能的关联深深地烙印在了民众的心间，融入了民俗文化的血脉根基之中。

每逢年节之际，喜庆的氛围弥漫在清平镇的街巷之间。麻核桃挂件更是随处可见，成为节日里一道独特的风景线。红彤彤的灯笼旁悬挂着油亮的核桃挂件，微风拂过轻轻晃动，似在无声地诉说着往昔的传奇故事；新娘的嫁妆里必有精心装饰的麻核桃挂件作为陪嫁之物，承载着家人对新生活的美好期许与祝福；远行游子的行囊中那枚被摩挲得温热的挂件则是故乡温情的无声陪伴与守护，抵御着未知的风雨与艰难。

麻核桃挂件成为这片土地独特的文化标识与象征符号，凝聚着民众对富足、安宁生活的永恒向往与追求，也承载着民众在面对浩瀚未知时怀揣的敬畏与虔诚之心。

（投稿人：张子龙）

九、《清末民初京城核桃韵：从掌心到心间的文化传承》

清末民初，时局动荡，世事如棋局局新，然而古老的北京城在时代的洪流中，依旧坚守着其独有的文化韵味与历史积淀。于京城的大街小巷都流传着两句俗语："核桃不离手，能活九十九。"话语简单，却将彼时人们对文玩核桃的痴迷推崇以及其中蕴含的养生理念展现得淋漓尽致。

文玩之风，犹如熠熠生辉的丝线，贯穿于社会各阶层的生活经纬中，成为彼时京城文化的一道独特风景线。而文玩核桃更是凭借其独特的质地、繁复迷人的纹理以及可供长久把玩的特性，在琳琅满目的文玩品类中独占鳌头，赢得了众人的青睐与追捧。

京城的达官显贵们身着绫罗绸缎，闲坐于雕花梨木椅上，指尖轻转核桃，动作优雅从容，核桃碰撞之声清脆悦耳，宛如一曲悠扬的闲适小调，在静谧的宅院中回荡。对他们而言，文玩核桃不仅是消遣时光的玩物，更是彰显身份与品位的象征，是社交场合中低调却又不失格调的"名片"。

而在书斋窗前，文人雅士们则偏爱沉浸在袅袅茶香与墨香之中，手持核桃，思绪在古籍典章与核桃纹理间自由穿梭。核桃的摩挲，仿佛为他们打开了一条通往古今的幽径，助其沉淀思绪、激发灵感，成为笔墨之外的心灵挚友。

至于市井百姓，尽管生活充斥着柴米油盐的琐碎与艰辛，却也能在这小小核桃上寻得一丝慰藉。贩夫走卒在劳作之余，从怀中掏出核桃，于熙熙攘攘的街头巷尾，趁着休憩的间隙，让核桃

文人雅士把玩核桃

在掌心忙碌起来，仿佛疲劳也随之渐渐消散。哪怕居所逼仄、衣衫简朴，把玩起核桃来，生活便也有了些滋味，日子不再只有奔波劳累，亦多了几分悠然与意趣。

这核桃的魅力，实则藏在日复一日的把玩细节之中。新得一对核桃，初时色泽暗沉无光，质地干涩粗糙，触手冰凉生硬。然而，随着时光的流逝，主人闲暇时便将其置于掌心，人体自然分泌的油脂与汗液，宛如灵动的画笔，一点一滴地渗透进核桃那或深邃，或蜿蜒的纹理缝隙之中。日积月累之下，核桃仿佛被岁月温柔以待，色泽由黯淡转而红润透亮，恰似被阳光长久眷顾，周身泛起迷人的光泽，质地也蜕变至触手生温、细腻柔滑。

把玩核桃时，手部动作繁复多样，揉动似行云流水般流畅自然，搓擦间暗藏韵律之美，捻转如指尖舞蹈般灵动飘逸，翻转若灵动陀螺般充满活力。这手部"运动"暗藏玄机——传统中医认为，手部经络与脏腑气血相连，循环往复、互通有无。当核桃滚动刺激手部经络时，恰似轻叩健康之门，气血运行愈发顺畅，周身脏腑亦仿若被注入活力，功能渐趋调和平衡。百姓们目睹把玩者气色渐佳、身体康健，口口相传之下，对核桃养生健体、延年益寿的功效深信不疑，民谣中的期许也因此愈发笃定。

据传当年乾隆爷，端坐于威严的朝堂上，掌控天下大事，却也在政务烦冗的罅隙中，对这小小核桃情有独钟。御花园中漫步、养心殿内休憩，总有一对核桃伴其左右，摩挲把玩之间，怡然自得之态尽显。他历经风雨却安享高寿、龙体康健，在民间的想象与传颂之中，乾隆爷已然化作长寿富贵的典范。民众念叨着"超过乾隆爷，阎王叫不走"，实则怀揣着对长寿的炽热向往与追求，试图借由把玩核桃这一传统习俗，紧紧攥住健康长寿的衣角，追随先人的福寿之影。

文玩核桃成为京城一景，承载着民众对健康与美满生活的向往，书写着北京城独特的文化篇章。无论是车水马龙、店铺林立的繁华大街，还是静谧幽深、花香鸟语的四合院庭院，总能瞥见人们手持核桃，沉浸在自我的世界之中。核桃在掌心周而复始的转动，宛如无声的史官，默默记录着岁月的更迭与文化的传承，承载着民众心底对健康体魄、悠长寿命以及美满生活的深沉渴望与追求。

（投稿人：张大起）

十、《乾隆盛年麻核桃事：从御赏到民间的文玩佳话》

在清朝乾隆年间，文化艺术领域呈现出繁荣的景象，文玩之风盛行，无论是宫廷的雕梁画栋，还是民间的市井巷陌，皆可见其身影，恰似一道绮丽的风景线，为这个时代增添了几分雅致与韵味。

乾隆皇帝在文化艺术领域亦有着深厚的造诣和独到的眼光。他对世间各类雅玩怀有炽热而执着的兴趣，常常在繁忙的政务之余，沉浸于对文化艺术品的品鉴与把玩之中。

彼时，麻核桃因其独特的天然外形与卓异的质地，在文玩的浩瀚星河中脱颖而出，成为文人墨客笔下的雅谈之物，亦是达官显贵席间的赏玩珍品。麻核桃的纹路纵横交错，天然成趣，有的深邃如幽壑，有的蜿蜒似溪河。观之，仿若山川大地的微缩景致，令人叹为观止。其纹理走向变化万千，又恰似繁星在苍穹的运行轨迹，神秘莫测，引人遐思。质地坚硬而不失温润，触手生凉，叩之有声，清脆悦耳。把玩愈久，愈发觉得莹润细腻。

一日，乾隆皇帝于养心殿内批阅奏折，处理纷繁复杂的国事。堆积如山的奏折令他身心略感疲惫，精神也略显萎靡。恰在此时，侍从呈上新贡的几对麻核桃以供御览。皇帝的目光瞬间被这些小巧精致的麻核桃所吸引，仿若在喧嚣尘世中觅得了一方静谧的天地。他轻轻地将麻核桃置于掌心，发现其大小竟是那般契合，仿佛为其手型量身定制。转动之下，核桃与掌心摩挲发出细微而悦耳的声响，宛如时光的轻吟。在这短暂的瞬间，皇帝仿佛置身尘世之外，朝堂的纷争、天下的诸事皆被抛诸脑后。恍惚间，他似回溯往昔，又似预瞻来日，生出时光欲倒流之感，身心为之一轻，疲惫之感也随之消散了许多。

乾隆把玩核桃

乾隆皇帝注重养生，熟稔传统医学的要义，深知人体犹如一台精妙的仪器，气血畅行无阻方能保持康健。在把玩麻核桃时，手指需灵动屈伸，或揉、或搓、或捻、或转，动作繁复多变，却又自成韵律。每个精准的力学刺激都在促进气血运行。初时，气血自手部穴位缓缓苏醒，丝丝缕缕地涌动着，仿若春泉破冰般渐次涌动。进而汇聚成一股温热的涓流，沿着经络徐徐传遍周身。原本因久坐案前而稍显沉闷的身躯此刻仿佛被注入了生机与活力。气血顺畅循环，周身暖融，疲惫之感如烟云般消散得无影无踪，精神也随之昂扬振奋起来。

相传，乾隆皇帝赋诗一首以抒胸臆："掌上旋日月，时光欲倒流。周身气血涌，何年是白头？"此诗携带着宫廷的高雅贵气，逸出红墙黄瓦的禁锢，如灵动雀鸟般飞落民间枝头。一时间，文人墨客竞相争诵此诗，诗酒雅集间，麻核桃成为热议的焦点；书斋墨香里，雅士们把玩核桃，细品诗韵，愈觉其中妙趣无穷。京城的胡同四合院、各地的高门府邸和清幽园林之中，皆可见雅士们手持麻核桃的身影。他们或于书房静思之时，或于庭院踱步之间，悉心揣摩那纹理中蕴含的山川日月，静静感受气血涌动的生命活力，沉浸于皇帝诗中营造的超凡意境与养生佳境之中。

麻核桃自此声名大振，其影响力不仅限于宫廷，更迅速扩散至民间，一跃成为文玩界的翘楚，身价倍增，皆因乾隆皇帝的赋诗加持。无论是寻求精神雅趣的文人，还是附庸风雅的显贵，皆以觅得一对极品麻核桃为毕生幸事。市井坊间，匠人们精心甄选、雕琢、养护麻核桃，力求成就核桃中的精品；交易场上，麻核桃更是千金难求，屡创高价。其文化内涵在这全民追捧、代代传承中持续发酵，从单纯的把玩之物逐渐升华为承载时代精神的文化符号。它凝聚着那个盛世人们对生活高雅情致的向往和对健康长寿的殷切祈愿。

（投稿人：赵云峰）

十一、《刘秀悟核桃》

在东汉初期，历经长久战乱之后，江山社稷终于从动荡不安的泥沼中艰难挣脱出来，逐渐趋于稳定与安宁。刘秀，这位被后世尊称为中兴之主的英明天子，心怀壮志宏图，立志要重振朝纲，安抚百姓，使国家重归繁荣。为此，他不辞辛劳，亲自踏遍万水千山，深入民间，以探察国情、抚恤民生。他的足迹遍布诸多山川大地，每到一处，都悉心留意当地的风土人情、万千风物，以期从中汲取治国理政的智慧与灵感。

一次，刘秀的巡游队伍沿着蜿蜒曲折的官道缓缓前行，不经意间来到了一片广袤无垠的核桃林前。彼时正值初秋时节，暑热的余威尚未完全消散，然而这片核桃林却仿佛是一处清凉的世外桃源，自成一方静谧祥和的天地。核桃树棵棵高大挺拔，枝繁叶茂，层层叠叠的叶片交织相拥，构筑起一片浓郁厚重、密不透风的绿荫华盖。日光透过枝叶的缝隙，洒下星星点点的光斑，如同碎金般铺洒在林间，为这片核桃林增添了几分神秘与祥和的气息。

　　刘秀抬眼望去，只见那些粗壮的枝头沉甸甸地挂满了核桃果。那些青绿色的外皮在日光的轻抚下泛着微微的光泽，仿佛串串饱满丰硕的碧玉铃铛，在微风中轻轻摇曳，他心中不禁涌起一股对大自然的敬畏与感慨。

　　细究之下，刘秀发现核桃树的根粗壮坚实，如蟒蛇般蜿蜒深入土地，牢牢扎根于大地之中，源源不断地从土壤深处汲取养分，以支撑整棵树的蓬勃生机。他仔细端详着那些核桃果，只见外壳质地紧实厚重，纹路深刻而清晰，仿佛天然铸就的铠甲一般，触手冰凉坚硬，尽显外刚之态。然而，当以巧力敲开外壳后，内里的果仁却瞬间展露出截然不同的质地。油脂满盈、色泽温润的果仁轻触即感其质地细腻柔嫩，恰似隐匿在刚强表象之下的柔软本心。这般内柔外刚的独特构造，让刘秀不禁陷入了深思。

　　他思索着为人处世及安邦定国之道，深知于朝堂之上面对奸佞权谋、朝纲大政时，需秉持刚正不阿的态度，以铁律严规整肃吏治，确保国法威严不容侵犯。而对待万千子民、四方百姓时，则要心怀仁爱宽容之心，如暖阳照拂、春雨润泽般关注民生疾苦。唯有恩威并施、刚柔相济，方能江山永固、社稷昌盛。

　　正当刘秀凝神思忖之际，忽然一阵清风徐来，轻柔地拂过林梢，枝叶沙沙作响。只见一枚成熟饱满的核桃果在风中晃荡了几下，继而脱离枝头，仿若一颗坠落凡尘的流星般自十丈高空笔直跌落，最终隐没于树下繁茂的草丛之中。这一瞬，刘秀仿佛看到了一种无畏与豁达的姿态。那核桃果仿若一位超脱尘俗的隐者般毫无眷恋枝头的风光，亦无惧坠落的粉身碎骨之危，决然舍弃自身，将历经风雨凝练而成的一切——无论是那抵御万千磨难的坚硬外壳还是滋养生命的柔软果仁——都毫无保留、无私慷慨地与周遭万物分享，馈赠世间、滋养生灵。

刘秀

这般坚韧不拔的精神品质于岁月风雨中傲然坚守、积蓄力量静待成熟；这般无私奉献的精神于世间万物间倾囊而出、全然忘却自身得失。这些精神深深烙印在刘秀的心间，让他久久难以释怀。他感慨万千并意识到，这正是他所追求的治国理念与人生哲学的体现。

于是，刘秀当即作诗一首以称赞核桃："嘉木生西疆，结实荫华堂。外坚护仁质，内润养人康。枝可疗疾苦，根能入药方。自然成妙用，圣心鉴其长。"此诗仿若灵动雀鸟般迅速飞离这片核桃林，传遍民间的县郡乡野、闾巷阡陌。一时间，核桃在民间的声望地位显著提升，备受尊崇与敬仰。

往昔，百姓们看待核桃多聚焦于其食用可饱腹充饥、入药能祛病疗伤的实用层面。然而此后，那隐匿于核桃内里的独特精神品质愈发凸显出来，仿若熠熠生辉的火炬般照亮人心。它逐渐成为坚毅与柔情和谐共生、无私与担当完美融合的象征符号，深深铭刻于民众的心底。

伴随着悠悠时光长河的流淌与岁月的变迁，这段帝王与核桃间的千古佳话被代代相继、口口相传地传承下来。在文化传承的漫漫长路上，核桃也不断汲取着时代的精华与智慧，被赋予愈发多元厚重的内涵意义。

（投稿人：冀杰）

十二、《御苑麻核桃：清宫旧梦录》

乾隆帝常微服私访，以期亲身体察民间百态与风土人情。一日，乾隆帝漫步于市井街巷之间，偶经一老艺人摊位，目光被一对雕琢精美的麻核桃所吸引。这对核桃的纹理宛若龙凤翱翔于天际，灵动而不失庄重，天然形成的纹路与艺人精巧的刀工完美融合，相得益彰，展现出无与伦比的艺术魅力。乾隆帝观赏之余，不禁连声称赞，对老艺人的精湛技艺表达了高度的赞赏。

回宫之后，乾隆帝对那对麻核桃仍念念不忘，深感其精妙绝伦。于是，他颁下圣旨，命内务府遍寻京城，务求寻得同款上乘之物。然而，尽管内务府官员费尽心力，四处搜寻，却始终未能找到令乾隆帝满意的麻核桃。但圣意难违，内务府官员们苦思冥想，最终决定采取一个更为有效的方案：将京郊的麻核桃树移植入宫，由专人精心培植养护，以期能收获稀世珍品，取悦龙颜。

一名叫福安的太监被赋予了照料这些麻核桃树的重任。福安自幼聪明伶俐，性情温和，对花鸟鱼虫等生灵充满喜爱。在宫闱闲暇之余，他常悉心观察各类生灵的习性，积累了不少养护经验。起初，面对这几株麻核桃树，福安虽略知一二，却也仅将其视作寻常树木。然而，见内务府对此事极为重视，又念及圣意难违，福安暗自下定决心，定要深入钻研麻核桃的养护之法，以不负皇恩。

自那以后，福安每日向御花园中经验丰富的花匠虚心求教，认真记录栽植的要领与细节。夜

福安养护麻核桃树

　　幕降临后，他便借着微弱的烛光，埋首于古籍之中，于泛黄的书页间探寻麻核桃生长的奥秘。寒来暑往，岁月如梭，转眼数载已过。终于，麻核桃树首次结出了硕果。那些核桃果实初现雏形，便已圆润丰满，纹路清晰有致，仿佛是大自然精心雕琢的艺术品。

　　福安见状，欣喜若狂，立即精心挑选出一对品相绝佳的麻核桃，毕恭毕敬地呈献给乾隆帝御览。乾隆帝接过核桃，触手温润细腻，细细观赏之下，只见核桃纹理宛若山河云海，气势磅礴，波澜壮阔，实乃天工造物之奇珍。乾隆帝龙颜大悦，当即开怀大笑，赞道："妙哉！此物真乃天赐祥瑞，甚合朕意。"随即，他赏赐给福安诸多珍宝，以表彰其功绩。福安惶恐跪地，叩首谢恩，并恳请圣上恩准其继续钻研麻核桃技艺，矢志为皇家培育更多精品，以报答皇恩浩荡。

　　自此而后，麻核桃在清宫内声名鹊起，渐成风尚。值令贵妃生辰之际，乾隆帝欲备一份别出心裁的贺礼，以博美人欢心。于是，他命内务府急召京城内外身怀绝技的能工巧匠，甄选一对极品麻核桃为基坯，镶嵌以珍珠、翡翠、红宝石等稀世珍宝，精心雕琢成一对寓意吉祥、形神兼备的"龙凤呈祥"麻核桃摆件。

　　待成品恭呈御前，众人皆惊叹不已。只见那麻核桃摆件龙凤之形栩栩如生，跃然而出，仿佛随时都会振翅高飞。它既完美承袭了麻核桃固有的古朴醇厚韵味，又借由珠宝镶嵌增添了华贵之气，实乃巧夺天工之作。令贵妃得此厚礼，喜极而泣。这对麻核桃摆件一时也成为众人瞩目的焦点，引得赞叹。自此，麻核桃在清宫中更受尊崇。

（投稿人：秦秀福）

郑三郎雕核桃

十三、《长安核雕记》

天宝年间，长安西市胡商云集。一支商队刚卸下货物，其中几袋山核桃引起了一位年轻匠人的注意。这匠人名唤郑三郎，原是一名书匠，因酷爱雕镂，常在西市寻觅奇木异果。

"此物纹路奇特，可堪雕琢。"郑三郎眼睛一亮，捧着核桃对胡商说。胡商笑道："这是波斯山核桃，纹如密特拉神的战袍。"说着比划了个太阳轮的手势。三郎以两吊钱买下一袋，回到自家的陋室钻研。

郑三郎的创新，在于将这种微刻技艺推向新境界。他先以刻经文的钢针在核桃上勾画，后发现纹路太浅。改用雕印版的平口刀，又易劈裂。最后独创"三停刀法"：先用热醋泡软核桃，以钝刀压出轮廓，再以利刃精修，最后用玛瑙抛光。三个月后，他竟在核桃上雕出了完整的《心经》，字如蚁足，却笔笔清晰。

这件奇物很快传到平康坊的歌妓手中。她们将核桃系在罗带上，称其为"摩尼珠"。某日，宰相李林甫的千金在宴会上得见，爱不释手。李府当即以十匹缭绫定制了一对雕花核桃，要求纹饰"须似霓裳羽衣曲"。

郑三郎为此闭门数月。他走访教坊司乐工，将曲调转化为卷草纹；观摩吴道子壁画，悟得衣带当风之韵。最终完成的核桃，表面虬结的纹路化作翩翩舞袖，凹陷处恰似回旋的足尖。李林甫的千金将其缀在步摇上，走动时核桃轻转，竟暗合乐曲节拍。

此事惊动了宫中的杨贵妃。时值天宝十载中秋，玄宗命少府监寻新奇玩器。当郑三郎的核桃呈上时，贵妃见其纹如月宫桂影，当即佩于裙间。玄宗大悦，赐三郎"巧工"称号，命其每月进献一对。

长安权贵竞相仿效。西市核桃价格暴涨，胡商组建驼队专程贩运。郑三郎在常乐坊开设工坊，收徒二十余人。他们发现核桃品种不同，河北楸子宜刻山水，波斯核桃适雕人物，而岭南橄榄核最适雕经文。

安史之乱爆发时，叛军劫掠少府库藏。那些贡品核桃与金银器一同被充为军资。郑三郎带着徒弟逃往成都，途中仍收集野核桃雕刻谋生。在剑门关驿站，他雕的《蜀道难》核桃被诗人岑参所见，叹为"方寸现峥嵘"。

战乱平定后，三郎重返长安。他的徒弟们已在各地开枝散叶：有的在扬州雕《春江花月夜》，有的在洛阳刻《洛神赋》。而最精妙的，是留在成都的弟子所创《益州十八式》，将巴山蜀水尽收核上。

黄巢之乱时，长安最后一间核雕工坊毁于兵燹。但技艺并未断绝，明代《核舟记》中神乎其技的王叔远，或许正是千年匠脉的延续。

郑三郎的传说虽为民间杜撰，但那些在核桃纹路中流转的工匠精神却是真实的。今日文玩爱好者摩挲核桃时追寻的，从来不是某个具体匠人的指纹，而是器物背后绵延千年的东方造物哲学：以有限之材纳无垠之境，让最平凡的果核也能包藏星汉灿烂。

（投稿人：冀小东）

第九章　涞水麻核桃发展大事记

一、1984—1993 年涞水麻核桃产业复苏期

1984 年发现涞水县老树鸡心麻核桃

　　1984 年，涞水县林业局与河北农业大学共同组建专家团队，对麻核桃树种资源展开全面普查。涞水县林业局高级工程师王泽先生和河北农业大学郗荣庭教授带领专家团队深入产区调研，在涞水县赵各庄镇板城村发现老树鸡心麻核桃，对古木幼苗进行抢救性保护，同时针对品种退化、管理技术滞后等问题，系统构建全周期技术体系。

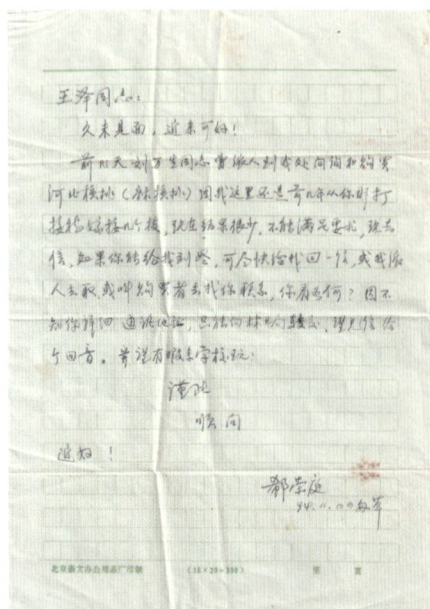

郗荣庭致信王泽

郗荣庭

王泽（左一）与专家进行核桃树资源普查

王泽（左三）与专家进行核桃树资源普查

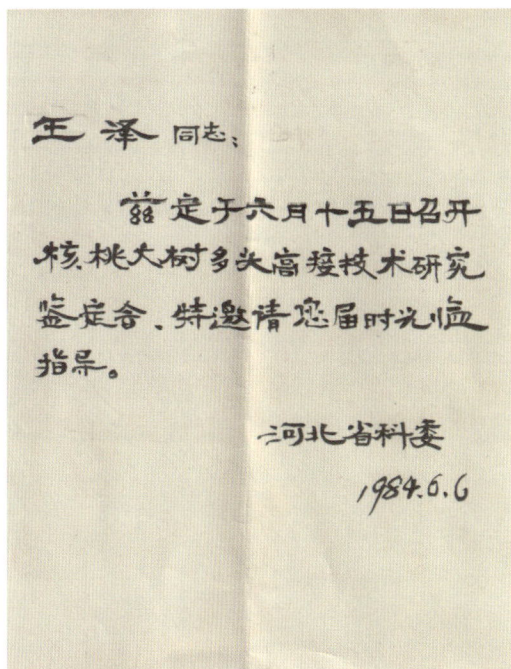

核桃大树多头高接技术研究鉴定会邀请函

核桃树嫁接

1986年突破麻核桃嫁接技术难题

　　1986年，王泽与郗荣庭在涞水县虎过庄村找到一棵古老麻核桃树，并成功运用高接换种技术将其嫁接到上车亭村与河北农业大学的麻核桃树上，延续优良基因。

二、1994—2010 年涞水麻核桃产业关键期

1990 年李占军打开北京销路

1990 年，李占军嫁接的核桃树首次成功结出果实，他凭借敏锐洞察力和人脉优势，率先叩开京城核商大门，使涞水核桃迅速占领北京高端市场，成功打开北京销路。同时，他还带领农民学习麻核桃嫁接技术。

李占军（右）

1994 年北京销路逐渐稳定，麻核桃产业开始崛起

1994 年，北京核商陈佩侠、韩娟、陈红云（核桃表妹）率先抵达涞水，从李占军处批量采购优质核桃。天津的李建军（小李子）、郭峰（大老郭）接踵而来，韩国客商也通过中间人张文学跨国求购。在此期间，麻核桃单只价格从 5 元涨到 25 元，引得多家媒体争相报道，使涞水麻核桃的知名度得到提升。

1995 年王克文打开天津销路

1995 年春，王克文在大孤石村购得鸡心核桃接穗，成功嫁接后，一边收购散户麻核桃赴天津贩卖，一边钻研种植及雕刻技艺。王克文成功将麻核桃送进天津市场，深入津门商铺，以"掌中

乾坤"为卖点,结合天津卫的市井文化推广涞水核桃,逐步建立稳定销路。与核商建立稳固合作后,还将总结出的种植技术传授乡人,带领村民共同致富。

1999 年涞水麻核桃外地客商增多

1999 年,当王克文赶到南安庄李占军家收购麻核桃时,却发现新核桃已被天津客商李建军捷足先登。次年立秋,两位买家在南安庄再次碰面,一番商议后达成"分树采购协议"——李建军包揽大树果实,王克文承接小树产出,每颗核桃以 15 元成交。至此,外地客商逐渐增多。

2001 年涞水核农发现麻核桃商机

2001 年,天津核商郭峰请求王克文及其妻子先后带路至涞水收购麻核桃,以单价 20 元高价收购李占军家全部 550 个核桃(总价 11 000 元),经协商后给王克文 2 000 元劳务费。虎过庄村民看到了商机,自发组成收购队,搜寻野生麻核桃。但因缺乏销售渠道,收获的核桃堆积难销。关键时刻王克文无偿提供中转支持,联系天津客商上门收购,其住所成为重要交易枢纽。

前端是漫山遍野的采集者,中端有王克文这样的信息枢纽,终端连接着京津核商。原始交易网络在 2001 年已显现现代产业雏形,单季万元级的交易额刺激着更多农户转型。

2002 年水龙纹、罗汉头进入市场

2002 年,李占军率先成功嫁接出水龙纹与罗汉头两大品种,标志着人工改良取得实质性飞跃。水龙纹以其独特的蛟龙纹迅速成为市场焦点,其纹路兼具力量感与韵律美,不仅皮质坚硬耐盘玩,更因饱满肚型带来舒适握感,虽嫁接难度大、坐果率低,但物以稀为贵的特性反而催生了收藏热潮。同期问世的罗汉头造型高桩尖顶,表面纹理粗犷,肩部较为平坦,肚子

王克文

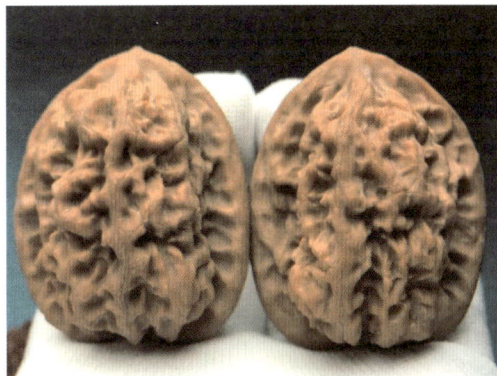
水龙纹

罗汉头

灯笼狮子头

红狮子头

部位易出现歪斜，底部别具特色，楞子能够延伸到底部，气门相对较小，皮质呈蜡皮状。

2003 年涞水成功嫁接灯笼狮子头

2003 年，河北省涞水县在麻核桃品种改良与繁育领域取得了显著成就，成功完成了对原产于河北燕山山脉的珍稀品种——灯笼狮子头的嫁接工作。灯笼狮子头麻核桃肚子部分圆润饱满，整体造型与传统灯笼极为相似，尖部高耸突出，底部的花纹多呈现"米"字形，不仅美观大方，更具有极高的辨识度，深受广大麻核桃爱好者的喜爱。

2004 年涞水培育出新品种红狮子头

2004 年，涞水县的核农们成功推出了一款全新的核桃品种——红狮子头。该名称源于其独特的皮质特性，经过玩家的上手盘玩，核桃能够迅速呈现出红润的色泽，桩型表现为高桩，底部平整，纹路深浅程度适中，造型周正，对称性良好，给人以规整、大气之感。

2005 年鸡心麻核桃通过品种审定，并定名为"冀龙"

1984 年发现了老树鸡心麻核桃。通过多年的资源调查、核型分析以及生理生化特性等系统研究，该品种麻核桃在 2005 年 10 月通过河北省科技厅组织的成果鉴定，定名为"艺核 1 号"，2005

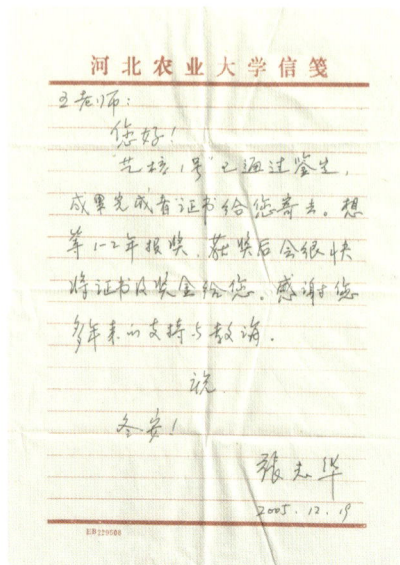
张志华教授致信王泽"艺核 1 号"
通过鉴定

王泽的河北省科技成果完成者证书

年 12 月通过河北省林木品种审定委员会审定，更名为"冀龙"，审定编号：S-SV-JH-013-2005。

2005 年苹果园狮子头进入涞水

苹果园狮子头原产于北京市门头沟地区，史廷友将苹果园狮子引入涞水县，并进行了大规模的嫁接培育。同时，积极开展推广种植活动，通过技术培训和指导，帮助当地农民掌握核桃嫁接与种植技术，提高麻核桃的产量与品质。经过多年的不懈努力，如今涞水县已成为苹果园狮子头的主产地之一。

苹果园狮子头

2005 年盘龙纹狮子头及刀子狮子头备受青睐

2005 年，河北省涞水县麻核桃市场中，盘龙纹狮子头与刀子狮子头两个老品种在市场上广受青睐。盘龙纹狮子头源自山西，肚子扁平而饱满，边宽适中，底边两端各延伸出一个显著的大耳朵，核桃表面的纹路细腻而精美，盘完后展现出温润如玉的光泽。本土孕育的刀子狮子头则因其锋利的边棱划伤核农而被命名，其边部薄如刀刃，底部平稳易于摆放，肚型圆润，纹路粗犷，皮质优异。

盘龙纹狮子头

2006 年李占军的三棱官帽核桃以高价成交

2006 年李占军所拥有的麻核桃品质上乘，大量的麻核桃爱好者和收藏家都对其中一对三棱官帽核桃表现出了浓厚的兴趣。在众多竞争者中，陈红云（核桃表妹）以 28 万元创纪录高价竞得。此价远超当时市场行情，迅速成为坊间热议话题。

刀子狮子头

2006 年穆希城嫁接的磨盘核桃备受市场追捧

2006 年，穆希城嫁接的磨盘麻核桃在市场上迅速走红，其桩高通常小于常规麻核桃，整体更敦实、圆润；上下对称，稳重而和谐；尖部圆润饱满；边部宽厚规整，棱线清晰，宽度与整体比例协调。

磨盘

王勇官帽

白狮子

大孤石

2007 年王勇官帽核桃嫁接成功

2007 年，王勇从山西梨城获取了珍贵的麻核桃树接穗，经过嫁接培育，这批嫁接的麻核桃树结出了尺寸硕大的果实，普遍超过了 50 毫米，这在当时的市场上极为罕见。该核桃品种也被命名为"王勇官帽"。

2008 年涞水县麻核桃总产值超 5 000 万元

2008 年，全县围绕麻核桃这一特色农产品开展了一系列丰富的产业活动。麻核桃售卖成为了当年涞水经济活动的重要组成部分，接穗交易也呈现出蓬勃发展态势，嫁接服务更是成为了涞水县麻核桃产业不可或缺的一部分，这些围绕麻核桃展开的产业活动相互配合、相互促进，麻核桃产业创造的收入超过 5 000 万元。

2008 年白狮子、大孤石掀起市场热潮

2008 年白狮子与大孤石两大新品种崛起。白狮子的培育始于 2003 年，由任正坡在河北涞水县成功嫁接。2005 年首批青果因通体洁白、形似传统狮子头品种得名。2005—2007 年受种植技术、自然环境等多重因素的影响，产量一直处于较低水平。经种植户持续改良栽培技术，于 2008 年实现产量突破。

大孤石以产地命名，受限于原生母树仅存 17 株且嫁接存活率低，年野生果实产量不足 200 对，嫁接品控不易把握，导致市场稀缺，也使其成为收藏市场焦点，精品配对价格突破万元。

2009 年涞水麻核桃年产值突破亿元大关

2009 年，河北省涞水县麻核桃产业实现突破性进展，全年经济效益突破亿元大关，成为特色农业标杆，显著推动区域经济转型升级。以娄村乡南安庄村为例，这个仅 180 户的村庄

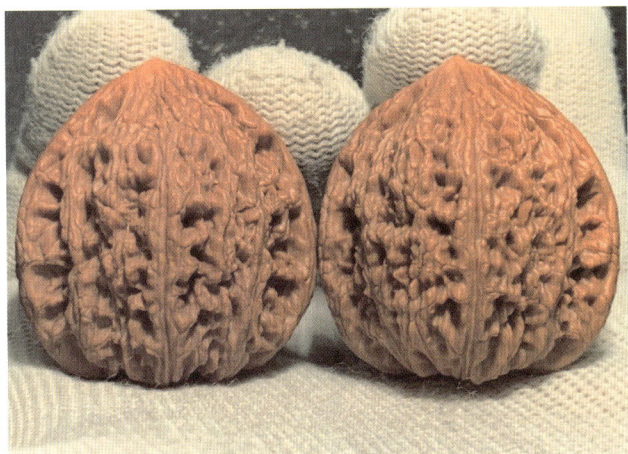
绣球狮子头

四座楼狮子头

通过发展麻核桃产业焕发新生，全村超 80% 农户直接受益，年产值突破 1 000 万元。其中 25 户家庭年收入超 30 万元，成为致富典范；30 户家庭年收入达 5 万元以上，其余受益户年均收入也超万元。

2009 年四座楼狮子头在市场备受欢迎

2009 年，河北省涞水县凭借成熟的核桃种植技术，培育出优质四座楼狮子头，该品种以矮桩为主，高度小于宽度，呈现圆润饱满的肚形。具有独特的闷尖和"菊花底"造型，从顶部俯视，其形状恰似 ·个"山"字；底部微凹形成大松脐，菱形脐眼与放射状纹路宛如菊花脉络，造型独特且富有艺术感。

2009 年涞水成功嫁接绣球狮子头

2009 年，河北省涞水县成功嫁接了绣球狮子头。该品种以中等偏高桩为主，尖部极小，底部下凹，纹路细密呈现龙纹状，皮质优良，油性高，色泽温润，压手感十足。

2010 年制定《涞水麻核桃栽培技术规程》

自 2010 年起，涞水县委县政府将麻核桃产业作为推动经济发展与生态建设的重要抓手，组织涞水县质量技术监督局、林业局和涞水县惠农麻核桃协会协同制定《涞水麻核桃栽培技术规程》，并于 2010 年 8 月 1 日正式发布，9 月 1 日起全面实施。标准的发布与实施解决了种植户长期缺乏统一技术指导的困境，对育苗建园、田间管理、采收加工等环节提供了明确规范，推动栽培模式从经验主导向标准引领转型。

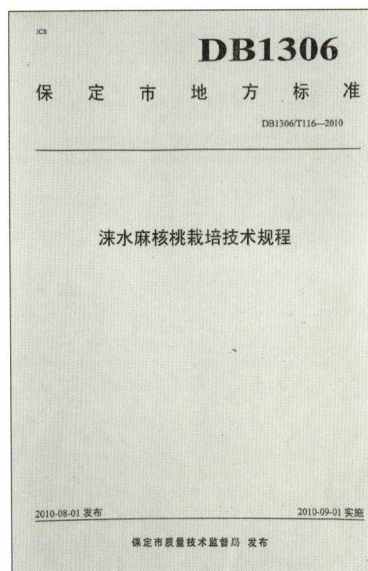
保定市地方标准《涞水麻核桃栽培技术规程》（DB1306/T 116—2010）

2010 年成立地理标志产品保护申请领导小组

8月1日，河北省涞水县成立涞水麻核桃（野三坡麻核桃）地理标志产品保护申请领导小组，旨在强化特色产业保护。领导小组开展产品溯源，系统梳理麻核桃的历史渊源、生态特征及传统工艺，建立品质认证体系；实施市场保护措施，通过技术鉴定打击假冒伪劣产品，维护"涞水麻核桃"纯正品质与良好声誉；构建品牌推广机制，借助地理标志认证整合资源，扩大产品市场认知度。

2010 年精准划定产地范围

8月1日，涞水县人民政府正式发布《关于精准划定"涞水麻核桃（野三坡麻核桃）"产地范围的建议》。涞水县长期将地理标志保护列为重点工作，经过系统调研县域内各乡镇的麻核桃种

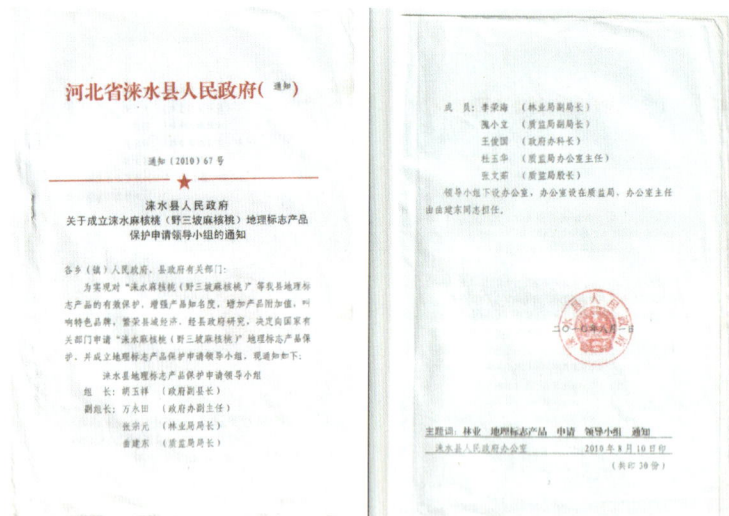

涞水县人民政府关于成立涞水麻核桃（野三坡麻核桃）地理标志产品保护申请领导小组的通知

涞水县人民政府关于划定"涞水麻核桃（野三坡麻核桃）"产地范围的建议

植、加工以及销售等各个环节，综合土壤特性、气候环境、种植传统、加工工艺及市场布局等因素，最终确定将产地范围覆盖涞水县全域。

2010 年召开"涞水麻核桃（野三坡麻核桃）"专家审查会

11 月 24 日，国家质量监督检验检疫总局（现国家知识产权局）地理标志专家委员会在北京组织召开"涞水麻核桃（野三坡麻核桃）"专家审查会。来自农业、加工、质检等领域的专家，围绕产品历史传承、生长环境独特性、加工工艺特性、市场流通现状及品牌建设情况等展开系统审查，精准指出品质管控、标准建设、品牌保护等关键环节的改进方向，并提出多项专项整改意见。

涞水县人民政府高度重视专家意见，立即组建专项工作组，于 11 月 26 日发布《涞水县人民政府关于落实"涞水麻核桃（野三坡麻核桃）"专家审查会整改意见的情况报告》。通过此次系统性整改，涞水麻核桃产业初步构建起涵盖"标准制定—过程监管—质量追溯"的全链条保护体系，为后续地理标志认证申报工作提供了坚实基础。

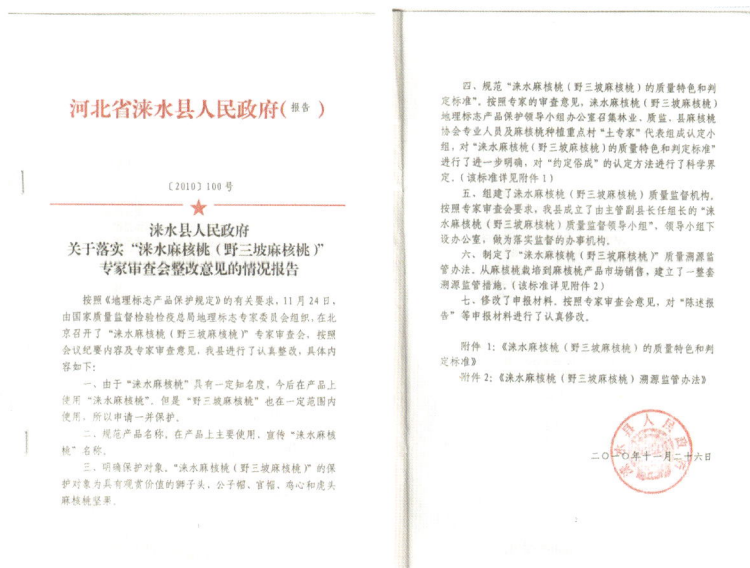

涞水县人民政府关于落实"涞水麻核桃（野三坡麻核桃）"专家审查会整改意见的情况报告

2010 年涞水麻核桃获批"国家地理标志保护产品"

2010 年 12 月，涞水麻核桃获评国家地理标志保护产品，产品的市场地位得到了提升，增强了消费者信任度，成为了产业升级的重要推手。

2010 年崔凯公子帽、堂上虎头备受欢迎

2010 年，河北省涞水县崔凯经三年精心嫁接培育的公子帽首次丰收。该品种以矮桩为主，与

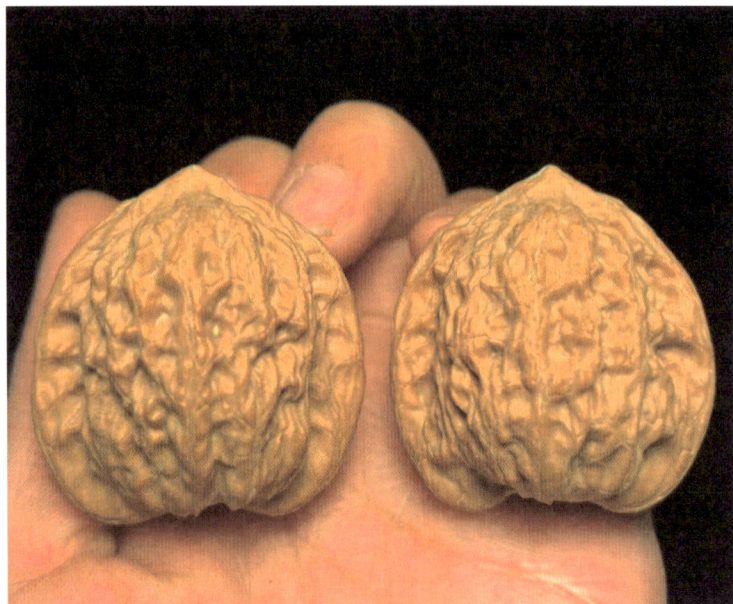

崔凯公子帽

堂上虎头

常规公子帽相比，横向延展更为显著，尖部圆润，纹路相对较浅，虽密度略低但皮质细腻，挂瓷包浆速度快。

2010年，河北省涞水县李旺嫁接培育的堂上虎头核桃（又名野生麦穗虎头）在文玩市场引发关注，该品种以独特形态与优良皮质迅速赢得玩家青睐。堂上虎头核桃纹路特征鲜明，呈鱼鳞状，顶部视角尤为明显，筋条纤细曲折且布满次级纹理。拥有标志性大耳朵造型，皮质坚韧致密，黄尖、黄皮等瑕疵率显著较低。

三、2011—2018年涞水麻核桃蓬勃发展期

2011年赵喜满南将石与百花山双星崛起

2011年涞水麻核桃市场出现新品——赵喜满南将石核桃。该品种由涿鹿县南将石地区嫁接培育而成，凭借独特形态与优异品质迅速赢得核友青睐。同年，河北省涞水县虎过庄镇关沟村的穆希城凭借成熟嫁接技术，成功培育出新品种——百花山。该品种以独特形态与优质质地迅速成为文玩界焦点。

2012年涞水惠农麻核桃协会正式成立

2012年3月，涞水惠农麻核桃协会在保定市涞水县正式成立。协会以推动产业发展、规范市场秩序为核心使命，通过搭建信息平台、优化市场环境、提升品牌价值等举措，全面助力涞水麻核桃产业升级。

赵喜满南将石

百花山

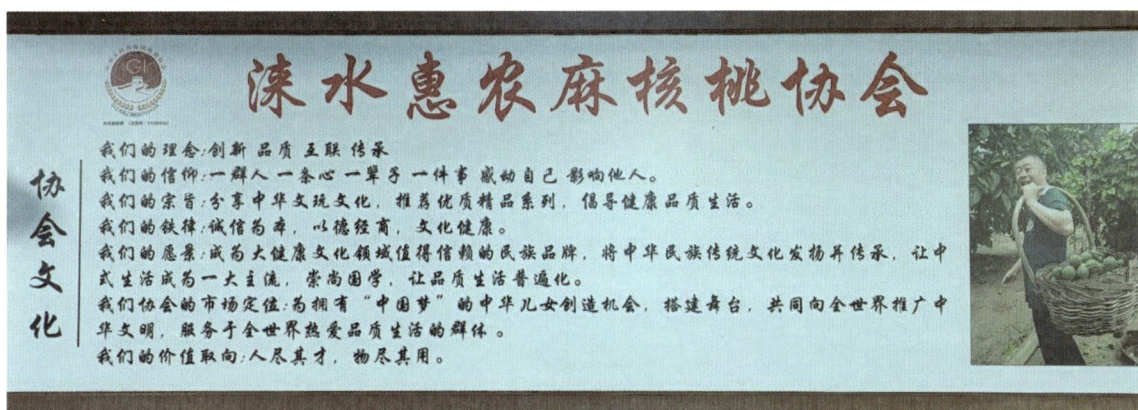

涞水惠农麻核桃协会文化宣传展示牌

2012 年河北省地方标准正式实施

2012 年，涞水县林业局与质量技术监督局联合制定河北省地方标准《地理标志产品涞水麻核桃（野三坡麻核桃、文玩麻核桃）》，由河北农业大学李保国、涞水县林业局李荣海等专家及省市县三级质量技术监督部门共同审定。该标准于 2012 年 8 月 30 日通过审核，9 月 28 日正式发布，10 月 15 日实施。

河北省地方标准（DB13/T
1624—2012）

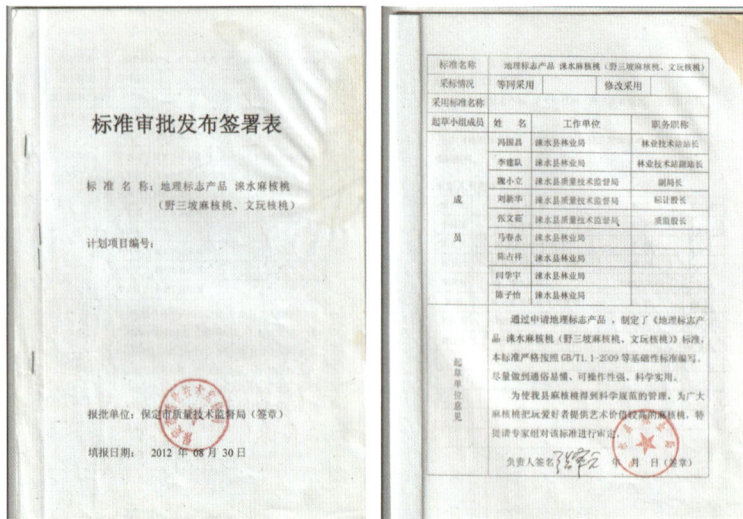

标准审批发布签署表

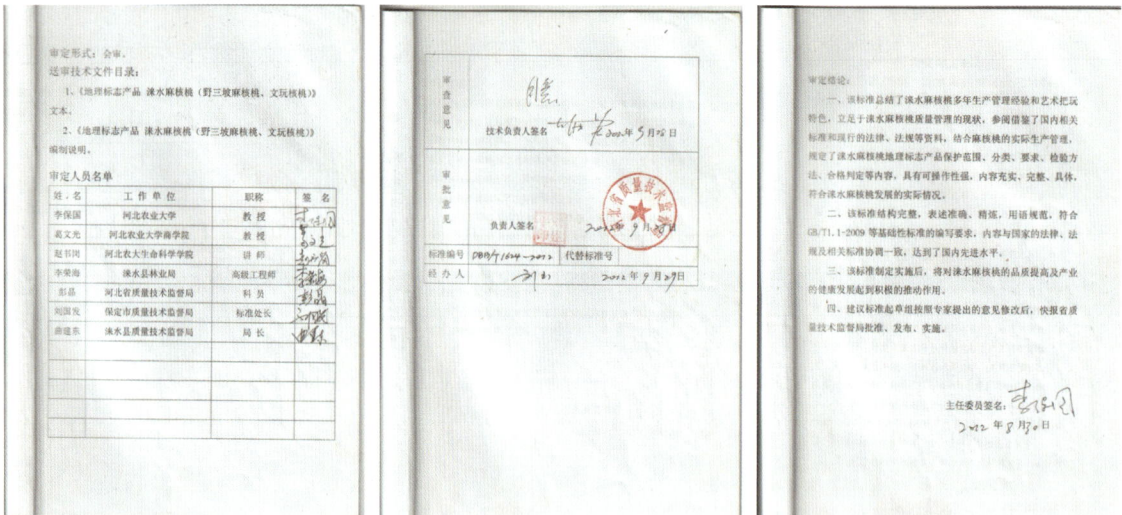

2012年文玩圈新贵玉玺宫灯备受追捧

2012年，河北省涞水县推出全新麻核桃品种"玉玺宫灯"，该品种由当地专家闫凤海运用嫁接技术成功培育而成，命名源于整体形似古代玉玺，其皮质油润，呈现温润光泽。

玉玺宫灯

2013 年《涞水麻核桃管理规范（试行）》正式实施

2013 年，为规范生产、技术、质量、经营等环节，保障产业可持续发展，涞水县制定《涞水麻核桃管理规范（试行）》。该规范聚焦四大核心领域：生产端强调科学种植，明确土壤改良、肥料施用及灌溉标准，推广先进栽培与病虫害防治技术；质量端建立严格品控体系；经营端规范市场行为以维护公平竞争，同时注重地理标志产品声誉维护，平衡种质资源保护与利用，保障生产者、经营者、消费者三方权益。此规范于 2013 年 5 月 21 日经县委县政府常务会议审议通过，5 月 29 日正式实施。

2013 年央视报道推动涞水麻核桃知名度提升

2013 年，央视频道 CCTV-4《记者调查》播出专题报道《疯狂的核桃》，聚焦涞水麻核桃市场价格飙升现象。揭示一对优质核桃售价高达十余万元背后的原因。CCTV-7《每日农经》播出《"疯狂"的麻核桃》，通过种植户和经销商双视角解析产业。

2013 年盘山公子帽在麻核桃市场异军突起

在 2013 年度的文玩核桃市场中，盘山公子帽异军突起。该品种原产天津蓟州区盘山，经涞水嫁接改良后规模化种植。其高桩十字尖造型、粗筋深纹特征显著，纹路从边部延伸至大兜尾并与脐部紧密相连，边棱较薄，底部气门较小且精致，皮质油性充足，盘玩上色速度快，是文玩爱好者热门选择。

2014 年"涞水麻核桃"商标注册成功

2014 年，涞水县惠农麻核桃协会成功注册"涞水麻核桃"商标，标志着产业发展迈入规范化、品牌化新阶段。

盘山公子帽

涞水麻核桃商标注册证

涞水国家地理标志产品"涞水麻核桃"宣传雕塑

大粗筋

涞水县北二环文玩核桃市场一角

主播直播销售麻核桃

2014 年大粗筋进入麻核桃市场

2014 年，涞水县引入大粗筋，该品种桩型为矮桩，主筋隆起，肩部宽厚，边部厚实，肚型饱满；皮质坚硬，密度高，耐长期盘玩摩擦；初期上色缓慢，长时间把玩后，色泽渐变为红润深沉，表面形成温润包浆。

2015 年涞水涌现众多麻核桃市场

2015 年，涞水麻核桃产业步入蓬勃发展新阶段。市场对麻核桃的喜爱度持续攀升，把玩、收藏等需求推动销量稳步增长。产业规模同步扩大，种植面积增加，促使种植技术优化，加工环节更加专业化与标准化，形成从采摘、筛选到加工的完整链条。涞水县北二环文玩核桃市场是最具代表性的缩影。从初期的摆摊贩卖，到现在市场面积已超过 1 200 平方米，成为产品流通核心枢纽，并催生专业化配套服务，如核桃清洗、美容、雕刻等服务内容。

2015 年网络直播销售模式兴起

随着互联网时代的发展，网络直播销售模式迅速兴起。涞水县政府积极鼓励贫困户参加相关技能培训，帮助他们掌握在网上直播卖麻核桃的技巧。通过网络和手机镜头，麻核桃销售打破了地域限制，拓宽了销售渠道。娄村镇爱尚核桃专业合作社凭借着网络销售的优势，年销售额达 500 万元以上，直接带动当地 30 多名村民就业，为当地经济发展和村民增收做出了重要贡献。

2015 年美国专利商标局联合代表团深入调研

7 月 29 日，美国专利商标局联合代表团赴河北省涞水县调研，聚焦涞水麻核桃地理标志商标注册、使用管理、产品保护及出口等环节，旨在全面评估地理标志商标的实际运作情况。同时实地察看麻核桃树生长状态，赴北二环麻核桃市场系统调研商品流通环节，高度认可涞水在地理标志保护方面的实践成果。

美国专利商标局联合代表团在涞水县进行实地考察

第十九届中国（廊坊）农产品交易会

2015 年涞水麻核桃荣获京津冀名优果品擂台赛"果王"称号

2015 年 8 月，在第十九届中国（廊坊）农产品交易会期间，京津冀林业部门联合举办"京津冀名优果品擂台赛暨果王评选活动"。涞水麻核桃凭借独特纹理、坚硬质地与深厚文化底蕴，从众多果品中脱颖而出，斩获"果王"称号。

七山三棱

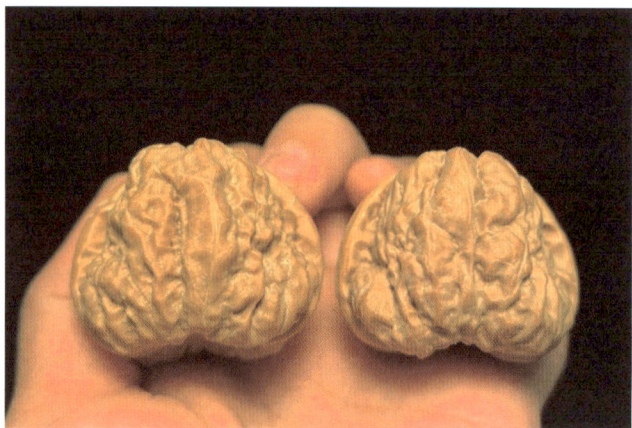
蛤蟆头

涞水文玩生活城、涞水惠农麻核桃协会

2015年七山三棱在涞水县成功推广

七山三棱以其独特的生长特性而著称，其生长过程几乎难以通过人为手段进行精确控制，这在一定程度上增加了其培育的难度。其果实个头较小，普遍果径集中在33毫米左右，底脐形态欠佳，气门呈三角状，但三棱率高达70%。2015年9月，七山三棱麻核桃成功实现了规模化种植与有效推广。

2015年蛤蟆头在涞水成功嫁接

蛤蟆头因形似蹲坐的蛤蟆而得名，顶部凸起如蛤蟆的眼，纹路似腿，造型生动逼真；其多为天然矮桩或元宝桩，肚子宽大，底部宽边大平底，部分核桃中间存在一条明显的缝隙；纹路浅而粗壮，皮质优良，油性大、密度高。2015年，涞水县常安庄李玉强引入的蛤蟆头嫁接成功。

2015年央视《消费主张》栏目对涞水麻核桃进行专题报道

2015年11月，中央电视台财经频道《消费主张》栏目对涞水麻核桃进行专题报道，完整呈现从种植、采摘到加工的产业链条。提升了涞水麻核桃品牌全国知名度。

2015年涞水惠农麻核桃协会投资建设涞水文玩城

2015年12月，涞水惠农麻核桃协会响应政府号召，筹集2 000余万元启动涞水文玩城建设项目。该项目规划提供200余个免费商铺柜台，为核农、核商及贫困户搭建创业平台，降低经营成本，优化营商环境。文玩城通过集中经营模式整合产业链资源，形成规模效应。

冀卫东会长

2016年涞水惠农麻核桃协会举行换届大会

2016年，涞水惠农麻核桃协会举行换届大会，冀卫东接任会长一职。冀卫东带领协会成员积极谋划，高度重视品牌建设与培育工作，致力于搭建麻核桃产业构建专业高效市场信息平台，营造健康有序的销售市场环境，制定并实施行业规范与标准，提升当地麻核桃产业知名度与美誉度，全方位展示涞水麻核桃的独特魅力与优质品质。

2016年野狼狮子头进入麻核桃市场

野狼狮子头原产于保定市易县狼牙山地区，又叫野生狼牙山狮子头。桩型相对偏高，肚子尺寸明显大于边宽，近似方块；纹路深邃狂野、走势不规则；肩部平坦，尖部细小且多为闷尖；气门极小，呈芝麻底状，精致细腻。皮质属蜡皮，细腻油性丰富，但上色速度缓慢。其种植过程中坐果率较低导致产能受限，加之黄皮率高、果实易歪斜等使优质果比例偏低。2016年，野狼狮子头成功进入麻核桃市场。

野狼狮子头

2016 年《麻核桃坚果分级标准》正式发布

9 月 30 日，由河北省质量技术监督局正式发布 DB13/T 2406—2016《麻核桃坚果分级标准》。该标准全面系统，规定了术语、定义、分级原则及试验检测方法，涵盖冀龙、艺龙、艺狮等多个重要品种，制定了详尽分级标准。于 2016 年 12 月 1 日实施，2024 年 4 月 1 日废止。

2016 年涞水麻核桃亮相第五届河北省特色文化产品博览交易会

12 月 16 日至 18 日，第五届河北省特色文化产品博览交易会在石家庄盛大举行，涞水县惠农麻核桃协会积极响应号召，组织当地优秀企业参展。核雕作品"龙腾盛世"成为展会焦点，该作品以精湛雕刻工艺、细腻表现手法和优质主题内容，赢得展会评审组一致好评。

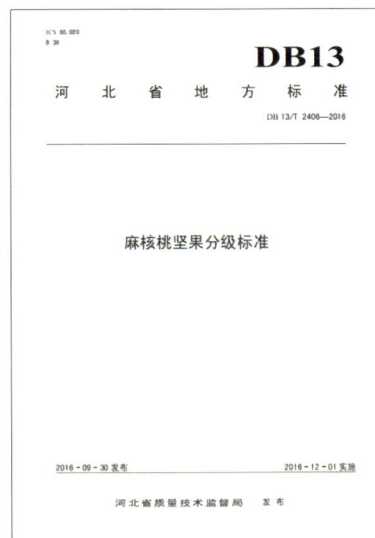

DB13/T 2406—2016《麻核桃坚果分级标准》

第五届河北省特色文化产品博览交易会现场

2017 年娄村第一麻核桃文玩交易中心正式成立

2017 年，娄村第一麻核桃文玩交易中心正式成立，为交易活动搭建起高效、有序、专业的平台。

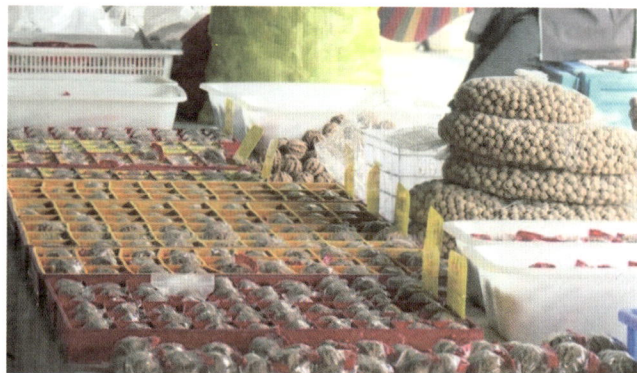

涞水县娄村第一麻核桃文玩交易中心

2017 年涞水麻核桃获"河北知名品牌"称号

涞水麻核桃凭借其优良品质、深厚历史底蕴与广泛市场认可，获"河北知名品牌"称号。

2017 年涞水核桃雕刻工艺荣获"县级非物质文化遗产"

涞水核桃雕刻工艺历经数代工匠的不懈传承与创新发展，逐渐形成了独具魅力的风格与精湛的技法，将原本平凡的麻核桃赋予了全新的生命与意义。并凭借其精妙绝伦的技艺和独树一帜的艺术价值，于 2016 年赢得了"县级非物质文化遗产"的荣誉。

涞水麻核桃雕刻作品

涞水惠农麻核桃协会直播基地

涞水麻核桃主播直播间

赤龙鸡心

2017年央视《聚焦三农》栏目报道涞水麻核桃

9月9日，CCTV-7《聚焦三农》栏目播出《文玩核桃的'冰火两重天'》。报道围绕涞水文玩核桃产业，涵盖从种植、加工到销售各环节。同时，揭示了麻核桃在当地文化中的重要地位及与传统文化的紧密联系。

2017年涞水惠农麻核桃协会建立电商直播文玩基地

2017年，涞水县惠农麻核桃协会建立了涞水麻核桃电商直播文玩基地，直播基地采用线上线下相结合的运营模式。线下部分，基地充分发挥资源整合与服务引导功能，为核商提供全面支持。线上部分，则依托现代电子信息技术，通过电商平台直播带货，将涞水麻核桃推向更广阔的市场。

2018年赤龙鸡心在麻核桃市场兴起

2018年，河北省涞水县野三坡地区出现一种珍稀的野生文玩核桃品种——赤龙鸡心。这一品种最早于2008年被发现，但由于知名度和流通范围有限，一直未能进入主流收藏视野。直至一位业界知名的核商"葫芦娃"开始大量收购并推广，并赋予其昵称"葫芦鸡"，在一定程度上促进了该品种在特定圈子内的传播。然而，这一非正式名称并未得到广泛认可。2018年，经过业界专家的深入研究与讨论，赤龙鸡心核桃终于得以正式命名。自此，赤龙鸡心核桃开始受到更多文玩爱好者的关注与追捧。

2018年涞水麻核桃登上央视丰收节特别节目

中央电视台综合频道《我有传家宝》栏目于8月31日成功推出了丰收节特别节目，节目对承载着地域特色与文化精髓的涞水麻核桃进行了专题报道，使其登上央视舞台，进一步提升了涞水麻核桃的印象里和社会各界的关注度。

2018 年文玩核桃培训助力产业升级

2018 年 9 月下旬，由涞水县委农村工作委员会精心策划并主办的创业致富带头人培训项目第二期——文玩核桃新技术推广及产业发展培训班圆满落幕，此次培训吸引了涞水县七个乡镇的五十余位种植户参与，培训环节包括理论知识、现场授课和实地观摩。此次培训项目为京冀扶贫协作项目之一，内容涵盖多个领域，旨在全方位、多角度地为涞水县的产业发展培养高素质专业人才，为全县经济的持续健康发展提供有力的人才支撑与智力保障。

2018 年 CCTV-7《聚焦三农》报道涞水麻核桃

12 月 10 日，CCTV-7《聚焦三农》推出"电商快车"带动精准扶贫专题报道，深入剖析涞水麻核桃产业如何借助电商力量实现脱贫攻坚的创新模式与显著成效。爱尚核桃种植农民专业合作社精心布局多元化线上销售网络，在国内主流电商平台全面布局，吸引全国文玩爱好者选购，多平台协同运营使合作社年销售额突破 700 万元，很多贫困家庭收入显著提升。合作社还定期组织开展电商培训活动，便利周边民众搭乘电商快车，实现家门口就业，为地区脱贫注入强大内生动力。

2018 年国家林业和草原局发布《麻核桃坚果评价技术规范》

2018 年 12 月 29 日，国家林业和草原局颁布了 LY/T 3010—2018《麻核桃坚果评价技术规范》，系统构建了麻核桃坚果品质评价科学体系，涵盖外观质量等级评价、麻核桃坚果精细分级以及麻核桃配对标准等多个关键维度。该规范的颁布，将推动麻核桃坚果产业向标准化、规范化方向发展，提升整体品质和市场竞争力。

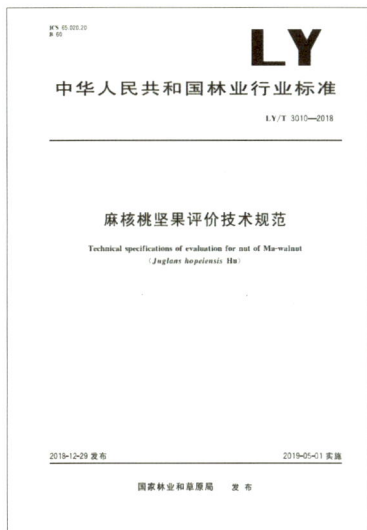
LY/T 3010—2018《麻核桃坚果评价技术规范》

四、2019 年至今涞水麻核桃规范发展期

2019 年修订版《地理标志产品 涞水麻核桃（野三坡麻核桃、文玩麻核桃）》正式实施

随着涞水麻核桃产业规模不断扩大与消费市场升级，原有标准在产品品质、地域特色等方面已明显滞后，为适应新需求与趋势，涞水县林业局正式启动 DB13/T 1624—2019《地理标志产品 涞水麻核桃（野三坡麻核桃、文玩麻核桃）》修订工作。修订后的地方标准，技术指标更加严谨规范，品种划分更为全

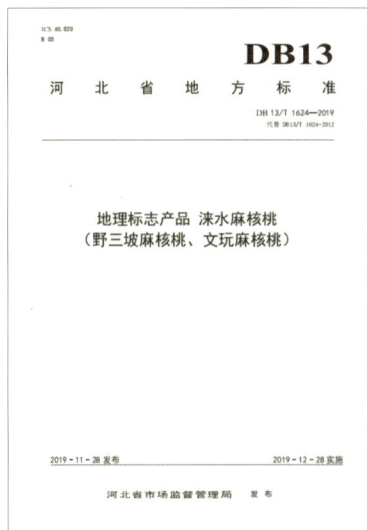
DB13/T 1624—2019《地理标志产品 涞水麻核桃（野三坡麻核桃、文玩麻核桃）》

血麒麟

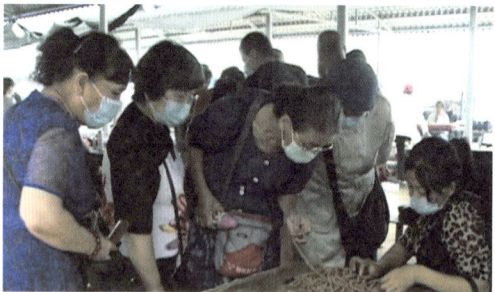

旅游团参观涞水麻核桃

玉玺狮子头

南瓜墩麻核桃

面合理，检验方法更加科学准确，对于进一步发挥标准引领作用，提升涞水麻核桃品质、规范麻核桃种植生产、引导产业健康发展有着重要意义。

2019年血麒麟品种热度暴涨

2019年，文玩核桃市场迎来新宠——血麒麟，其热度实现爆发式增长。桩型以矮桩为主，侧面观察，各部分比例协调。纹路辨识度极高，表面布满不规则块状凸起；肩部宽厚，与矮桩造型过渡自然；脐部小巧紧密且形状规整；油性充足，上色速度快，不易出现色泽斑驳或色差过大等问题

2020年涞水核商与涞水惠农麻核桃协会共渡疫情难关

2020年，新型冠状病毒疫情如一场风暴席卷全球，在疫情肆虐的艰难时刻，涞水县惠农麻核桃协会展现了高度的社会责任感。协会成员积极响应抗疫号召，面对防疫物资匮乏的严峻挑战，协会多方筹措，捐赠了大量口罩、消毒液、酒精等急需用品，为保障当地居民健康安全提供了坚实的物质支撑。

2020年旅行团参观涞水麻核桃

8月18日，一支超400人的大型旅行团抵达涞水县，实地参观涞水文玩核桃市场。其间摊位前的游客络绎不绝，或驻足观赏，或亲手把玩，沉浸在文玩核桃的世界中，不少游客还选购了心仪的麻核桃。

2020年玉玺狮子头、南瓜墩进入市场

2020年，张全忠在河北省涞水县成功培育出玉玺狮子头，亦称玉玺四棱，其四棱形态产出概率高达40%，使得此后市场上流通的四棱精品麻核桃中，玉玺狮子头占据了相当大的比例。整体线条圆润流畅，表面纹路以粗筋为主，清晰分明，富有层次感，皮质品质上乘，密度较大，油性高能够快速形成包浆。

同年，产自涞水的南瓜墩麻核桃，也得到了广泛关注。南瓜墩桩型为典型的矮桩，纹理相对较浅，但清晰可辨，肩部圆润饱满，肚子又大又圆，具有较高的辨识度。

2020 年涞水县许多贫困户通过涞水麻核桃产业实现脱贫

2020 年 8 月，河北省涞水县的麻核桃产业帮助众多贫困户脱贫致富。以庞晓东为例，他通过参加县文玩核桃协会组织的培训，掌握了麻核桃美容技能，获得稳定收入，家庭年收入达 3 万元，2017 年成功脱贫。涞水县是全国重要的麻核桃种植基地和集散中心，种植面积达 7 万余亩，覆盖全县 15 个乡镇，涉及 4.5 万户村民，年产值约 10 亿元。此外，麻核桃产业还衍生出清洗、美容、雕刻等服务，创造了 2 万余个就业岗位。

2021 年河北省"知识产权服务万里行"走进涞水

4 月 21 日，"河北省'知识产权服务万里行'进企业进市场进校园助力高质量发展对接服务活动"在涞水县隆重举行。本次活动旨在深入贯彻涞水麻核桃、铜火锅、红木家具等领域。活动当天，省、市、县三级市场监管部门相关人员，石家庄众华知识产权咨询服务有限公司等 7 家专业机构专家，涞水县知识产权保护领导小组成员，县域重点企业代表（涵盖红木家具、铜火锅生产、麻核桃产业及协会负责人），以及在校中小学生等，共 300 余人参与。

"知识产权服务万里行"活动现场

2021 年涞水县麻核桃年产值超 10 亿元

2021 年全县麻核桃种植面积达 8 万亩，植株总数突破 400 万株，年产值超 10 亿元，成为县域经济的重要支柱。这一庞大的种植规模更通过种植、加工、销售等环节直接带动近 8 万农户参与产业链，推动地方经济发展。以"种植—加工—销售"一体化模式推动农村产业结构升级，为乡村振兴注入持续活力。

平谷元宝

2021 年平谷元宝备受追捧

2021 年的麻核桃丰收季，平谷元宝在涞水麻核桃市场上脱颖而出。平谷元宝的侧面轮廓呈现出椭圆形或卵形，矮桩宽肚的造型宛如"元宝"，其底部较窄，而顶部较宽，肚子部分较为突出且尺寸多大于边宽。在核桃的中间位置，一条纵棱向外微微凸起。还具有翘肩膀、小闷尖、菱形脐等显著特征，外壳覆盖一层金黄色的蜡皮，质地坚硬且光滑细腻。

2021 年涞水麻核桃入选国家地理标志产品保护示范区筹建名单

9 月 1 日，国家知识产权局正式发布了《关于确定 2021 年国家地理标志产品保护示范区筹建名单的通知》，涞水县获批筹建"涞水麻核桃国家地理标志产品保护示范区"。此次评选中，河北省仅有两家示范区脱颖而出，这一殊荣是对涞水麻核桃独特品质与产业优势的权威认可。

2021 年首届"涞水·中国文玩核桃丰收节"成功举办

9 月 7 日，在涞水县北二环的涞水·中国文玩核桃市场，首届"涞水·中国文玩核桃丰收节"正式开启。此次活动不仅吸引了国内文玩核桃领域的知名专家学者、资深收藏爱好者以及电商行业的领军人物，更成为了展示涞水麻核桃产业风采、促进文化交流与合作的重要平台。其间，举行拜师纳徒仪式，弘扬了中华民族尊师重教的优良传统。与此同时，以《文玩核桃在乡村振兴战略中的重要地位》为主题的论坛活动也顺利举行，来自政府、企业、学术界及社会各界的代表围绕文玩核桃产业与乡村振兴的紧密联系展开了深入交流与探讨。

涞水麻核桃国家地理标志保护示范区创建研讨会

2021 年涞水麻核桃成功入选第一批地理标志运用促进重点联系指导名录

2021 年 11 月，涞水麻核桃成功入选国家知识产权局第一批地理标志运用促进重点联系指导名录。这一荣誉不仅是对涞水麻核桃产业在知识产权运用与促进方面所取得成绩的肯定与鼓励，更为其带来了更多的政策扶持与发展机遇，提升其品牌影响力与竞争力。

2021 年涞水县麻核桃产业振兴工作领导小组正式成立

11 月 19 日，涞水县人民政府正式对外公布了《关于成立涞水县传统产业振兴工作领导小组的通知》，文件明确指出以铜火锅、珐琅、古典家具及涞水麻核桃为代表的传统产业，凭借其深厚的历史底蕴、精湛的工艺技术以及广泛的市场认可度，构成了县域经济核心支柱，对于促进地方经济增长、带动就业及提升民众生活水平发挥着举足轻重的作用。鉴于产业转型升级的迫切需求，涞水县人民政府经过深入调研与科学论证，作出了成立涞水县传统产业振兴工作领导小组的重大决策。此举旨在通过政府层面的有力引导与协调，推动这些传统产业进一步挖掘自身潜力、凸显产业特色，从而实现稳健且可持续的振兴目标。

2021 年众多核商入驻涞水惠农麻核桃协会直播基地

2021 年度，涞水惠农麻核桃协会积极作为，通过"品牌授权＋能力建设"双轨并行的服务模式，帮助核商顺利入驻电商直播文玩基地。针对计划入驻电商平台的核商群体，首先建立品牌准入机制，授权合规核商开设"涞水

电商直播文玩基地

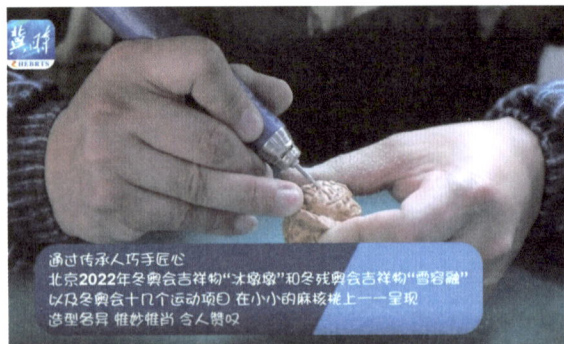
冀时报道涞水核雕

冬奥系列核雕

涞水·中国文玩核桃市场

麻核桃官方专卖店"，通过统一品牌标识和认证体系提升产品公信力，形成区域特色电商矩阵；同步开展直播技能提升计划，围绕平台运营规则、直播话术设计、线上客户维护等核心环节进行系统培训，帮助传统核商快速掌握新型销售模式，高效开展业务。

2022 年冬奥盛景下的核雕技艺展风采

涞水核雕技艺传承人将非遗技艺与现代体育元素巧妙融合，以涞水当地特有的麻核桃为原材料，精心雕琢出一系列"冬奥会"主题核雕作品。冬奥吉祥物"冰墩墩""雪容融"以及十几个冬奥运动项目都被巧妙地融入麻核桃雕刻中，在市场上广受欢迎。

2022 年涞水·中国文玩核桃市场正式建成

随着产业发展，麻核桃交易集散地——北二环文玩核桃市场规划布局、管理规范等问题逐渐凸显。涞水县政府决心对其进行全面改造。结合专项小组前期调研，召开专题会议，听取行业协会意见，广泛征求核农、核商建议等，在政府谋划下，原交易市场转变为"涞水·中国文玩核桃市场"，集产业展示、文化传播、技术交流、市场交易等多功能于一体的综合性平台。

2022 年保定打造消费帮扶新范式

2022 年全国消费帮扶助力乡村振兴优秀典型案例评选中，保定市脱颖而出。保定市积极与国内知名电商平台对接合作，发挥桥梁纽带作用，为本地农产品搭建通往更广阔市场的桥梁。同时，保定市致力于减轻经营户负担，提升其市场竞争力。经多次沟通，成功促成电商平台为涞水麻核桃经营户实施每单免收 10 元服务费的优惠政策。

2022年涞水麻核桃地标保护平台建设签约落地

4月12日，涞水县正式对外发布了涞水县麻核桃国家地理标志产品保护示范区体系平台建设项目的采购公告。2022年5月13日，该项目成交公告发布。中企智赢科技（北京）有限公司凭借专业技术实力和丰富的项目经验赢得了此次竞标，并于2022年6月9日正式签署合同。

2022年麻核桃产业培训助力电商营销

7月27日，为提升涞水麻核桃产业竞争力，促进产业与新兴业态深度融合，涞水县政府成功举办了"麻核桃产业＋电商＋直播"专题培训活动。此次活动旨在通过系统、专业的培训，为核农核商等从业者提供全面而实用的知识与技能，助力他们把握市场脉搏，拓宽销售渠道，实现产业转型升级。

涞水县"麻核桃＋电商＋直播"培训会现场

东文山镇第一期麻核桃线上销售抖音直播带货培训会现场

2022 年涞水县调整麻核桃示范区领导小组，推动产业升级

8 月 22 日，涞水县人民政府发布了《涞水县人民政府关于调整"涞水麻核桃国家地理标志产品保护示范区"创建工作领导小组成员的公告》。此举旨在应对示范区创建工作不断深入而涌现的新情况、新挑战，确保领导小组的构成与职能能够充分适应麻核桃产业快速发展的需求。

2022 年坐佛得到广泛推广

坐佛麻核桃系史廷友在嫁接苹果园麻核桃过程中发生的自然变异所得，最初发现时间为 21 世纪初，但直到 2022 年才被广泛推广。坐佛麻核桃通常呈现出三棱形状，其三条边所形成的夹角中，夹角最小处的"肚"部向外微微鼓起，宛如一尊端坐的佛像；质地骨质坚硬，不易因外力作用而发生损坏或变形。

坐佛

2022 年涞水县核桃提质增效栽培技术培训暨麻核桃产业发展研讨会成功举办

9 月 24 日至 25 日，涞水县核桃提质增效栽培技术培训暨麻核桃产业发展研讨会由涞水县联慧核桃销售农民专业合作社主办，涞水县文玩核桃协会与涞水县泉禾农业星创天地协办。此次活动获得保定市林果技术推广站、保定市科学技术协会、涞水县科学技术协会以及涞水县市场监督管理局等多方支持，彰显了各方对地方产业发展的重视。

2022 年重新修订《涞水麻核桃栽培技术规程》

原颁布的保定市地方标准 DB1306/T 116—2010《涞水麻核桃栽培技术规程》，已难以适应新形势、新需求，涞水县自然资源和规划局组织了专业团队开展修订工作，专业团队汇聚了业内知名专家学者。他们深入涞水各麻核桃种植基地，开展全面且细致的实地调研，最终成功发布了

DB1306/T 116—2022《涞水麻核桃栽培技术规程》

《涞水麻核桃栽培技术规程》修订审定会现场

涞水县麻核桃行业代表之家文化墙

人大代表在"代表之家"开展活动

DB1306/T 116—2022《涞水麻核桃栽培技术规程》。

2022 年涞水县正式启动"涞水县麻核桃行业人大代表之家"项目筹备工作

2022 年上半年,"涞水县麻核桃行业人大代表之家"项目正式启动,10 月正式挂牌投入运营。19 名人大代表全部入驻"代表之家",并在这里开展专题讲座、培训和学习交流活动,共同为推动麻核桃产业的发展贡献智慧与力量。

2022 年涞水县麻核桃产业振兴专项小组深入开展调研

2022 年 10 月,涞水县麻核桃产业振兴专项小组针对麻核桃产业发展开展全面调研,专项小组人员足迹遍布娄村镇、东文山镇、石亭镇、一渡镇等关键产区,与麻核桃种植户、电商交易商户以及当地核农核商进行了深入的交流,召开专题会议听取政府相关部门的工作汇报,调研组认为存在政府扶持力度有限、市场结构不完善、对品牌塑造重视程度不够、宣传推广不足等问题,并提出了完整整改建议。

2022 年涞水县市场监督管理局发布"涞水麻核桃检验室改造提升项目竞争性磋商公告"

11 月 7 日,涞水县市场监督管理局秉持公开、公平、公正的原则,正式对外发布了"涞水麻核桃检验室改造提升项目竞争性磋商公告"。此次项目旨在全面提升涞水麻核桃检验室的检验能力与水平,以科学严谨的检测手段为当地麻核桃产业的健康、持续发展提供坚实保障。经过为期两周的严谨磋商流程,2022 年 11 月 20 日,北京华卫粮安技术发展有限公司凭借专业技术实力、丰富项目经验以及合理的报价方案,以 19.38 万元的成交金额中标。

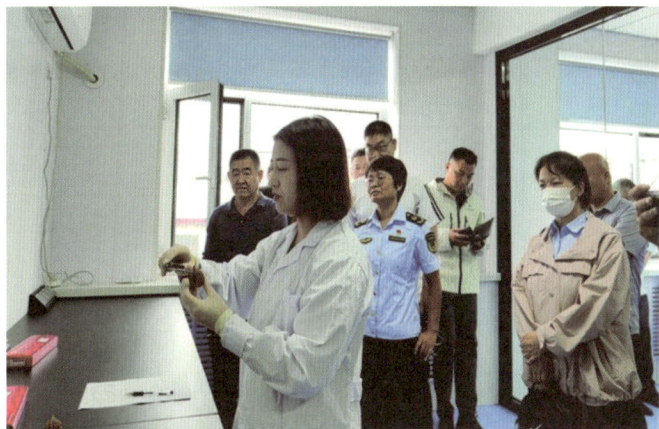
涞水麻核桃检验室

2023 年涞水县市场监督管理局组织召开涞水麻核桃国家地理标志产品保护示范区"三大体系"及地理标志监管平台宣贯培训会议

2 月 8 日，涞水县市场监督管理局精心组织并成功召开了关于涞水麻核桃国家地理标志产品保护示范区"三大体系"（具体指涞水麻核桃地理标志产品标准体系、质量管理体系以及检验检测体系）及地理标志监管平台宣贯培训会议。此次会议汇聚了来自涞水麻核桃地理标志用标单位、麻核桃种植企业的杰出代表，以及县市场监督管理局、自然资源和规划局、生态环境分局、水利局等多个关键职能部门的业务骨干，参会总人数近 40 人。

"涞水麻核桃国家地理标志产品保护示范区"三大体系、地理标志监管平台宣贯培训会现场

2023 年涞水县麻核桃商标品牌指导站正式启用

2 月 16 日，涞水县麻核桃商标品牌指导站正式启用，揭牌仪式在涞水县惠农麻核桃协会举行。在揭牌仪式上，围绕如何充分发挥商标品牌指导站的作用，推动涞水县麻核桃、传统特色产业振兴这一核心议题，县领导提出了明确要求。他们强调，相关部门和行业协会需高度重视，切实做好商标品牌指导站的各项工作。要紧密结合传统特色产业的实际情况，精准施策，助力企业

培训会发放的相关资料

麻核桃商标品牌指导站

打造具有影响力的知名品牌，持续提升商标品牌的信誉度和美誉度，让涞水县的特色产品以更优质的品牌形象走向市场。

2023 年涞水县举办麻核桃电商创业培训

2 月 21 日，涞水县举办了麻核桃电商创业培训班开班仪式。此次活动核心目的在于深度服务于广大核商群体，通过系统性地提升其网上销售技能与知识，进一步激发涞水麻核桃产业的内在活力。

2023 年涞水县市场监督管理局守护地理标志新举措

涞水县市场监督管理局于 2023 年 3 月 13 日启动"涞水麻核桃"地理标志产品保护专项工作，围绕全链条质量管控、特色优势强化及地标示范区建设三方面推进实施。

保定市总工会和涞水县总工会电商创业培训现场

2023 年涞水县人民政府办公室正式发布《涞水县古典家具、麻核桃产业发展三年规划（2023—2025 年）》

3 月 22 日，涞水县人民政府办公室正式发布了《涞水县古典家具、麻核桃产业发展三年规划（2023—2025 年）》。规划坚持"11458"总体思路和"一城两区一振兴"工作布局。坚持对标对表，通过创新体制机制，为产业发展注入新的活力。加快建立起完整且规范的传统产业体系，通过建立这样的体系来激发产业自身的活力，充分挖掘产业潜力，提升产业的价值，进而推进文旅商融合发展，为县域经济社会朝着高质量发展的方向迈进提供有力的支撑。

2023 年制定《涞水县 2023 年古典家具、麻核桃产业振兴工作任务分解方案》

涞水县于 2023 年 4 月发布《古典家具、麻核桃产业振兴工作任务分解方案》，系统推进传统产业转型升级。方案明确将麻核桃与古典家具产业定位为县域特色支柱产业，围绕麻核桃与古典家具产业的产量提升、品质优化、市场拓展、品牌建设四大目标，细化全产业链任务清单，涵盖种植、加工、销售及文化传承等环节，形成可操作的实施路径。

中共涞水县委办公室涞水县人民政府办公室关于印发《涞水县古典家具、麻核桃产业发展三年规划 (2023—2025 年)》的通知

涞水县人民政府办公室关于印发《涞水县 2023 年古典家具、麻核桃产业振兴工作任务分解方案》的通知

2023 年开展涞水麻核桃进校园活动

4 月 28 日，"涞水麻核桃文化进校园活动"正式启动。活动以文化传承与教育创新相结合的方式展开，成为当地特色文化融入学前教育的重要实践。

麻核桃文化进校园活动现场

2023 年"涞水麻核桃"地理标志协同保护暨知识产权协同保护座谈会顺利召开

6 月 21 日，为强化知识产权协同保护，深化知识产权管理部门与检察机关在地理标志保护领域的合作，涞水县市场监督管理局联合县人民检察院召开"涞水麻核桃"地理标志协同保护暨知识产权协同保护座谈会。会议由涞水县市场监督管理局局长主持，县人民检察院检察长、两部门分管领导及相关业务科室负责人、麻核桃行业协会负责人、部分麻核桃种植企业的代表参加了座谈。保定市人民检察院第四检察部副主任、知识产权办公室主任应邀参加。此次会议标志着涞水在地理标志协同保护机制建设上的重要突破，通过跨部门协作整合行政执法与司法保障资源，为地方特色产业高质量发展提供制度支撑，同时为同类地理标志产品的保护实践提供可参考范式。

"涞水麻核桃"地理标志协同保护暨知识产权协同保护座谈会现场

2023 年涞水惠农麻核桃协会向野三坡捐赠救灾物资

2023 年 7 月末至 8 月初，涞水县遭遇罕见洪水灾害，全县 15 个乡镇、284 个行政村均受到影响，面对严峻灾情，涞水惠农麻核桃协会迅速响应，发挥行业组织带头作用。协会紧急动员成员参与物资捐献，筹备食物、工具、药品、衣物等生活必需品。在协会成员共同努力下，救援物资被紧急运往受灾严重的三坡镇、九龙镇等乡镇，为受灾群众送去温暖与希望。

涞水惠农麻核桃协会捐赠清单之一

三坡镇人民政府关于接收抗洪物资捐赠的说明

涞水惠农麻核桃协会向野三坡捐赠物资

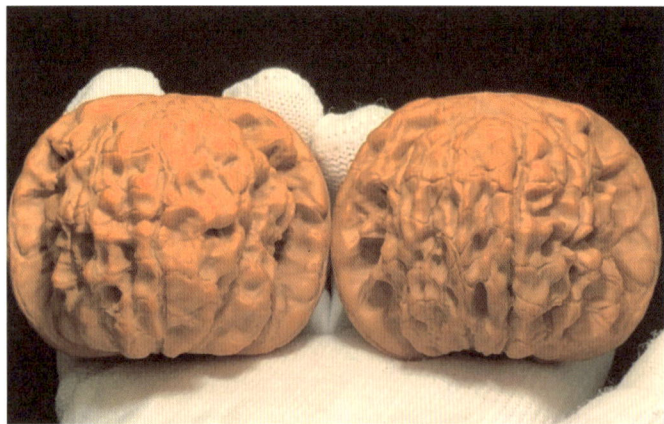
龙鼎官帽

2023 年龙鼎官帽在市场初露锋芒

2023 年麻核桃采摘季，产自河北涞水的龙鼎官帽麻核桃在文玩界初露锋芒，凭借其特质迅速吸引关注。龙鼎官帽核桃以矮桩为主，轮廓圆润饱满，视觉美感和谐；尖部短而钝，尾部紧致且呈方形，放置稳定性高；边部宽厚端正，多为两棱造型；纹理点与网结合两棱角自然下垂；盘玩时迅速上浆、高效挂瓷，短时间内呈现明显变化。

2023 年多部门联动答复，协同促进市场规范与产业振兴

2023 年，涞水县多部门协同推动麻核桃产业发展，积极回应政协委员提案。农业农村局围绕乡村振兴，开展全产业链培训，提升核农种植水平，普及绿色种植、电商直播等技能，推动农民素质提升。乡村振兴局安排财政资金建设涞水农特产品批发市场，带动麻核桃市场发展。发展和改革局制定麻核桃产业发展规划，打造"涞水·中国文玩核桃市场"，配备质检、展销、大数据交易等设施，构建全产业链生态圈。同时，开展电商直播培训，选派科技特派员服务核农种植，助力麻核桃产业复苏与规范化发展。

2023 年行政金融双擎联动助推产业发展

涞水县乡村振兴局实施的建设涞水农特产品批发市场项目落地涞水镇北关村，以现代化交易平台重塑产业流通体系，通过标准化市场设施和集约化运营模式，激活麻核桃交易，带动种植、加工环节技术升级。金融机构同步推进服务创新，农商银行针对产业周期特性开发的"核桃贷"产品成效显著。行政部门与金融机构形成的政策合力，既强化了地理标志保护力度，又破解了产业发展的关键瓶颈，为乡村特色产业可持续发展提供了可复制的实践样本。

2023 年河北省市场监督管理局核准多家企业使用地理标志专用标志

8 月 18 日，河北省市场监督管理局正式对外发布了一则重要公告，宣布核准包括涞水县瑞林核桃农民专业合作社在内的多家企业，正式获得授权使用地理标志专用标志。标志着上述企业所生产的涞水麻核桃产品，已经成功纳入了地理标志产品保护的范畴之内。

2023 年保定市市场监管局赴涞水调研示范区创建与地理标志保护

11 月 1 日，河北省保定市市场监督管理局组织专项调研组深入涞水县，就国家地理标志产品保护示范区创建工作展开调研，并着重强化地理标志保护力度。这一举措充分体现了保定市市场

"涞水麻核桃"地理标志用标客户贷银企对接会

监管局对地理标志保护工作的高度重视，彰显了其助力地方经济发展、提升特色产业竞争力的坚定决心。

2023 年"涞水麻核桃"入选国家知识产权局乡村振兴典型案例

2023 年 11 月，在涞水县政府及相关部门长期努力与有效推进下，"涞水麻核桃"成功入选国家知识产权局第二批地理标志助力乡村振兴典型案例名单。既是对涞水县麻核桃产业发展成就的权威认可，也是对其在地理标志保护、运用及产业振兴探索中创新精神和务实态度的高度赞扬。

2023 年"涞水麻核桃"地理标志产品宣传展示项目成交公告发布

12 月 7 日，"涞水麻核桃"国家地理标志产品文化长廊、示范店、示范种植基地宣传展示牌制作项目成交公告发布。地理标志产品宣传展示项目有助于进一步宣传涞水麻核桃的品牌文化和产品特色，能够有效提升其在市场中的知名度和影响力，让更多人了解涞水麻核桃。

2024 年"涞水麻核桃"品牌形象广告投放央视

2024 年 1 月，涞水麻核桃地理标志广告宣传片《涞水麻核桃——小核桃大产业盘出富民好日子》登陆央视，通过国家级媒体平台实施品牌提升战略。

公告概要：		
公告信息：		
采购项目名称	"涞水麻核桃"国家地理标志产品文化长廊、示范店、示范种植基地宣传展示牌制作项目	
品目	货物/家具和用具/办公用品/文教用品/其他文教用品	
采购单位	(略) 场监督管理局	
行政区域	涞水县	公告时间 2023年12月07日 10:13
评审专家（单一来源采购人员）名单	马改琴、杨素霞、杨金虎	
总成交金额	¥24.* 万元（人民币）	

项目成交公告

2024 年涞水麻核桃国家地理标志产品保护示范区创建工作推进会成功召开

1月5日，涞水县召开涞水麻核桃国家地理标志产品保护示范区创建工作推进会，副县长出席，会议由涞水县市场监督管理局局长主持。会上，市场监督管理局副局长汇报了示范区创建工作进展，涵盖地理标志保护、市场拓展、品牌推广等关键领域。副县长强调各部门要提高政治站位，聚焦创建重点，遵循"高标准建设、高水平保护、高质量发展"原则，加强协调配合，形成工作合力，以示范区创建推动乡村振兴和产业发展。

2024 年麻核桃地理标志相关管理办法陆续出台

1月15日，涞水县人民政府正式对外公布了《涞水麻核桃地理标志产品保护管理办法》《涞水麻核桃地理标志专用标志使用管理办法》以及《涞水麻核桃产品质量追溯管理办法》。详细规定了涞水麻核桃地理标志产品保护的具体要求、地理标志专用标志使用的规范流程以及产品质量追溯的完整体系。在实施过程中，它们将为"涞水麻核桃"地理标志产品提供全面且有效的保护。

涞水麻核桃国家地理标志产品保护示范区创建推进会

"涞水麻核桃"地理标志专用标志使用管理办法（文件首页）

2024 年涞水惠农麻核桃协会召开第五次换届大会

1 月 31 日，涞水县惠农麻核桃协会召开第五次换届大会。选举产生的新一届理事会及其领导班子严格遵循程序，确保公平、公正、公开。县人大常委会副主任亲临会议现场，体现了政府对协会的高度重视。冀卫东继续当选协会会长。

涞水惠农麻核桃协会第五次换届会议现场

2024 年涞水县市场监督管理局严查网络平台地理标志产品违规使用情况

3 月 5 日，涞水县市场监督管理局积极响应国家关于加强地理标志产品保护的号召，组织专项工作组，针对网络平台上的地理标志产品使用情况开展了细致的检查工作。重点检查网络平台店铺中地理标志专用标志的使用是否合规，以确保地理标志产品的品质和声誉不受侵害。此次行动不仅彰显了涞水县市场监督管理局在保护地理标志产品方面的坚定决心和有力行动，也有效维护了"涞水麻核桃"地理标志产品的合法权益，保障了市场的公平竞争和正常秩序。

2024 年涞水县娄村镇和东文山镇先后开展麻核桃管理培训会

3 月 17 日，涞水县组织开展麻核桃管理培训会，并邀请河北农业大学齐国辉教授为当地的核农们讲授麻核桃栽培技术，以麻核桃栽培技术作为核心主题展开讲解，共有 80 余名核农参加了这次培训。其间，涞水县麻核桃产业的"土专家"也参与到培训当中，围绕增加土壤有机质等问题为核农们进行了讲解，进一步丰富了培训内容。

娄村镇麻核桃春季管理技术培训班现场

2024 年古典家具、麻核桃产业高质量发展交流会顺利召开

3 月 27 日，涞水县成功举办了古典家具与麻核桃产业高质量发展的交流会，县人大常委会主任，县委常委、常务副县长，县人大常委会副主任等县领导亲临现场并发表讲话。此次交流会的成功举办，不仅为涞水县古典家具与麻核桃产业的发展提供了宝贵的经验和启示，也为地方政府、行业协会、企业等多方主体搭建了一个良好的沟通平台。各方将以此次交流会为契机，进一步加强合作与交流，共同推动涞水县特色产业的高质量发展。

2024 年涞水特色文化产业采风活动座谈会

4 月 8 日，为了更进一步推动我县特色文化产业的发展，充分发挥文化在发展中的助力作用，保定市作家协会主席王淑彦会同来自房山区、石景山区及门头沟区作家协会的采风团来到我县开展采风活动。县委常委、宣传部部长，县人大常委会副主任，县政协副主席都参与到活动中。座

涞水特色文化产业采风活动座谈会

谈会上，县领导发表讲话，并表示要强化京冀之间的优势互补，建立起完善且有效的协同机制，让文化在交流中碰撞出更多的火花，形成强大的发展合力，从而推动我县经济和文化的双重发展。

2024 年河北省市场监管局赴涞水县开展"涞水麻核桃"地理标志产品保护专项调研

4 月 10 日，河北省市场监管局调研组到涞水县调研"涞水麻核桃"地理标志产品保护工作。调研组听取了涞水县的工作汇报，肯定了其前期工作成果，并结合实际提出前瞻性建议，强调地理标志对区域经济、乡村振兴和文化传承的重要性，要求涞水县加大保护力度，实现高水平保护和高质量发展，为全国树立典范。保定市市场监管局副局长指出，此次调研对县级市场监管部门意义重大，应挖掘产业特色优势，推动可持续发展，促进经济结构优化和人民生活水平提高。调研结束后，调研组实地走访了"涞水麻核桃"文化长廊，进一步了解其文化、工艺、市场及品牌建设等情况，为后续指导和服务提供依据。

"涞水麻核桃"地理标志产品的保护工作调研会议

宣传活动现场

2024年开展"示范区大家谈"宣传活动

4月17日，涞水县举办"示范区大家谈"宣传活动，走进"涞水麻核桃"国家地理标志产品保护示范区。在活动中，涞水县市场监督管理局负责同志汇报了示范区创建情况。副县长强调市场监管局和检察院要持续关注支持，相关部门和企业需强化合力、补齐短板。保定市相关部门对涞水县工作给予肯定并提出意见建议。与会人员还实地参观了文化长廊，共同探讨未来发展。

2024 年涞水惠农麻核桃协会第五届理事会第一次会议正式召开

5 月 16 日，河北省保定市涞水县惠农麻核桃协会第五届理事会第一次会议在娄村镇西安庄老核农种植基地召开。会议深入讨论了涞水麻核桃产业发展现状与问题，强调挖掘传统文化以赋予产业深厚内涵，同时注重技术创新，引入新种植技术和加工工艺提升麻核桃品质与产量。会议部署了 2024 年工作：完善协会组织架构和管理机制，提高运行效率；组织专业人员评选麻核桃百年老树，保护珍贵资源；申请地理标志保护示范基地，提升品牌影响力；成立技术服务站，为种植户和加工企业提供技术指导，保障可持续发展。会议还任命郭保华和郭玉柱为协会荣誉会长。

涞水惠农麻核桃协会第五届理事会第一次会议现场

2024 年诸多麻核桃新品种进入市场

2024 年 8 月，麻核桃市场迎来众多新品种，如"中国心""石勒""涞阳铁球""莲雾""金枕元宝"和"戏金蟾"等，极大丰富了市场多样性。这些品种各具特色："中国心"寓意爱国深情，骨质坚硬细腻；"石勒"以历史典故命名，纹路清晰；"金枕元宝"寓意吉祥富贵，皮质金黄；"涞阳铁球"

由张春林培育，外形圆润，适合入门者；"莲雾"形态独特，尺寸小，把玩轻巧；"戏金蟾"是裴东教授培育的小型品种，适合制作手串。它们不仅质地优良、寓意美好，还承载着深厚的文化内涵，推动麻核桃产业向前发展，满足消费者多样化需求。

中国心

石勒

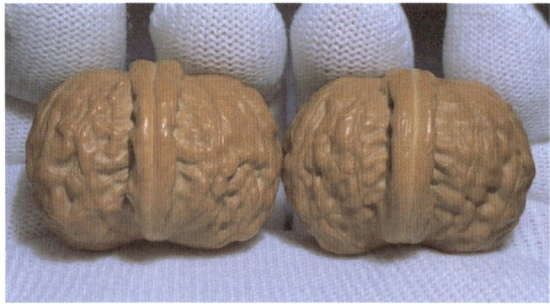

金枕元宝

涞阳铁球

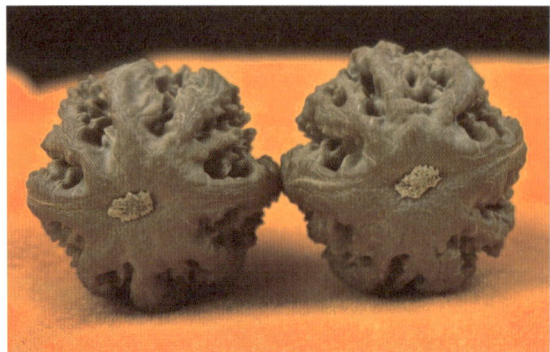

莲雾

戏金蟾

2024 年涞水惠农麻核桃协会到天津开发区坤禾生物技术有限公司实地考察

9 月 29 日，涞水县惠农麻核桃协会会长冀卫东带领会员和种植户考察天津开发区坤禾生物技术有限公司。坤禾生物技术有限公司是一家专注于高品质微生物菌肥和腐熟蛋白生物有机肥的国家级高新技术企业。考察团了解其核心技术与全链条制造体系，双方均表达了合作意愿。

涞水惠农麻核桃协会在天津坤禾生物科技集团股份有限公司进行考察

2024年"诚信经营，守护消费权益"联合普法宣传活动成功举办

11月7日，涞水县举办"诚信经营，守护消费权益"联合普法宣传活动。活动由县市场监督管理局、县委政法委、县人民法院、县司法局及县惠农麻核桃协会联合发起，旨在提升公众法律意识，维护消费者权益，推动麻核桃产业健康发展。活动通过发放宣传资料、法律咨询、知识讲座和案例分析等形式，宣传《中华人民共和国消费者权益保护法》《中华人民共和国民法典》等法律法规。

涞水麻核桃诚信经营联合普法活动现场

2024年涞水麻核桃文化长廊正式开放

2024年，涞水麻核桃国家地理标志产品文化长廊在拱辰街建成并正式对外开放，文化长廊由主标识、副标识及18块宣传展板组成，总长约2 000米，通过形象标识、实物景观和图文展板等

形式，生动展示地理标志文化、涞水麻核桃文化和示范区创建成效。文化长廊涵盖地理标志保护
历程、涞水麻核桃的历史与特色，以及示范区建设成果等内容，目前已成为展示创建成效和普及
文化的重要窗口。

涞水麻核桃文化长廊

2024 年"涞水麻核桃"入选"一带一路"地理标志品牌推广清单

"涞水麻核桃"凭借卓越品质、独特文化价值及市场影响力，入选"一带一路"地理标志品牌推广清单。这一荣誉不仅是对其国内市场成就的认可，更为其走向国际市场铺就了道路，开启了新机遇。为适应国际市场需求，产业在质量控制、包装设计和市场营销等方面进行了全面升级，制定了严格的质量标准体系，融合传统文化与国际时尚元素进行包装设计，并积极开展国际市场营销。

"涞水麻核桃国家地理标志产品保护示范区"地标

2024 年涞水麻核桃诚信商家授牌仪式成功举行

12 月 7 日，为推动地方特色产业稳健发展、巩固市场诚信体系，涞水惠农麻核桃协会于总部举办了涞水麻核桃诚信商家授牌仪式。活动汇聚了众多行业精英、资深专家及监管部门代表，受到业界的高度关注与广泛参与。协会会长冀卫东强调诚信经营的重要性，获牌商家代表承诺坚守诚信底线，保障消费者权益。此次授牌仪式不仅是对诚信商家的表彰，也为消费者提供了甄别依据，激励更多商家诚信经营，助力涞水麻核桃产业高质量发展。

2024 年"法院＋协会"联动化解麻核桃交易纠纷

12 月 21 日，《平安保定》节目报道了涞水县人民法院与涞水麻核桃协会携手调解麻核桃买卖纠纷的案例。原告李某因购买的麻核桃存在质量问题要求退款，被告王某提出换货，双方协商未果后李某提起诉讼。庭审前，法院启动庭前调解程序，邀请协会负责人冀卫东参与。冀卫东凭借

《保定法院在线》报道麻核桃买卖纠纷调解过程

专业知识和行业经验，结合实物样本讲解麻核桃品质标准，法院则解读相关法律法规，最终双方达成调解协议，王某同意更换新核桃。此后，法院与协会建立常态化诉前化解机制，整合行业经验与法律规范，提升纠纷处理效率，已成功调解两百余起纠纷。

2024年文玩核桃产业高质量发展研讨会在涞水县召开

12月21日，河北涞水县举办文玩核桃产业高质量发展研讨会，由中国林业协会主办旨在推动文玩核桃产业科学、可持续发展，助力产业升级。会议汇聚政府、高校、科研单位、行业协会及企业等多方力量，参会规模约120人。围绕核雕技艺创新、产业

2024年文玩核桃产业高质量发展研讨会

2024年文玩核桃产业高质量发展研讨会合影

动态数据发布、新品种选育等核心问题展开研讨。特邀报告环节由专家主持，涵盖文玩核桃发展历程、资源开发、嫁接技术创新等内容。

2025 年"行业人民调解委员会"正式成立

1 月 8 日，涞水惠农麻核桃协会举行"行业人民调解委员会"揭牌仪式，标志着涞水县首个麻核桃产业专属纠纷调解平台正式运行。作为全国麻核桃主产区，涞水县始终重视法治保障，新成立的调解委员会以新时代"枫桥经验"为指引，确立"协会主导、多方联动""精准界定、全面覆盖""多元解纷、梯次过滤"三大原则，配套登记报告、分流引导、联动调处、司法确认四项制度，整合人民调解、行政调解、司法调解资源，实现协同发力。该平台将有效解决产业中购销纠纷、质量争议等突出问题，缩短纠纷处置周期，建立"行业问题行业解"的自治机制。

涞水惠农麻核桃协会调解委员会举行揭牌仪式

2025 年涞水惠农麻核桃协会举办 2024 年终总结会

1月8日，涞水惠农麻核桃协会举办2024年年终总结会，邀请多部门领导出席。会长冀卫东回顾全年工作，协会通过培训提升种植户能力，搭建市场桥梁助力农产品销售，成立调解委员会维护市场秩序，编写《中国涞水麻核桃志》传承文化，推动地标品牌建设并推出认证证书提升市场认可度。展望 2025 年，协会计划创建分会、出版书籍、探索科技创新，推动产业升级。各部门领导及企业代表发言，高度评价协会工作并提建议，涞水县委麻核桃专项小组主任总结发言。此次会议总结过去，部署未来，呼吁各方携手推动产业发展。

涞水惠农麻核桃协会年终总结会冀卫东
会长作报告

涞水惠农麻核桃协会年终总结会

涞水惠农麻核桃协会年终总结会合影

2025 年涞水惠农麻核桃协会申请数据知识产权

1 月 8 日，涞水惠农麻核桃协会正式提交数据知识产权登记申请，对麻核桃鉴定与配对领域的创新方法与流程进行保护。该数据知识产权登记证书涵盖三大核心规则与流程：一是数据收集与观察；二是人为鉴定与计算配对；三是品质保障与市场竞争力提升。该申请于 1 月 26 日获正式登记，标志着协会在保障麻核桃产品质量与价值方面迈出重要一步。

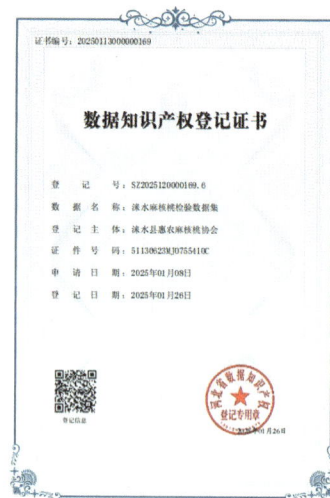

2025 年郭素萍教授带涞水麻核桃接受两会采访

1 月 13 日，河北省两会期间，河北农业大学郭素萍教授携涞水麻核桃接受媒体采访。郭教授是已故杰出教授李保国的夫人，李保国教授在核桃领域贡献卓著。郭教授继承遗志，带领团队在麻核桃种质资源保护、高效栽培技术研发等方面取得显著成就，推动涞水麻核桃产业发展。她高度评价涞水麻核桃的市场地位，称其为河北省的"金名片"，在国内国际市场上均有强大竞争力。郭教授表示，将积极响应政府加快建设农业强省的目标，持续选育优良品种，提升产品质量与竞争力，助力果农增收，并深化科研攻关与国际合作，推动涞水麻核桃产业国际化发展。

涞水惠农麻核桃协会数据知识产权登记证书

2025 年涞水县惠农麻核桃协会会长冀卫东接受涞水县两会采访

在涞水县两会期间，涞水县惠农麻核桃协会会长冀卫东作为人大代表全程参会。他表示深感责任重大，这份责任既来自核农和核商的信任，也源于推动产业发展的历史使命。面对新机遇和挑战，协会将坚定目标，引领核农与核商提升种植技术与销售能力，精准把握市场动态，积极拓展销售渠道。协会将积极探索新技术、新模式，延伸产业链，深化产品加工，提升附加值与竞争力，并加强与科研机构、高校及国际同行的交流合作，推动科技创新与成果转化。

郭素萍教授（左一）带涞水麻核桃参加两会采访

冀卫东会长接受涞水县两会采访

2025 年保定市企业法律顾问协会与涞水惠农麻核桃协会签订战略协议

2025 年 2 月 25 日，为构建法律支持与产业资源深度融合的协同平台，支持涞水麻核桃企业的合规经营与稳健发展，推动麻核桃产业迈入更加健康、可持续的轨道，保定市企业法律顾问协会与涞水惠农麻核桃协会正式签订了友好协会战略合作协议。根据协议内容，保定市企业法律顾问协会将为涞水惠农麻核桃协会的全体成员提供为期一年的免费法律顾问援助服务，此举旨在通过专业法律指导，协助涞水麻核桃企业有效规避法律风险，实现健康有序的发展。

保定市企业法律顾问协会与涞水惠农麻核桃协会举行友好合作签约揭牌仪式

2025 年涞水惠农麻核桃协会成立党支部

2025 年 2 月，涞水惠农麻核桃协会成立党支部，开启组织建设新阶段。党支部将依规治党，构建科学规范党建工作体系，发挥政治引领作用，围绕麻核桃产业发展需求，引导党员在种植技术、产品质量、市场拓展等关键环节发挥先锋模范作用。同时，加强党员教育、管理和监督，严格执行党内纪律，建立健全监督机制。

2025 年申请成立中国文玩核桃协会

2025 年 3 月，涞水惠农麻核桃协会会长冀卫东先生正式向相关部门递交了申请，旨在创立具有广泛国际影响力的国家级文玩行业组织——中国文玩核桃协会。这一协会不仅立足本土汇聚了国内众多文玩核桃爱好者、收藏家及行业专家的智慧与力量，更着眼于全球视野，致力于搭建一个国际性的交流与

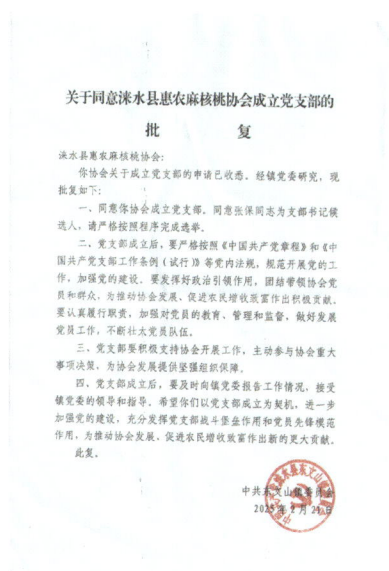

涞水惠农麻核桃协会党支部批复文件

合作平台。通过这一平台，来自世界各地的文玩核桃文化爱好者将能够共享资源、交流心得，共同推动文玩核桃体系化、国际化发展。

2025 年涞水惠农麻核桃协会召开第二届技术培训会

3 月 13 日至 14 日，涞水惠农麻核桃协会举办第二届麻核桃技术培训会，分山前、山里两场进行，围绕技术升级、政策支持、金融赋能等维度推动产业发展。活动汇聚政府部门、行业专家及 300 余名种植户，形成"理论＋实践"立体化培训体系。县民政局、农业农村局等部门领导出席并肯定协会的桥梁作用。孙红川讲授修剪整形等关键技术，协会副会长高凤启推广水肥一体化技术并赠送设备。培训增设种植园实地教学环节，提升技术落地性。涞水农业银行推出"核桃贷"，为种植户提供资金支持。

涞水惠农麻核桃协会召开第二届技术培训会

2025 年多家媒体报道麻核桃行业人民调解委员会优秀调解案例

3 月 13、14 日，中国网和河北法制网对麻核桃行业人民调解委员会优秀调解案例先后进行了报道。涞水惠农麻核桃协会人民调解委员会在近期多起纠纷处理中表现出色，彰显卓越履职成效。面对复杂纠纷，委员会响应迅速，凭借专业优势，依据法律知识和行业规范提供专业指导，高效化解多起纠纷。

2025 年麻核桃人民调解委员会召开专题培训会议

4 月 25 日，涞水县司法局与涞水惠农麻核桃协会联合召开"麻核桃人民调解委员会专题培训会议"，旨在提升行业调解专业化水平，推动"枫桥经验"在麻核桃产业中的应用。会议由协会会长冀卫东主持，多部门代表参会。会议总结调委会工作成效，指出问题并提出改进方向。

麻核桃人民调解委员会召开专题培训会议

2025 年涞水麻核桃全国粉丝见面座谈会

5 月 2 日，中国涞水麻核桃全国粉丝见面座谈会在涞水县盛世国际酒店召开，全国各地的麻核桃爱好者、核商、行业精英及众多媒体前往参与。此次活动旨在深化麻核桃产业交流，推动品种创新与市场规范化，并提升"涞水麻核桃"的全国知名度，为乡村振兴助力。

涞水麻核桃全国粉丝见面座谈会现场

涞水麻核桃全国粉丝见面座谈会现场

2025 年涞水惠农麻核桃协会举办"智汇涞水·教育筑梦"主题捐款活动

涞水惠农麻核桃协会于初夏时节举办"智汇涞水·教育筑梦"主题捐款活动，以实际行动支持家乡教育事业。在涞水县委县政府及教育和体育局倡议下，协会积极响应教育发展促进会号召，动员会员筹集善款，助力解决当地教育优质均衡发展的长期难题。

涞水惠农麻核桃协会举办"智汇涞水·教育筑梦"主题捐款活动

2025 年涞水惠农麻核桃协会考察天津正佳核园

5 月 15 日，河北省涞水县惠农麻核桃协会考察团前往天津市蓟州区西龙虎峪镇李家峪村，调研李政创办的正佳核园。正佳核园占地 300 余亩，以山地种植、科学管理和品种优势著称，其"蓟州红"系列品种备受市场青睐。考察推动了两地产业链深度合作，计划共建"麻核桃品质标准体系"，推动全产业链标准化。

涞水惠农麻核桃协会考察天津正佳核园

2025 年涞水惠农麻核桃协会天津分会正式成立

5 月 19 日，涞水惠农麻核桃协会天津分会成立，开启协会跨省布局。天津分会将整合京津冀资源，推动全产业链协同发展，依托天津港口拓展出口，联动核雕工艺提升附加值。协会同步启动全国十家分会计划，覆盖华东、华南、西南等区域，未来计划深化产学研合作，开发麻核桃价值，打造数字化产销平台，提升全球影响力。

涞水惠农麻核桃协会天津分会正式成立

2025 年文玩核桃产业跨区域交流座谈会在涞水举行

5 月 20 日，中国经济林协会文玩核桃分会与云南楚雄考察团到访河北涞水惠农麻核桃协会，以"南北协作、共促振兴"为主题共商产业创新。其间，考察团参观涞水国家地理标志示范区，并了解麻核桃全产业链模式。座谈会上协会代表分享产业经验，"地理标志＋文旅"融合路径得到考察团高度认可。双方就共享嫁接技术和高原品种资源达成合作意向。

文玩核桃产业跨区域交流座谈会

附 录

附录一 地理标志产品 涞水麻核桃（野三坡麻核桃、文玩麻核桃）

（DB13/T 1624—2019）

1 范围

本标准规定了涞水麻核桃的术语和定义、地理标志产品保护范围、分类、要求、试验方法、检验规则及标志、标签、包装、运输、贮存。

本标准适用于原国家质量监督检验检疫行政主管部门根据《地理标志产品保护规定》批准的涞水麻核桃适宜栽植区。

2 规范性引用文件

下列文件对于本文件的应用是必不可少的。凡是注日期的引用文件，仅注日期的版本适用于本文件。凡是不注日期的引用文件，其最新版本（包括所有的修改单）适用于本文件。

DB1306/T 116—2010 涞水麻核桃栽培技术规程

《地理标志产品保护规定》（国家质量监督检验检疫总局令第 78 号）

3 术语和定义

下列术语和定义适用于本文件。

3.1 涞水麻核桃

根据《地理标志产品保护规定》批准的范围内生产的外部形状特征、物理指标符合本标准规定的鸡心、狮子头、公子帽、官帽、虎头五个类型的麻核桃。

3.2 纵径

麻核桃坚果的高度，俗称桩。

3.3 横径

麻核桃坚果缝合线间的最宽距离。

3.4 侧径

垂直于横径的麻核桃坚果的最大宽度，俗称肚径。

3.5 尖

麻核桃坚果顶部，俗称嘴儿。

3.6 底

麻核桃坚果的底部，俗称底儿。

3.7 纹

麻核桃坚果表面的纹路和纹理。

3.8 眼

麻核桃坚果的底孔，俗称脐儿或后门儿。

3.9 边

麻核桃坚果的棱翼。

3.10 肚

麻核桃坚果顶部往下，边棱内侧，底部向上的位置。

3.11 其他术语

可参见附录 A。

4 地理标志产品保护范围

涞水麻核桃的产地保护范围限于国家质量监督检验检疫行政主管部门，根据《地理标志产品保护规定》批准的范围，即涞水县现辖行政区域，见附录 B。

5 分类

5.1 涞水麻核桃按外部形状特征分为五大类型：鸡心、公子帽、官帽、狮子头、虎头。

5.2 官帽常见类型：刺纹大官帽、金刚纹大官帽、状元冠大官帽、麒麟纹大官帽等。

5.3 狮子头常见类型：苹果圆狮子头、白狮子头、磨盘狮子头、刺纹狮子头、盘龙纹狮子头、满天星狮子头、水龙纹狮子头、点将石狮子头、菊花楼狮子头等。

5.4 虎头常见类型：麦穗虎头、盘龙虎头等。

6 要求

6.1 地理环境

光照充足，褐土类土壤，土层厚度 ≥1 m，pH 7.0～8.0，有机质含量 ≥0.8 % 的为适宜栽植区。

6.2 栽培技术要求

参照标准 DB1306/T 116—2010 的规定执行。

6.3 感官要求

6.3.1 质量特征

果壳无裂缝、无磨损、无白尖、无阴皮、无黄皮，相撞时发金石之声。

6.3.2 外部形状特征

6.3.2.1 五大类型外部形状总体特征

应符合表 1 的要求。

表 1　五大类型外部形状总体特征

类型	外部形状特征
鸡心	外壳似鸡心形状，个头较大，底座小，桩高，尖大突出，多粗直纹，纹路深。
公子帽	外壳似古代公子帽形状，底座较大，矮桩，大边明显突出，在连接脐的地方形成两个大兜儿，纹路较浅。
官帽	外壳似明朝官员的乌纱帽形状，底座大而平，桩稍高，大边饱满圆润，纹路较深。
狮子头	外壳近于圆球形，底座大而平，矮桩，花纹形如雄狮鬃毛，多卷花、绕花、拧花，纹路较深。
虎头	外壳似虎头形状，与狮子头相比底座稍小，桩较高，花纹细密饱满。

6.3.2.2 官帽常见类型外部形状特征

应符合表 2 的要求。

表 2　官帽常见类型外部形状特征

类型	外部形状特征
刺纹大官帽	通身纹路多刺，粗犷深刻，高桩，边大延伸到底部形成两个小兜，脐形似"金钱眼"。
金刚纹大官帽	底部有较为明显的兜，高桩，边宽大且薄，尖大，脐较小，纹路深、密实呈疙瘩状。
状元冠大官帽	底部有小兜，肚方圆饱满，正圆柱形，纹路饱满大气，主筋均匀分布呈放射状，中间夹杂一些小疙瘩状的花纹。
麒麟纹大官帽	底座大而平，高桩，宽边肚圆，尖大，纹理粗犷，凸起为网状纹。

6.3.2.3 狮子头常见类型外部形状特征

应符合表 3 的要求。

表 3　狮子头常见类型外部形状特征

类型	外部形状特征
苹果圆狮子头	外形饱满圆润，底座敦实，桩矮、肚大边厚，形似苹果，脐部酷似古代铜钱中的方孔，骨质重，易上色。
白狮子头	平底粗纹，矮桩端肩，厚边，顶部有非常明显的十字尖，骨质重，易上色。
磨盘狮子头	外形似农家的石头磨盘，矮桩厚边，闷尖平底，肚饱满，底部纹路呈放射状，纹路较浅，骨质重，易上色。
刺纹狮子头	通身长有密实的小刺状花纹，整体圆润，凹底闷尖，矮桩大肚，纹路较深，纹上有纹。
盘龙纹狮子头	矮桩，肚扁，边大突出并延伸至底部，形成两个大兜，纹路均匀细腻，形似盘龙。
满天星狮子头	凹底柳叶脐，厚边大尖，纹路如繁星，呈小疙瘩状密集相连，骨质重，上色快。
水龙纹狮子头	平底厚边，桩比同类略高，尖大肚圆，纹理较浅，粗实有序，凸起相连，形似蛟龙在水中翻滚，骨质重，易上色。
点将石狮子头	外形敦实饱满，凹底儿，边厚，大十字尖，菱形脐，纹路密实，生有细沟槽，骨质重。
菊花楼狮子头	外形矮桩大肚，平底厚边，底部放射状纹路明显，形状似菊花，平顶端肩。

6.3.2.4 虎头常见类型外部形状特征

应符合表4的要求。

表 4　虎头常见类型外部形状特征

类型	外部形状特征
麦穗虎头	底部呈放射状，高桩，边厚，纹路以点网状为主，纹理成规则的麦穗状，脐较小。
盘龙虎头	平底高桩，底部稍凹，肚饱满，边厚且宽，纹路深，脐较细长，骨质重，易上色。

6.4 物理要求

应符合表5的要求。

表 5　物理要求

类型	物理指标			
	横径（边）(mm)	侧径（肚）(mm)	单果重(g/个)	密度(g/cm³)
鸡心	≥45	≥44	≥23	≥0.85
公子帽	≥42	≥36	≥20	≥0.90
官帽	≥45	≥42	≥23	≥0.85
狮子头	≥42	≥40	≥22	≥1.05
虎头	≥43	≥40	≥22	≥0.93

7 试验方法

7.1 外观特征检验

目测观察麻核桃坚果形状、纹路和纹理特点。

7.2 物理要求检验

7.2.1 横径

用游标卡尺（50 分度值精确为 0.02 mm）逐个测量麻核桃坚果的横径。

7.2.2 侧径

用游标卡尺（50 分度值精确为 0.02 mm）逐个测量麻核桃坚果的侧径。

7.2.3 单果重

用电子天平（三级电子天平精确为 0.01 g）逐个称麻核桃坚果的质量。

7.2.4 密度

把已经测完单果重的麻核桃，用排水法测单果体积，用密度计算公式 $\rho = m/V$ 得出单果密度。

8 检验规则

6.3.1 和 6.4 中有一项不合格，则判定该产品不合格。

9 标志、包装、运输和贮存

9.1 标志

用于销售的涞水麻核桃，其产品或包装上除应标注地理标志产品专用标志外，还应标注类型、产地、执行标准及规格等内容。

9.2 包装

使用涞水麻核桃地理标志产品专用包装，包装材料应符合国家相应的安全要求。

9.3 运输

在运输过程中，严禁雨淋，注意防晒、防火。

9.4 贮存

阴干后置于干燥、阴凉处储存。

附 录 A （资料性附录）
行业术语

A.1 偏

麻核桃坚果外形不周正。

A.2 配

两个外形基本一致的麻核桃坚果组成一对儿。

A.3 品相

一对麻核桃坚果的综合品质与相貌。

A.4 窝底

麻核桃坚果底部的凹陷。

A.5 闷尖

麻核桃坚果的顶部凹陷。

A.6 白尖

麻核桃坚果尖部发白。

A.7 阴皮

麻核桃坚果表皮的黑斑，俗称青皮或黑记。

A.8 黄皮

麻核桃坚果表面的浅黄色的突起。

A.9 手头

麻核桃的质量。

A.10 封底

用胶或者蜡把麻核桃坚果底部的脐儿封起来。

A.11 漏脐儿

麻核桃坚果底部脐儿里面的蒂干缩掉而形成的空洞。

A.12 几个几

麻核桃坚果摆正后大边的最大直径，即横径。用厘米表示，如四点一厘米就叫四个一。

A.13 老麻核桃

已经盘出来多年的麻核桃坚果。

附 录 B （规范性）
涞水麻核桃（野三坡麻核桃）地理标志产品保护范围图（略）

附录二 涞水麻核桃栽培技术规程

（DB1306/T 116—2022）

1 范围

本文件规定了涞水麻核桃实生苗建园、嫁接、栽培管理、采收等要求。

本文件适用于涞水麻核桃国家地理标志产品保护示范区（见附录 A）的麻核桃生产。

2 规范性引用文件

本文件没有规范性引用文件。

3 术语和定义

本文件没有需要界定的术语和定义。

4 实生苗建园

4.1 园址选择

选择光照充足、有灌溉条件、土层厚度 ≥ 1m、pH 7.0 ～ 8.0、土壤有机质含量 ≥ 0.8%，且土壤质地为中壤或沙壤土的缓坡丘陵、山脚坡地或平原地。

4.2 整地

4.2.1 整地时间

造林当年春季或前一年秋季。

4.2.2 造林密度

依据立地条件和苗木规格，核桃园造林密度为：株行距（4 ～ 5）m×（5 ～ 7）m。

4.2.3 整地方法

平原地依据造林设计密度先定栽植点，以栽植点为中心挖定植穴，定植穴规格 1m 见方，每穴底部施入与土混合的腐熟有机肥 20 kg ～ 50 kg，回填后及时灌水沉坑并填平。山脚坡地应先按设计修梯田或水平沟，再定点挖穴，挖定植穴及回填方法同上。

4.3 苗木质量要求

核桃苗木地径为 5 cm ～ 10 cm，根系完整、树体组织充实鲜活、主干通直光滑无病虫害。

4.4 栽植技术

4.4.1 栽植时间

春季树体萌动期为最佳栽植时期（3月下旬至4月中旬）。

4.4.2 栽植方法

在定植穴中挖与苗木根系相适应的栽植坑，苗木大根若有劈裂应栽植前修根。栽植深度以该苗木原土印相平，先把苗木放入栽植坑中央，根系舒展，将根系埋严后踩实并将苗木轻轻摇动上提，使根系与土壤相互密接，栽植坑填平土后踩实，打出树畦或树盘。

4.4.3 浇水

栽后及时浇足水，水渗干后，覆土封埯，然后覆盖1.5 m宽地膜。

5 嫁接

5.1 砧木

选择地径5 cm以上生长健壮、无病虫害的核桃树作为砧木。

5.2 嫁接品种

经我县多年筛选主要优良嫁接品种有苹果圆狮子头、白狮子头、磨盘狮子头、刺纹狮子头、盘龙纹狮子头、满天星狮子头、水龙纹狮子头、点将石狮子头、菊花楼狮子头、麒麟纹大官帽、刺纹大官帽、金刚纹大官帽、状元冠大官帽、麦穗虎头、盘龙虎头等。

5.3 嫁接方法

5.3.1 春季枝接

5.3.1.1 接穗的采集与贮藏

应采集生长健壮、组织充实、芽体饱满、无病虫害、粗度在1 cm～1.5 cm的麻核桃一年生枝，采集时间一般从冬至到春季核桃发芽前半个月都可进行。接穗采集后底部剪口封蜡，放入窖中贮藏或背阴处挖坑用湿土埋藏（土壤含水量60%左右，一握成团，一触即散），覆土厚度30 cm～50 cm。枝接前把接穗剪截成10 cm～15 cm的小段(保留1～2个饱满芽)，然后进行封蜡处理。

5.3.1.2 嫁接时期

以春季砧木发芽至展叶期、接穗尚未萌动时为宜（3月下旬至4月中旬）。

5.3.1.3 嫁接部位

嫁接部位应通直、光滑、无病虫害，依据嫁接部位的砧木直径不同，每个接头可用1～4个接穗。

5.3.1.4 砧木处理

在砧木主干上距地面20 cm左右处锯3条斜向，相互错开，呈螺旋状分布的锯口，锯口深达木质部；在确定的嫁接部位将砧木锯断，锯口削平滑；沿砧木接口下部削出长6 cm～8 cm、宽大于接穗直径、露出嫩皮层的大削面；在大削面中央横切一个宽1 cm左右的月牙形斜面，在中间向下纵切长2 cm～3 cm深达木质部的切口。

5.3.1.5 插皮接

在接穗最下端芽的背面削 4 cm ~ 5 cm 长的平滑大斜面（先垂直下刀，超过接穗髓心后再向下斜削），在大斜面的背面下端反削一个 0.5 cm ~ 1.0 cm 的小斜面，刮去大斜面两侧的表皮或掀开大斜面背后的皮层，将接穗大斜面向里插入砧木纵切口的皮层内，露白 0.5 cm 左右。

5.3.1.6 绑缚

插完接穗后，使接穗皮层与砧木紧密接合，用薄塑料袋将接穗及嫁接口包裹，用麻绳或尼龙绳等将砧木与接穗绑牢，包扎紧密，做到不透风不露水。

5.3.1.7 枝接后的管理措施

枝接后 30 天左右接穗发芽即为成活，接穗成活后，应及时抹除砧木萌蘖；若接穗上的芽子干枯说明嫁接失败，可保留适宜位置的健壮砧木萌蘖，在夏季进行补接；当接穗新梢长到 60 cm 左右时，及时绑支架，将新梢"∞"字形活扣固定在护枝上；为促发分枝，可将新梢留下 30 cm ~ 40 cm 进行剪截。随着新梢的加粗生长，应及时进行松绑，避免绑缚物过紧影响新梢正常生长。

5.3.2 夏季芽接

5.3.2.1 砧木选择

选择在核桃树当年新梢或 2 年生枝上（粗度 1 cm ~ 2 cm）嫁接为宜。

5.3.2.2 接穗的采集及储藏

接穗应从当年新梢上采集，采下的接穗留 2 cm ~ 3 cm 长的叶柄剪去叶片，及时放入湿麻袋内置于阴凉处。如果采穗圃较近，宜随采随接，尽量减少接穗水分流失。若长途运输，应防止接穗热捂变质或失水干枯，运回后应及时保存在阴凉湿润的地窖或冷库中，接穗存放期一般不超过 3 天。

5.3.2.3 嫁接时期

夏季芽接在 5 月下旬至 6 月中旬为宜。

5.3.2.4 嫁接步骤

先将接芽的叶柄从基部去除，在接芽的上下方 1 cm ~ 1.5 cm 处各横切一刀，在接芽侧面纵切一刀贯穿两个横切面，用手指摁住叶柄基部掀起芽片向另一侧轻轻掰取，取出芽片后，迅速在砧木嫁接部位切出不小于芽片的方块形切口，将芽片放入砧木切口内贴紧（保证芽片和切口上下及左右各有一侧对齐），用塑料条自下而上把芽片和砧木进行紧密绑缚，注意要将接芽外露。

5.3.2.5 芽接后管理措施

嫁接完成后，接芽上方留下 3 ~ 4 个砧木叶片进行剪砧，并及时除萌；芽接 7 ~ 10 天后检查成活，若接芽干枯掉落，需及时补接。接芽长到 5 cm 左右时，距接芽上方 1 cm 处剪去砧木。接芽新梢长到 10 cm 左右时，从接芽背面的砧木上纵向割开绑条。新梢长到 30 cm 以上时，要及时绑支架，将新梢"∞"字形活扣绑在护枝上。

6 栽培管理

6.1 修剪

6.1.1 秋季修剪

秋季修剪一般在核桃采摘后至秋分节进行，锯除背上直立旺枝、过密枝、徒长枝、病虫枝和竞争枝。盛果期树应及时落头，改善树冠内膛光照。

6.1.2 春季修剪

春季修剪依据果园大小，在麻核桃树发芽前半个月左右完成。对有生长空间的骨干枝延长枝和背斜侧健壮生长枝进行短截，促发分枝，扩大树冠；对生长角度较小的健壮枝条进行缓放并拉枝；对于细弱冗长结果枝回缩复壮；发芽前及时在需要出枝的芽上方进行刻芽。

6.1.3 夏季修剪

在生长季节及时抹除剪锯口的萌蘖，对于生长直立的健壮枝向有空间部位进行拉枝，及早疏除背上直立枝、过密枝、徒长枝和竞争枝。

6.2 施肥

6.2.1 基肥

以腐熟的农家肥为主，一般幼树施 25 ～ 50 kg/ 株，盛果期树施 50 ～ 150 kg/ 株。在秋分至寒露节，在行间沿树冠边缘挖直沟或单株树冠边缘挖深 40 cm ～ 60 cm、宽 40 cm 环状沟，将肥料与土混合后施入沟底，用土将沟填平并踩实；立地条件较好的果园可采取行间地面撒施，再进行深翻旋耕。

6.2.2 追肥

总肥料量可参考核桃树冠幅每平米施入有效氮 50 g、磷 25 g、钾 25 g，氮磷钾比例为 2 : 1 : 1。第一次追肥在树体萌芽前（3 月中下旬），以氮肥为主；第二次在果实膨大期（5 月上中旬），以磷、钾复合肥为主；第三次在果实硬核期（6 月上旬），以高钾高钙肥为主。采用穴状施肥法，沿树冠半径环状挖穴，每株挖穴 6 ～ 10 个，穴深 20 cm ～ 30 cm。

6.2.3 叶面喷肥

在生长前期可喷施 0.3 % 尿素 +0.3 % 硝酸钙，7 月份以后可喷施 0.3 % 磷酸二氢钾，花期可喷施 0.2 % 硼砂或硼酸。

6.3 浇水

施肥后应及时浇水，从而促进肥效，上冻前土壤墒情较差应浇一次冻水。

6.4 花果管理

6.4.1 疏雄

若雄花过多可在雄花芽开始膨大期进行疏雄，一般可保留雄花总量的 1/5 ～ 1/3。

6.4.2 人工辅助授粉

麻核桃品种大部分为雌雄异熟，为提高座果率，可采用核桃楸或普通核桃花粉进行人工授粉。

6.4.3 疏果

在生理落果期过后进行，根据坐果量，每穗留果 2 ～ 3 个。

6.5 病虫害防治

6.5.1 防治原则

坚持预防为主、综合治理的原则，采取农业、人工、物理及生物等综合防治措施。

6.5.2 防治方法

见附录 B。

7 采收

7.1 采收时期

依据不同品种的果实成熟期及市场需求，一般在立秋至白露节进行采收。

7.2 采收方法

人工采收，避免造成机械损伤。

附 录 A （规范性）
涞水麻核桃（野三坡麻核桃）地理标志产品保护范围图（略）

附 录 B （规范性）
主要病虫害防治方法

B.1 主要虫害防治方法见表 B.1。

表 B.1

害虫种类	防治关键时期	防治方法
核桃举肢蛾 Atrijuglans Hetaohei yang	1. 秋末冬前； 2. 成虫产卵盛期、幼虫孵化期（6 月中旬至 7 月上旬）。	1. 秋末冬前刮除树干老皮，清除果园枯枝、落叶及落果，集中深埋，并深翻树盘。 2. 及时摘除、捡拾虫果，集中处理。 3. 悬挂黑光灯诱杀成虫。 4. 成虫产卵盛期开始每隔 10 天左右喷甲维盐或灭幼脲等杀虫剂，连喷 2 ～ 3 遍。

续表

害虫种类	防治关键时期	防治方法
云斑天牛 Batocera horsfieldi (hope)	1. 成虫产卵前（6月上中旬）； 2. 成虫发生期（6月至8月份）； 3. 幼虫危害期。	1. 成虫产卵前树干涂白（用硫黄粉1份、石灰10份、水40份拌成浆）。 2. 悬挂杀虫灯诱杀成虫。 3. 利用成虫假死性采取人工捕杀。 4. 成虫产卵期刮除树干上月牙形产卵槽中的虫卵和幼虫。 5. 发现新排粪孔后注入白僵菌液。 6. 幼虫危害期在受害株上释放管氏肿腿蜂。
黄刺蛾 Cnidocampa flavescensWalker	1. 果树休眠期； 2. 成虫发生期（5月至7月份）； 3. 幼虫危害期（7月至9月份）。	1. 结合修剪破碎树上的黄刺蛾茧。 2. 悬挂黑光灯诱杀成虫。 3. 在初龄幼虫群集时摘除虫叶集中处理。 4. 幼虫危害盛期喷施青虫菌液。 5. 幼虫危害期选喷甲维盐或灭幼脲等杀虫剂。
核桃小吉丁虫 Agrilu sp.	1. 秋末冬前； 2. 成虫产卵期和卵孵化期（7月至8月份）； 3. 幼虫危害期。	1. 加强管理，增强树势，提高树体抵抗能力。 2. 冬季前树干涂白。 3. 结合修剪，剪除受害枝，集中处理。 4. 人工捕杀幼虫。 5. 成虫产卵期，树上绑挂核桃嫩枝做为诱饵，诱集成虫产卵，集中处理。 6. 保护天敌寄生蜂。
木撩尺蠖 Culcula panterinaria Bremer et Ggrey	1. 早春； 2. 成虫发生期（6月至7月份）； 3. 幼虫危害期（7月至8月份）。	1. 早春人工挖越冬蛹并销毁。 2. 树干涂粘虫胶。 3. 人工捕杀成虫。 4. 悬挂黑光灯诱杀成虫。 5. 幼虫危害期选喷甲维盐或灭幼脲。
舞毒蛾 Ocneria dispar I	1. 早春； 2. 成虫羽化盛期（4月份）； 3. 幼虫危害期（5月至6月份）。	1. 早春人工采集卵块，集中处理。 2. 幼虫孵化前，树干上绑草或树下扣石板诱杀。 3. 悬挂黑光灯诱杀成虫。 4. 放置舞毒蛾性诱剂。 5. 幼虫低龄期喷白僵菌、苏云金杆菌等。 6. 幼虫危害期选喷甲维盐、苦参碱或灭幼脲。
草履介壳虫 Drosich corpulenta (Kuwana)	1. 上冻前。 2. 卵孵化后至若虫上树前（2月至3月份）； 3. 若虫危害期（4月至5月份）。	1. 刮除树干老皮，清除果园杂草落叶，集中处理。 2. 上冻前树盘深翻并树干涂白。 3. 早春若虫上树前树干涂环状粘虫胶（宽10cm）。 4. 保护好黑缘红瓢虫、暗红瓢虫等天敌。 5. 若虫危害期选喷甲维盐或灭幼脲等杀虫剂。

续表

害虫种类	防治关键时期	防治方法
美国白蛾 Hyphantria Cunea (Drury)	1. 成虫羽化期； 2. 幼虫 3 龄前； 3. 幼虫危害期。	1. 严格检疫。 2. 晚秋、初春人工挖蛹，集中处理。 3. 悬挂杀虫灯诱杀成虫。 4. 幼虫 3 龄前人工剪除网幕集中销毁。 5. 幼虫下树化蛹前采取树干绑草的方法诱集下树化蛹的幼虫，集中处理。 6. 幼虫危害期选喷甲维盐、苦参碱或灭幼脲。
黑绒金龟子 Malader oyientalis Motschulsky	成虫危害期 （4 月至 6 月份）。	1. 成虫发生期利用其假死性振落进行捕杀。 2. 悬挂黑光灯诱杀成虫。 3. 选用绿僵菌或苏云金杆菌防治土壤中的幼虫。 4. 上冻前树盘深翻。 5. 成虫危害期选喷甲维盐或灭幼脲等杀虫剂。

表 B.2

病害种类	防治关键时期	防治方法
核桃炭疽病 核桃细菌性黑斑病 核桃褐斑病	1. 春季发芽前； 2. 病菌侵染前（5 月至 6 月份）； 3. 病害发生期（7 月至 8 月份）。	1. 加强管理，增强树势，提高树体抵抗能力。 2. 科学修剪，改善树体透风透光条件。 3. 及时清除果园病果、病枝及落叶。 4. 春季发芽前树体喷 5 波美度石硫合剂。 5. 病害侵染前喷 1∶2∶200 的波尔多液。 6. 从病害初期每隔 10 天左右树冠轮替喷洒辛菌胺醋酸盐、多抗霉素或靓果安等杀菌剂，根据发病情况连喷 3 ~ 5 次。
核桃腐烂病、核桃溃疡病	1. 春季； 2. 秋季。	1. 加强管理，增强树势，提高树体抵抗能力。 2. 上冻前树干涂白。 3. 及时检查发现病斑进行刮除，涂抹药剂选择：辛菌胺醋酸盐、5 波美度石硫合剂或 1% 硫酸铜液。

附录三 麻核桃坚果评价技术规范

（LY/T 3010—2018）

1 范围

本标准规定了麻核桃（Juglans *hopeiensis* Hu)坚果的外观质量等级、配对指标及评价方法等要求。本标准适用于麻核桃坚果的生产与评价。

2 术语和定义

下列术语和定义适用于本文件。

2.1 麻核桃 Ma-walnut

又称河北核桃，是核桃楸（J.*mandshurica* Max.)与核桃（J.*regia* L.)的种间杂交种。

2.2 黄尖 yellow tip

坚果尖部发育不良、结构疏松而呈现黄白色。

2.3 花皮 yellow shell

坚果壳面局部发育不良而导致的颜色色泽深浅不一、结构疏松。

2.4 裂口 breach of nut tip

坚果沿缝合线开裂。

2.5 裂痕 breach of nut

坚果光面出现裂纹或开裂。

2.6 阴皮 negative skin

坚果壳而局部颜色变深。

2.7 泛油 extensive diffusion of oil

坚果内核仁油脂渗到壳面。

2.8 尾脐 umbilicus

即果底，果柄与坚果的连接部位。

3 质量等级

3.1 基本要求

坚果为晾干后的坚果，具有本品种特性，成熟度高，果形端正，壳面洁净、颜色一致，尾脐完整，无人工造形，无人工修补，无阴皮、泛油、花皮、裂口、裂痕、黄尖、残缺等缺陷。

3.2 大小分级

麻核桃坚果在符合 3.1 基本要求前提下，按坚果大小分为特级、优级、一级、二级和三级 5 个级次。坚果大小以横径表示，常见麻核桃品种 / 品系坚果大小分级见表 1，对未列入表的其他品种 / 品系，可参照表内平均大小相近的品种 / 品系。

表 1　常见麻核桃品种 / 品系坚果大小分级

单位为毫米

品种 / 品系	特极	优级	一级	二级	三级
艺核 1 号（大果鸡心）	≥ 49.0	46.0 ~ 48.9	43.0 ~ 45.9	40.0 ~ 42.9	< 40.0
华艺 1 号（蟠龙纹狮子头）	≥ 47.0	45.0 ~ 46.9	42.0 ~ 44.9	40.0 ~ 41.9	< 40.0
华艺 2 号（水龙纹狮子头）	≥ 46.0	44.0 ~ 45.9	42.0 ~ 43.9	40.0 ~ 41.9	< 40.0
华艺 7 号（刺纹大官帽）	≥ 49.0	46.0 ~ 48.9	43.0 ~ 45.9	40.0 ~ 42.9	< 40.0
京艺 1 号（艺虎、麦穗虎头）	≥ 47.0	45.0 ~ 46.9	42.0 ~ 44.9	40.0 ~ 41.9	< 40.0
京艺 2 号（白狮子头）	≥ 47.0	45.0 ~ 46.9	42.0 ~ 44.9	40.0 ~ 41.9	< 40.0
京艺 6 号（磨盘狮子头）	≥ 44.0	42.0 ~ 43.9	40.0 ~ 41.9	38.0 ~ 39.9	< 38.0
京艺 7 号（苹果园狮子头）	≥ 46.0	44.0 ~ 45.9	42.0 ~ 43.9	40.0 ~ 41.9	< 40.0
京艺 8 号（四座楼狮子头）	≥ 48.0	45.0 ~ 47.9	42.0 ~ 44.9	40.0 ~ 41.9	< 40.0
艺狮（密纹狮子头）	≥ 17.0	45.0 ~ 46.9	42.0 ~ 44.9	40.0 ~ 41.9	< 40.0
艺麒麟（麒麟纹官帽）	≥ 50.0	47.0 ~ 49.9	44.0 ~ 46.9	42.0 ~ 43.9	< 42.0
艺龙（薄楞大它帽）	≥ 50.0	47.0 ~ 49.9	44.0 ~ 46.9	42.0 ~ 43.9	< 42.0
艺豹	≥ 47.0	45.0 ~ 46.9	42.0 ~ 44.9	40.0 ~ 41.9	< 40.0
南将石狮了头	≥ 46.0	44.0 ~ 45.9	42.0 ~ 43.9	40.0 ~ 41.9	< 40.0
满天星狮子头	≥ 17.0	45.0 ~ 46.9	42.0 ~ 44.9	40.0 ~ 41.9	< 40.0

3.3 配对指标

配对麻核桃坚果应为同一品种或品系的坚果。在符合 3.1 基本要求前提下，配对麻核桃可分为绝配、优配、标配和不配 4 个等级（见表 2）。

表 2　麻核桃坚果配对等级

项　目	等级			
	绝配	优配	标配	不配
横径差值 /mm	≤ 0.3	≤ 0.5	≤ 0.7	>0.7
纵径差值 /mm	≤ 0.3	≤ 0.5	≤ 1.0	>1.0
侧径差值 /mn	≤ 0.5	≤ 1.0	≤ 1.5	>1.5
质量差值 /g	≤ 1.0	≤ 2.0	≤ 3.0	>3.0
果形相似度	近似	和似	相近	不同
纹理相似度	近似	相似	相近	不同
颜色相似度	一致	一致	一致	不一致
综合特征相似度	一致	一致	较一致	不一致

4　评价方法

4.1 判定方法

4.1.1 坚果外观

　　白然光下，采用日测的方法观察坚果壳面有无黄尖、花皮、裂口、裂痕、阴皮、泛油、残缺、人工造形、人工修补等，必要时可借助放大镜观察。

4.1.2 果形

　　将坚果立放丁水平桌而，采用口测的方法观察坚果形状是否端正，可分为端正、较端正和不端正。

4.1.3 壳面

　　采川目测的方法观察坚果壳面是否洁净，可分为洁净、较洁净和不洁净。

4.1.4 成熟度

　　川手掂量和目测来评价，坚果成熟度可分为高、较高和差。

4.1.5 尾脐

　　结合品种特性，采用口测的方法观察坚果尾脐是否完整，可分为完整、较完整和空。

4.1.6 坚果横径

　　用游标卡尺测量坚果平行丁中轴线的缝合线外缘之间的直线距离，单位为毫米（mm），精确到 0.1 mm。

4.1.7 坚果纵径

　　用游标卡尺测量坚果底部到顶部之间的直线距离，单位为毫米（mm），精确到 0.1 mm。

4.1.8 坚果侧径

　　用游标卡尺测量坚果平行丁缝合线的两侧面外缘之间的直线距离，单位为毫米（mm），精确到 0.1 mm。

4.1.9 坚果重量

用 1/100 天平测量坚果的质量，单位为克（g），精确到 0.01 g。

4.1.10 配对麻核桃大小

用 2 个坚果横径的平均值表示，四舍五入，精确到 0.1 mm。

4.1.11 配对麻核桃果形相似度

采用目测的方法观察 2 个坚果的果形，相似度可分为近似、相似、相近和不同。

4.1.12 配对麻核桃纹理相似度

采用目测的方法观察 2 个坚果的纹理，相似度可分为近似、相似、相近和不同。

4.1.13 配对麻核桃颜色相似度

采用目测的方法观察 2 个坚果壳面的颜色，相似度可分为一致、较一致和不一致。

4.1.14 配对麻核桃综合特征相似度

采用目测的方法观察 2 个坚果的综合特征，相似度可分为一致、较一致和不一致。

4.2 判定结果

按照表 A.1 对配对麻核桃坚果进行评价，根据坚果大小和配对等级，给出该品种 / 品系配对麻核桃的判定结果。按"品种 / 品系名称：大小分级（大小值）配对等级"格式标出，如："华艺 1 号：一级（43.6 mm）标配"。

附 录 A （资料性）

表 A.1 配对麻核桃评价记录表

品种 / 品系名称：_____

评分项	坚果 1	坚果 2	平均值	差值	备注
基本要求	□符合 □不符	□符合 □不符	—	—	
横径 /mm					
纵径 /mm			—		
侧径 /mm			—		
质量 /g			—		
果形相似度	□近似 □相似 □相近 □不同			—	
纹理相似度	□近似 □相似 □相近 □不同				
颜色相似度	□一致 □较一致 □不一致		—		
综合特征相似度	□一致 □较一致 □不一致				
评价结果	_____级 (___mm)___配				

注：配对等级的每一项都符合该级次要求时，方可评为该级次。

评价人员：_____

评价日期：____年___月____日

附 录 B （资料性）
麻核桃品种／品系坚果图片

艺核 1 号（大果鸡心）

华艺 1 号（蟠龙纹狮子头）

华艺 2 号（水龙纹狮子头）

华艺 7 号（刺纹大官帽）

京艺 1 号（艺虎、凌穗虎头）

京艺 2 号（白狮子头）

京艺 6 号（磨盘狮子头）

京艺 7 号（苹果园狮子头）

京艺 8 号（四座楼狮子头）

艺狮（密纹狮子头）

艺豹

艺龙（薄楞大官帽）

艺麒麟（麒麟纹官帽）

南将石狮子头

满天星狮子头

致谢

王力强

　　传承历史文化，打造涞水精品，让麻核桃产业成为涞水知名地标。本书的编纂得以顺利推进，离不开涞水县人大常委会主任王力强的悉心指导与宝贵建议，在此谨致以最诚挚的谢意。

陈　河

　　本书的编纂得以顺利推进，离不开涞水县原人大主任陈河先生的悉心指导与宝贵建议，在此谨致以最诚挚的谢意。

隗永田

　　在此书编写过程中，得到了北京语言大学隗永田先生的指导和建议，对此表示衷心的感谢。

图书在版编目（CIP）数据

中国涞水麻核桃 / 涞水县惠农麻核桃协会组编；冀
卫东主编 . -- 北京：中国农业出版社，2025. 5.
ISBN 978-7-109-33305-5

Ⅰ . G262.9

中国国家版本馆 CIP 数据核字第 2025KF9226 号

中国涞水麻核桃　Zhongguo Laishui Mahetao

中国农业出版社出版

地址：北京市朝阳区麦子店街18号楼

邮编：100125

责任编辑：李澳婷　　郭晨茜

版式设计：刘亚宁　　责任校对：吴丽婷　　责任印制：王　宏

印刷：北京通州皇家印刷厂

版次：2025年6月第1版

印次：2025年6月北京第1次印刷

发行：新华书店北京发行所

开本：880mm×1230mm　1/16

印张：24.75　　插页：1

字数：850千字

定价：888.00元